A GUERRA CIVIL ESPANHOLA

Proibida a reprodução total ou parcial em qualquer mídia
sem a autorização escrita da editora.
Os infratores estão sujeitos às penas da lei.

A Editora não é responsável pelo conteúdo deste livro.
O Autor conhece os fatos narrados, pelos quais é responsável,
assim como se responsabiliza pelos juízos emitidos.

Consulte nosso catálogo completo e últimos lançamentos em **www.editoracontexto.com.br**.

A GUERRA CIVIL ESPANHOLA

JOSEP M. BUADES

Copyright © 2013 do Autor

Todos os direitos desta edição reservados à
Editora Contexto (Editora Pinsky Ltda.)

Foto de capa
Soldados bascos pró-republicanos em Guipúzcoa,
cerca de 1936-37, Gaztelumendi (CC-BY-SA 3.0)

Montagem de capa e diagramação
Gustavo S. Vilas Boas

Coordenação de texto
Carla Bassanezi Pinsky

Preparação de textos
Maiara Gouveia

Revisão
Ana Paula Luccisano
Adriana Teixeira

Dados Internacionais de Catalogação na Publicação (CIP)
(Câmara Brasileira do Livro, SP, Brasil)

Buades, Josep M.
A Guerra Civil Espanhola / Josep M. Buades. –
1. ed., 5ª reimpressão. – São Paulo : Contexto, 2024.

Bibliografia.
ISBN 978-85-7244-793-5

1. Espanha – História – Guerra Civil, 1936-1939 I. Título.

13-03018   CDD-946.081

Índices para catálogo sistemático:
1. Espanha : Guerra Civil, 1936-1939- : História   946.081
2. Guerra Civil Espanhola : História   946.081

2024

EDITORA CONTEXTO
Diretor editorial: *Jaime Pinsky*

Rua Dr. José Elias, 520   Alto da Lapa
05083-030 – São Paulo – SP
PABX: (11) 3832 5838
contato@editoracontexto.com.br
www.editoracontexto.com.br

*O objetivo do povo é mais honesto do que o dos poderosos; estes
querem oprimir e aquele não ser oprimido.*

Maquiavel, O *Príncipe*, Cap. IX

*Não há coisa mais difícil, nem de êxito mais duvidoso, nem mais
perigosa, do que o estabelecimento de novas leis.
O novo legislador terá por inimigos aqueles a quem as leis antigas
beneficiavam, e terá tímidos defensores nos que forem beneficiados
pelo novo estado de coisas. (...) Daí resulta que os adversários,
quando têm ocasião de assaltar, o fazem fervorosamente, como
sectários, e os outros o defendem sem entusiasmo.*

Maquiavel, O *Príncipe*, Cap. VI

*(Os principados eclesiásticos) mantêm-se (...) porque são
sustentados pela rotina da religião. Suas instituições tornam-se tão
fortes e de tal natureza que sustentam seus Príncipes no poder,
vivam e procedam eles como bem entenderem. (...) Somente esses
principados, portanto, são, por natureza, seguros e felizes.*

Maquiavel, O *Príncipe*, Cap. XI

Sumário

Palavras prévias 9
O caminho que leva ao inferno 13
Do *Alzamiento* à revolução 61
Ecos do Nibelungo 87
O Generalíssimo 101
¡No pasarán! 129
A conquista do norte 149
À sombra do Kremlin 177
O *front* das ideias 197
Desgaste e aniquilação 227
O inverno mais frio 251
A batalha derradeira 269
O navio que jamais chegará 285
Exílios 299

Epílogo 313
Apêndice: o Brasil e a Guerra Civil Espanhola 317
Indicações bibliográficas 327
O autor 331

Palavras prévias

A Guerra Civil Espanhola (1936-1939) não corresponde aos modelos tradicionais de disputa militar. Não se trata de mais um conflito para determinar fronteiras de nações ou para resolver pendências entre monarcas orgulhosos. Também não se trata de um confronto para subjugar um território estrangeiro supostamente vulnerável. Menos ainda de uma guerra de revanche, feita para cicatrizar as feridas no orgulho pátrio após uma derrota. Uma guerra civil é uma guerra entre vizinhos, entre grupos do mesmo país. E no caso da Guerra Civil Espanhola, todo tipo de questão veio à tona de modo muito intenso: religião, conflito de classes, interesses corporativos, luta pela reforma agrária, ideias de supremacia cultural e de identidade nacional, utopias. Tudo isso somado às manobras dos interesses individuais mais mesquinhos. Foi uma "guerra total", em que alguns tiveram oportunidade de mostrar, com seus atos, as maiores bondades do ser humano; e outros, com sua baixeza, aprofundaram a miséria da condição humana até patamares inauditos.

O que provocou essa "guerra total"?, eis a pergunta que muitos protagonistas da política espanhola da década de 1930 fizeram a si mesmos quando acabou o conflito. Os mais exaltados de cada corrente ideológica responderam que a guerra havia sido necessária, ou para realizar a imprescindível revolução que tiraria o país do subdesenvolvimento e da injustiça social (segundo uns), ou para eliminar ateus, maçons e marxistas (segundo o grupo divergente). Para os partidários da revolução, em 1936 havia chegado a hora de implementar a sociedade sem classes; para o partido adversário, era o momento de devolver à pátria o brilho imperial, fazendo-a sair de três séculos de decadência. Entre essas duas correntes extremas, havia a maioria dos espanhóis, que contemplava com pavor a corrida cada vez mais acelerada rumo ao abismo. Esses, os moderados – ou a "terceira Espanha" – ocupavam um frágil espaço entre os partidos antagonistas, que se odiavam à morte, e foram os primeiros a ser vitimizados pela guerra e pelos acontecimentos que se seguiram.

O resto do mundo acompanhou e participou ativamente dos fatos daquela Espanha exangue. A extrema-direita e a extrema-esquerda encontraram no campo ibérico um excelente laboratório para suas experimentações sociais; enquanto as democracias, medrosas e castigadas pela crise econômica, rezavam para que o surto de violência descontrolada não se repetisse em seus países. Em plena etapa de rebelião das massas (conforme a feliz expressão de Ortega y Gasset), o Ocidente assistia impressionado às reportagens a respeito dos combates, lia relatos escritos pelos mais prestigiosos jornalistas e via todo o horror da guerra documentado em fotografias da mais alta qualidade artística. Poucas vezes os intelectuais do mundo se mobilizaram tanto por uma causa como fizeram em relação à Guerra Civil Espanhola. Uma aura romântica transformou o conflito em algo esteticamente atraente. Tornou-se, em muitos registros, uma guerra horrivelmente bela.

No entanto, a luta deixou profundas feridas na sociedade espanhola, a ponto de pairar continuamente como uma assombração, uma caixa de Pandora, aquela capaz de concentrar todos os males. Talvez fosse melhor que ficasse fechada para sempre. Se possível, trancada a sete chaves. Uma trágica recordação de quão tênue é a cortina que nos separa da mais absoluta barbárie. Esse trauma, até hoje não superado por completo, reflete-se em uma abundante produção literária e cinematográfica. São raríssimos os artistas espanhóis que conseguiram sublimar essa catástrofe e impedir que influenciasse, mesmo que inconscientemente, suas criações.

Para os historiadores da minha geração, escrever sobre a guerra civil é contar a guerra dos nossos avós. Talvez façamos isso com a cabeça um pouco mais fria do que os nossos precursores, mas o fazemos igualmente estremecidos. Como tantos outros espanhóis, tive um parente que lutou na guerra, um tio. Pelo ano em que nasceu, poderia perfeitamente ter sido o pai de minha mãe. O lado em que lutou não importa. Era um homem apolítico. Lutou pela causa da região onde lhe coube nascer. Sobreviveu à guerra, porém faleceu antes da velhice, com 50 e poucos anos. Seu coração falhou, provavelmente acabrunhado pelo trauma vivido. Eu era um menino de pouquíssima idade quando morreu, e nunca tive oportunidade de conversar com ele sobre a experiência sofrida. De qualquer forma, os mais próximos do meu tio me disseram que ele não gostava de recordar os fatos daqueles tristes anos. Preferia guardar as lembranças dentro de si. Ao colocar o ponto-final neste livro, entendi por que optou pelo silêncio.

Escrever estas páginas não foi fácil nem agradável. A história da Guerra Civil Espanhola é uma história truculenta, mas deve ser contada. Não podemos nos dar ao luxo de esquecê-la, sob o risco de repetir os mesmos erros e as suas dramáticas consequências. Por isso, ao descortinar os eventos ocorridos na Espanha entre 1936 e 1939, tentei mostrar, sempre que pude, o lado mais humano presente na catástrofe. Tomando o cuidado, é claro, de não perder o rigor histórico. Tratei de encontrar uma chama de esperança, por pequena que fosse, em meio a tanta desolação.

Mesmo assim, é difícil achar consolo na história. Depois da Guerra Civil Espanhola, as guerras não foram mais o que eram. Foram ainda piores.

O caminho que leva ao inferno

Entre 1936 e 1939, a Espanha viveu um dos piores confrontos civis da história contemporânea. A guerra foi trágica tanto pelo elevado número de vítimas quanto pelo estado de ruína econômica e moral em que deixou o país.

Muitos litros de tinta foram vertidos em toneladas de papel para especular os motivos dessa luta fratricida. De acordo com diversos enfoques metodológicos (e ideológicos), autores prestigiados tentam até hoje explicar o que deu errado na Espanha em julho de 1936. Fatores como o lento processo de industrialização; a excessiva intervenção do Exército nos assuntos públicos; o clericalismo e o anticlericalismo; o fracasso na construção do Estado-nação; a interrupção dos fluxos migratórios em razão da Crise de 1929 e até mesmo aspectos culturais, como uma suposta tendência dos espanhóis a impor suas convicções pela força, foram discutidos com maior ou menor sucesso.

Entretanto, analisada mais friamente, a problemática espanhola da década de 1930 não era muito distinta daquela de muitos outros Estados europeus, especialmente do sul. Às vésperas da Segunda Guerra Mundial, a Europa toda era como um barril de pólvora prestes a explodir. Por esse motivo, compreender por que a fagulha acendeu primeiro na Espanha não é tarefa fácil.

A Guerra Civil Espanhola

Sem desqualificar interpretações que contextualizam a guerra civil no cenário político internacional da época, acredito que as causas deste conflito devem ser buscadas principalmente na dinâmica interna da própria Espanha. Nesse sentido, a guerra apresenta-se como um dramático desenlace à instauração da Segunda República, primeira experiência verdadeiramente democrática da história espanhola. Os políticos republicanos (principalmente os de esquerda) eram muito conscientes dos problemas do país e da sua situação de atraso. As suas iniciativas em favor da transformação da Espanha e da homologação do governo democrático pelos vizinhos do norte, porém, polarizaram ainda mais a sociedade e adubaram o terreno para o confronto. Como diz a sabedoria popular, o caminho que leva ao inferno está cheio de boas intenções.

Para os líderes do movimento operário, as reformas republicanas eram meramente cosméticas e só serviam para adiar a revolução social. Para as classes proprietárias, temerosas de perder seus privilégios, o ideário republicano se aproximava perigosamente das posições revolucionárias. Nesse contexto, somente o Exército, com o apoio dos paramilitares fascistas e a bênção dos bispos, poderia efetuar a almejada limpeza de "indesejáveis". A colisão dessas posturas extremas acabaria por esmagar o regime republicano, nascido de ideais liberais e social-democráticos. Portanto, a Segunda República não morreu por causas naturais, mas sim assassinada, depois de uma lenta e dolorosa agonia que durou quase três anos.

Origem e vicissitudes da dinastia Bourbon

A dinastia Bourbon reinava na Espanha desde 1715. Após uma guerra de sucessão que durou quinze anos e envolveu a maioria das potências europeias, o trono de Madri finalmente foi entregue a Filipe d'Anjou. Neto de Luís XIV da França, Filipe d'Anjou reinaria como Felipe V, em uma Espanha que décadas atrás havia mergulhado na decadência. O fato de o reino ter sido moeda de troca entre franceses, ingleses, holandeses e austríacos colocava em destaque a perda de peso relativo do Império Espanhol. Os tempos em que o rei Felipe II decidia o destino de boa parte do globo, controlando um império em que o Sol não se punha, agora ficavam distantes.

14

O caminho que leva ao inferno

A troca de dinastia trouxe mudanças importantes à administração pública, como a maior centralização política e a eliminação de muitas particularidades regionais, além da imposição do castelhano como língua veicular em todo o reino. Nesse ponto, os Bourbon se diferenciaram da dinastia anterior (os Habsburgos, ou Casa da Áustria), a qual preservou os sistemas políticos e jurídicos dos reinos que conformavam seus domínios, demonstrando uma noção de governo do tipo federativo.

Nos mais de 200 anos que vão do fim da guerra de sucessão à abdicação de Alfonso XIII, em 1931, a Casa de Bourbon não governou o país de maneira ininterrupta. Em 1808, Napoleão obrigou Carlos IV e seu filho Fernando VII a renunciar à Coroa e os manteve sequestrados na cidade francesa de Bayonne. A seguir, empossou o próprio irmão, José Bonaparte, como rei da Espanha. Mas esse rei corso foi visto como um intruso por boa parte da população e, para fazer-lhe frente, juntas provisórias foram organizadas nas principais cidades. Em Cádiz, realizaram-se Cortes Gerais. Durante esse encontro oficial de representantes da nação, foi promulgada a Constituição de 1812, primeira Carta Magna espanhola, que proclamava os ideais do liberalismo e enterrava o absolutismo, embora mantivesse a monarquia como forma de governo.

Em 1814, com o fim das guerras napoleônicas, Fernando VII pôde voltar do cativeiro. Contrariando as expectativas dos liberais, o rei negou-se a jurar a Constituição de Cádiz e retomou as formas de governo absolutistas. Isso provocou a instabilidade política de seu reinado, e houve contínuos *pronunciamientos* (golpes militares), ao ritmo médio de um por ano. Um desses golpes, ocorrido em 1820 e protagonizado pelo coronel Riego, obrigaria Fernando VII a acatar a Constituição liberal por três anos. Com sua atitude absolutista, Fernando VII inaugurou duas das constantes da história contemporânea espanhola: a reiterada intervenção do Exército nos assuntos políticos e a divisão do país em duas metades irreconciliáveis, uma progressista e que procura estabelecer relações com o restante da Europa, e outra conservadora e ensimesmada.

Absolutismo e liberalismo

As "duas Espanhas" se enfrentaram pela primeira vez em uma guerra civil em 1833, após a morte de Fernando VII. Os liberais defendiam os direitos sucessórios de Isabel II, a filha de Fernando VII, de poucos anos de idade, enquanto os absolutistas reivindicavam o direito à Coroa de Carlos María Isidro, irmão do rei morto. Essa guerra civil passou à História como a Primeira Guerra Carlista, em virtude do nome do pretendente ao trono. Os carlistas acabariam por ser derrotados em 1840, e Isabel II governaria o país mediante um regime liberal-conservador, mais à direita do que a Constituição de Cádiz previra. Entretanto, o movimento carlista (ou tradicionalista) manteve uma significativa presença social em algumas regiões espanholas, a ponto de forçar a eclosão de outras duas guerras civis no século XIX e de ser, conforme veremos, uma das principais forças atuantes na guerra de 1936-39.

Isabel II conseguiu reinar por 35 anos (um dos reinados mais longos da história da Espanha), porém, como acontecera com o seu pai, governou em uma época repleta de golpes militares, o que a obrigou a alternar o modelo conservador com formas de governo mais progressistas. O último desses golpes, ocorrido em setembro de 1868, afastou a rainha definitivamente do trono e a mandou para o exílio na França. Contudo, em dezembro de 1874, depois de seis anos turbulentos – que presenciaram desde a importação de uma dinastia italiana até a proclamação da Primeira República, passando por ditaduras militares, experimentações federalistas e inclusive a eclosão da Terceira Guerra Carlista –, um novo *pronunciamiento* proclamou Alfonso XII (filho de Isabel II) rei da Espanha. Assim, por obra e graça do Exército, os Bourbon voltaram mais uma vez ao trono de Madri.

Da Restauração ao Desastre

Para garantir que o reinado de Alfonso XII não padeceria dos mesmos males de seus antecessores, o rei contou com o auxílio de Antonio Cánovas del Castillo, talvez a mente mais lúcida de toda a direita espanhola do século XIX. Cánovas havia sido liberal na juventude, mas com o tempo foi se inclinando para posturas cada vez mais conservadoras. Admirava a monarquia inglesa, pela sua conjunção de tradição, autoridade, liberdade e estabilidade política, e tentou reproduzir na Espanha o modelo britânico. O resultado foi um sistema político baseado em dois partidos dinásticos: o conservador (liderado por Cánovas) e o liberal (com Sagasta como principal mentor). Ambos os partidos se revezariam no poder de maneira pacífica, sem precisar dos habituais golpes de Estado. O rei era o árbitro máximo de todo o sistema de Cánovas, decidindo o momento do *turno*, isto é, da mudança de partido no poder. Eleições eram convocadas regularmente, e, em 1890, o sufrágio universal masculino foi instaurado. Contudo, o sistema canovista tinha bem pouco de um governo democrático. As eleições eram fraudadas para adaptar os resultados àquilo que havia sido previamente decidido no palácio real.

Apesar disso, o sistema de *turno* funcionou muito bem até a virada do século, garantindo ao país uma quase desconhecida estabilidade das instituições, o que favoreceu um crescimento econômico moderado e o desenvolvimento industrial e urbano. No entanto, a derrota contra os Estados Unidos na Guerra de Cuba (1898) e o assassinato de Cánovas del Castillo pelos disparos de um anarquista (1897) sinalizaram a crise do sistema. Alfonso XIII herdou um país em plena transformação, para o qual o modelo de Cánovas não serviria mais. O rotativismo tinha sido idealizado para uma sociedade basicamente agrária e majoritariamente analfabeta, na qual os *caciques*[1] locais contavam com suficiente autoridade para manter incólume o bipartidarismo. Mas a Espanha de 1900 começava a mostrar um panorama bem distinto.

Por motivos diferentes, nem a classe operária, nem as classes médias urbanas, nem a alta burguesia industrial se sentiam à vontade com o quadro político da época. Na primeira década do século XX, socialistas, republicanos e nacionalistas catalães e bascos conseguiram contornar os mecanismos de fraude eleitoral e elegeram expressivas bancadas nas Cortes de Madri. Sem os seus líderes fundadores, os velhos partidos liberal e conservador entraram em uma crise de identidade e passaram por um processo de segregação em múltiplas esferas políticas. Paralelamente, no âmbito social, anarquistas e socialistas organizaram potentes sindicatos com capacidade para paralisar amplos setores da economia. Os intelectuais, por sua vez, desenvolveram um pensamento crítico e trataram a Espanha como um "problema" a ser resolvido.

Embora o Desastre de 1898, com a perda das últimas colônias (Cuba, Porto Rico e as Filipinas), não tenha provocado um impacto econômico tão grave, fez refletir sobre a verdadeira situação em que a Espanha se encontrava ao final do século XIX. O país era uma pálida sombra, quase uma caricatura, daquele poderoso Império que controlara meio continente e que cumprira orgulhoso o papel de "martelo de hereges" e de fiel defensor do catolicismo. A Espanha que despontava por volta de 1900 era um país agrário; analfabeto; atrasado em relação ao processo de industrialização do restante da Europa; com uma monarquia oligárquica travestida de pseudodemocracia e tão cheia de costumes exóticos que quase parecia um país bárbaro aos olhos dos europeus. Definitivamente, o Desastre deixava muito claro que os espanhóis tinham perdido o trem da modernidade.

A Semana Trágica de Barcelona

Sob o comando de Antonio Maura, o partido conservador tentou recuperar o esplendor dos anos de Cánovas. Para esquecer o trauma da perda das últimas colônias e recompor o prestígio internacional, o governo organizou a ocupação militar do protetorado de El Rif, no norte do Marrocos (o sul do Marrocos tornou-se um protetorado da França). A guerra foi mais longa e dura do que o esperado e contou com forte oposição popular. Entre julho e agosto de 1909, a cidade de Barcelona (a mais populosa do país e o seu principal centro industrial e comercial) vivenciou uma onda de protestos, com barricadas nas ruas, saques e incêndios de casas, fábricas e igrejas. O estopim das manifestações foi o embarque de soldados reservistas para reforçar as tropas da Espanha em território marroquino.

Os anarquistas, que recentemente haviam fundado o movimento Solidariedade Operária, foram os mais ativos na organização dos grupos de resistência. O governo, porém, enviou o Exército para suprimir a revolta popular e operária e não hesitou em usar a artilharia contra a cidade. O evento, conhecido como Semana Trágica de Barcelona, culminou com mais de 70 mortos e 2 mil presos. Os atos de repressão incluíram a condenação à morte de Francesc Ferrer i Guàrdia, pedagogo conhecido pelas suas ideias laicas e pela aplicação de métodos de ensino que incomodavam a hierarquia católica. Ferrer i Guàrdia serviu como bode expiatório, e sua execução acalmou os ânimos enfurecidos dos conservadores, mas levantou uma saraivada de críticas mundo afora, a ponto de causar a demissão de Maura do cargo de primeiro-ministro.

Um ano depois da Semana Trágica, os parentes lusos da Casa de Bragança foram derrubados. Após dois séculos e meio de reinados quase tão atribulados quanto os dos Bourbon espanhóis, Manuel II, o último rei de Portugal, teve que ceder o lugar à república positivista e laica de Teófilo Braga e Afonso Costa. Na Espanha, apesar das dificuldades internas e da crescente pressão dos republicanos, Alfonso XIII conseguiu superar a sua primeira década de governo e se manter no poder.

O contexto da Primeira Guerra Mundial e a guerra no Marrocos

Ao contrário de Portugal, a Espanha de Alfonso XIII evitou intervir na Primeira Guerra Mundial. A neutralidade reportou grandes lucros aos industriais espanhóis, que podiam negociar livremente com as potências beligerantes. O Banco da Espanha (Banco Central) acumulou reservas de ouro nunca antes vistas. Porém, à medida que o conflito mundial foi avançando, as condições de vida dos mais pobres só pioraram. A falta de alimentos e de outros produtos de primeira necessidade, junto com um exaltado processo de inflação, causou revoltas populares por alimentos em muitas cidades.

Em agosto de 1917, os anarquistas da CNT (Confederação Nacional do Trabalho) e os socialistas da UGT (União Geral dos Trabalhadores) superaram as diferenças ideológicas e organizaram juntos uma greve geral. Os sindicatos ameaçaram paralisar o país, e o governo reagiu com a máxima contundência. Um setor do Exército resolveu intervir contra os grevistas e se organizou em juntas militares, sob o olhar displicente do primeiro-ministro, Eduardo Dato. A ameaça de greve revolucionária foi dissolvida por meio da força, mas o movimento operário continuaria muito ativo nos anos seguintes. Os sindicalistas mostraram repetidamente o seu vigor, organizando greves que deixavam Barcelona sem fornecimento de energia e muitas fábricas paradas em virtude da falta de operários para pôr as máquinas em funcionamento. Os patrões reagiram contratando fura-greves e organizando bandos de pistoleiros encarregados de exterminar as lideranças sindicais. Mediante os *lockouts*, os empresários tentaram pressionar os grevistas, que reivindicavam melhores condições de trabalho. Entre 1918 e 1922, a Espanha (e a cidade de Barcelona, particularmente) vivenciou uma onda de violência entre operários e patrões que provocou a morte de mais de mil pessoas, incluindo destacados sindicalistas, empresários, prelados católicos e até o primeiro-ministro Dato.

Enquanto isso, a guerra no Marrocos ia de mal a pior. O exército espanhol mostrava-se absolutamente incapaz de derrotar as guerrilhas de Abd el-Krim. Em 1921, na pequena cidade de Annual, as tropas coloniais levaram a pior surra desde a Guerra de Cuba. Nessa batalha, 8 mil soldados perderam a vida. O desastre militar foi tão grave que chegou a ser cogitada uma evacuação total do protetorado.

Não soa estranho, pois, o fato de que justamente em Barcelona, o local mais castigado pela espiral da violência, foi posto um ponto-final no sistema de restauração canovista, ainda que tenha sido o Exército, humilhado na guerra colonial e ressentido com a classe política, o responsável por dar o golpe de misericórdia. O capitão-general da Catalunha, Miguel Primo de Rivera, pronunciou-se contra o governo em setembro de 1923. Era a primeira vez em cinco décadas que o poder militar colocava em xeque o regime constitucional e exigia, pela força das armas, mudanças efetivas. O edifício que Cánovas del Castillo construíra em 1876 ruiu então por completo. Diante da crise, o rei Alfonso XIII resolveu nomear Primo de Rivera primeiro-ministro e dissolveu o gabinete e as Cortes.

A ditadura de Primo de Rivera

Primo de Rivera adotou imediatamente uma série de posturas autoritárias. Pôs fim à guerra no Marrocos através de uma bem-sucedida operação anfíbia na baía de Alhucemas; fechou o parlamento e substituiu o governo civil pelo diretório militar; proclamou a lei marcial; suprimiu a *Mancomunitat* catalã (embrião de futura autonomia para a região); proibiu o uso público de idiomas diferentes do castelhano e combateu o movimento operário, banindo sindicatos e tratando greves e boicotes como crimes de traição. Por outro lado, Primo de Rivera desenvolveu uma legislação trabalhista muito mais favorável aos interesses dos operários do que o *laissez-faire* dos anos de liberalismo. Muitos intelectuais viram em Primo de Rivera o "cirurgião de ferro" requerido pela Espanha para que voltasse à ordem e ao crescimento. Em razão das políticas sociais, o governo militar conseguiu até mesmo atrair para si uma ala dos socialistas, aquela encabeçada por Francisco Largo Caballero, que escolheu ajudar na elaboração de novas leis e na organização de tribunais trabalhistas que resolvessem litígios entre patrões e operários.

De caráter simpático e expansivo, conhecido pelo seu gosto por bebida e mulheres, Primo de Rivera logo conquistou a opinião pública. Os sucessos na guerra colonial e na preservação da ordem pública, somados ao crescimento econômico experimentado nos anos do diretório militar, lhe garantiram o apoio de Alfonso XIII. O general – conforme o que fora realizado por Mussolini um ano antes, com a *Marcia su Roma* – salvara a monarquia espanhola mediante um golpe de Estado. No entanto, a lua de mel entre Primo de Rivera e o povo começou a esfriar a partir de 1927, quando o crescimento econômico estagnou e as greves e os protestos em universidades voltaram às manchetes. A essa altura, os socialistas que apoiavam o governo militar já haviam reconsiderado a posição inicial, em virtude do conservadorismo do governo, do caráter limitado das reformas e do viés paternalista que a nova legislação estabelecia nas relações de trabalho.

O ditador, então, decidiu abrigar civis em seu governo, que a partir de 1925 deixou de ter um caráter estritamente militar. Jovens políticos da direita católica acudiram ao chamado de Primo de Rivera e engrossaram as fileiras do Executivo. Contudo, a ditadura fracassou ao tentar atrair as massas. O partido único fundado pela gestão militar foi um tímido reflexo do partido fascista italiano, cujo modelo inspirava o regime em muitos aspectos. Mas a ditadura de Primo foi o primeiro ensaio de corporativismo na Espanha e prenunciou muitas das características do futuro regime de Franco.

O experimento corporativista

O corporativismo, doutrina política e social, surgiu no final do século XIX, em círculos católicos, como uma "terceira via" entre o liberalismo e o marxismo. Na encíclica *Rerum Novarum* (1892), o papa Leão XIII abominou a ideia de luta de classes e substituiu o confronto entre trabalhadores e patrões pela superação harmônica de suas diferenças em um sindicato único, "vertical", em que estes pudessem negociar fraternalmente suas controvérsias. Aos governantes cabia aplicar uma legislação social que garantisse direitos mínimos aos trabalhadores e que não os deixasse à mercê das forças selvagens do mercado.

Os teóricos do corporativismo também atacavam as teses da filosofia liberal, ideologia que julgavam excessivamente "atomista" (em outras palavras, focada demais na ideia de ser humano como ente isolado). Segundo os corporativistas, ninguém jamais seria uma ilha, todos seriam sempre integrados por meio de estruturas aglutinadoras, como a família, o município, o Estado (e, no caso de um corporativismo cristão, a Igreja). Por isso, o regime democrático liberal, baseado no voto do indivíduo – muitas vezes expressão de um juízo momentâneo – não poderia ser o sistema político mais próximo do ideal. Outro regime, capaz de exprimir de modo mais eficiente a realidade das estruturas orgânicas da sociedade, deveria ser procurado. Consequentemente, o parlamentarismo de cunho liberal deveria ser substituído por um sistema de representação que levasse em conta não a opinião de indivíduos isolados, mas a das corporações das quais estes fazem parte, captando assim os anseios profundos do tecido social.

O corporativismo também discutia as premissas do liberalismo econômico a respeito do funcionamento do mercado. A "mão invisível" referida por Adam Smith havia dado lugar a variados colapsos, e o *laissez-faire* deixara milhões de pessoas na miséria. Segundo os corporativistas, cabia ao Estado intervir nos assuntos econômicos, para evitar a especulação e manter preços e salários em um patamar que permitisse a sobrevivência das famílias.

Nos primeiros anos, a ditadura experimentou uma fase de bonança econômica, uma vez superada a recessão imediatamente posterior à Primeira Guerra Mundial. Nesse contexto, foi traçada uma política de intervencionismo, com um ambicioso programa de obras públicas, focando sobretudo melhorar a malha ferroviária e rodoviária. O ministro da Fazenda, José Calvo Sotelo, regulamentou diversos setores da economia e criou monopólios públicos, como o de hidrocarbonetos (CAMPSA). Essa injeção de dinheiro público em obras de infraestrutura reduziu os níveis de desemprego e propiciou uma sensação generalizada de bem-estar durante os anos centrais da década de 1920.

Contudo, em pouco tempo, a despesa do Estado aumentaria o endividamento até um patamar insustentável. No final dos anos 1920, quando estourou a bolha especulativa e os mercados financeiros ficaram carentes de liquidez, o governo não teve como equilibrar as contas públicas. Embora a Espanha fosse um país pouco aberto ao comércio internacional e com um fluxo de capitais estrangeiros muito mais baixo do que aquele de outros países da Europa, a ditadura de Primo de Rivera não pôde ficar imune ao *crack* de outubro de 1929. A cotação da moeda espanhola, a peseta, subitamente despencou, perdendo em poucas semanas dois terços de seu valor frente à libra esterlina (à época, divisa de referência para as transações internacionais). Na prática, esse fato provocou uma suspensão de pagamentos do país, com a falência de empresas, aumento do desemprego e um clima de hostilidade política. Incapaz de encontrar solução para o *imbróglio* econômico em que o país entrara, o general renunciou ao cargo de primeiro-ministro em janeiro de 1930, partindo para o exílio em Paris, onde faleceria poucas semanas depois.

A queda da Monarquia

A demissão de Primo de Rivera caiu como uma bomba no futuro da Monarquia. Não obstante, Alfonso XIII nomeou o general Dámaso Berenguer para chefiar o Executivo, procurando, inicialmente, não dar importância ao acontecimento. Mas Berenguer mostrou-se incompetente para atenuar os efeitos da crise econômica que atingira com força a Espanha. Enquanto isso, os opositores à Monarquia intensificaram as articulações e alianças e, em 17 de agosto daquele ano, 1930, se reuniram em San Sebastián com o objetivo de coordenar esforços em torno de um programa comum. Desta vez, o movimento republicano conseguira atrair destacados políticos conservadores, desiludidos com o liberalismo e contrariados com a atitude do rei. Importantes pensadores, como José Ortega y Gasset, não economizavam críticas ao modo como o país era conduzido e sugeriam soluções para aproximar a Espanha dos países mais avançados da Europa.

No começo de 1931, Berenguer foi substituído pelo almirante Aznar. Diante do impasse político e do deterioramento das condições econômicas do país, Alfonso XIII convocou eleições municipais para o dia 12 de abril, seguindo o esquema da Constituição de 1876. Era a primeira vez que o povo era chamado às urnas em uma eleição pluripartidária desde o golpe de 1923. O monarca dava a entender por meio desse gesto que a ditadura de Primo de Rivera havia sido uma espécie de parêntese, algo que não tinha dado muito certo, e agora seria bom voltar à velha ordem liberal, como se nada tivesse acontecido.

A resposta popular, entretanto, foi bem diferente daquilo que o rei esperava. Os candidatos republicanos ganharam em 48 das 50 capitais de província. Embora nas áreas rurais – onde persistiam os chefes locais e a fraude eleitoral – os candidatos monárquicos tivessem obtido bons resultados, de um modo geral os resultados das eleições caíram como um balde de água fria no palácio real. Em 14 de abril, enquanto a notícia da vitória republicana espalhava-se com grande velocidade, Alfonso XIII abdicou e, junto com a sua família, abandonou o país e refugiou-se em Roma.

De certa forma, a Segunda República espanhola foi proclamada pela porta dos fundos. Apesar do contundente resultado eleitoral, não é possível afirmar que os republicanos tinham conseguido estabelecer um grande movimento popular de suporte à República. A ausência de poder, com a fuga apressada do rei, foi o que precipitou a instauração do regime republicano. Assim, um assunto aparentemente menor, como uma eleição para prefeitos e vereadores, provocara a queda do regime monárquico. Em poucos dias, a bandeira bicolor da Monarquia (vermelha-amarelo-vermelha) foi substituída nos edifícios públicos e nos atos oficiais pela tricolor republicana (vermelha-amarela-violeta), e as bandas de música pararam de tocar a Marcha Real como hino nacional e a trocaram pelo Hino de Riego. A personificação da República por meio da figura de uma mulher com um seio descoberto e usando um gorro frígio ocupou o lugar dos símbolos do poder real. Até a coroa régia foi retirada do escudo da Espanha e em seu lugar foi desenhado um castelo com quatro torres. Os clubes esportivos (entre eles os times de futebol) eliminaram o "Real" de sua denominação para manifestar apoio ao novo regime, proclamado em 14 de abril.

A transição da Monarquia à República foi feita de forma surpreendentemente pacífica. Em parte, em razão de o governo provisório ser presidido por Niceto Alcalá-Zamora, um político da direita liberal e proprietário de terras convertido ao republicanismo na última hora. Porém, quatro semanas depois da proclamação da República, sobreveio uma onda de assaltos a jornais conservadores e de saques e incêndios em igrejas, o que causou estupor entre os integrantes da maioria católica. Algumas declarações pouco afortunadas do cardeal-primaz Pedro Segura, pronunciadas no exílio, acirraram ainda mais os ânimos em Madri e outras localidades. O governo provisório foi acusado de não tomar medidas para evitar os atos violentos e até mesmo de tê-los alentado com a sua passividade. Com efeito, Manuel Azaña chegara a afirmar que preferiria que todas as igrejas da Espanha queimassem do que ferir um só republicano. No meio católico, expressões desse tipo fomentaram a impressão generalizada de que a Segunda República espanhola demonstraria um comportamento tão anticlerical quanto aquele da república portuguesa de Afonso Costa. A Igreja temia que uma onda de laicismo abalasse profundamente os privilégios dos quais desfrutara por tanto tempo.

A Monarquia deixou atrás de si uma "herança maldita" à República recente. A Espanha do começo dos anos 1930 era um dos países mais atrasados da Europa ocidental, com taxas de analfabetismo escandalosas para os padrões do continente; uma estrutura econômica em que a agricultura ainda representava mais da metade da riqueza nacional; uma indústria pouco competitiva que subsistia graças ao protecionismo e um setor de serviços incipiente; uma indústria turística promissora, mas sem fôlego para amortecer as carências dos outros setores. A produção manufatureira se concentrava na metade norte da península, com a Catalunha e o País Basco como as duas grandes regiões fabris. No litoral mediterrâneo, o país contava com indústrias têxteis e de calçado, além de uma competente agricultura de exportação. O centro peninsular e a metade sul constituíam, com exceção de Madri, pela sua condição de capital do Estado, a parte pobre do país, sem dinamismo suficiente para dar emprego a boa parte de sua população. A emigração de espanhóis meridionais para os núcleos industriais do norte ou para o outro lado do Atlântico tinha sido, durante décadas, uma das principais válvulas de escape para essas regiões empobrecidas e com graves problemas sociais.

O cenário econômico internacional não prometia estabilidade à nova República. A Crise de 1929 acabou degenerando em uma profunda depressão econômica, da qual muitos países sairiam somente após a Segunda Guerra Mundial. No caso da Espanha, a Grande Depressão afetou a economia em virtude da queda nos preços dos produtos agrícolas (cuja exportação era fundamental ao equilíbrio da balança de pagamentos); da paralisia no fluxo de investimentos estrangeiros e da repatriação de capitais (com nocivas consequências para a taxa de câmbio da peseta); e, finalmente, em virtude da interrupção dos fluxos migratórios, tendo em vista que muitos países latino-americanos, o Brasil entre eles, haviam tornado mais rigorosas as normas para a admissão de imigrantes. O fechamento das rotas de emigração teve um efeito duplamente negativo na Espanha. Por um lado, diminuiu a chegada de remessas de emigrantes num momento crítico para o equilíbrio das contas externas; por outro, ao suprimir a expectativa de emigrar e "fazer a América", aumentou a sensação de frustração dos jovens, o que acabaria redundando em maior insatisfação social.

Um ambicioso programa de reformas

A Segunda República nasceu carregada de esperanças e projetos de futuro. Muitos intelectuais, animados pelo novo regime, decidiram participar da discussão política e contribuir com propostas. As Cortes da primeira legislatura republicana caracterizaram-se pelo elevado número de acadêmicos, cientistas e escritores de renome ocupando suas cadeiras. Alguns deles haviam sofrido represálias durante a ditadura de Primo de Rivera, e agora, em 28 de junho de 1931, data das primeiras eleições da Segunda República, viam a oportunidade de construir outra Espanha, democrática e devotada ao progresso. Figuras tão prestigiadas como Miguel de Unamuno, Gregorio Marañón ou José Ortega y Gasset obtiveram cargos como o de deputado e participaram das sessões de debate a respeito da futura Constituição. O texto constitucional, porém, deixou muitos deles desapontados e os afastou da atividade política.

As formações republicanas de esquerda e os socialistas do Partido Socialista Operário Espanhol (PSOE) receberam a maior parte das cadeiras do parlamento. Nos primeiros anos, Manuel Azaña emergiu como homem forte. A Constituição foi finalmente aprovada em 9 de dezembro e refletia a ideologia das forças dominantes na Câmara. O artigo primeiro da Carta Magna era uma declaração de princípios. A Espanha definiu-se como "uma república democrática de trabalhadores de todas as classes, que se organiza em regime de Liberdade e Justiça". Como era de se esperar, a "república de trabalhadores" foi recebida com sarcasmo pelos grupos conservadores, que responderam ao novo regime com manifestações de aberta hostilidade.

As principais fontes de inspiração dos constituintes foram a Carta Magna mexicana de Querétaro (1917) e a alemã de Weimar (1919). Ambas tinham sido concebidas sob um clima revolucionário-reformista e propugnavam princípios de justiça social. A Constituição de Weimar, aliás, continha a base do ideário do Partido Social-Democrata Alemão (SPD). Contudo, quando a Constituição espanhola foi promulgada, os dois regimes nos quais havia se inspirado não estavam em seu melhor momento. No México, os ecos revolucionários de Pancho Villa pareciam cada vez mais distantes, e os ideais zapatistas de reforma agrária e igualdade de oportunidades a todas as classes sociais estavam cada vez mais moderados em razão do conformismo acrítico do Partido Revolucionário Institucional (PRI). A República alemã, por sua vez, contemplava com preocupação a sombra do nacional-socialismo, o qual, com o seu discurso populista, racista e antidemocrático, crescia no *Reichstag*. Pouco mais de um ano depois da aprovação da Carta Magna republicana em Madri, Hitler ocuparia o cargo de chanceler (primeiro-ministro) em Berlim e começaria a operação de desmanche do edifício institucional criado em Weimar.

México e Alemanha não eram casos isolados. A democracia baseada no parlamentarismo, no reconhecimento dos direitos humanos e no pluralismo político parecia fadada ao fracasso àquela altura do século XX. Até mesmo regimes liberais teoricamente consolidados, como o britânico, o norte-americano e o francês, atravessavam graves tensões. O reformismo social-democrático ficou preso entre dois totalitarismos: o nazifascismo à direita e o socialismo soviético à esquerda.

Apesar de os ventos não serem favoráveis a programas de transformação social de tons esquerdistas, a maioria das Cortes considerou que a Espanha seria uma exceção nesse cenário internacional tão conturbado. Os democratas não podiam renunciar à oportunidade de governar o país, a primeira que as esquerdas tinham em quase 60 anos. Então, definiram um ambicioso plano de reformas que faria da Espanha um país moderno e comparável ao restante da Europa. Os problemas, entretanto, eram muitos; e a sua complexidade, tremenda.

Primeiro, era preciso neutralizar as forças antirrepublicanas: a Igreja Católica, que perderia a maior parte de seus privilégios, e o segmento mais monarquista do exército, que seria encaminhado à reserva.

Em seguida, realizariam reformas estruturais na economia, eliminando os latifúndios, entregando terras às famílias camponesas, legislando sobre salários mínimos e preços de produtos básicos e aumentando a segurança jurídica dos trabalhadores por meio de uma reforma da legislação social que lhes concedesse mais direitos, tanto nos contratos trabalhistas quanto em matéria de previdência e de saúde. Por último, mas não menos importante, uma profunda reforma educativa, laica e igualitária, para ambos os sexos. Inspirada nos critérios da *Institución Libre de Enseñanza*, a escola pública republicana deveria inovar em métodos pedagógicos, fomentar atividades esportivas e ao ar livre, intensificar o ensino de matérias científicas e tecnológicas. Menos catecismo e mais Pitágoras, enfim.

Também em termos de organização territorial do Estado, a Constituição republicana incorporava importantes novidades. Na contramão do centralismo que havia imperado na Espanha desde o reinado de Felipe V, a Segunda República reconhecia às regiões o direito à autonomia e ao uso público de línguas próprias. Catalunha seria a primeira a obter o autogoverno, com a proclamação do Estatuto de Autonomia, em 1932.

Acerca de muitas questões, a vontade dos políticos republicanos era realizar, em poucos anos, aquelas reformas que levaram mais de um século para sair do papel em outros países europeus. Em alguns assuntos, porém, os governantes espanhóis estavam vários passos à frente do conjunto da sociedade espanhola. Por exemplo, quanto à lei do divórcio, aprovada em 1932. Mas a escassa aplicação da lei demonstrou que a sociedade espanhola mantinha convicções profundamente conservadoras no que se referia à família. O ânimo (embora não fosse unânime) de fazer rapidamente reformas profundas, algumas das quais imprescindíveis para situar a Espanha no mesmo nível da Europa, crisparia o cenário político da década de 1930.

As questões mal resolvidas

Laicismo versus *catolicismo*

A Igreja Católica (que, recordemos, era a anterior ao *aggiornamento* do Concílio Vaticano II) opunha-se ao discurso liberal de separação entre Igreja e Estado, era contrária ao ensino público e laico e não digeria facilmente que outras confissões religiosas pudessem se expressar livremente em um país como a Espanha, de tradição marcadamente católica-apostólica-romana. Os republicanos de 1931 foram, em sua relação com a Igreja, os epígonos do liberalismo progressista e exaltado do século XIX e cometeram mais ou menos os mesmos erros de seus antecessores em relação à questão religiosa.

Salvo a Constituição de Cádiz, que proclamou em seu texto que o catolicismo seria sempre a religião dos espanhóis, a ala esquerdista do liberalismo hispânico evoluiu para posturas cada vez mais anticlericais. Nesse quesito, era acompanhada por socialistas e anarquistas, que enxergavam a Igreja como um dos pilares do monarquismo e do conservadorismo e uma das principais causas do atraso do país. Por culpa da Inquisição, este havia ficado à margem da revolução científica dos séculos XVII e XVIII. A dura perseguição àqueles que pensavam diferente ou traziam ideias novas impediu que a Espanha acompanhasse as transformações do restante do continente. Enquanto em Oxford eram ensinadas as teorias de Newton, em Salamanca os teólogos da segunda escolástica ainda ocupavam cátedra. Nesta visão simplista do papel da Igreja no progresso científico e tecnológico, os jesuítas ocuparam o lugar do bode expiatório. Com seus hábitos de cor preta, sua disciplina e sua severidade, o jesuíta personificava o espírito tridentino que asfixiara o crescimento intelectual espanhol. Por isso, desde o Iluminismo, proposto no século XVIII, qualquer tentativa de reforma política culminava com a expulsão dos membros da Companhia de Jesus. A Segunda República não foi uma exceção, e os jesuítas tiveram que seguir mais uma vez o caminho do exílio.

Durante a redação da Constituição republicana debateu-se a possibilidade de suprimir todas as ordens religiosas, não somente a dos jesuítas. Em paralelo, o cardeal-primaz da Espanha foi deportado por exprimir suas posições contrárias ao governo. Essa atitude *sans-culotte* da maioria parlamentar – republicana, esquerdista, socialista – acirrou os ânimos dos católicos, já predispostos contra o novo regime. Finalmente ficou decidido que apenas a Companhia de Jesus seria banida. Mesmo assim, ficou no ar o sentimento de que a jovem República faria todo o possível para podar os privilégios eclesiásticos.

Essa política contrária aos interesses da hierarquia católica chegava justo no momento em que o papado reforçava o papel dos laicos dentro da Igreja e os animava a participar ativamente na esfera pública. Com a criação da Ação Católica pelo papa Pio XI, muitos católicos seculares encontraram o veículo oportuno para canalizar suas aspirações políticas, defendendo a todo momento o ideário propugnado pelo Vaticano. A iniciativa de Pio XI entrava em choque com os movimentos totalitários, o que o levou a criticar o fascismo de Mussolini e o nazismo de Hitler, nas encíclicas *Non abbiamo bisogno* (1931) e *Mit brennender Sorge* (1937), respectivamente, no tangente à limitação de direitos políticos dos militantes católicos.

No caso espanhol, o partido católico não formou um bloco coeso. Os membros da Associação Católica Nacional de Propagandistas (braço espanhol da Ação Católica) militaram em diversos partidos de direita, especialmente na Comunhão Tradicionalista (carlista) e na Ação Popular (liderada por José María Gil Robles), mas havia também elementos católicos nos quadros monarquistas e falangistas, entre outros.

O jornal *El Debate* tornou-se o mais relevante veículo de expressão católica. O seu diretor, Ángel Herrera, foi um dos críticos mais azedos da política reformista da República, o que lhe custou múltiplas sanções governamentais e inclusive a suspensão temporária das atividades do periódico.

Como já foi apontado, o projeto de reforma educativa colidia com o que havia sido a tradição do ensino espanhol. Os republicanos queriam uma educação em que imperassem os ideais do novo regime: uma educação laica, gratuita, em salas de aula mistas, tanto em relação aos sexos quanto no que diz respeito às classes sociais. Tratava-se, em suma, de formar as novas gerações de cidadãos e torná-los indivíduos críticos em relação ao *statu quo*. A escola pública republicana também acreditava na igualdade de oportunidades como um dos motores do ensino. Por esse motivo, era contrária às escolas elitizadas, destinadas apenas aos filhos das famílias ricas.

Mas as iniciativas republicanas defrontaram-se com a crua realidade: a malha de escolas e colégios públicos era muito limitada, e quem tinha o controle do ensino era, na verdade, a Igreja, através de ordens religiosas como a dos escolápios, carmelitas, franciscanos, salesianos, jesuítas e teatinos. Essa preeminência era especialmente palpável no caso do *bachillerato* (ensino médio), pois em muitas localidades não havia alternativas aos centros católicos. Cumpria, pois, construir novas escolas e dotá-las de "mestres nacionais" com sólida formação teórica e praticantes das tendências pedagógicas progressistas. Esses mestres, formados nos princípios republicanos, seriam a tropa de choque ideológica para a educação das novas gerações. Eram professores que estavam de acordo com os valores da Constituição de 1931.

O caminho que leva ao inferno

Uma nova escola nascia, nutrida pelos princípios democráticos. Cultuava a igualdade e o progresso, e era mais tolerante em relação à diversidade. Como é de se supor, os "mestres nacionais" republicanos foram vistos com antipatia, ou pelo menos com desconfiança, pelos setores mais conservadores da sociedade. Muitos deles provinham de camadas populares e trabalhavam para a educação dos mais desfavorecidos economicamente, o que conduzia a uma inclinação ideológica de esquerda.

A reforma agrária

Outro grupo que rapidamente adotou posturas de oposição à República foi o dos proprietários agrícolas. A Espanha padecia havia séculos em virtude de uma injusta distribuição de terras. Enquanto as regiões do norte, especialmente a Galícia, apresentavam uma estrutura minifundiária, com lotes tão pequenos que serviam apenas para sustentar uma família (essa foi uma das causas da grande emigração ultramarina galega), nas regiões ao sul do rio Tejo predominavam os latifúndios. A origem dessa diferença quanto à distribuição de propriedades agrícolas encontra-se na Idade Média, quando, no processo conhecido como Reconquista, os reinos cristãos do norte foram ocupando os reinos muçulmanos do sul. A partir do século XIII, acelerou-se o processo de conquista de novos territórios, e os reis cristãos tiveram de encontrar uma solução para o problema do "repovoamento". A saída foi entregar grandes extensões de terra às ordens militares e às principais linhagens nobiliárquicas (os "grandes da Espanha", como os duques de Alba, de Medina Sidonia, de Medinaceli, de Feria etc.) em troca de garantias de proteção em face de eventuais incursões mouras.

A problemática do campo espanhol foi analisada com rigor no final do século XVIII pelo escritor esclarecido Gaspar Melchor de Jovellanos. Em parte, as conclusões expostas no *Informe en el expediente de la Ley Agraria* (1794) inspiraram as desamortizações praticadas por sucessivos governos liberais ao longo do século XIX, sendo as mais conhecidas as de Mendizábal e de Madoz. O objetivo era colocar no mercado imobiliário toda uma série de terrenos improdutivos que estavam em mãos de instituições religiosas ou que pertenciam aos municípios. O sonho dos liberais era conseguir formar uma classe média-baixa de proprietários rurais que desse estabilidade social ao país, à maneira do modelo francês e britânico. No entanto, a desamorti-

31

zação não alcançou nem de longe esse objetivo, e a concentração de terras nas mãos de poucos proprietários, em geral absentistas e pouco inclinados a inovações tecnológicas, prosseguiu.

Enquanto isso, as condições de vida dos camponeses eram paupérrimas, e sua única forma de sustento era o aluguel de sua força de trabalho. O próprio rei Alfonso XIII teve oportunidade de conhecer a realidade do campo em sua visita a Las Hurdes, uma comarca da Extremadura (região fronteiriça), em 1922. A visão das famílias camponesas foi terrível: a fome e as doenças contagiosas ou resultantes de subnutrição eram generalizadas. As moradias eram indignas, e os indivíduos careciam das mínimas condições de salubridade e atenção médica. A região vivia praticamente isolada, pois as vias de comunicação eram muito precárias, e a eletricidade e o telégrafo eram inovações desconhecidas. A economia se restringia a uma agricultura de subsistência insuficiente para fornecer alimentação de qualidade aos trabalhadores. As famílias dependiam dos salários para sobreviver, e estes, além de baixíssimos, oscilavam de acordo com as condições climáticas. Se a colheita não fosse boa, o pagamento das diárias seria medido em valores irrisórios, e as panelas dos lares ficariam vazias. A instrução pública era inexistente, e o povo acreditava em superstições e feitiçaria. Era como se o tempo tivesse parado em Las Hurdes, como se o território ainda estivesse na Idade Média.

Enquanto algumas regiões tinham inovado, com a adoção de uma agricultura de regadio e centrada em produtos para a exportação (frutas cítricas, frutos secos, azeite, vinho e aguardente), como era o caso dos centros de Valência, de La Rioja e de algumas comarcas em Catalunha, Múrcia e Andaluzia, entre outros, mais da metade do território espanhol continuava a praticar uma agricultura extensiva de seca. No começo do século XX, a resistência à introdução de técnicas agronômicas mais avançadas deixava a produção espanhola por hectare muito abaixo da média da Europa ocidental.

A imagem estereotipada da metade seca da Espanha era a de uma *dehesa* (planície) de muitos milhares de hectares de extensão, cujo proprietário era um nobre ou um membro da alta burguesia que residia em uma cidade distante e que utilizava a propriedade apenas para a criação de touros de lide, para a prática de caçadas e talvez para o plantio de algumas oliveiras. A massa camponesa residente na *dehesa* ou em suas imediações era um proletariado rural sem-terra, ligado ao senhor latifundiário por vínculos quase feudais. Vivendo na miséria e sem perspectiva de melhorar essa condição, os diaristas rústicos sofriam com o desdém das classes acomodadas, que muitas vezes se referiam a eles como "a gente miúda" ou "a ralé", gente ignorante e selvagem, praticamente uma sub-raça, que importava muito pouco e não merecia respeito. Nessas circunstâncias, um camponês via como única chance de talvez prosperar a emigração às cidades e grandes centros urbanos do norte peninsular, carentes de mão de obra sem qualificação. Ou, ainda, às pacatas capitais de província, onde meninas e moças de famílias camponesas eram enviadas para trabalhar como domésticas em casas de classe média.

Havia também a emigração ultramarina, em que os destinos principais eram os países ibero-americanos (Argentina, Brasil, Uruguai, México, as Antilhas etc.) e o protetorado francês da Argélia. Em alguns casos, como no Brasil, os fazendeiros locais haviam encorajado, décadas atrás, esse movimento migratório, pagando até mesmo a passagem marítima. Milhares de indivíduos e famílias inteiras atravessaram o Atlântico em um fluxo migratório que teve a sua maior intensidade entre 1880 e 1930. As autoridades liberais da Restauração criticaram a perda dessa força de trabalho e idealizaram algumas medidas para diminuí-la. Contudo, nos relatórios do Instituto para as Reformas Sociais publicados nas primeiras décadas do século XX, o governo reconhecia *sotto voce* que a emigração amortecia um conflito social que, sob outras circunstâncias, poderia ser explosivo.

Ora, essas novas circunstâncias apareceram no começo da década de 1930. A crise de outubro de 1929 fez despencar o preço das matérias-primas. Estoques de produtos agrícolas acumularam-se nos portos americanos sem que houvesse mercado para eles. Muitos governos, como o brasileiro, resolveram queimar esses gêneros e indenizar os proprietários. De um só golpe, as prósperas e promissoras repúblicas latino-americanas repensaram as suas políticas imigratórias e impuseram novas restrições à chegada de camponeses europeus, os mesmos que até poucos anos atrás eram recebidos de braços abertos.

A paralisia do fluxo migratório para a América foi mais uma "herança maldita" que a jovem República espanhola recebeu, embora a Monarquia não pudesse ser culpabilizada por isso. Os *padres de la patria* republicanos eram bem conscientes da instável situação vivenciada pelas populações do campo e sabiam que a sobrevivência do regime de 1931 dependeria do sucesso ou fracasso ao se tratar dessa questão.

O problema agrário foi analisado na Assembleia Constituinte e concluiu-se, com a oposição das forças de direita, que a estrutura da propriedade rural vigente àquela época era insustentável. Logo formou-se o Instituto para Reforma Agrária, encarregado de detectar os latifúndios improdutivos, expropriá-los, loteá-los e entregá-los às famílias sem-terra. Não foi cogitado o modelo de coletivização de terras, à maneira dos *kolkhoses* soviéticos, mas o ideal liberal-progressista de transformar os trabalhadores agrícolas em proprietários das terras onde trabalhavam. Além disso, não se tratava de simplesmente entregar os títulos de propriedade aos diaristas. Deviam dotá-los também de conhecimentos para que pudessem fazer bom uso das terras recebidas, melhorando a sua produtividade.

A República adotou diversas iniciativas culturais com o objetivo de instruir os camponeses e, nessa empreitada, contou com o apoio de destacados intelectuais de esquerda. Foi o caso, por exemplo, do poeta e dramaturgo Federico García Lorca, que colaborou ativamente na formação do grupo teatral La Barraca. A encenação de peças clássicas do repertório castelhano (Lope de Vega, Calderón de la Barca...) realizada pelo grupo era, em muitas vilas e povoados, o primeiro contato dos moradores com a cultura erudita.

Todo o plano de reforma agrária devia ser executado de acordo com as regras do Estado de direito, com transparência e mediante indenizações aos proprietários. E eis aqui o calcanhar de Aquiles de todo o processo: a sua lentidão e o seu elevado custo. Os latifundiários fizeram uso de todas as ferramentas legais a seu alcance para colocar obstáculos à expropriação das terras. Armados com os melhores escritórios de advocacia do país, os processos emperravam em dilatados litígios judiciais. As exigências de indenização eram infladas a ponto de se tornarem inalcançáveis para as esquálidas arcas públicas. Mesmo assim, ainda que o governo ganhasse a partida, os grandes proprietários não hesitavam em aplicar a justiça com as próprias mãos e defendiam com violência aquilo que julgavam seus direitos de posse. E nisso contaram com o respaldo de um setor do Exército cuja cúpula era aparentada dos donos das terras.

O caminho que leva ao inferno

As Forças Armadas

O Exército foi a outra pedra no sapato da República espanhola. A instituição militar, que no começo do século XIX havia contribuído com o progresso político, impulsionando as reformas liberais, tinha se tornado, na virada do século, um corpo cada vez mais conservador. Embora Cánovas del Castillo conseguisse devolver o Exército aos quartéis e afastá-lo das disputas políticas, o desastre bélico da Guerra de Cuba causara grande desânimo entre os generais, que, tácita ou expressamente, culpabilizaram os políticos da Restauração pela derrota. Fosse ou não culpa do governo, o Desastre tinha deixado em evidência o atraso do Exército espanhol e o caráter periférico da outrora potência colonial. Esse sentimento de fracasso animou os militares a adotar uma postura mais combativa contra o parlamentarismo.

As gerações de oficiais que se formaram nas primeiras décadas do século XX foram contaminadas pela aversão que as altas patentes sentiam pela classe política. A dura Guerra do Marrocos, que teoricamente devia ser um passeio triunfal para devolver à Espanha sua antiga glória, transformou-se em uma longa guerra de desgaste que durou mais de 20 anos. Combatendo em El Rif, muitos soldados descobriram as deficiências da máquina militar espanhola e sofreram espetaculares derrotas diante das *cabilas* (tribos) marroquinas. A guerra colonial contou também com a oposição do movimento operário, muito crítico ao sistema de cotas, que permitia aos filhos das classes abastadas se safarem do serviço militar em troca do pagamento de uma soma de dinheiro. Enquanto os parlamentares se envolviam em intermináveis debates nas Cortes de Madri e os anarquistas e socialistas exigiam nas ruas o fim da guerra, o exército voltava-se cada vez mais para si mesmo.

Quando a Segunda República foi proclamada, o Exército era uma classe profissional endogâmica, a ponto de serem raros os indivíduos que optavam pela carreira castrense sem ter outros membros da família nas Forças Armadas. Os militares conviviam em residências de propriedade do Exército, separados do resto da população; frequentavam os mesmos colégios; liam os mesmos jornais; praticavam os mesmos esportes e, inclusive, faziam as compras nos mesmos mercados, os *economatos*, cooperativas de consumo com preços mais baixos do que aqueles das mercearias de bairro. A situação se repetia, ou até mesmo se agravava, no caso da guarda civil, um corpo policial com gestão de tipo militar, responsável, desde meados do século XIX, pela segurança nas fronteiras e no meio rural. No caso da Marinha de Guerra, predominavam pessoas de "sangue azul" entre os oficiais e almirantes. Somente a Força Aérea, mais recente, que necessitava de pessoal com melhor formação técnica em mecânica, tinha um perfil mais "democrático", ao abrigar em seu corpo indivíduos de estratos sociais mais variados. Mesmo assim, abundavam nela aventureiros de alto berço, "ovelhas negras" de famílias com posses, atraídas pelo pioneirismo e pela rebeldia que inspiravam os primórdios da aviação.

Outro problema do Exército espanhol dessa época era a macrocefalia, isto é, o excessivo número de generais em relação ao tamanho das Forças Armadas. Como ironizou Valentí Almirall algumas décadas antes, a Espanha somente superava o resto de países europeus em duas coisas: endividamento público e número de generais. Dada a sua elevada quantidade, muitos deles não tinham muito que fazer. Alguns aproveitavam o tempo livre para conspirar.

Mas não era somente a macrocefalia que atrapalhava o funcionamento das Forças Armadas. Os critérios seguidos para a promoção dos oficiais também criaram descontentamentos, sobretudo em função da rápida progressão dos militares "africanistas" (ou seja, aqueles que lutavam na Guerra do Marrocos), que, pela coragem exibida em combate, foram premiados com patentes mais elevadas. Essa promoção por méritos de guerra colocou em campos opostos o corpo de infantaria e o de artilharia. Enquanto os primeiros defendiam a justiça da promoção baseada no valor no campo de batalha, os segundos exigiam que qualquer ascensão fosse feita seguindo escrupulosos critérios, levando em conta o tempo de serviço às Forças Armadas. Os artilheiros reclamavam que a sua intervenção era fundamental para decidir o resultado favorável das ofensivas ou para obrigar a retirada dos adversários. Entretanto, pelo fato de não estarem na linha de frente, oficiais de artilharia tinham mais dificuldades em progredir no escalão militar.

Mas, para além das desavenças em virtude dos critérios seguidos na promoção dos oficiais, a guerra colonial deixou claro que o Exército espanhol era, na verdade, formado por dois corpos militares diferentes: o Exército Colonial, experiente no campo de batalha, e muito mais profissionalizado, e o Exército Peninsular, acomodado nas velhas tradições, impermeável a inovações táticas e mais orientado à manutenção da ordem pública. Os melhores oficiais de infantaria, as mais potentes peças de artilharia e o grosso dos recursos da aviação estavam concentrados no norte da África, na luta contra as *cabilas* marroquinas. El Rif era o local idôneo para que um jovem oficial com ambições pudesse dar conta de sua bravura. Muito cedo os "africanistas" formariam um grupo à parte dentro da hierarquia do Exército. Eram oficiais que desconfiavam muito dos políticos e que defendiam a intervenção aberta do Exército na vida pública. Acreditavam que os princípios de disciplina, sacrifício e coragem, que não apenas pregavam, mas também praticavam no seu dia a dia, contra guerrilhas de Abd el-Krim, eram a melhor receita para uma verdadeira regeneração nacional.

O ministro da Defesa, Manuel Azaña, realizou uma reforma estrutural do Exército com um duplo objetivo: dotar as Forças Armadas de maior eficiência, enviando para isso uma parte considerável de generais à *reserva* (um eufemismo para a aposentadoria), e evitar que os "africanistas", de cuja lealdade a República desconfiara, ocupassem posições significativas na vida política. Atos como o fechamento da academia militar de Zaragoza – cujo maior responsável, em 1931, era Francisco Franco –, onde se ensinava as técnicas de guerra praticadas no norte da África, ou o envio de alguns dos generais mais preparados a destinações em capitanias-gerais muito periféricas (como as dos arquipélagos) irritaram profundamente os "africanistas" e os deixaram indispostos com o governo republicano.

Uma parte substancial do exército de terra peninsular estava constituída pela guarda civil, ou *benemérita*, um corpo policial fundado em meados do século XIX para lutar nas fronteiras, contra os contrabandistas, e exterminar dos campos qualquer bandoleiro. Embora a função (e o próprio nome) da guarda civil fosse a segurança pública, os seus membros eram regidos pelo código de justiça militar e funcionavam organicamente como um corpo do Exército. Elogiada pelos proprietários de terra, a guarda civil era vista como um grupo preconceituoso em relação aos camponeses pobres e às minorias étnicas (marcadamente os ciganos) e pelo uso de métodos truculentos no interrogatório dos prisioneiros. Foi a *benemérita* a principal encarregada de reprimir o movimento anarquista na metade sul da Espanha.

A República também desconfiava da guarda civil, ainda que o seu comportamento neutro entre os dias 12 e 14 de abril de 1931 houvesse contribuído poderosamente para que a transição da Monarquia à República fosse pacífica. Naquele momento, o comandante máximo da guarda era o general José Sanjurjo, um "africanista" monárquico que havia participado ativamente da ofensiva de Alhucemas, mas que a partir da queda de Primo de Rivera havia desenvolvido rancor contra Alfonso XIII. Ainda assim, os políticos da coalizão republicano-socialista do governo não enxergavam esse grupo de militares com muita simpatia. Para restringir o seu campo de ação, foi constituído um novo corpo policial, chamado de guardas de assalto, que tiraria das mãos da guarda civil uma grande parte de suas atribuições àquela época. O tratamento especial concedido aos guardas de assalto, incluindo a concessão de armas de maior qualidade a esse corpo de segurança, teria consequências visíveis no momento da eclosão da guerra civil.

O avanço da reforma agrária no biênio de 1931-32 propiciou uma aliança entre grandes proprietários de terra e militares descontentes com a República, com a bênção de um setor da Igreja Católica que nutria crescente ódio contra o regime laicista. O primeiro desafio que os militares impuseram à República foi protagonizado pelo general Sanjurjo, que em agosto de 1932 se levantou em armas contra o governo de Madri, em sua capitania de Sevilha. O evento, conhecido como *Sanjurjada*, não passou de anedota, em virtude da rápida intervenção do movimento operário, que proclamou greve geral na cidade e obrigou a rendição dos rebeldes.

O levante teve o efeito oposto do almejado pelos seus idealizadores. O governo republicano aproveitou a oportunidade para acelerar o programa de reformas, e os *Grandes de España* que haviam dado suporte ao golpe foram objeto de desapropriações sem direito à indenização. Sanjurjo foi preso por um ano, porém logo recebeu indulto e, finalmente, exilou-se em Portugal, onde o regime corporativista de Salazar recebia de braços abertos os dissidentes espanhóis.

As identidades nacionais

Um dos eventos que motivaram o levante de Sanjurjo foi a aprovação do Estatuto de Autonomia da Catalunha. Ainda que a Constituição de 1931 reconhecesse o direito das regiões a constituir-se em autogoverno, as forças conservadoras entendiam esse movimento de descentralização como um perigo para a unidade do país. Realmente, a questão nacional é um dos assuntos mais espinhosos da história recente espanhola e nem mesmo hoje pode ser considerada plenamente resolvida. Vejamos em poucas linhas essa problemática.

O caminho que leva ao inferno

DIVISÃO DA ESPANHA EM PROVÍNCIAS E REGIÕES (1936)

Como muitos outros Estados europeus, a Espanha é um país plurilinguístico (além do castelhano, são falados outros idiomas, como o catalão, o galego e o basco), fruto da fusão de diversos reinos medievais no começo da Idade Moderna. O próprio escudo da Espanha é um mosaico com os emblemas dos territórios que se uniram durante a época dos Reis Católicos. Embora no começo do século XVIII Felipe V, o primeiro rei Bourbon, tenha feito um grande esforço para unificar as instituições do reino, impondo as leis e a língua de Castela aos outros territórios, o sentimento de diferença persistiu por gerações. No século XIX, com o Romantismo, esse sentimento eclodiu em movimentos políticos de afirmação nacional. Primeiro os poetas e depois os políticos reivindicaram a identidade escondida sob o manto de aparente uniformidade que o Estado fomentara. Enquanto no espaço público apenas uma língua, a castelhana, era permitida, o uso dos idiomas autóctones sobrevivia no seio das famílias, em atividades religiosas ou em expressões de cultura popular. A reivindicação dos direitos forais por parte dos carlistas escondia um protonacionalismo que só se desenrolaria na segunda metade do século XIX, em razão da industrialização. E seriam justamente as duas regiões mais industrializadas, a Catalunha e o País Basco, as primeiras a desenvolver um movimento nacionalista próprio.

No caso catalão, o nacionalismo bebeu de várias fontes e deu lugar a três grandes tendências, pelo menos. Existiu um nacionalismo progressista, com viés socializante, e muito próximo do republicanismo federal, que teve em Valentí Almirall o principal expoente. Existiu também um catalanismo conservador e clerical, cioso da língua e da história do país e contrário ao centralismo liberal. Esse nacionalismo, que teve no bispo Torras i Bages um dos seus principais arautos, era de origem rural e temeroso da modernidade, mas supôs uma evolução em face do carlismo. Finalmente, prosperou nas cidades catalãs um catalanismo pequeno-burguês, comprometido com a modernização e a europeização do país. Os homens da *Solidaritat Catalana* e do partido *Lliga Regionalista*, como Francesc Cambó ou Enric Prat de la Riba, exprimiram em seus programas políticos anseios de progresso e o medo de perder o direito à propriedade privada dos *botiguers* (lojistas) e dos pequenos industriais.

Em 1892, em uma reunião na cidade de Manresa, o movimento catalanista publicou as *Bases*, programa político que reclamava a superação do modelo centralista instaurado com os Decretos de Nova Planta, de Felipe V. Nas décadas posteriores, o nacionalismo catalão conseguiria eleger um número significativo de deputados nas Cortes de Madri, além de obter muitos vereadores e prefeitos, tornando-se uma força que devia ser levada em consideração. Em 1914, os deputados catalanistas conseguiram a aprovação da *Mancomunitat*, um embrionário regime de autogoverno na Catalunha, com atribuições muito limitadas, porém atuante em âmbitos de forte impacto social, como a educação ou a infraestrutura. A ditadura de Primo de Rivera, contudo, aboliu a *Mancomunitat* em 1923, suprimindo mais uma vez o direito dos catalães de se expressar em público no próprio idioma.

No caso basco, a formação do nacionalismo teve um claro protagonista: Sabino Arana, fundador de Partido Nacionalista Basco (PNV). O lema do PNV era "Deus e leis velhas", o que o aparentava, mesmo que remotamente, com o carlismo. O nacionalismo de Arana ainda acrescentava uma percepção muito racial às características católicas e conservadoras. Os bascos seriam uma comunidade unida por vínculos de sangue e pela fala de uma língua pré-indo-europeia de origens obscuras. Mas o nacionalismo de Arana também sentia admiração pela pujança das nações industrializadas. Inclusive a bandeira inventada por ele para representar o povo basco (a *ikurriña*) estava claramente inspirada na *Union Jack* britânica, país com o qual os industriais e comerciantes biscaínos mantinham relações havia séculos.

É evidente que o desenvolvimento industrial e a grande imigração recebida do sul da Espanha incentivaram o crescimento de posturas políticas nacionalistas, em alguns casos excludentes. Assim, o nacionalismo foi mais tardio e menos combativo na Galícia, um território com características próprias muito marcadas, porém muito menos afetado pelos efeitos da Revolução Industrial. Até pouco tempo atrás a Galícia apresentou saldos migratórios negativos, sendo maior o número de emigrantes do que de imigrantes. O medo da modernidade e, muito especialmente, o medo do "outro" – o imigrante que vinha do sul –, foram motores do crescimento do nacionalismo na Catalunha e no País Basco. Mas também é verdade que a concepção centralista do Estado espanhol trazia consigo graves desequilíbrios, minimizando a influência política de regiões que cada vez mais ganhavam peso econômico.

Tanto o nacionalismo catalão quanto o basco haviam atuado na oposição à ditadura de Primo de Rivera e, em 1930, colaboraram ativamente na instauração da República. As suas aspirações de autogoverno foram parcialmente acolhidas na Constituição de 1931, que reconheceu o direito à autonomia das regiões.

Em 1932, a Catalunha obtinha o seu primeiro Estatuto de Autonomia e recuperava a *Generalitat* (instituição medieval agora renascida), com um governo e um parlamento próprios. O primeiro presidente da *Generalitat* foi Francesc Macià, um coronel reformado que em 1926 tentara derrubar Primo de Rivera e instaurar o Estado catalão, mediante uma invasão de tropas mercenárias recrutadas na França. Após o fracasso em Prats de Molló, Macià teve que moderar as suas pretensões políticas. Em 1932, o *President* renunciou aos seus ideais confederativos de uma república catalã soberana no seio de uma federação de repúblicas ibéricas e conformou-se com as competências muito mais modestas do Estatuto de Núria, que em caso algum reconhecia a Catalunha como Estado independente ou lhe outorgava o direito à auto-determinação. Contudo, o regime autonômico concedia largas competências à *Generalitat* em matéria de ordem pública, como a criação de uma polícia própria (os *mossos d'esquadra*), saúde, educação, habitação, entre outras.

O Estatuto de Autonomia do País Basco, por sua vez, não conseguiu sair do papel. Isso aconteceu em razão de dois fatores, basicamente. O primeiro foi a ambição maior dos nacionalistas bascos, que pretendiam incluir em seu projeto autônomo a região de Navarra, cuja população era muito mais conservadora (o carlismo estava fortemente arraigado lá) e que não se sentia demasiado identificada com o ideário basquista. O segundo foi a oposição em Madri dos partidos de esquerda, que temiam as intenções do PNV, dado o seu catolicismo militante. Indalecio Prieto, um dos principais dirigentes socialistas, resumiu a oposição republicano-progressista ao projeto de autonomia basca definindo-o como um "Gibraltar vaticanista" ou como a declaração de independência da "República do Sagrado Coração de Jesus". Portanto, o projeto de Estatuto de Autonomia basco ficou engavetado até setembro de 1936, quando, dois meses depois do início da guerra, não sobraram dúvidas acerca da fidelidade republicana do PNV.

Em pouco mais de dois anos de existência, a Segunda República tinha implantado o programa de reformas mais vasto da história espanhola, mas à custa do descontentamento das classes privilegiadas, que dominavam, direta ou indiretamente, a atividade econômica, as forças de segurança e os veículos de controle ideológico. Esse descontentamento aumentará nos anos seguintes e será uma das principais causas da ruína do projeto republicano.

O anarquismo repudia a República "burguesa"

No alvorecer da Segunda República o movimento operário estava constituído por dois grandes coletivos: os anarquistas e os socialistas. Os comunistas, por sua vez, representavam ainda um grupo minoritário.

O anarquismo tinha chegado à Espanha em 1869, logo após a derrubada de Isabel II, trazido por Fanelli, um discípulo de Bakunin. Na sua versão anarcossindicalista, o movimento anarquista cresceu rapidamente entre os operários têxteis da Catalunha, que viram em seu modelo autogestionário uma alternativa válida ao capitalismo burguês. A Ideia – assim, com letra maiúscula – foi propagada por anarquistas que, individualmente ou reunidos em "ateneus libertários", faziam proselitismo entre as massas trabalhadoras sobre as benesses de uma sociedade sem classes, sem Estado, sem Deus e sem senhores. O anarquismo preocupou-se em dar formação aos filhos dos operários, geralmente afastados dos estudos porque a família não podia pagar a escola, jovens que encontravam nos ateneus a possibilidade de aprender a ler e escrever e tomar consciência da necessidade de lutar para melhorar suas condições de vida. Alguns pensadores anarquistas se destacaram no âmbito da Pedagogia, desenvolvendo inovadores métodos didáticos. Os anarquistas também se preocupavam com a higiene das classes mais humildes e, mesmo que defendessem o amor livre, não frequentavam bordéis e evitavam os vícios como o álcool ou o tabaco. Eles eram, de certa maneira, uma espécie de monges ateus devotados à Ideia.

Na versão anarcossindicalista, a ideologia libertária espalhou-se rapidamente pelas fábricas de Barcelona e outros núcleos fabris da Catalunha, como Terrassa, Sabadell, Granollers ou Mataró, e de lá para o resto de cidades importantes da Espanha, destacando os núcleos anarcossindicalistas de València, Zaragoza, Sevilha e das cidades mineiras e industriais do País Basco e das Astúrias. Cada fábrica tinha o seu grupo sindical que depois se juntava, mas sem perder a autonomia, a grupos locais, regionais e federais. Periodicamente eram organizados congressos para debater assuntos de interesse dos filiados e traçar as linhas de atuação do sindicato. Os anarcossindicalistas lutaram, mediante greves, boicotes e outros meios de pressão sindical, para a melhoria das condições de trabalho, mas sempre com o objetivo final de estabelecer um comunismo libertário que superasse as distinções de classe e eliminasse qualquer autoridade.

Uma versão diferente do anarquismo, o anarcomunismo, floresceu na Andaluzia na virada do século. O seu principal ideólogo foi o russo Kropotkin, cujo ideário foi rapidamente aceito por extensas camadas de camponeses sem-terra, que encontraram nele uma atualização do milenarismo redentor. O anarcomunismo não prometia realizar grandes utopias, mas um mundo igualitário, não muito rico, porém suficientemente justo para que os pobres vivessem em harmonia e com dignidade.

Em 1910, fundou-se em Barcelona a Confederação Nacional do Trabalho (CNT), que congregou boa parte do sindicalismo anarquista. Filha da

Solidariedade Operária, fundada em 1907 como oposição ao ideário nacionalista burguês da *Solidaritat Catalana*, a CNT teve um papel de destaque na luta de classes do reinado de Alfonso XIII. Com apenas 30 mil filiados no começo do século, a CNT cresceu rapidamente, atingindo 750 mil operários sindicalizados em 1919, no momento de maior tensão social da Restauração. Os *cenetistas* deram claras mostras de seu poder de paralisar o país na greve revolucionária de agosto de 1917 ou ao deixar sem atividade a companhia Barcelona Traction, *La Canadiense* (1919), que fornecia eletricidade à capital catalã.

O anarquismo acreditava no poder do indivíduo, e seus ideólogos defendiam o uso da "ação direta", eufemismo para atuações violentas. Assim, os anarquistas foram responsáveis por ações terroristas em muitas cidades da Espanha, como a colocação de bombas no teatro do Liceu, em Barcelona, e de assassinatos de figuras do mundo político e empresarial. Eles acreditavam que esse tipo de ação ajudaria a acelerar o colapso do capitalismo e dificultaria o funcionamento do Estado. Ministros, bispos, generais, industriais e membros dos corpos de segurança foram alvo do terrorismo anarquista, que não tinha escrúpulos de usar seus métodos violentos em locais públicos, lotados de pessoas inocentes.

O uso da violência gerava uma espiral de ação-reação-ação, em que o terrorismo era combatido com recursos ilegais (como a tortura nos interrogatórios ou a aplicação indiscriminada da "lei de fugas", que permitia à polícia disparar para matar caso o preso tentasse fugir), o que acabava gerando novas ações violentas de revanche dos anarquistas. A perseguição do grupo *La Mano Negra* (cuja existência ainda é questionada pelos historiadores) e a repressão da Semana Trágica de Barcelona (1909) foram feitas desrespeitando as garantias constitucionais e com flagrantes violações dos direitos humanos.

A partir de 1919, em parte como reflexo da revolução bolchevique russa, Barcelona e outros importantes centros urbanos espanhóis padeceram uma série de verdadeiros anos de chumbo, em que os pistoleiros anarcossindicalistas e os capangas a serviço dos patrões acertavam as suas contas a céu aberto nas ruas da cidade. O primeiro-ministro, Eduardo Dato, e o líder sindical Salvador Seguí - *El Noi del Sucre* - foram algumas das vítimas mais destacadas dessa onda de violência sem controle.

A instauração da ditadura de Primo de Rivera, com a supressão dos direitos sindicais e o reforço do policiamento, rebaixou a tensão nas ruas dando uma vitória parcial aos patrões. Entretanto, em 1927, o setor mais duro do anarquismo reorganizou-se com a fundação da Federação Anarquista Ibérica (FAI), que nos anos seguintes competiria com a CNT pelo domínio ideológico do movimento anarquista espanhol. Entre os fundadores da FAI havia o grupo conhecido como *Los Solidarios*, integrado por Durruti, García Oliver e Francisco Ascaso. *Los Solidarios* tinham ganhado fama pelas suas ações armadas, que incluíam assaltos a bancos, roubos e assassinatos. Eram vistos por um setor do movimento operário como uma espécie de Robin Hoods anarquistas, de ideais muito firmes e totalmente contrários a qualquer tipo de colaboração com as forças capitalistas.

Com a chegada da Segunda República, a doutrina dominante entre os anarquistas era que nada de significativo tinha mudado com a troca de regime político. A Monarquia e a República eram duas formas idênticas de opressão do proletariado e deviam ser combatidas do mesmo modo. No entanto, e à vista das atitudes pró-sociais que o governo provisório estava enunciando, um setor no anarcossindicalismo decidiu dar uma trégua para ver até onde iria o novo regime. Em breve, porém, as reformas propostas pelos esquerdistas republicanos foram ridicularizadas pelos anarquistas, que as acharam tímidas demais. As greves, os protestos e os boicotes voltaram à tona, agravados pelo difícil contexto de crise econômica. O ano de 1932 voltou a ser um momento quente do ponto de vista do ativismo sindical, confirmando a rachadura entre a CNT, claramente beligerante, e a UGT socialista, mais partidária do diálogo e da via reformista.

A gota-d'água, todavia, seria o massacre de Casas Viejas, no começo de 1933, quando um grupo de guardas civis ateou fogo em uma choupana onde um grupo de anarquistas tinha se refugiado, provocando a morte de seus moradores, inclusive crianças e idosos. A partir dessa ação policial o setor da FAI ganhou força dentro do movimento anarquista, e suas teses que defendiam a ação direta e nenhum compromisso com as estruturas do Estado venceram aquelas do setor da CNT mais conciliador, liderado por Ángel Pestaña. A violência anarquista voltaria às ruas em grande escala, trazendo mais instabilidade social e contribuindo para corroer os alicerces do reformismo republicano.

Entre o socialismo democrático e a "ginástica revolucionária"

O marxismo demorou mais tempo para se assentar na Espanha. O seu principal preconizador foi Pablo Iglesias, fundador do PSOE e UGT. Os socialistas compartilhavam com os anarquistas a defesa dos interesses da classe operária e a luta contra a opressão capitalista. Entretanto, os seus métodos eram muito diferentes. Os marxistas pensavam que a Espanha estava atrasada demais para uma verdadeira revolução social que conduzisse a uma sociedade sem classes. Além disso, seguindo as teorias do autor de *O capital*, eles consideravam desnecessária a "ação direta" pregada pelos anarquistas. A colocação de bombas e o assassinato de políticos e empresários eram medidas superficiais que não alteravam as profundas estruturas socioeconômicas do país e apenas provocavam uma escalada irracional da violência. Aos olhos dos socialistas, a Espanha de 1900 ainda não tinha alcançado o *status* de "capitalista", persistiam nela muitos elementos "feudais". Sem consolidar o capitalismo industrial, queimando etapas, a Espanha não estaria pronta para a instauração da sociedade sem classes, com o breve, incômodo, mas necessário, intervalo da "ditadura do proletariado".

A maior complexidade conceitual do discurso marxista dificultou o crescimento do socialismo na Espanha nas últimas décadas do século XIX e começo do XX. Em 1914, para cada membro do sindicato socialista havia quatro filiados à CNT anarquista. Contudo, os socialistas ocuparam um espaço político relevante entre os servidores públicos, os professores universitários e as classes operárias mais qualificadas, como os trabalhadores das indústrias gráficas, os ferroviários e os metalúrgicos. Assim, enquanto Barcelona era a capital dos anarquistas, o socialismo espalhou-se com relativa facilidade em Madri, Bilbao e nos centros industriais das Astúrias, assim como em outras capitais de província de porte médio.

Ao contrário dos anarcossindicalistas, os socialistas não hesitaram em intervir nas instituições políticas e, desde o começo do século, dispuseram de uma bancada própria nas Cortes de Madri. O PSOE e a UGT trabalhavam lado a lado no encaminhamento de propostas legislativas que reconhecessem direitos sociais. Alguns avanços em matéria trabalhista foram impulsionados por deputados socialistas durante o reinado de Alfonso XIII. Os anarquistas desconfiavam deles e temiam que essa colaboração não fosse outra coisa além de peleguismo, e que a UGT servisse como amortecedor entre patrões e operários em sua luta de classes. Mesmo assim, em algumas ocasiões pontuais, anarquistas e socialistas saíram juntos às ruas para combater o capitalismo.

Com a instauração da ditadura de Primo de Rivera, um setor majoritário do socialismo acreditou que o general faria profundas reformas sociais que melhorariam as condições de vida da classe trabalhadora. Francisco Largo Caballero, um dos principais dirigentes socialistas, colaborou ativamente na elaboração da legislação trabalhista, integrando-se nos órgãos de poder da ditadura. Mas, em pouco tempo, ficou claro que a política social do ditador não passava de um paternalismo rançoso com um verniz de caridade cristã. A UGT acabaria se desligando do regime de Primo de Rivera e se unindo ao coro daqueles que criticavam o seu autoritarismo.

Com a chegada da República, os socialistas encontraram uma ocasião privilegiada para pôr em prática o seu programa regeneracionista. Os políticos do PSOE passaram a ocupar altos cargos no governo, e a Constituição de 1931 deixou por escrito uma parte significativa dos seus princípios políticos. Em paralelo, o sindicato UGT aumentou consideravelmente o seu quadro de filiados, ficando cada vez mais próximo em número da CNT. Contudo, esse período de bonança para os socialistas não esteve isento de divisões internas. De fato, o PSOE-UGT estava dividido em três grandes esferas: a dos intelectuais socialistas, como Fernando de los Ríos, Araquistáin, Zugazagoitia ou Besteiro; aquela do movimento operário moderado e de caráter pactista, que procurava reformas gradativas e tinha Indalecio Prieto como seu principal mentor; e, por fim, a dos socialistas revolucionários. Este último grupo aglutinava-se em torno de Largo Caballero, sindicalista que, em menos de dez anos deixara de apoiar a ditadura militar de Primo de Rivera para aderir ao discurso revolucionário, a ponto de ser considerado o "Lenin espanhol". Descontentes com o reformismo republicano, praticavam uma "ginástica revolucionária", sonhando transformar a Espanha em uma espécie de União Soviética.

O setor caballerista teria cada vez mais poder dentro do partido e do sindicato socialistas, especialmente a partir de novembro de 1933, quando a direita ganhou as eleições e a coalizão republicano-esquerdista-socialista

A Guerra Civil Espanhola

teve que abandonar o poder. Os socialistas revolucionários aproximaram-se de posições dos comunistas do Partido Comunista da Espanha (PCE), partido constituído no começo da década de 1920, originário de uma cisão do PSOE, mas que até 1936 teria pouquíssimos filiados.

Fascistas e *fascistizantes*

A direita, por sua vez, não ficou parada diante do crescimento da esquerda revolucionária. Industriais, financistas, comerciantes e proprietários agrícolas, pequenos e grandes, endureceram o discurso e se reorganizaram para fazer frente ao desafio da revolução social. Grupos centenários no panorama político espanhol, como os carlistas, partiram para o rearmamento dos seus *tercios de requetés*, resíduos paramilitares do Exército absolutista que combatera nas guerras civis do século XIX, mas que ainda contavam com presença notável nas províncias bascas e em Navarra.

Durante os anos da República, os carlistas participaram das eleições sob a denominação de Comunhão Tradicionalista, expressão de conotações religiosas que evitava o termo "partido político", excessivamente liberal para o gosto absolutista. A imprensa carlista, que tinha no jornal de Pamplona *El Pensamiento Navarro* seu principal meio de expressão, fazia raivosas críticas à política reformista do governo de Madri. Medidas como a aprovação da lei do divórcio eram consideradas pecados mortais aos olhos dos tradicionalistas, que não suportavam o fato de a Igreja estar separada do Estado. Além disso, os *requetés*, cujo número variou entre 2 mil e 7 mil membros, realizavam exercícios de instrução militar e de prática de tiro, se preparando para uma eventual guerra contra os vermelhos.

Todavia, o aspecto mais renovador da direita espanhola foi a aparição do fascismo no cenário político. As primeiras manifestações desta ideologia ocorreram em 1930, com a fundação do periódico *La conquista del Estado* por parte de um grupo de intelectuais de extrema-direita. Desse grupo surgiram as Juntas de Ofensiva Nacional-Sindicalista (JONS), fundadas por Ramiro Ledesma Ramos. As JONS inspiraram-se no fascismo italiano e acrescentaram alguns elementos hispânicos, como a simbologia do jugo e das flechas dos Reis Católicos. A ideologia de Ledesma Ramos incluía posições políticas próximas do socialismo e erigia-se como uma terceira via entre o

48

O caminho que leva ao inferno

capitalismo da era liberal e o socialismo exemplificado na União Soviética. As JONS absorveram outros grupinhos da mesma época que emulavam o fascismo italiano ou o nazismo alemão, como as Juntas Hispânicas, fundadas em Valladolid por Onésimo Redondo. Mas os seguidores das JONS não passaram de um punhado de jovens exaltados e idealistas, sem influência no meio político.

O fascismo espanhol deixou de ser uma força política quase residual somente em 1933, com a fundação da Falange Espanhola (FE) no Teatro da Comédia de Madri. O seu fundador foi José Antonio Primo de Rivera, filho do ditador que governara entre 1923 e 1930. No ato de fundação do partido, José Antonio veio acompanhado de Ruiz de Alda, um aviador que alcançara fama de herói nacional depois de voar da Espanha à América do Sul a bordo do *Plus Ultra*. Coincidentemente, em sua aventura transoceânica Ruiz de Alda tivera como copiloto Ramón Franco, irmão do general Francisco Franco.

Em seu discurso inaugural, com o teatro cheio de simpatizantes e com cobertura da imprensa, José Antonio defendeu a dialética "dos punhos e das pistolas" para se opor aos grupos operários que, ao seu ver, atrapalhavam a ordem pública e levavam o país rumo à anarquia. O partido articulou-se em torno de 27 Pontos que enumeravam um programa político claro e intransigente. Neles se previa, entre outras coisas, a indissolúvel unidade da Espanha (apropriando-se para tanto da expressão de Ortega y Gasset de "unidade de destino no universal"), o estabelecimento de um Estado totalitário baseado em valores corporativistas, a nacionalização da banca, a substituição da luta de classes pelo sindicalismo vertical, a recuperação da vocação imperial e uma atitude mais firme de rearmamento que devolvesse à Espanha o papel de potência que tivera no passado. No 27° ponto exprimia-se a vontade de pactuar o mínimo possível e de manter a todo momento uma postura independente e alheia à politicagem do parlamentarismo.

Um ano mais tarde, José Antonio Primo de Rivera e Ramiro Ledesma Ramos uniram os seus grupos em um só partido: Falange Espanhola e JONS (FE-JONS). Mesmo assim, o falangismo manteve-se em um estágio de quase indigência, sem representação no parlamento. A sua penetração social se reduziu à presença de alguns intelectuais jovens (como Ernesto Giménez Caballero ou Rafael Sánchez Mazas), de estudantes universitários filiados

49

ao Sindicato de Estudantes Universitários (SEU) e alguns grupos profissionais muito preocupados com a segurança nas cidades, como o dos taxistas. Entretanto, em seus primeiros anos de vida, FE-JONS não conseguiu eliminar um certo ar de "partido de senhoritos", e as suas tentativas de levar a luta social às ruas e de se opor pela força aos piquetes sindicais foram, na maioria dos casos, um fiasco absoluto. Os líderes falangistas apareciam com muita frequência nas páginas dos jornais, mas quase sempre fotografados assistindo ao enterro de algum companheiro falecido em brigas com anarquistas ou socialistas. A situação chegou a tal ponto que circulou um comentário irônico em Madri dizendo que FE eram, na verdade, as iniciais de "Funerária Espanhola".

O falangismo apresentava uma estranha amálgama de princípios arcaicos e modernos. Embora o conteúdo ideológico de suas propostas apontasse um antiquado saudosismo imperial, medroso quanto às transformações resultantes da industrialização, a sua *mise en scène* apresentava algumas vestes atuais. Ao contrário do conservadorismo plutocrático da Restauração – de cartola, cassino e jogo de baralho –, o falangismo revigorava o discurso da direita modernizando a sua iconografia e dotando-o de juventude, disciplina militar e espírito de urgência. Vestidos com camisas azuis e balançando bandeiras vermelhas e pretas com o emblema dos Reis Católicos, o falangismo gerava uma sensação de romantismo e de idealismo. Ao mesmo tempo, sem questionar o direito à propriedade privada ou à iniciativa empresarial (peças-chave da abóbada capitalista), os falangistas acolheram uma parte das reivindicações socialistas, ao clamar junto com eles contra as injustiças do capitalismo.

O falangismo não pode ser entendido fora do contexto europeu dos anos 1930. Suas camisas azuis imitavam as camisas negras do fascismo italiano ou as pardas das SA nazistas. Os hinos que enalteciam as glórias pátrias a ritmo de marcha militar também eram uma influência dos movimentos de extrema-direita europeus. E em seu discurso totalitário não é difícil perceber a sombra de Hitler e de Mussolini. Porém, além dessa óbvia presença ideológica do nazifascismo, a Falange também assumia alguns princípios do conservadorismo hispânico. Ao contrário de seus correspondentes italianos e alemães, os falangistas defendiam a religião católica com veemência, considerando-a um elemento fundamental da identidade espanhola. Neste ponto, o ideário da Falange aproximava-se do integralismo português ou da

Action Française, diluindo em parte o espírito revolucionário que o partido aparentava pregar.

Contudo, o peso do falangismo na vida política da Segunda República foi irrisório. Jamais chegou a constituir um grupo parlamentar nas Cortes. Quando José Antonio Primo de Rivera obteve a cadeira de deputado, isso aconteceu em virtude das listas eleitorais dos monárquicos. Mas o falangismo influenciou de maneira indireta boa parte das forças políticas conservadoras. O estilo áspero e sem sutilezas que a Falange praticava foi imitado por políticos como José Calvo Sotelo, líder principal de *Renovación Española*, partido de orientação monárquica alfonsina e defensor do corporativismo. Também a Confederação Espanhola de Direitas Autônomas (CEDA), coalizão de partidos conservadores e agrários, liderada por José María Gil Robles, introduziu a estética goebbeliana em sua propaganda eleitoral, com gigantescos retratos de seu candidato à presidência do governo. Nos comícios, os simpatizantes da CEDA recebiam Gil Robles com o grito de "Chefe, Chefe!", à maneira dos títulos de Führer ou Duce. A CEDA também organizou os seus jovens em torno de princípios de disciplina militar e de confronto violento com as forças de esquerda. Sequer o nacionalismo catalão ficou imune à influência do fascismo. Dentro do partido pela independência *Estat Català* surgiu o grupo de extrema-direita *Nosaltres Sols* (tradução ao catalão do irlandês *Sinn Fein*, ou "Nós sós"), que nos primeiros meses de guerra civil tramou para constituir um exército próprio para a Catalunha.

Tudo, em suma, levava a uma "fascistização" da direita espanhola, em um momento em que, com a ascensão de Hitler à chancelaria de Berlim e a permanência de Mussolini no poder, parecia que as democracias liberais e social-democratas tinham os dias contados. Nos seus agitados primeiros anos de vida, a Segunda República presenciou a extrema polarização das forças políticas, com a direita avançando para posições corporativistas ou totalitárias e a esquerda pregando uma revolução social que pusesse fim às graves desigualdades das quais o país padecia. E o que era pior: salvo um minguante centro político, que ainda acreditava no parlamentarismo como um caminho válido para a reforma e o progresso da Espanha, a polarização não se resumia apenas aos discursos. As forças políticas da extrema-direita e da extrema-esquerda organizaram grupos paramilitares dispostos a reivindicar nas ruas, com os punhos ou as pistolas, aquilo que consideravam justas aspirações.

Das eleições de 1933 à Revolução de Outubro de 1934

A questão do voto feminino armou um rebuliço na primeira legislatura republicana. O sufrágio universal vigorava na Espanha desde a última década do século XX, porém era um direito limitado aos homens. O movimento sufragista espalhou-se na Espanha e, como no resto do mundo ocidental, obteve a simpatia dos partidos progressistas. No entanto, como havia ocorrido com a proposta de Estatuto de Autonomia do País Basco, a esquerda republicana receava que a concessão do voto às mulheres servisse para engrossar as bancadas conservadoras no parlamento. Inclusive feministas tão combativas como Victoria Kent opuseram-se à proposta de sufrágio feminino e solicitaram que essa medida fosse adiada *sine die*, pois entendiam que as mulheres espanholas ainda estavam excessivamente dominadas pelos preconceitos da tradição católica. Por isso, havia o perigo de que acabassem exercendo o voto segundo as diretrizes de seus mentores espirituais e não em defesa dos próprios interesses. Apesar dessas ressalvas, a iniciativa da deputada Clara Campoamor saiu vencedora, depois de muitos debates e por uma diferença de somente quatro votos, instituindo a lei que concedia às mulheres o direito de votar.

As eleições de 19 de novembro de 1933 foram as primeiras na história da Espanha em que as mulheres votaram. Tal como os políticos de esquerda suspeitavam, as urnas deram a vitória às forças de direita, mas é difícil afirmar que isso havia acontecido exclusivamente em virtude do sufrágio feminino.

A coalizão republicano-socialista que governava o país desde abril de 1931 acusara o desgaste de dois anos e meio de intensas reformas que lhes geraram numerosos inimigos. Em 1933, aliás, as forças de direita conseguiram unir-se em um grande partido conservador: a CEDA, que obteve a maior bancada parlamentar, com 115 deputados (um quarto do total da Câmara). O PSOE, por sua vez, amargou uma dolorosa derrota, perdendo a metade dos parlamentares que tinha em 1931, e a *Acción Republicana* de Manuel Azaña ficou reduzida à mínima expressão, passando a 26 a 5 deputados. Malgrado esse triunfo sem paliativos da direita, o presidente Niceto Alcalá-Zamora preferiu não nomear primeiro-ministro o líder da CEDA, José María Gil Robles. Alcalá-Zamora temia que com essa nomeação ele passasse à História como o Hindenburg[2] espanhol, pois havia se destacado em seus discursos de oposição à Constituição republicana e pelas suas duríssimas críticas ao reformismo praticado no biênio anterior.

O presidente preferiu Alejandro Lerroux, candidato da segunda força mais votada, o Partido Republicano Radical (PRR). Lerroux tinha sido um dos republicanos mais relevantes no começo do século e tivera um papel de destaque nos acontecimentos da Semana Trágica de Barcelona. Com o tempo, entretanto, havia abandonado o radicalismo da juventude e se acomodado em posições de centro-direita.

Os governos radicais-conservadores brecaram as reformas iniciadas em 1931, mas sem paralisá-las por completo. A reforma agrária continuou, embora muito mais lenta e sem a convicção expressa pelo governo republicano-socialista. Não foram tramitados outros estatutos de autonomia, e houve inclusive uma tendência ao centralismo, o que provocou atritos entre o governo de Madri e a *Generalitat* catalã. Mas o problema principal do governo era a sua fragilidade parlamentar, tendo em vista que precisava do suporte da CEDA para executar suas políticas, partido que não fazia parte do Executivo.

A situação ficou insustentável no começo de outubro de 1934, quando a CEDA anunciou que retirava o apoio ao gabinete radical-conservador. Então Lerroux precisou aceitar, a contragosto, a entrada de três *cedistas* em seu conselho de ministros. Mesmo assim, Gil Robles não foi convidado a integrar o Executivo. Ainda que o ingresso da CEDA no governo fosse feito com discrição e de forma limitada, a medida de Lerroux acendeu todos os sinais de alerta das forças esquerdistas e em poucos dias uma onda de protestos irrompeu no país.

Os eventos conhecidos como a Revolução de Outubro de 1934 não correspondiam a uma estratégia conjunta e foram, ao contrário, diferentes expressões de descontentamento e de medo de uma eventual instauração da ditadura. Em cidades como Madri, Valência e Sevilha, houve uma série de greves revolucionárias organizadas pela UGT, então controlada pelo setor de Largo Caballero e partidária da "ginástica revolucionária". Essas greves não foram reforçadas pelos anarquistas, que duvidavam das verdadeiras intenções dos socialistas.

Na Catalunha, a reivindicação nacional juntou-se à questão social. Durante o ano de 1934, os anseios autonomistas da *Generalitat* chocaram-se amiúde com a vontade centralista do governo conservador de Madri. Uma questão relativamente menor, como era a dos *rabassaires* – tipo de contrato rural de longa tradição na Catalunha, que o governo de Barcelona pretendia regulamentar, alegando ter as competências necessárias para fazê-lo – havia elevado a temperatura política entre o governo central e o autônomo. A questão foi levada à apreciação do Tribunal de Garantias Constitucionais, que acabou resolvendo a favor do governo de Madri. A sentença do máximo intérprete da Constituição foi rejeitada pela *Generalitat*, que a considerou uma afronta à nação catalã. Os protestos sindicais dos dias 3 e 4 de outubro eram a oportunidade que o governo de Barcelona aguardava para dar o troco ao governo central. Enquanto a revolta estourava em várias cidades, e o governo de Madri apagava incêndios, o presidente da *Generalitat*, Lluís Companys, proclamou a República Federal da Catalunha.

Embora a proclama de Companys não fosse tecnicamente uma declaração de independência, era evidente que a corda tinha sido esticada além do que a Constituição e o Estatuto de Autonomia permitiam. O governo de Madri retrucou diante desse desafio. A declaração secessionista serviu de pretexto para cortar as asas da *Generalitat*. Encomendou-se ao general Domingo Batet que afastasse Companys do poder, desarmasse os *mossos d'esquadra* e retomasse o controle do governo central sobre a região. Foram transmitidas instruções claras para que usasse todos os meios ao seu alcance, sem economizar forças. Batet, contudo, mostrou-se eficaz e comedido. Em poucos dias anulou a capacidade de reação das forças de segurança catalãs e prendeu o governo da *Generalitat* em um navio ancorado no porto de Barcelona. O levante catalão havia sido controlado com celeridade e a um custo relativamente baixo em vidas humanas. O general Batet, entretanto, não recebeu elogios em Madri pela sua atuação. Ao contrário: os círculos de extrema-direita da capital recriminaram o fato de não ter dado um castigo exemplar aos separatistas catalães.

Nas Astúrias, houve mais combates, demorados e duros. Essa região do norte da Espanha possuía algumas das principais jazidas de carvão da península ibérica e desenvolvera uma rica indústria siderúrgica nos portos de Avilés e Gijón e metalúrgica em outras localidades, como Mieres, famosa pela sua produção de armas. O caso asturiano foi uma exceção dentro do movimento revolucionário de outubro de 1934, pois anarquistas e socialis-

O caminho que leva ao inferno

tas se uniram na luta. Nos povoados tomados pelos manifestantes foram criadas juntas de governo que aboliram a propriedade privada. Em muitos casos, a atividade dos sindicalistas foi acompanhada de todo tipo de desmandos, especialmente contra a burguesia e o clero, principais alvos da ira revolucionária. Bem armados, com uma estrutura paramilitar bem organizada e protegidos por uma geografia montanhosa, os mineiros e operários asturianos impuseram o desafio mais difícil ao governo radical-cedista.

Ao contrário da Catalunha, onde a situação foi restabelecida em poucos dias e quase sem derramamento de sangue, a revolução das Astúrias levou quase quatro semanas para ser inteiramente sufocada. O estado-maior concebeu a campanha como uma autêntica operação militar de reconquista. Para executar o plano de pacificação, foi nomeado o jovem general Francisco Franco, cujo caráter frio e determinado era bem conhecido. Franco fez uso de toda a experiência adquirida na Guerra do Marrocos e tratou a campanha como se fosse uma guerra colonial. Deslocou à vertente cantábrica tropas do protetorado de El Rif, tais como os legionários e os regulares, muito temidas pela sua crueldade. O oficial encarregado de executar as operações idealizadas pelo estado-maior foi o tenente-coronel Juan Yagüe.

Embora os sindicalistas respondessem com valentia à ofensiva do governo central, a superioridade do armamento do Exército (que incluía metralhadoras, morteiros, suporte da artilharia e apoio tático da aviação) fez a diferença, e, um após outro, os vilarejos e cidades em mãos de esquerdistas tiveram que se render ao avanço de Franco. Os soldados governamentais fizeram justiça pelas próprias mãos, assassinando a sangue frio uma parte considerável dos prisioneiros, às vezes com doses de crueldade que estarreceram a população local.

A repressão às Astúrias se transformou, em muitos aspectos, em um prelúdio do que aconteceria menos de dois anos depois. Franco não mostrou nenhuma consideração pela dignidade humana dos revoltados, tratados como insetos que deviam ser esmagados para evitar que a doença revolucionária se espalhasse pelo resto do país.

Ainda há controvérsia entre os historiadores a respeito de como interpretar os eventos de outubro de 1934. A historiografia franquista desde o primeiro momento defendeu a tese de que essa revolução era a prova mais palpável do espírito sedicioso da esquerda espanhola, que, a despeito da aparência democrática, tinha um plano violento e radical de transformação social, inclusive com a eliminação física da classe proprietária. Os historiadores de esquerda, ao contrário, opinam que esse surto revolucionário foi uma reação diante do perigo real de fascistização da República. A própria esquerda perceberia o erro cometido e renunciaria ao uso de métodos violentos, preferindo, em seu lugar, a formação de uma grande coalizão de partidos que derrotasse a direita nas urnas.

Seja como for, ninguém saiu beneficiado dos episódios revolucionários de outubro. A esquerda viu alguns de seus quadros mais significativos serem encarcerados por sua colaboração na revolta. Em alguns casos, como o de Largo Caballero, o envolvimento com os fatos era evidente; em outros, como o de Manuel Azaña, era mais do que questionável. A *Generalitat* teve suspensa a sua autonomia, e os membros de seu governo foram processados por crime de traição. Os sindicatos, além de terem alguns de seus principais líderes atrás das grades, tiveram que reconhecer o fracasso de sua estratégia de oposição armada.

Tampouco o governo conservador saiu fortalecido com sua vitória sobre os revolucionários. As querelas internas dentro da coalizão radical-conservadora foram crescendo ao longo de 1935, agora misturadas a escândalos de corrupção. A expressão *estraperlo* – palavra que ganharia popularidade na Espanha do pós-guerra como sinônimo de mercado negro – era fruto da fusão dos sobrenomes Strauss e Perel. Esses dois empresários inventaram uma roleta cujos resultados podiam ser manipulados pelo dono do cassino. O escândalo do *estraperlo* salpicou o próprio primeiro-ministro Lerroux, que foi obrigado a se demitir quando ficou comprovada a corrupção de membros de seu gabinete.

Alcalá-Zamora continuou a resistir à tentação de nomear Gil Robles – que em 1935 chegou ao gabinete na qualidade de ministro da Guerra, presidente do governo e colocou à frente do Executivo figuras cada vez menos relevantes, sem o carisma ou os dotes políticos requeridos para conservar o apoio parlamentar. Com a revolução de 1934, a Segunda República tornou-se um regime ainda mais frágil, enquanto os extremistas conspiravam para afundá-la.

O caminho que leva ao inferno

A Frente Popular no poder

A reflexão que a esquerda espanhola precisou fazer após o fracasso da Revolução de Outubro coincidiu com uma revisão da política internacional da União Soviética. Em 1935, Stalin observou com preocupação o crescimento dos governos nazifascistas na Europa ocidental e central e considerou imprescindível apoiar as democracias ocidentais como dique de contenção em face do avanço da extrema-direita. O Komintern começou a trabalhar na tese segundo a qual os partidos comunistas deveriam liderar coalizões de esquerda, que abrangeriam os social-democratas e inclusive partidos "pequeno-burgueses" com certa orientação progressista. Essas coalizões, denominadas Frentes Populares, apresentariam listas conjuntas de candidatos e colaborariam para que as esquerdas obtivessem apoio suficiente nas câmaras legislativas.

Com a política das Frentes Populares, o mandatário do Kremlin girava 180 graus o rumo da sua política internacional, fazendo a União Soviética sair do isolamento de quase uma década. Os partidos comunistas serviriam de instrumento para a URSS interferir em outros Estados. O resultado dessa mudança de rumo foi, contudo, limitada. As Frentes Populares só conseguiram o poder em três países: França, Chile e Espanha, e sempre em contextos de equilíbrio muito precário.

À vista da perene instabilidade dos governos radical-cedistas, Alcalá-Zamora resolveu antecipar as eleições gerais e chamar o povo às urnas para eleger um novo Congresso de Deputados. Esperava-se que desta eleição surgisse uma bancada parlamentar suficientemente extensa para governar só ou em coalizão com outros grupos afins. Diante dessa oportunidade, a esquerda espanhola demonstrou ter aprendido a lição de novembro de 1933 e aglutinou quase todas as suas forças em uma candidatura única. Essa era uma decisão sábia, especialmente se levarmos em consideração que a legislação eleitoral beneficiava o partido que conseguia a maioria dos votos. Somente os anarquistas não quiseram participar dessa grande coalizão, alegando a sua aversão a qualquer iniciativa que supusesse um compromisso com o Estado alienador e opressor.

A abstenção dos anarquistas não foi seguida por todas as forças de extrema-esquerda. O pequeno Partido Operário de Unificação Marxista (POUM) de-

57

A Guerra Civil Espanhola

cidiu integrar a coalizão da Frente Popular e participar das eleições de 1936. O POUM foi fundado por Joaquim Maurín e Andreu Nin. Este último era um professor de origens anarcossindicalistas, que, no começo da década de 1920, viajou até a União Soviética para conhecer *in situ* a experiência da Revolução bolchevique. Lá, ocupou cargos destacados na Internacional Comunista e teve intensa relação com Leon Trotsky, motivo pelo qual teve de abandonar a URSS quando Stalin ocupou o poder.

A direita, por sua vez, desgastada após dois anos de governo (que a esquerda nomeou como "biênio negro", com má-fé), chegou às eleições de fevereiro de 1936 muito desunida. O centro político (basicamente o partido radical de Lerroux) estava muito afetado pelos escândalos de corrupção e dividido em múltiplas cisões. A CEDA sentia-se traída por não ter sido chamada a governar, mesmo tendo obtido o maior número de deputados em 1933. E, da mesma forma que os carlistas, monárquicos alfonsinos e falangistas, acreditava cada vez menos na viabilidade do sistema republicano, conspirando em favor de alternativas autoritárias. Para a direita, o Exército era o único sujeito que poderia salvar o país da revolução.

O debate anterior à disputa eleitoral esteve carregado de insultos e bravatas. Depois da passagem pela prisão, Largo Caballero tinha radicalizado ainda mais o seu discurso. Opinava que a única forma de evitar uma luta de classes na Espanha era simplesmente eliminando uma delas: a burguesia. A extrema-direita também não ficou atrás em discursos apocalípticos e advertiu que a vitória da Frente Popular levaria o país à hecatombe. Quando os cidadãos foram chamados às urnas, vivenciava-se, pois, um clima de retórica de guerra civil. Nas ruas, não era raro que as agressões verbais logo se transformassem em violência física.

Nessas circunstâncias pouco pacíficas, a Frente Popular venceu as eleições de 16 de fevereiro de 1936 com maioria suficiente para formar um governo de esquerda. O primeiro-ministro voltou a ser Manuel Azaña, um republicano progressista que propugnava uma das linhas de atuação mais centristas dentro da Frente Popular. Azaña tinha sido um dos principais articuladores do programa reformista do primeiro biênio republicano e, de novo no poder, resolveu retomar as iniciativas políticas paralisadas desde novembro de 1933. A reforma agrária voltou a figurar entre as prioridades do governo; foi proclamada a anistia dos presos políticos relacionados com

58

O caminho que leva ao inferno

a Revolução de Outubro de 1934; a *Generalitat* foi restabelecida; voltaram a tramitar os Estatutos de Autonomia da Galícia e do País Basco; e foi reativado o projeto de reforma educativa e a criação de novos centros escolares, entre outras medidas.

Azaña tentou conjurar o perigo de sublevação militar destinando os oficiais suspeitos a regiões distantes de Madri. Assim, Franco foi enviado às ilhas Canárias; Goded, às Baleares; Mola, a Pamplona; e Queipo de Llano, a Sevilha. Embora a intenção fosse afastar os generais mais conservadores dos centros de decisão política e evitar que conspirassem com grupos de extrema-direita, a medida de trasladá-los à periferia com o tempo se mostraria perigosa. Nas Canárias, o general Franco estava muito próximo do protetorado de El Rif, no qual mantinha bons contatos e amizades. Mola, ao residir em Navarra, manteve contato quase diário com os *requetés* carlistas, que estavam prontos para apoiar um golpe de Estado.

Além disso, a vitória da Frente Popular não resolveu os problemas de instabilidade política. Em maio houve um movimento bem-sucedido para depor Niceto Alcalá-Zamora da máxima magistratura republicana. O cargo de chefe de Estado passou a Azaña, que, com essa promoção, deixou vago o posto de presidente do governo. Seu herdeiro natural era Indalecio Prieto, político socialista moderado, um homem suficientemente capacitado para exercer essa função. Contudo, o setor do PSOE de Largo Caballero, unido a outras forças integrantes da Frente Popular, conseguiu vetar a candidatura de Prieto, e o cargo de primeiro-ministro acabou sendo ocupado pelo galeguista Santiago Casares Quiroga, uma figura menor, afável, porém conhecido pela sua lentidão na tomada de decisões.

Enquanto isso acontecia nas relações políticas, os conflitos sociais voltaram a efervescer. Greves, boicotes, coações e *lockouts* voltaram às páginas de então. Sindicalistas e falangistas se enfrentavam nas ruas conforme a dialética dos "punhos e das pistolas". A polarização política chegava inclusive às forças de ordem pública, que se envolviam cada vez com maior frequência em incidentes violentos. O campo voltou a ser palco de contínuos confrontos entre os sindicalistas, que exigiam a aceleração da repartição de terras, e os latifundiários, que não abriam mão de seus direitos de propriedade. Para defender suas terras, estes contavam com o suporte da guarda civil ou de capangas contratados para amedrontar os *insurrectos*.

O envolvimento da Falange nas lutas de rua aumentou a ponto de o governo da Frente Popular declará-la ilegal. O partido foi banido após a tentativa de um grupo de falangistas de assassinar Largo Caballero. O fundador da Falange, José Antonio Primo de Rivera, junto com outros líderes, foi encarcerado em Alicante e processado por crimes contra a ordem pública. Essa medida foi considerada sectária pela direita espanhola, que opinava que o governo da Frente Popular punia a violência dos fascistas com maior severidade do que a dos anarquistas. Essa acusação de sectarismo não estava plenamente justificada. O governo também ordenou prender lideranças sindicalistas, como Cipriano Mera, pela comissão de atos violentos. Contudo, não deu para impedir que aos poucos aumentasse entre os círculos conservadores o coro de vozes que clamava por um basta.

Notas

[1] Na Espanha da época, o termo *cacique* fazia referência aos mandachuvas das pequenas cidades, geralmente grandes proprietários de terras ou burgueses abastados. Um conceito próximo àquele dos "coronéis" do Nordeste brasileiro.

[2] O marechal Paul von Hindenburg (1847-1934) foi o último presidente da República de Weimar. Em janeiro de 1933, após a vitória do partido nazista nas eleições legislativas, nomeou Adolf Hitler *chanceler* (primeiro-ministro), decisão que selou o destino da República social-democrática alemã e abriu as portas para a constituição do Terceiro Reich.

Do *Alzamiento* à revolução

A vitória da Frente Popular e a retomada das reformas empreendidas no biênio de 1931-33 foram como um combustível para a fogueira da rebelião militar. O "ruído de sabres" voltou à tona, e as medidas de Azaña para distanciar da capital os generais suspeitos não deram os frutos esperados. Quase no mesmo dia em que se fez pública a vitória das esquerdas começou a conspiração militar. Um primeiro golpe de Estado foi projetado para o mês de abril, mas os serviços de inteligência conseguiram detectá-lo. Alguns dos conspiradores, como os oficiais Varela e Orgaz, foram afastados de suas capitanias. Outros, como o general Mola, principal cérebro da manobra, se safaram de qualquer punição.

A conspiração

Em seu feudo em Navarra, com a segurança que lhe dava a maioria conservadora da região e aquela espécie de "guarda pretoriana" formada pelos *tercios de requetés*, Emilio Mola assumiu a direção do movimento conspiratório. Nos documentos confidenciais que os generais rebeldes trocavam entre si, o nome dele sempre aparecia sob o pseudônimo *Director*. E de fato Mola teve o papel de comandar os movimentos que conduziriam ao golpe de Estado, pelo menos desde o mês de abril de 1936.

À rebelião orquestrada por Mola foram se juntando generais de perfis ideológicos muito diversos. Havia liberais conservadores, como o general Cabanellas (membro notório da maçonaria), que somente desejavam pôr fim à agitação política e social do governo de esquerda, mas também havia monárquicos alfonsinos, como o general Kindelán, que assumiria a chefia da aviação rebelde e torcia para que o golpe servisse de ponte para uma restauração monárquica. Havia ainda generais de ideologia indefinida, porém preocupados com questões sociais e com uma retórica em muitos pontos coincidente com a de Mussolini, como Queipo de Llano.

Mola aceitou a liderança, embora estivesse ciente de que a junta militar que eventualmente surgisse deveria ser comandada por um general mais experiente. Eis que José Sanjurjo, militar veterano e exilado em Portugal após a tentativa de 1932, foi tido como o nome de consenso para liderar a rebelião. Outras figuras envolvidas na conspiração, dentre uma longa lista de oficiais, foram: Varela, Orgaz, Galarza, Fanjul, Goded, Saliquet, Ponte, Alonso Vega, García Valiño e Rodríguez del Barrio.

Fora do âmbito estritamente militar, diversos políticos conservadores e de extrema-direita deram apoio aos conjurados. Líderes monarquistas puseram os generais rebeldes em contato com destacados financistas, como Juan March, na época o homem mais rico da Espanha, com uma fortuna pessoal entre as dez maiores do mundo. Apesar de alguns desencontros iniciais, Fal Conde, principal político da Comunhão Tradicionalista, colocou os carlistas à disposição de Emilio Mola. Também um setor da CEDA colaborou nas atividades secretas que gestaram o golpe de Estado, assim como o falangista José Antonio Primo de Rivera, que, da cadeia de Alicante, instou à insurreição militar em uma carta enviada aos conspiradores. Com isso, Mola conseguiu atrair o interesse de quase todos os grupos políticos descontentes com o governo da Frente Popular. Entretanto, seu discurso ideológico (e de todo o movimento conspiratório) era dúbio.

A ideia inicial era realizar um golpe duro e sangrento, mas de curta duração, após o qual seria instaurada uma junta militar de caráter conservador e autoritário. Contudo, a intenção inicial não era pôr fim ao regime republicano e substituí-lo pela Monarquia (fosse esta alfonsina, carlista ou de uma nova dinastia nomeada *ad hoc*). O golpe se definia em princípio

Do *Alzamiento* à revolução

pelo seu viés republicano, cuja finalidade era salvar a República e resgatá-la das mãos dos marxistas e dos maçons.

Nas semanas de gestação do golpe de Estado havia um general que resistiu a aceitar o convite dos rebeldes. Esse militar, entretanto, mesmo sendo o mais jovem de todos, era considerado determinante para assegurar o êxito da empresa. O general em questão era Francisco Franco. Com a sua experiência relativa às Armas e os bons contatos que mantinha em El Rif – por exemplo, o coronel Millán Astray (fundador da legião) ou o tenente-coronel Yagüe (oficial muito experimentado no campo de batalha) –, a intervenção de Franco no golpe poderia ser essencial ao sucesso dos conspiradores. Aliás, ao ter sido destacado à capitania-geral das ilhas Canárias, Franco era o general mais próximo geograficamente do protetorado marroquino. No norte da África concentravam-se as tropas mais guerreiras e com o melhor equipamento bélico do Exército espanhol. Tê-las ao lado dos golpistas desequilibraria o fiel da balança para o lado dos sublevados e aceleraria a rendição dos governistas, caso o confronto não se resolvesse em poucas horas ou dias.

Mas Franco hesitava. A *retranca* (cautela) era um traço típico do seu caráter, o que alguns atribuíam à sua origem galega (na Espanha, os galegos têm a mesma fama que os mineiros têm no Brasil). Mas também é verdade que hesitava porque preferia que a preparação do golpe estivesse mais adiantada. Não queria fazer parte de uma conspiração de salão, mas de um movimento de grande envergadura, com forças suficientes para de fato derrubar o governo da Frente Popular. Temia que se repetisse a história da Sanjurjada e que, por uma aposta errada, uma brilhante carreira fosse prejudicada. Realmente os preparativos do golpe ainda não estavam plenamente maduros. Embora parecesse certa a implicação das regiões militares de Galícia, Navarra, Leão, Castela-a-Velha, Baleares e Sevilha, os conspiradores não tinham conseguido avançar muito nas principais praças espanholas, isto é, em Madri, Barcelona, Bilbao e Valência. Com a mensagem cifrada "geografia pouco extensa", o capitão-general das Canárias deu a entender a Mola que o golpe era prematuro e que não contaria com o seu respaldo. As dúvidas de Franco exasperaram os conspiradores, que, por volta do dia 10 de julho, resolveram dar início à insurreição armada, *con Franquito o sin Franquito*, conforme os dizeres do general Sanjurjo.

Um fato inesperado dissipou as ressalvas de Franco e o levou a finalmente tomar partido da rebelião. Na madrugada de 13 a 14 de julho, José Calvo Sotelo foi assassinado na sua residência em Madri por um grupo de guardas de assalto. O crime foi uma vingança pela morte de um tenente socialista, alvo dos tiros da extrema-direita dias antes. Os guardas tinham acudido previamente à casa de Gil Robles com a intenção de terminar com a vida do principal dirigente direitista. A ausência do líder da CEDA fez com que mudassem de planos e então escolheram como alvo o porta-voz alfonsino no Congresso. Essa morte dissipou as dúvidas de Franco sobre a necessidade de participar do movimento "salvador da pátria". Com os recursos concedidos por Juan March, os conspiradores alugaram um avião, um Havilland Dragon Rapide, na Inglaterra. Sob o pretexto de conduzir um grupo de turistas britânicos às ilhas Canárias, os rebeldes conseguiram o meio necessário para transportar Franco ao norte da África, onde Millán Astray, Yagüe, Beigdeber e outros oficiais aguardavam instruções para dar início ao golpe de Estado.

Enquanto isso, o governo de Casares Quiroga não tomou nenhuma providência nem mesmo diante dos relatórios cada vez mais alarmantes dos serviços de espionagem, que mencionavam nomes e sobrenomes de generais envolvidos na conspiração. Era como se a canícula estival de Madri, nesse cálido mês de julho de 1936, fomentasse a calma dos governantes, alheios por completo àquilo que seria a pior explosão de violência da história contemporânea da Espanha.

Julho e agosto são os meses das férias de verão no hemisfério norte. Nos mesmos dias em que os militares planejavam a rebelião contra o governo, as famílias de classe média estavam preparando as malas para fazer turismo, visitar os parentes do interior ou passar um tempo em alguma das cidades-balneário que povoam o litoral. Quase ninguém imaginava que uma guerra estava prestes a explodir e que muitos só poderiam voltar para casa com alguns meses, ou anos, de atraso. Para muitas crianças e adolescentes, as férias de 1936 seriam as mais longas de suas vidas. Também as mais amargas.

17, 18 e 19 de julho

O plano do golpe seguia as linhas gerais dos golpes militares do século XIX. Quem devia dar o primeiro passo era o general Franco, que, no sába-

Do *Alzamiento* à revolução

do 18 de julho, proclamaria o estado de guerra em sua capitania nas ilhas Canárias. A seguir, viajaria de avião para o protetorado de El Rif, onde garantiria o apoio das tropas coloniais. Com a proclamação do *Alzamiento* (insurreição) no norte da África, as capitanias militares da península ibérica se levantariam contra o governo republicano no domingo, dia 19.

O planejamento do golpe tinha em mente o fracasso de Sanjurjo em 1932. Desta vez, os rebeldes agiriam com a máxima dureza contra os sindicatos e os partidos de esquerda, para evitar que uma greve revolucionária malograsse o levante. Mola queria uma ação rápida e sangrenta, que não poupasse vítimas nas primeiras horas, com a finalidade de tomar o poder em um espaço curto de tempo. Se tudo desse certo, em uma ou duas semanas os rebeldes teriam sufocado os focos de resistência e o governo da Frente Popular seria substituído por uma junta militar com a incumbência de restabelecer a ordem.

Mas nem tudo daria certo.

A rebelião foi descoberta em Melilla, 24 horas antes do seu início, e a guarnição dessa cidade africana proclamou o golpe às pressas, na tarde de 17 de julho. O efeito surpresa fora perdido. Mas o golpe ainda podia triunfar. Franco agiu no dia 18 conforme o plano. Voltou-se contra o governo da Frente Popular e partiu para o protetorado. Lá, recebeu excelente acolhida por parte dos militares "africanistas", que lhe deram as boas-vindas como se ele fosse mais um de seus membros. E, no domingo 19, o golpe se estendeu pelo resto do território espanhol.

Mola controlou a escassa oposição esquerdista em Navarra. Com a ajuda de oficiais de patente mais baixa neutralizou em Burgos o general Batet, que havia se mostrado contrário à conspiração. Com essa ação, mais a efetuada pelo general Saliquet em Valladolid, Castela-a-Velha caiu em mãos dos rebeldes em poucas horas. Álava, a mais meridional das três províncias bascas, onde o carlismo tinha forte presença, uniu-se ao golpe quase sem resistência.

Ao leste de Navarra, o golpe de Estado triunfou nas três capitais provinciais aragonesas (Huesca, Zaragoza e Teruel), graças ao apoio do general Miguel Cabanellas ao levante. Como Franco, Cabanellas foi um adepto de última hora, pois não participara da organização da rebelião até poucos dias antes do golpe. Contudo, a vitória dos rebeldes nesta região foi incompleta. Aragão ficou dividida em duas partes, graças à rápida reação dos sindicatos, que impediram o avanço rebelde na metade oriental. Os esquerdistas aragoneses logo receberam apoio dos anarquistas vindos da Catalunha e ameaçaram recuperar Zaragoza. A capital aragonesa possuía no momento do levante mais de 30 mil filiados à CNT. Foi uma das poucas cidades de grande tradição operária a cair nas mãos dos militares nos primeiros dias da sublevação.

Dominar a Galícia custou mais. A região tinha acabado de aprovar o seu Estatuto de Autonomia (o segundo proclamado durante a República, depois da Catalunha), e havia um movimento político galeguista contrário às aspirações dos rebeldes. Ademais, no importante porto militar do Ferrol, a UGT e a CNT estavam fortemente arraigadas. Em 19 de julho, os sindicalistas exigiram do governador civil que cumprisse a ordem do governo de Madri e lhes entregasse armas. O governador da Corunha, estreitamente ligado aos sublevados, negou-se a adotar tal medida, provocando duríssimos confrontos na cidade. Os marinheiros do Ferrol se rebelaram contra seus oficiais e controlaram as belonaves Almirante Cervera e España (ambas em dique seco e com reduzidas condições de manobra). Também enfrentaram o destróier Velasco, controlado pelos rebeldes. Finalmente, em 21 de julho, os golpistas submeteram os focos de resistência legalista no Ferrol, mediante falsas promessas e fazendo os marujos acreditarem que o Ministério da Marinha de Madri havia ordenado o cessar-fogo.

Outros focos importantes de resistência na Galícia foram Corunha e Vigo, onde o levante foi iniciado em 20 de julho. Nas duas cidades os sindicalistas exigiram novamente a entrega de armas, mas sem sucesso. Os primeiros dias do golpe trouxeram consigo um banho de sangue que acabou com a vida de muitos ativistas políticos e sindicalistas. Os mestres nacionais também estariam entre as primeiras vítimas da ira dos militares rebeldes, que em sua tarefa de expurgo de dissidentes contaram com a colaboração dos falangistas e de boa parte do clero. Toda vez que uma cidade ou vilarejo era tomado pelos rebeldes, o chefe militar, o líder local da Falange e o pároco, além de algum rico proprietário de terras ou de fábricas, reuniam-se para confeccionar listas de opositores a serem eliminados. E essa seria a tônica dominante nos anos seguintes. Muitos dos indivíduos incluídos nas "listas negras" apareciam mortos nos dias seguintes em acostamentos de estradas, às vezes mutilados ou com sinais de terem sofrido torturas.

Do *Alzamiento* à revolução

Em Sevilha, contra o prognóstico, por se tratar de um importante centro operário, Queipo de Llano conseguiu controlar a cidade. Para isso foi necessário utilizar a artilharia contra os focos de resistência situados nos arrabaldes da capital andaluza. Os socialistas, muito fortes na cidade, enfrentaram a insurgência militar e se fizeram fortes em bairros de classe baixa, como Triana. Queipo abafou a resistência popular sem poupar crueldade, mandando ocupar militarmente os espaços da cidade controlados pelos esquerdistas. Os soldados rebeldes entraram em casas particulares atirando granadas de mão ou furando os moradores com as pontas das baionetas.

Um elemento fundamental à vitória dos rebeldes em Sevilha foi o controle da mídia, especialmente das estações de rádio. O general Queipo de Llano demonstrou ser um excelente comunicador e, em seus discursos radiofônicos noturnos, semeou o medo na cidade com todo tipo de bravatas e insultos. Nos dias seguintes à insurreição, alguns subalternos de Queipo estabeleceram um clima de guerra suja, em que as prisões clandestinas, as torturas, as ameaças e os estupros de parentes de lideranças políticas e sindicais foram constantes.

Com Sevilha sob controle, os rebeldes passaram a ocupar Huelva e Cádiz, as províncias vizinhas, e nessa tarefa contaram com a ajuda de militantes falangistas e carlistas. Agrupados em milícias irregulares, acabaram se integrando nos corpos do exército sublevado e tiveram um papel de destaque nas operações bélicas e, principalmente, nas depurações de elementos suspeitos de esquerdismo. Muitas lideranças falangistas andaluzas provinham de famílias de proprietários rurais totalmente contrárias à reforma agrária. A partir de 19 de julho, esses sujeitos praticariam sua vingança particular contra os sindicalistas do campo, obrigando-os a ingerir óleo de rícino ou executando-os sumariamente.

A província de Cádiz era especialmente importante do ponto de vista estratégico, tanto pela presença de uma das principais bases navais quanto porque o seu extremo sul (Tarifa) dista apenas 13 km do norte da África. O controle desse território pelos rebeldes era primordial para garantir o desembarque das tropas coloniais na península.

A rebelião militar também obteve êxitos em outras localidades isoladas, como Granada (controlada pelo general Miguel Campins) e Oviedo (sob o comando de Antonio Aranda), que se tornaram focos da rebelião em meio a territórios leais ao governo. Para que o golpe triunfasse em Oviedo, Aranda empregou uma artimanha. Fez acreditar aos milicianos operários que ele era contra o levante e os fez sair da capital asturiana, encorajando-os a atender outros *fronts*. Quando os milicianos estavam a uns 50 km de distância de Oviedo, Aranda virou a casaca e proclamou o estado de guerra em apoio à sublevação.

Episódios como os de Aranda minaram ainda mais a confiança que o governo republicano tinha nos militares profissionais. Foi proclamado o licenciamento automático de todos os soldados que prestassem serviços em unidades cujo superior tivesse participado do golpe. As consequências dessa medida, conforme veremos nas páginas seguintes, seriam devastadoras à disciplina das forças republicanas, porque supôs na prática o desmanche do exército regular.

Em outros pontos do território espanhol, pequenos destacamentos militares, acompanhados de famílias de civis, se declararam favoráveis ao levante. Foi o caso do *Alcázar*[1] de Toledo, que serviu de refúgio aos direitistas que escapavam das represálias políticas, e o do santuário de Nossa Senhora da Cabeça, em Andújar (Jaén), onde um grupo de 200 guardas civis com suas famílias resistiram por nove meses ao cerco republicano.

O fracasso do golpe

Na segunda-feira, dia 20, os rebeldes controlavam aproximadamente a metade da superfície do país, mas as grandes cidades repeliram o golpe. Também a Força Aérea, que só atingiria importância no decorrer do conflito, ficou em sua maioria do lado governista. Na Marinha de Guerra, muitos oficiais se puseram do lado da rebelião, mas o golpe foi abortado pelos marinheiros, que conseguiram assumir o controle dos navios. O levante, conforme havia sido idealizado por Mola, fracassou, mas a reação ao golpe não significou a derrota dos conspiradores.

Se o golpe falhou, isso não aconteceu em virtude da ação do governo republicano, praticamente inoperante nas primeiras 72 horas, mas à reação popular. No sábado, dia 18, quando as notícias da rebelião chegaram a Madri das mais diversas regiões militares, o presidente do governo, Casares Quiroga, reconheceu a sua impotência para detê-la e apresentou a sua

Do *Alzamiento* à revolução

demissão. Azaña nomeou primeiro-ministro Diego Martínez Barrio, que até então presidia as Cortes. Martínez Barrio era um homem moderado e de caráter contemporizador, ideologicamente situado no centro político. Ele tentou duas manobras simultâneas: a primeira era convencer os militares a depor as armas, e a segunda, apaziguar os ânimos de partidos e sindicatos, que lhe exigiam a entrega imediata de armas para conter a insurreição. Fracassou em ambas.

Martínez Barrio tentou negociar com os rebeldes uma solução pacífica. Teve como interlocutor o general Mola, com quem, segundo consta, manteve uma conversa telefônica na noite do dia 18, em que tentou convencê-lo a negociar a solução do conflito. Embora isso não esteja plenamente provado, o chefe do governo chegou a oferecer a Mola o cargo de ministro da Guerra, desde que este paralisasse o golpe. Porém, Mola mostrou-se absolutamente contrário a qualquer tipo de acordo com o Executivo frente-populista. A postura dos rebeldes era determinada: não havia outra alternativa a não ser a rendição do governo democrático e a aceitação sem condições de todas as exigências dos militares.

O golpe, contudo, foi abortado em Madri e Barcelona pela ação das milícias populares, organizadas em caráter de emergência pelos sindicatos e partidos esquerdistas. Na manhã de 19 de julho, o general Manuel Goded, capitão-general das ilhas Baleares, declarou o estado de guerra em Palma, de acordo com as instruções recebidas pelo *Director*. Os termos de seu comunicado de guerra eram duríssimos: passaria pelas armas todo aquele que fizesse o mínimo movimento ou declaração contrária ao *glorioso Alzamiento nacional*. As ilhas de Maiorca, Ibiza e Formentera puseram-se do lado da rebelião, e os militares que se mostraram indecisos em relação ao levante foram presos. O prefeito republicano de Palma foi encarcerado, e o Exército assumiu o controle dos órgãos de governo insulares. Em Minorca, todavia, o golpe não deu certo na base naval de Maó, e a ilha se manteve do lado governista até 1939.

Com a situação nas Baleares mais ou menos controlada, Goded seguiu o plano previsto e no mesmo dia voou de hidroavião até Barcelona. A intenção era repetir o golpe na capital catalã, declarando o estado de guerra e detendo as lideranças esquerdistas. Mas o panorama com que Goded se deparou foi bem diferente do que havia planejado. As forças de esquerda,

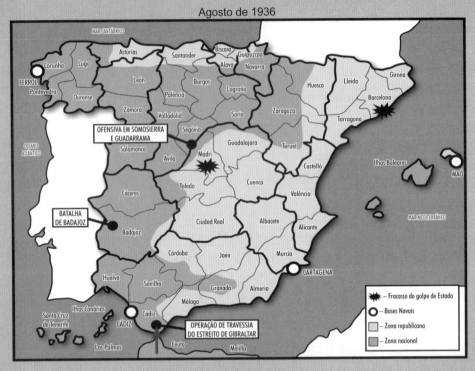

Julho de 1938

Fevereiro de 1939

A Guerra Civil Espanhola

especialmente o poderoso movimento anarquista, tinham se oposto ferozmente ao golpe. Inclusive uma parte da guarda civil, que no geral tinha dado apoio aos golpistas, no caso de Barcelona, depois de hesitações acabou escolhendo defender a República. O tenente-coronel Antonio Escobar colocou o destacamento sob o seu comando do lado dos governistas. Guardas civis e voluntários anarquistas, numa rara aliança, colaboraram para o esmagamento da rebelião na capital catalã.

O *Alzamiento* acontecera às vésperas da Olimpíada Popular. Barcelona havia se candidatado para a organização dos Jogos Olímpicos de 1936, porém o Comitê Olímpico Internacional escolhera Berlim. Dada a orientação racista e antissemita com que os nazistas estavam organizando os jogos na Alemanha, diversos governos progressistas europeus resolveram fazer uma Olimpíada Popular alternativa em Barcelona, seguindo os princípios da paz e da solidariedade entre as nações. O financiamento do evento esportivo correu, basicamente, sob a responsabilidade dos governos *frentepopulistas* francês e espanhol e da *Generalitat* catalã. A inauguração desses jogos operários estava prevista para o dia 19 de julho. Embora já tivessem conseguido a inscrição de 6 mil atletas de mais de 20 países diferentes, a Olimpíada Popular teve que ser cancelada em virtude da eclosão da guerra civil. Somente o ensaio geral da cerimônia de abertura, no estádio de Montjuïc, pôde ser realizado. No entanto, e malgrado o cancelamento dos jogos, um sentimento cívico e antifascista predominava na cidade quando os militares se rebelaram contra a República. Os atletas foram surpreendidos com a explosão de violência na cidade. Alguns deles, uma vez superado o susto inicial, decidiram empunhar as armas e ajudar as milícias operárias na oposição ao golpe.

Os militantes sindicalistas (principalmente os anarquistas), curtidos em décadas de luta operária e violência nas ruas, apesar de seu escasso armamento, sufocaram o levante militar em Barcelona. Houve encarniçados combates em diversos pontos da cidade, como no quartel de *Drassanes*, situado perto dos estaleiros medievais, onde havia um grupo forte de soldados e guardas civis sublevados. Estes não conseguiram resistir por muito tempo às investidas dos operários e acabaram por se render. Também foi difícil ocupar o quartel de Sant Andreu, onde a guarnição da cidade conservava o seu principal arsenal.

Do *Alzamiento* à revolução

Quando Goded chegou ao porto de Barcelona, os anarquistas já estavam com o controle da cidade. Ainda que inicialmente ele tenha obtido alguns êxitos, como a prisão do general Franciso Llano de la Encomienda, chefe da IV região militar (que incluía a Catalunha), no dia 20, finalmente derrotado, precisou capitular. Foi encaminhado ao navio Uruguay e, algumas semanas mais tarde, acabaria julgado por traição e fuzilado. Porém, antes disso, foi conduzido à presença de Lluís Companys. O *President* o obrigou a fazer um comunicado radiofônico. Diante dos microfones, o general Goded anunciou ao povo da Catalunha que a sorte lhe fora adversa e que estava preso. "Daqui para a frente, todos os que quiserem continuar na luta não devem contar mais comigo."

As palavras de Goded convenceram o general Fernando Martínez Monje a não apoiar o golpe em Valência. Até então o capitão-general da 3ª divisão orgânica nutria dúvidas a respeito da conveniência de se manter leal à República. A rendição de Goded o convenceu a não tomar partido da rebelião. A CNT tinha declarado greve geral na região valenciana e havia deposto o governador civil, que se negara a acatar a ordem de entregar armas aos sindicatos.

Nesse meio tempo, em Barcelona, e em sinal de agradecimento pelos serviços prestados, Lluís Companys, presidente da *Generalitat*, entregou todos os poderes do governo catalão aos anarquistas. O gesto (na prática, um reconhecimento formal de um fato consumado) não foi aceito pelos anarquistas, que por princípio eram contrários a qualquer governo. Estes agradeceram o oferecimento, mas preferiram manter em funcionamento as estruturas de poder da *Generalitat*. No entanto, formou-se uma Junta de Defesa da Catalunha controlada pela CNT e FAI, paralela ao governo regional e cujas competências não estavam claramente definidas. Esta junta, cujos principais membros foram Durruti, García Oliver e Abad de Santillán, teve livre acesso ao arsenal de Sant Andreu e pôde armar as milícias do sindicato. A atitude subserviente de Companys em relação aos anarquistas irritou Manuel Azaña, que a interpretou (um tanto exageradamente, do meu ponto de vista) como um plano do nacionalismo catalão para abolir o Estado espanhol.

Com o controle da Catalunha assegurado e com 30 mil fuzis arrebatados ao Exército, os anarquistas organizaram a contraofensiva em Aragão.

73

A Guerra Civil Espanhola

Embora não conseguissem recuperar nenhuma das capitais de província, sua ação evitou que toda a região caísse em mãos rebeldes. As milícias vindas da Catalunha estabeleceram uma linha de *front* que dividia Aragão em duas metades: a ocidental, em poder do levante militar, e a oriental, teoricamente sob controle da República, mas na prática governada pela Junta de Defesa dirigida pelos anarquistas.

Madri foi a cidade em que se fez mais notória a pressão popular sobre o governo para que este abrisse os arsenais. Tendo em vista que em muitas cidades os rebeldes tinham tomado o poder por meio de recursos traiçoeiros, eram crescentes as vozes que reclamavam que não dava para confiar no Exército e somente o povo em armas poderia evitar a hecatombe republicana.

Joaquín Fanjul foi o encarregado de proclamar o *Alzamiento* na capital, porém com poucos recursos bélicos e com menos suporte político. Junto com outros oficiais rebeldes, Fanjul alojou-se no *Cuartel de la Montaña*, no centro de Madri. Lá enfrentou a ação dos guardas de assalto e das milícias republicanas. Os rebeldes, com escassos suprimentos e munição, não suportaram a pressão do inimigo e, após muitas baixas, acabaram se rendendo. Durante os combates, e antes de capitular definitivamente, os sublevados tinham simulado rendições, com soldados ostentando bandeiras brancas e acenando a capitulação. Porém, quando os legalistas se aproximavam do quartel, as metralhadoras disparavam contra eles. Esses fingimentos exasperaram os assaltantes, que não pouparam crueldade contra os defensores do quartel da *Montaña*, uma vez rendidos. O general Fanjul seria julgado por traição e fuzilado em meados de agosto.

Quando o sucesso ou o fracasso do golpe estava por ser decidido em Madri, Martínez Barrio experimentou na própria carne a insistência dos movimentos sociais para que abrisse os arsenais. Embora o presidente do governo fosse contrário à entrega de armas ao povo, por considerar que isso apenas atiçaria mais ainda a fogueira da guerra civil, acabou sucumbindo às reclamações vindas de socialistas, anarquistas e comunistas. Primeiro houve uma distribuição limitada de fuzis, o que, no entanto, não apaziguou os ânimos e causou ainda mais irritação entre os sindicalistas: os fuzis estavam sem os ferrolhos que permitiam o seu uso. No dia 19 de julho, vencido pelos acontecimentos, Martínez Barrio apresentou a sua demissão. O seu governo não havia durado nem 24 horas.

74

Perante a situação, Manuel Azaña decidiu dar o cargo de primeiro-ministro a um homem de sua inteira confiança e ao mesmo tempo partidário expresso da entrega das armas às organizações operárias: José Giral. Uma das primeiras medidas tomadas por Giral em 19 de julho, ao assumir o posto de presidente do governo, foi justamente decretar a dissolução do exército republicano. Os soldados não estavam mais obrigados a obedecer a seus superiores, suspeitos de querer aproveitar a hierarquia para fazer triunfar o golpe.

Sintomático do fracasso do plano de Mola para conseguir o poder em poucos dias foi o que aconteceu com o líder teórico do levante. Refugiado em Portugal, José Sanjurjo, apontado como chefe supremo da rebelião, faleceu no dia 20, quando o avião que ia transportá-lo de Estoril à Espanha teve um acidente na decolagem. Imediatamente surgiram teorias de conspiração supondo mãos ocultas no acidente. O piloto, que havia conseguido salvar a própria vida, argumentou que o acidente acontecera em função do excesso de bagagem transportado pelo general. Segundo essa versão dos fatos, tantos uniformes de gala e pesadas condecorações foram um fardo excessivo e fatal na hora da decolagem.

A explosão da revolução social

Os apologistas da ditadura de Franco defenderam o levante militar baseando-se em duas teses principais: a primeira afirmava que em 1936 o governo republicano havia perdido totalmente o controle da situação, e, com isso, o país entrara em uma espiral de violência; a segunda considerava que na Espanha estava sendo preparada uma revolução social seguindo os moldes bolcheviques, revolução que só poderia ser detida mediante um golpe de Estado preventivo.

A tese da violência política tinha uma base real: houve mais de duzentas vítimas mortais nos cinco meses precedentes ao *Alzamiento*. Mas também é verdade que a extrema-direita não foi inocente ou meramente passiva. Em muitos casos, protagonizou ou incentivou os atos violentos com o objetivo de debilitar o governo. De qualquer maneira, esse surto de violência ocorrido no primeiro semestre de 1936 não seria nada se comparado à onda de mortes que haveria após o 17 de julho. Se o intuito dos generais rebeldes

A Guerra Civil Espanhola

era parar os assassinatos descontrolados, podemos afirmar, sem sombra de dúvida, que fracassaram por completo. Além disso, o uso indiscriminado da detenção e do assassinato de políticos e de sindicalistas, desde o primeiro dia da insurreição, desmente essa hipótese.

Tampouco há indícios que fundamentem a teoria de que a extrema-esquerda estivesse preparando uma revolução social. A tese do golpe de Estado preventivo foi cunhada *a posteriori* pelos rebeldes, como justificativa do levante militar, e até o momento não foi apresentada nenhuma prova conclusiva a esse respeito. É certo que os anarquistas tinham como objetivo último o estabelecimento de uma sociedade sem classes. E, para isso, tinham feito uso de técnicas terroristas. Porém, nada indica que em julho de 1936 eles estivessem cogitando uma manobra revolucionária em grande escala. Nem mesmo os comunistas, apontados pelos franquistas como os grandes vilões da história, tinham planos revolucionários. Naquele momento, Stalin estava mais preocupado com o expurgo dos "revisionistas" na União Soviética do que com a expansão do modelo do socialismo real para um local tão exótico e afastado como a península ibérica.

Mesmo assim, é inegável que na Espanha de 1936 existia um caldo de cultura para a revolução, motivado pelas tremendas desigualdades sociais e a grave crise econômica e incentivado pela "ginástica revolucionária" de alguns dirigentes de esquerda. Só levando isso em consideração dá para entender por que as massas operárias saíram às ruas exigindo armas para se opor pela força à rebelião militar. A reação popular em julho de 1936 contrasta enormemente com o acontecido durante a tentativa de golpe de Estado de 23 de fevereiro de 1981. Nesta última ocasião, a imensa maioria de espanhóis ficou em casa, com a orelha grudada no rádio ou acompanhando as notícias pela televisão. Foram raríssimas as ações públicas de reivindicação da democracia na noite em que o governo e os parlamentares foram sequestrados pelo tenente-coronel Antonio Tejero. Covardia, desleixo ou maturidade política, a realidade é que a sociedade espanhola tinha se transformado completamente nos 45 anos que separavam um golpe de Estado do outro.

O fato é que o falido golpe de Estado de 17 a 19 de julho, sem querer, acabou detonando a revolução social em muitas das regiões que permaneceram leais à República. Catalunha foi o caso paradigmático, inclusive com

Do *Alzamiento* à revolução

o enfraquecimento do governo democrático e a entrega do poder às forças anarquistas. O que não se pode afirmar com certeza é se a revolução teria sido deflagrada na Espanha de qualquer jeito, mesmo sem a provocação do levante militar.

Embora o governo republicano, de fevereiro a setembro de 1936, fosse ocupado tão somente por políticos de centro-esquerda (com a ausência de ministros socialistas ou comunistas), nas regiões em que o golpe fracassou formou-se uma dupla legitimidade do poder. De um lado estavam as estruturas de governo derivadas da Constituição e do Estado de direito, e de outro, as juntas de defesa organizadas por movimentos sociais revolucionários. As primeiras detinham a legitimidade das urnas, mas diante do fracasso do exército republicano para deter o golpe, não podiam se opor frontalmente às juntas revolucionárias, que em muitos casos possuíam o verdadeiro poder coercitivo.

Uma das primeiras consequências dessa onda revolucionária foi a socialização da economia, imposta pelos anarquistas e apoiada (nem sempre com muito fervor) pelos socialistas. Em Barcelona, a bandeira preta-vermelha dividida por uma linha diagonal, símbolo da CNT-FAI, aparecia nos locais públicos com tanta ou maior frequência que a bandeira catalã das quatro barras vermelhas sobre fundo amarelo. Comitês de operários ocuparam fábricas e centros de serviços públicos (telefonia, geração e distribuição de eletricidade, empresas de água e saneamento básico etc.), afastaram os proprietários e diretores (em certos casos com a eliminação física dos mesmos) e proclamaram o caráter coletivo da propriedade. A revolução também chegou ao campo da Catalunha e à metade oriental de Aragão, com a coletivização das terras. Enquanto essas medidas eram adotadas, os partidários da manutenção da propriedade privada eram duramente reprimidos. Um "carro fantasma" conduziu um grupo armado de anarquistas pelas comarcas catalãs nas primeiras semanas da guerra, deixando um rastro de assassinatos de "burgueses", sem que nenhuma autoridade republicana fizesse algo para detê-lo.

Nos primeiros meses do conflito, a violência anarquista não conheceu limites, e a brutalidade aplicada ao extermínio da burguesia provocou críticas do próprio governo catalão. O presidente Lluís Companys encaminhou diversas queixas ao comitê liderado pelos anarquistas Garcia Oliver e Peiró e, às escondidas, colaborou na fuga de cerca de 5 mil pessoas de ideologia conservadora, que saíram do porto de Barcelona em navios estrangeiros. Apesar disso, o presidente da *Generalitat* não conseguiu evitar que as vítimas de assassinatos sumários na Catalunha no ano de 1936 chegassem a 8 mil.

Entre as vítimas do terror revolucionário havia numerosos religiosos. Após o fracasso do golpe de Estado, as igrejas foram fechadas na zona republicana, e o culto católico ficou restrito ao entorno familiar. Mesmo assim, sempre sob ameaça de acusação de colaborar com o inimigo. Alguns santuários foram objeto de saque e incêndio, seguindo a máxima anarquista de que "a única igreja que ilumina é aquela que arde". Muitas obras de arte se perderam na orgia revolucionária de julho e agosto de 1936, e as profanações de relíquias e imagens religiosas foram constantes. Cadáveres de freiras e padres foram exumados e expostos ao escárnio público, enquanto muitos religiosos eram perseguidos, torturados, mutilados e assassinados.

Os Decretos de Coletivizações

Como reflexo da realidade política e social da Catalunha, a *Generalitat* aprovou no início de outubro uma série de decretos coletivizadores. Todas as indústrias com mais de 500 funcionários foram automaticamente coletivizadas, e a sua gestão passou para as mãos de comitês revolucionários. Se a empresa tinha menos de 500 e mais de 50 funcionários, estes podiam votar livremente pelo controle operário da mesma. Para empresas com menos de 50 funcionários, previa-se que continuassem sob poder de seus proprietários, porém com a gestão supervisionada por um comitê de operários.

Os Decretos de Coletivizações também se aplicavam ao campo. Entretanto, a coletivização das terras não atingira o mesmo nível daquela alcançada no caso das indústrias. Apesar dos discursos revolucionários, boa parte das propriedades, sobretudo aquelas que ficavam nas mãos de pequenos proprietários rurais, não foi coletivizada. Aliás, o governo catalão resolveu regulamentar o regime de entrega de colheitas e obrigou os agricultores proprietários a se filiarem à Federação de Sindicatos Agrícolas da Catalunha.

Com os Decretos de Coletivizações, a *Generalitat* pretendia dar início a uma "Nova Economia", baseada nos ideais de pensadores como Lasalle e Bakunin, que teria como objetivo principal assegurar os interesses da

Do *Alzamiento* à revolução

classe trabalhadora. Para os líderes da CNT-FAI, esses Decretos eram um passo adiante na construção da sociedade libertária, obra ainda incompleta. Os anarquistas viam nesse estágio político um intervalo entre a economia burguesa, desaparecida após os feitos revolucionários de julho de 1936, e a verdadeira economia, sem proprietários ou classes, a economia do futuro. A revolução eclodia na Catalunha, mas o governo republicano de Madri não abrigava as mesmas convicções coletivistas, se opondo à nacionalização dos bancos. Para os anarquistas, a revolução teria um caráter incompleto enquanto a propriedade dos bancos permanecesse em mãos privadas. Mostravam-se igualmente insatisfeitos com o fato de que o alcance das medidas do governo catalão havia se limitado ao âmbito regional.

Em face dessas posturas maximalistas da CNT-FAI, o presidente da *Generalitat*, Lluís Companys, era mais partidário de encontrar uma via de consenso que permitisse espalhar a revolução, mas sem esquecer que a prioridade deveria ser a vitória na guerra civil. Era o começo de uma tensão que explodiria no seio do lado republicano em menos de um ano, com resultados terríveis.

Tropas regulares diante do exército de milicianos

Uma das chaves do fracasso do golpe militar e do sucesso dos partidários da revolução social nos primeiros dias da guerra foi a alta capacidade demonstrada pelos partidos de esquerda e sindicatos para se articular militarmente. Para isso tiveram que pressionar o governo republicano, o qual, a contragosto, acabou abrindo os arsenais e entregando armas aos movimentos sociais.

Quando, na primeira quinzena de agosto, começou a ser traçado com clareza o mapa das duas Espanhas e a linha de *front* que separava os dois lados, resultou que a guerra se dirimia entre duas estruturas militares muito distintas. Os rebeldes (que se autoqualificariam como "nacionais"[2]) eram um exército no conceito tradicional. Tinham hierarquias e estruturas de poder bem marcadas. Havia generais, coronéis, oficiais, suboficiais e tropa. Dispunham de um exército regular, devidamente armado e adestrado, com algumas unidades de elite, como a legião, forjadas na guerra colonial. Também tinham do seu lado a maioria de efetivos de um dos principais corpos de segurança: a guarda civil.

79

Não é que o exército espanhol da década de 1930 fosse uma maravilha. Tecnologicamente, havia uma distância muito grande em relação aos principais exércitos europeus. A maior parte do armamento era bastante antiquada. Os modelos de fuzil Mauser usados pela infantaria datavam do século XIX, e os equipamentos mais modernos (peças de artilharia, carros de combate e aeronaves) eram, em muitos casos, apenas sobras da Primeira Guerra Mundial, vendidas ao governo espanhol a preço de liquidação. Além disso, a tropa espanhola não se destacava por ser a mais disciplinada do mundo, e os oficiais que a governavam também não eram um modelo de virtudes marciais. Mas se tratava de um exército no sentido clássico do termo.

De outro lado, havia o resto de um exército republicano, ainda sob suspeita de não ser plenamente fiel ao governo, os guardas de assalto, cuja maior parte se opôs ao golpe; uma marinha de guerra controlada por marujos incapazes de comandar os navios; três quartos da força aérea, mais útil para tarefas de reconhecimento do que como apoio ativo às tropas de terra; e uma constelação de milícias populares, cada uma delas fazendo a guerra segundo os ditados de seu partido ou sindicato. Embora os rebeldes tivessem perdido o general Sanjurjo e, portanto, estivessem carentes de um comando supremo, os diversos generais revoltados (Mola, Franco, Queipo de Llano etc.) trabalhavam em um nível de coordenação desconhecido entre as fileiras republicanas.

Os anarquistas organizaram diversas milícias, como a denominada "coluna Durruti", liderada por um dos anarquistas mais carismáticos. O POUM havia formado a milícia Carlos Marx, na qual George Orwell lutaria no *front* de Aragão. Os socialistas também organizaram seus milicianos em torno das "casas do povo", centros políticos e culturais que o PSOE possuía em muitas localidades espanholas. Os comunistas organizaram em Madri o Quinto Regimento, que, ao contrário das outras milícias republicanas, destacava-se pela sua disciplina e pelo controle ideológico dos seus comissários políticos. O Quinto Regimento se tornaria um dos principais centros de formação de oficiais do futuro Exército Popular republicano. Dele surgiriam figuras como Juan Modesto ou Enrique Líster, cruciais para a direção das tropas republicanas nos anos subsequentes.

Cada milícia era quase um exército independente e agia de acordo com as instruções de seu comando. Articular um estado-maior unificado foi um

Do *Alzamiento* à revolução

dos maiores desafios que o lado republicano precisou encarar. Essa falta de articulação conjunta foi um dos calcanhares de Aquiles do lado governamental. O capitão Alberto Bayo relata em suas memórias a respeito da falida operação de desembarque em Maiorca como era difícil gerenciar um exército de milicianos em que cada grupo tomava as decisões por sua conta e risco e sem consultar os outros. Um oficial que tentasse impor disciplina à maneira clássica poderia ser qualificado como "contrarrevolucionário" e seria imediatamente colocado sob suspeita. Na hora de ordenar um ataque, cada pelotão decidia em assembleia ou por votação democrática se secundava ou não a instrução recebida.

Os mais refratários a aceitar ordens ou mesmo a mera existência de um comando superior eram os anarquistas. Aos libertários repugnava a ideia de que alguém pudesse mandar em outro indivíduo e consideravam que o seu projeto de revolução social seria incompleto se o Exército não fosse incluído nele. Para complicar ainda mais as coisas, o capitão Bayo tinha que obedecer às ordens do Conselho de Defesa da *Generalitat*, controlado pelos comunistas do PSUC, os quais estavam brigados com o conselho de guerra da CNT-FAI, comandado por García Oliver, que, por sua vez, não queria nem ouvir falar das instruções que chegavam do Ministério da Defesa do governo central de Madri. Os três órgãos ditavam ordens contraditórias sem deliberar previamente e, o que é mais grave, deixavam passar informações sigilosas à imprensa, colocando em grande risco a operação. Até mesmo personalidades políticas significativas, como Indalecio Prieto, faziam comunicados públicos derrotistas nos quais diziam que a conquista de Maiorca estava fadada ao fracasso e rogavam que os milicianos voltassem à península para serem integrados em outros *fronts*, com maiores possibilidades de sucesso. Bayo se perguntava o que teria acontecido se, no dia D, na mesma hora em que Eisenhower chefiava o desembarque na Normandia, Winston Churchill houvesse publicado na imprensa londrina que a invasão da França não tinha nenhuma chance. Pois bem, foi mais ou menos isso o que aconteceu na Espanha republicana.

Porém, com todos os seus defeitos, não há como negar que as milícias apresentaram grandes inovações, sabendo aproveitar ao máximo os seus recursos escassos. Se o planejamento não era seu ponto forte, devemos reconhecer nos milicianos grandes dotes para a improvisação. Somente assim

A Guerra Civil Espanhola

eles conseguiram transformar em poucas horas veículos de passeio confiscados à burguesia em carros blindados capazes de fazer frente às unidades motorizadas. Também no campo da guerra urbana, os milicianos se destacaram pela rapidez na colocação de barricadas, com as quais puderam deter o avanço da cavalaria ou cercar edifícios fortificados.

As milícias anarquistas e trotskistas chamaram a atenção dos comentaristas internacionais por incorporarem mulheres. Não se tratava somente de uma presença subalterna, como cozinheiras ou enfermeiras, mas de verdadeiras milicianas, que empunhavam o fuzil contra o que chamavam de "fascistas". Era um novo papel para a mulher em uma sociedade tão machista. Também nesse ponto as esquerdas (embora nem todas, pois os comunistas não foram tão favoráveis à integração de mulheres nas milícias) se distanciavam da direita espanhola, para a qual a mulher só devia ocupar o espaço doméstico, como esposa e mãe devotada, garantia fiel do lar católico.

O armamento dessas milícias era precário. No melhor dos casos possuíam rifles Mauser e alguns morteiros retirados dos depósitos do Exército. As metralhadoras escasseavam, e a artilharia, quando existia, se resumia a peças ligeiras. No pior dos casos os milicianos ugetistas ou cenetistas tinham que enfrentar as tropas "nacionais" com espingardas ou ferramentas de trabalho no campo, tais como foices, alfanjes, forcados. Lutaram contra a elite do exército espanhol dessa forma tão rudimentar, com resultados previsivelmente negativos. Em relação à instrução militar, as milícias republicanas tiveram uma preparação improvisada. Os milicianos eram enviados ao *front* poucos dias depois de terem se apresentado como voluntários, e o seu preparo consistia apenas em aprender a marchar enfileirados. Mais raramente, alguns oficiais e suboficiais do exército republicano compartilhavam sua experiência militar com esses recrutas improvisados e lhes davam uma formação marcial mínima.

No campo de batalha, contudo, os milicianos se destacaram pela sua valentia, que muitas vezes beirava a temeridade. Lançavam-se à luta trajando as vestes típicas do operário (uma calça marrom e uma camisa branca ou um macacão azul ou cinzento), decorando-as com um pano vermelho ao redor de pescoço e calçando alpargatas de corda. Dessa forma encaravam tropas regulares, que apareciam devidamente fardadas, com botas de

82

couro e capacetes de metal. O fato de esse exército irregular, mal equipado e levemente treinado, ter sido capaz de frear o levante militar é revelador do baixo nível profissional do exército espanhol. Também prova até que ponto a sociedade estava polarizada em dois grupos irreconciliáveis. Ainda que, ao serem vistas com mais 75 anos de distância, essas milícias possam ser objeto de fáceis caricaturas, é inegável que elas foram um inimigo muito mais terrível do que os generais golpistas imaginavam.

No entanto, é inquestionável que a supressão das estruturas hierárquicas no lado republicano teve efeitos muito negativos ao desempenho das forças governistas. Os republicanos foram incapazes de tirar proveito de sua vantajosa posição nas duas forças em que o *Alzamiento* fracassou de forma mais clara: a armada e a aeronáutica.

A armada e a aeronáutica

A principal base naval de Cartagena e as secundárias de Maó, Prat del Llobregat e San Javier mantiveram-se fiéis ao regime democrático. O governo de Madri assegurou o controle do encouraçado Jaime I; dos três cruzadores Libertad, Miguel de Cervantes e Méndez Núñez; de dez destróieres (e mais outros cinco em fase de construção); seis torpedeiros; um transporte de tropas e todos os submarinos (doze em atividade e três em construção). Os militares rebeldes, por sua vez, tinham do seu lado apenas o encouraçado España (em condições muito limitadas de atuação); o cruzador Almirante Cervera (em dique seco); o destróier Velasco (pendente de reparação) e quatro canhoneiras. A única vantagem da frota rebelde era que, ao controlar a base naval do Ferrol, em breve poderia contar com os serviços dos dois navios mais avançados da armada espanhola: os cruzadores da classe Washington, chamados de Canarias e Baleares. Esses navios estavam sendo construídos nos estaleiros do Ferrol quando a guerra começou. A sua entrada em funcionamento ao longo do segundo semestre de 1936 contrabalançou o desequilíbrio inicial de forças navais.

Contudo, o fator decisivo para a perda da superioridade marítima das forças governistas foi o expurgo a que foi submetido o seu corpo de oficiais. Entre 18 de julho e 31 de agosto de 1936, foram mortos 255 almirantes, comandantes e oficiais da armada republicana. Em alguns casos foram assassinatos descontrolados, em meio aos excessos dos motins marinheiros. Em outros, foi o resultado de execuções sumárias por conspiração militar. A explosão de violência contra os oficiais da marinha teve o reforço das temerárias declarações radiofônicas de Queipo de Llano. Com sua loquacidade habitual e sem medir as consequências de suas palavras, Queipo anunciou na Rádio Sevilha, em 18 de julho, que a Marinha tinha se unido à sublevação e que logo transportaria o exército do Marrocos para culminar a ação dos golpistas na península ibérica.

Graças à insubordinação dos marinheiros, boa parte da armada espanhola ficou fora do controle dos rebeldes. Porém, com os seus oficiais presos ou assassinados, a maioria dos navios de guerra republicanos se mostrou inútil para se opor eficazmente à frota "nacional".

Algo parecido aconteceu com a Aeronáutica. Após o 18 de julho, as principais bases da aviação ficaram em posse do governo republicano. A superioridade de recursos aéreos dos governistas foi, portanto, avassaladora: para cada aparelho nas mãos dos rebeldes, a República controlava três. Os sublevados não conseguiram apossar-se de nenhum caça e tiveram que se conformar com os antiquados aviões de reconhecimento e bombardeio Breguet XIX, além de um punhado de Dornier "Wal", Savoia S-62 e Fokker F-VII. Quase todos esses modelos haviam sido desenvolvidos durante a Grande Guerra e adquiridos pelo exército espanhol na década de 1920.

Havia aproximadamente 600 pilotos habilitados a pilotar os aparelhos da força aérea espanhola. Deles, cerca de 250 apoiaram o governo, 150 se passaram para o lado dos rebeldes, e o restante teve um destino azarado. Muitos foram presos, assassinados ou precisaram ficar escondidos para evitar represálias. Embora os oficiais da aviação tivessem fama de ser dos mais progressistas do exército espanhol, essa força armada era provavelmente a mais elitista de todas, e os seus integrantes costumavam proceder das camadas altas da sociedade. Pelo caráter "senhorito" e os gostos "burgueses", os pioneiros da aeronáutica tornaram-se um alvo fácil da fúria revolucionária desatada nas primeiras semanas do conflito.

Do *Alzamiento* à revolução

As milícias rebeldes

Os rebeldes também tinham as suas milícias. Como já foi comentado, os carlistas se uniram à rebelião contribuindo com os seus *tercios de requetés* (companhias militares). Também a Falange possuía grupos paramilitares, que se somaram ao lado "nacional" tão logo o golpe saiu do papel. Durante os anos da guerra civil, os falangistas cresceram enormemente, tornando-se o principal corpo auxiliar do exército sublevado, tanto nas frentes de batalha como internamente, assegurando a ordem nas cidades do lado "nacional". Em razão do seu discurso pseudorrevolucionário, a militância na Falange resultava atraente para milhares de esquerdistas que, para poupar a vida, renunciavam publicamente à sua ideologia anterior e, como demonstração da nova fé, engrossavam as milícias falangistas. Essa enxurrada de novos filiados ("voluntários" em muitos casos forçados pelas circunstâncias) teve como efeito a diferenciação de dois tipos de militantes: os "camisas novas", incorporados ao partido após o 18 de julho de 1936, e os "camisas velhas", isto é, aqueles que haviam abraçado o ideário de José Antonio muito antes. Como é lógico, estes últimos se consideravam moralmente superiores aos primeiros e erigiram-se em guardiães das essências *joseantonianas*.

Ao contrário das milícias republicanas, os paramilitares carlistas e falangistas seriam o tempo todo controlados pelos oficiais do exército. A capacidade de unificar esforços e traçar uma estratégia comum desde o primeiro dia da guerra foi uma das vantagens competitivas que a longo prazo acabariam dando a vitória ao lado "nacional".

Notas

[1] *Alcázar* é uma palavra castelhana de origem árabe que significa fortaleza. O seu equivalente em português é Alcácer.

[2] É difícil encontrar uma denominação apropriada para os dois lados em guerra, pois nenhuma delas soa completa o suficiente. A divisão entre "vermelhos" e "fascistas" é pejorativa e não capta a complexidade ideológica dos grupos adversários. Entre os republicanos havia muitos liberais progressistas (e inclusive alguns conservadores) para os quais o adjetivo "vermelho" é errôneo. Tampouco são válidas, nesse caso, as denominações "marxista" ou "comunista". Chamá-los de "republicanos" ou "governistas" também é uma solução parcial, pois não parece que essas designações sejam as mais adequadas aos militantes da CNT-FAI, que abjuravam não somente da república mas também de qualquer forma de governo. Idênticos argumentos servem para criticar a denominação "frente-populista", adotada por alguns historiadores.
Por outro lado, denominar os partidários do levante de "fascistas" somente cobre uma pequena fatia (os falangistas) de todo o espectro ideológico do lado rebelde. Carlistas, monarquistas, alfonsinos e boa parte

A Guerra Civil Espanhola

dos militantes da CEDA não se encaixavam na ideologia fascista. Denominá-los "nacionalistas" pode induzir a erro, porque, embora o lado rebelde tivesse um discurso patriótico e nacionalista espanhol, os nacionalistas bascos e catalães, salvo exceções, militaram no lado da República. Os próprios rebeldes eram conscientes a respeito dessa possível confusão, e por isso se autoqualificavam como "nacionais" e não como "nacionalistas". Embora possa ser acusado de não ser politicamente correto, nesta obra preferi utilizar o vocábulo "nacional" para definir este lado e limitar o termo "nacionalista" para o caso dos nacionalismos periféricos. Tampouco o termo "rebelde" era do agrado dos militares insurretos, pois consideraram que os rebeldes eram os outros, os "marxistas", que haviam proclamado a revolução, e não eles, que haviam dado um golpe de Estado para restaurar a ordem rompida pela Frente Popular. Em uma curiosa inversão de responsabilidades, poucas semanas depois do golpe de Estado, os sublevados perseguiram os governistas sob a acusação de que estes últimos teriam fomentado a rebelião. "Franquista" é um conceito que somente pode ser usado a partir de outubro de 1936, quando o general Franco ascendeu à categoria de Generalíssimo e assumiu todo o controle da Espanha "nacional". Antes disso, o termo franquista só pode ser aplicado ao exército do norte da África e a alguns oficiais partidários da preminência de Franco dentro da junta militar provisória.

As fontes britânicas, fazendo um símil da guerra civil russa, diferenciavam entre "vermelhos" e "brancos". Ainda que útil, essa distinção não tem eco nos documentos espanhóis da época. Nenhum militar rebelde usou o termo "branco" para referir-se ao lado da sublevação. Os supostos "brancos" preferiam ser chamados de "azuis", por coincidir com a cor azul da camisa da Falange. E "vermelho" era o apelativo que os franquistas lançavam contra os republicanos, independentemente de sua verdadeira filiação política.

Ecos do Nibelungo

Ainda que a capacidade dos rebeldes para formar um bloco coeso desde o princípio da guerra lhes desse uma superioridade evidente sobre os republicanos, não podemos esquecer outro fator importante, que viraria o fiel da balança para o seu lado: a intervenção internacional na guerra espanhola.

Por volta do dia 21 de julho, resultava óbvio para qualquer observador bem informado que os acontecimentos espanhóis não obedeciam mais ao padrão do *pronunciamiento* do século XIX. O que se percebia nas cidades e campos da Espanha era o começo de uma guerra entre dois lados irreconciliáveis: um pretendia fazer faxina e devolver ao país uma utópica sociedade tradicional, em que os operários e os camponeses aceitassem de bom grado a sua condição servil, e o outro considerava haver chegado o momento de pôr em prática a revolução que faria nascer um novo mundo, sem classes e sem opressão.

A Espanha dos anos 1930 podia ser uma potência decadente e periférica, porém, ainda assim, era uma peça importante no tabuleiro europeu. Disso estavam cientes republicanos e nacionais, que, na última semana do mês de julho, correram em busca do apoio de seus supostos aliados.

Todavia, as respostas que uns e outros receberam foram muito diferentes e marcariam em boa medida os desígnios da guerra.

Hitler recebe os embaixadores do lado rebelde

No final de julho, Franco enviou emissários a Berlim. A comitiva estava liderada por Johannes Bernhardt, homem de negócios alemão residente no Marrocos que mantinha ligações com o coronel Beigbeder, provavelmente o oficial mais culto de todos os africanistas que acompanharam Franco no levante. Na capital do Terceiro Reich, solicitaram audiência com Adolf Hitler e foram informados de que o Führer estava viajando. Fervoroso admirador da obra de Richard Wagner, Hitler havia ido até Bayreuth, a cidade em que o rei Luís II de Baviera mandara construir o maior teatro da Europa, dedicado inteiramente à apresentação das óperas do compositor de *Tristão e Isolda*. Conforme acontecia todos os anos, na última semana de julho e na primeira de agosto se celebrava o festival de Bayreuth, que naquela edição tinha como destaque a encenação da tetralogia *O anel do Nibelungo*.

Hitler recebeu os emissários de Franco no mesmo teatro, logo após a execução da ópera *Siegfried*, sob a batuta do célebre maestro Wilhelm Furtwängler. O mandatário alemão escutou com interesse a explanação dos representantes de Franco e no mesmo instante resolveu dar apoio à rebelião. Embriagado pelos acordes do terceiro ato, Hermann Göring chamou pomposamente a intervenção germânica na Espanha de *Zauberfeuer* (fogo mágico, em alusão ao cinturão de fogo que o deus Wotan colocara para proteger a Valquíria em seu sonho eterno).

A ajuda alemã seria encaminhada diretamente às tropas de Franco (Hitler nem fez caso do fato de que a rebelião estava formada por uma junta de generais na qual Franco sequer ocupava um lugar preeminente) e se concretizaria principalmente em relação às forças aéreas, arma em que os rebeldes mostravam evidente inferioridade. Em agosto foram enviados 20 aviões de transporte Junkers Ju-52 e 6 caças Heinkel He-51. Nos meses posteriores também seriam enviados os bombardeiros Junkers Ju-88 e Heinkel He-111, além de mais aviões de caça, baterias antiaéreas, abundante munição, combustível e a quantidade de pessoal de terra necessária para dar suporte ao efetivo aéreo. Os soldados alemães se ajuntariam na Legião Condor, que agiria de forma coordenada com o exército de Franco, mas sem estar subordinada às forças aéreas rebeldes, cujo comandante supremo era o general Alfredo Kindelán. Dentre os oficiais que integraram a Legião Condor cumpre destacar a presença de Wolfram von Richthofen – sobrinho do célebre ás da Primeira Guerra Mundial, o Barão Vermelho –, que deixou um interessante relato de suas experiências em terras espanholas.

O equipamento expedido pelos alemães ao cenário bélico espanhol era o mais moderno daquela época e exprimia o esforço de rearmamento ditado por Hitler a partir de 1933, contrariando as disposições do Tratado de Versalhes. O Ju-52, monoplano de três motores, utilizado tanto em linhas aéreas civis quanto em atividades militares, era capaz de transportar até 3 toneladas de carga e tinha capacidade para 20 soldados. Embora não tivesse sido concebido para tal finalidade, também foi aproveitado em operações de bombardeio, bastando algumas simples adaptações. Porém, por ser um alvo fácil aos caças republicanos em virtude de sua lentidão, logo seria afastado desse uso. Não era especialmente bonito, lembrando o feitio de uma senhora idosa, motivo pelo qual foi apelidado carinhosamente de "tia Ju".

Também fabricado pela Junkers, o Ju-88 foi concebido desde o início como um bombardeiro, ainda que também pudesse ser utilizado como caça pesado. O Ju-88 precisava de uma tripulação de três pessoas, o piloto, o artilheiro e o bombardeiro, e conseguia carregar até uma tonelada de explosivos. Mais avançado tecnologicamente, o Heinkel He-111 foi idealizado como um bombardeiro médio e veloz. Conseguiu superar a velocidade de 400 km/h, um grande feito para um aeroplano dessa envergadura. Quando entrou em operação na Guerra Civil Espanhola, o He-111 havia superado a fase de protótipo poucos meses antes, e era uma das armas mais modernas do exército alemão. A sua construção em série havia começado apenas em maio de 1936.

Menos adiantados do que os anteriores eram os aviões de caça e de reconhecimento Heinkel He-51 e Heinkel He-70. O He-51 era um biplano que podia sofrer adaptações para ser usado como hidroavião. Embora esse modelo obtivesse alguns triunfos nos primeiros meses da guerra civil, foi logo superado pelos caças russos I-15 e I-16, introduzidos pelos republicanos em novembro de 1936. Essa perda de superioridade aérea forçou a sua substituição pelo Messerschmidt Me-109, muito mais avançado, no começo de 1937. O He-70, por sua vez, era um avião muito rápido, a ponto de ser batizado de *Rayo* pelos soldados espanhóis. No entanto, essa aeronave tinha um ponto fraco: a liga com que era feita continha magnésio, o que tornava sua fuselagem extremamente inflamável. Bastava o impacto de poucas balas para que o He-70 pegasse fogo no ar.

Hitler não exigiu em um primeiro momento nenhuma recompensa pelo esforço de guerra alemão, porém era evidente que o Führer estava de olho nas jazidas de volfrâmio (também conhecido como tungstênio), um mineral abundante na Espanha e essencial às blindagens dos carros de combate. Ademais, a guerra espanhola oferecia uma oportunidade de ouro para treinar a *Luftwaffe* em operações bélicas reais e experimentar as novas técnicas que o Estado-Maior do Terceiro Reich estava planejando.

O *Mare Nostrum* de Mussolini

Considerações de tipo estratégico, assim como a identificação ideológica com os rebeldes, levaram Mussolini a apoiar o lado nacional. No seu retorno às raízes latinas, o Estado Novo fascista almejava restaurar o domínio da Itália sobre o *Mare Nostrum* (o mar Mediterrâneo), que dois milênios antes havia sido a lagoa do Império Romano. Nesse contexto, a aliança com uma ditadura militar na Espanha podia ser um valioso elemento à hegemonia italiana no Mediterrâneo ocidental. A posição da Espanha era importante precisamente por controlar a passagem pelo estreito de Gibraltar e contrabalancear o domínio da frota britânica, que mantinha nesse rochedo do sul da península ibérica uma de suas maiores bases aeronavais. Gibraltar era, junto com Malta e Alexandria, uma escala quase obrigatória na rota de comunicação entre a Inglaterra e a Índia através do canal de Suez. O seu bloqueio garantiria à marinha italiana certo grau de vantagem, caso a Itália e o Reino Unido entrassem em conflito algum dia.

Em paralelo ao envio de emissários à Alemanha, os representantes dos rebeldes se reuniram com o cônsul italiano em Tânger, uma cidade do norte da África que os acordos internacionais de começo do século XX tinham deixado fora dos protetorados francês e espanhol e que contava com o *status* de "cidade livre", sob a proteção da Sociedade das Nações. Os rebeldes precisavam da ajuda italiana para obter recursos aeronavais que permitissem às 30 mil tropas acantonadas no norte da África atravessar o estreito e lutar na península ibérica. O cônsul encaminhou a solicitação a Roma, onde o ministro das Relações Exteriores, o conde Galeazzo Ciano, convenceu o seu sogro Benito Mussolini a participar do conflito espanhol.

No início, Mussolini mostrou-se absolutamente contrário a uma intervenção italiana na guerra. No entanto, após alguns dias, o seu genro acabou conseguindo convencê-lo a envolver-se nela. Um argumento de peso usado por Ciano foi que os republicanos estavam prestes a fechar com a França a compra de material bélico, incluindo trinta aviões de caça. A Itália não podia se dar ao luxo de permitir que a potência rival salvasse a República espanhola. O governo fascista devia agir com presteza se não quisesse que os franceses estendessem a sua área de influência à península ibérica.

Na primeira semana de agosto, doze aviões de carga e bombardeio italianos Savoia-Marchetti SM-81 foram enviados ao norte da África para apoiar os esforços militares do general Franco. A missão foi organizada um tanto às pressas e executada de forma clandestina. Três das doze aeronaves tiveram acidentes no percurso e não conseguiram chegar à zona rebelde. O SM-81 era um avião de características semelhantes às do Junkers Ju-52. Também era um monoplano de três motores, que podia ser utilizado tanto para o transporte de carga ou passageiros como para bombardear posições inimigas. Era um dos aviões mais modernos da força aérea italiana. A sua produção em série datava de 1935 e, antes de entrar em ação na Guerra Civil Espanhola, havia participado na campanha da Abissínia.

Nas semanas seguintes, a Itália enviaria um fluxo contínuo de aeronaves à zona rebelde espanhola. As principais foram o Savoia-Marchetti SM-79 *Sparviero*, um avião versátil de características parecidas às do SM-81, mas que também podia ser usado como torpedeiro; o caça Fiat CR-32, um biplano robusto e altamente manobrável, que no entanto ficaria obsoleto com a introdução dos caças monoplanos soviéticos; o seu substituto, o monoplano Fiat G-50 *Freccia*, que entraria em funcionamento a partir de 1938, e o Fiat BR-20 *Cicogna*, um bombardeiro bimotor que só entraria em serviço em junho de 1937 e contava com características semelhantes às do Heinkel He-111 alemão.

No total, durante os três anos de guerra, a Itália de Mussolini enviaria mais de 600 aviões à Espanha nacional, inclusive vários hidroaviões. Esse corpo aéreo conformaria a *Aviazione Legionaria*, que teria a sua base na ilha de Maiorca. Essa localização foi escolhida por motivos de segurança (em uma ilha, era mais fácil se proteger); estratégicos (proximidade com a Itália); políticos (Mussolini sonhava tornar as ilhas Baleares um protetorado italiano); e operacionais (era a base ideal para bombardear Barcelona e Valência, duas das principais cidades republicanas). Mas não foram enviados apenas aviões a Maiorca. Um aventureiro chamado Arconovaldo Bonaccorsi, mais conhecido pelo apelido de conde Rossi, chegou à ilha em agosto de 1936, com a farda fascista, um carro esportivo vermelho e grande apetite por mulheres.

Com seu castelhano macarrônico (embora não devesse ser muito pior do que aquele dos maiorquinos catalanofalantes) e o seu ar de herói de romance de Emilio Salgari, o conde Rossi tornou-se instrutor dos falangistas locais e acompanhou muitas das ações de repressão contra os republicanos. Assim, foram adotadas as técnicas de tortura do fascismo italiano, como a ingestão de óleo de rícino, que provocava terríveis cólicas e diarreias. Bonaccorsi organizou uma milícia falangista sob o seu comando, chamada de *Dragones de la Muerte*, que espalhou o terror pelas cidades e vilas de Maiorca.

Esses *Dragones* teriam um papel protagonista na primeira semana de setembro, quando a malfadada expedição do capitão Bayo desembarcou em Porto Cristo (Manacor) e ameaçou devolver a ilha ao lado governista.

Milicianos recrutados em Barcelona e Valência haviam navegado até as ilhas Baleares e desembarcado em Ibiza, que também havia se rebelado contra o governo em 19 de julho. Ao chegar, executaram o bispo, as autoridades rebeldes e os principais empresários da ilha. Uma vez controlada Ibiza, se voltaram contra Maiorca, desembarcando no litoral leste, mas foram repelidos pelo exército nacional e pelas milícias falangistas e carlistas. Sem poder sair da praia nem ocupar nenhuma cidade, os milicianos bateram em retirada, e os mais afortunados conseguiram reembarcar. Aqueles que não tiveram tanta sorte, ou pereceram nas dunas das praias ou sofreram a fúria vingativa dos vencedores. Especialmente cruel foi o tratamento que os falangistas dispensaram a um grupo de enfermeiras que acompanhava os republicanos. Elas foram objeto de violência sexual e torturadas até a morte.

Além de aviões e de um ou outro aventureiro fascista, Mussolini enviou à Espanha um grupo considerável de tropas terrestres. A força expedicionária italiana foi denominada *Corpo Truppe Volontarie* (CTV) e começou a atuar na guerra a partir do mês de dezembro de 1936, com a chegada de 3 mil soldados sob o comando do general Mario Roatta. Em fevereiro de 1937, o CTV já somava 44 mil efetivos. No decorrer da guerra civil, a Itália enviou aproximadamente 140 mil homens, que foram se revezando, tendo em vista que o CTV raramente superou a cifra de 50 mil.

Os soldados de Mussolini vinham acompanhados de abundante material bélico, suprimentos, veículos de transporte e uma divisão (a *Littorio*) de carros de combate ligeiros, conhecidos na Espanha como *tanquetas*. Somados os efetivos da *Aviazione Legionaria* e do *Corpo Truppe Volontarie*, a Itália representou o maior esforço de guerra de um país estrangeiro na Espanha. A sua influência evidenciou-se não somente nos campos de batalha, mas também no crescimento vertiginoso da Falange, fator que acelerou a fascistização do lado rebelde, que até então possuía contornos políticos pouco claros. Hinos fascistas italianos como *Giovinezza* ou *Faccietta nera* eram cantados frequentemente nos comícios falangistas, juntamente com o *Cara al sol*. Quer fosse pela maior contribuição bélica, quer pela proximidade cultural ou pela simpatia que os povos manifestavam entre si, a influência italiana na Espanha nacional foi incomparavelmente superior à do nazismo alemão, embora, conforme veremos nos capítulos seguintes, os italianos nem sempre tenham sido bem-sucedidos no combate contra os republicanos.

O Comitê de Não Intervenção

O conde Ciano estava certo, em 25 de julho, ao alertar Mussolini sobre uma iminente intervenção francesa no conflito espanhol. O governo de Giral, por meio de canais diplomáticos, mas também por outros meios, menos convencionais, havia entrado em contato com o Executivo francês em busca de socorro para abafar o golpe militar. O gabinete de Léon Blum era simpático às pretensões dos espanhóis, com os quais mantinha ligações de tipo ideológico (recordemos que no verão de 1936 havia governos da Frente Popular em Paris e em Madri). A República espanhola esperava comprar da França um grande contingente de aviões de guerra, com os quais pretendia reforçar a sua força aérea, aproveitando essa superioridade para reprimir a insurreição. Um primeiro pedido de compra do governo espanhol incluía, entre outros equipamentos, 14 caças monoplano Dewoitine D-371, 10 Dewoitine D-373 e 49 biplanos bimotores de reconhecimento e bombardeio Potez 540, tudo pelo valor de 12 milhões de francos, uma fortuna para a época.

As negociações para a venda de material bélico (fuzis, canhões e aviões) encalharam em razão do medo manifestado pelos conservadores britânicos –

então com maioria parlamentar em Westminster – de que o conflito espanhol se espalhasse por outros países europeus. Para o gabinete londrino de Chamberlain e Eden, uma intervenção internacional na guerra da Espanha só poderia trazer consequências péssimas para o continente. Diante das pretensões expansionistas de Hitler e Mussolini, os *tories* (membros do Partido Conservador britânico) queriam prosseguir com sua estratégia de apaziguamento. Os dois ditadores já haviam manifestado publicamente que eram a favor do lado rebelde, e uma intromissão francesa na península ibérica em defesa da República poderia servir de pretexto à eclosão de uma nova guerra europeia. Seria preferível, portanto, acalmar os ânimos e fazer algumas concessões. A Espanha era uma peça relativamente secundária no cenário da Europa e nem britânicos nem franceses estavam dispostos a desatar uma Segunda Guerra Mundial em função do conflito hispânico.

Mas havia outro elemento que apavorava os conservadores britânicos. As notícias que a embaixada inglesa em Madri enviava ao *Foreign Office* contavam em detalhes a explosão de ira popular contra o clero e a burguesia como reação ao golpe de Estado. A ideia de que uma revolução anarquista ou bolchevique pudesse vingar no extremo sul do continente, se expandindo de lá para os demais de países, inquietava profundamente o governo britânico. Os *tories* eram bem conscientes da grave crise econômica que o mundo ocidental atravessava nos anos 1930 e temiam que a fagulha espanhola pudesse incendiar toda a Europa, inclusive o Reino Unido.

Com a oposição britânica, as exportações de suprimentos de guerra da França foram suspensas em 25 de julho. Uma semana mais tarde, o *Foreign Office* reuniu os principais países europeus para discutir um Tratado de Não Intervenção. De acordo com esse convênio multilateral, os países assinantes comprometiam-se a não prestar auxílio a nenhum dos dois lados em conflito na Espanha. O Tratado também previa mecanismos de fiscalização de caminhões, trens, navios e aviões, para impedir que os republicanos e os nacionais pudessem se abastecer de armamento ou suprimentos no exterior. Patrulhas marítimas seriam encarregadas de vigiar o tráfego de navios e cuidariam para que não levassem armas à Espanha. Também nas fronteiras terrestres seriam redobrados os esforços para impedir o tráfico clandestino de armamento. Haveria, aliás, um Comitê de Não Intervenção, que se reuniria periodicamente em Londres para fazer uma avaliação das medidas adotadas. Esse Comitê reuniu-se pela primeira vez em 9 de setembro de 1936.

As intenções britânicas não eram más. Asfixiando o comércio internacional de armas, esperava-se encurtar a guerra, obrigar as partes em conflito a chegar a uma solução negociada e, no final das contas, diminuir o número de vítimas inocentes e limitar o risco de propagação da guerra aos países vizinhos. No entanto, desde o primeiro momento, ficou evidente que o Tratado de Não Intervenção não passaria de uma farsa.

Alemanha e Itália se beneficiaram enormemente da política britânica de apaziguamento e participaram de bom grado das negociações do Tratado. Essas manifestações de apoio à não intervenção correram paralelas ao envio de tropas e equipamentos militares ao general Franco. Hipocritamente, o Terceiro Reich e o *Stato Nuovo* enviaram representantes de alto nível às reuniões do comitê de Londres e fizeram de conta que acreditavam na não intervenção enquanto descarregavam divisões em solo espanhol. Alemães e italianos colaboraram até no patrulhamento do litoral e do espaço aéreo espanhol, para impedir que as potências estrangeiras interviessem na guerra civil. Situação parecida foi a de Portugal. Salazar aceitou assinar o Tratado de Não Intervenção, mas nem por isso deixou de enviar um grupo de soldados voluntários à Espanha (os Viriatos) e não se opôs à ideia de que o seu país se tornasse uma das principais portas de entrada de suprimentos para o lado rebelde.

Esse jogo duplo também foi praticado por Stalin. Em setembro, o mesmo mês em que a União Soviética enviou um embaixador ao comitê de Londres, Moscou tomou a decisão de intervir na guerra apoiando a República. A atitude de Stalin seria muito parecida à de Hitler e Mussolini, que, à maneira de Jano, o deus romano, tinham duas caras: a da não intervenção, "para inglês ver" (nunca melhor dito), e a do envolvimento completo (com tropas, apetrechos e assessores políticos e militares) com aqueles que julgavam aliados.

A mais prejudicada pela política de não intervenção foi a República espanhola. Amparando-se no critério de neutralidade, os aliados naturais da Segunda República, isto é, as duas maiores democracias europeias, o Reino Unido e a França, abandonaram o governo republicano à própria sorte. Tampouco os Estados Unidos quiseram socorrer os republicanos espanhóis, em parte pela política de isolamento internacional praticada por Washington após a presidência de Wilson, em parte por pressões britânicas para não haver intervenção na guerra espanhola e em parte pelo *lobby* católico no congresso. Esse grupo de pressão, encabeçado pelo senador Kennedy (pai do futuro presidente John Fitzgerald), convenceu as câmaras legislativas norte-americanas de que a República espanhola estava cada vez mais inclinada a posições de extrema-esquerda e de perseguição religiosa, duas questões muito sensíveis à opinião pública desse país. A não intervenção dos Estados Unidos foi ainda mais fatal aos interesses da República, porque não se limitou a não fornecer recursos ao governo democrático, mas facilitou a exportação de material de guerra e combustível para o lado rebelde. Os empresários estadunidenses apoiaram sem disfarces os generais sublevados. A Texaco parou de fornecer petróleo à República e desviou seus carregamentos de óleo para a refinaria que os rebeldes possuíam nas ilhas Canárias. Ford e General Motors exportaram um grande número de caminhões aos nacionais, e entidades financeiras dos Estados Unidos abriram linhas de crédito de vital importância ao triunfo da sublevação.

Um dos poucos países que tiveram a coragem de se opor à farsa da não intervenção foi o México do presidente Lázaro Cárdenas. Esse país mostrou desde os primeiros dias do golpe a sua aliança incondicional com os republicanos e utilizou todos os seus recursos diplomáticos para defender a causa do governo espanhol. Todavia, a escassa capacidade industrial e econômica do México da década de 1930 e a grande distância geográfica em relação à península ibérica impediram que o apoio mexicano tivesse maior alcance. Mesmo assim, o México exportou para os republicanos 20 mil fuzis e a munição necessária para o seu uso. As armas mexicanas chegariam a tempo para a defesa de Madri, em novembro de 1936.

Fora essas exceções (URSS e México), a República teve que adquirir armamento no mercado negro, através de malandros contrabandistas, que não raro enganavam os negociadores republicanos, ficando com o dinheiro e deixando os emissários espanhóis a ver navios. Além disso, quando a República conseguia munição, esta nem sempre era compatível com a multiplicidade de tipos de fuzis, espingardas, escopetas e mosquetões que os milicianos empunhavam; algumas dessas peças eram mais dignas de ocupar um lugar nas vitrines dos museus do que de servir para algo nas trincheiras.

As Brigadas Internacionais

Outra brecha que o Tratado de Não Intervenção não teve como tampar, e que desta vez beneficiou principalmente o lado republicano, foi a chegada à Espanha de soldados voluntários.

A rebelião militar levantou uma onda de simpatia em relação à República espanhola, encurralada pelas forças mais reacionárias do país. Partidos esquerdistas de toda a Europa, legalizados ou na clandestinidade, organizaram eventos para conscientizar seus militantes da necessidade de lutar na Espanha e deter a hidra fascista que estava se estendendo por todo o continente. No filme de Ken Loach, *Terra e liberdade* (1995), há uma cena em que um ativista de um partido trabalhista (provavelmente comunista) apresenta imagens do golpe de Estado e da reação do povo e conclama os presentes a combater pela República. O protagonista do filme, um *alter ego* do escritor inglês George Orwell, em cujas memórias boa parte de *Terra e liberdade* é inspirado, resolve viajar para a Espanha, onde acabará fazendo parte de uma milícia trotskista do POUM.

Como o protagonista do filme de Loach, milhares de voluntários acudiram à guerra espanhola para frear o crescimento da extrema-direita ou para tornar realidade seus sonhos de revolução social. Esses voluntários tinham as mais variadas procedências. Entre eles predominavam os europeus, mas também havia norte-americanos, sul-americanos e alguns poucos asiáticos. Havia desde intelectuais de renome até operários desempregados, passando por exilados políticos, sobretudo de países como Itália, Alemanha ou Hungria, em que os simpatizantes de esquerda eram duramente reprimidos. Alguns eram veteranos da Primeira Guerra Mundial e estavam suficientemente adestrados nas artes militares; muitos outros, pelo contrário, empunhavam pela primeira vez uma arma. Havia até brigadistas de ideologia pacifista que, apesar disso, não aceitavam ficar de braços cruzados e deixar que o fascismo imperasse na Europa. Lutar pela República espanhola significava para muitos deles combater pela liberdade em seus países de procedência. O brigadista checo lutava para ver Praga fora do expansionismo nazista; o francês, para ver Paris sem a influência da extrema-direita; o austríaco, para libertar Viena da tentação do *Anschluss*; e o afro-americano, pelos direitos civis nos Estados Unidos, em um tempo em que essa questão ainda não estava na pauta política de Washington. E todos eles, juntos, lutavam contra um inimigo comum: o totalitarismo racista e excludente, personificado em Hitler e em todos os seus acólitos espalhados pelo continente europeu.

A partir do mês de setembro, os partidos comunistas francês e italiano resolveram organizar melhor a afluência de voluntários à Espanha. Para isso contaram com a ajuda do Ministério de Defesa soviético, que exportou a experiência de recrutamento de voluntários adquirida durante a guerra civil russa. Além de colaborar estreitamente na formação das Brigadas Internacionais, o Kremlin desejava que a Internacional Comunista portasse a batuta em todo esse processo. Nesse sentido, comissários do NKVD (polícia política e de espionagem soviética, anterior à KGB) interrogavam detalhadamente os voluntários que não fossem militantes do Partido Comunista. A influência do NKVD também se fez notar no dia a dia dos brigadistas, tanto no controle ideológico quanto na imposição de duros castigos àqueles que se afastassem da disciplina.

O centro europeu de recrutamento de voluntários para as Brigadas Internacionais foi estabelecido em Paris, a capital de um Estado que havia assinado o Tratado de Não Intervenção. Porém, malgrado os compromissos internacionais, não consta que a polícia francesa tenha cerceado a ação do Partido Comunista nem que atrapalhasse a captação de soldados voluntários.

Na Espanha, o centro de treinamento dos brigadistas ficava na cidade de Albacete. Nem todos os brigadistas passaram previamente pela sede parisiense. Muitos deles viajaram diretamente para a Espanha por sua conta e risco. Em Albacete, os voluntários eram distribuídos pelas diferentes brigadas de acordo com a sua nacionalidade. André Marty, um líder comunista francês, era o principal responsável do centro de recrutamento e instrução. Os grupos mais numerosos eram os franceses, italianos, alemães/austríacos e poloneses.

Entre eles havia um considerável grupo de judeus, que também lutavam contra o crescente antissemitismo existente em seus países. A participação de judeus nas Brigadas Internacionais seria manipulada pelos nacionais para intensificar a propaganda em seu favor, no sentido de interpretar a guerra civil como uma cruzada contra o "contubérnio judeu-maçônico". Contudo, o antissemitismo tinha estado quase ausente no debate político espanhol nas décadas precedentes. Isso se devia, em boa medida, ao fato de quase não haver judeus na Espanha (em razão de sua expulsão oficial em 1492 pelos Reis Católicos). Ainda que o liberalismo tivesse permitido a liberdade de culto e o fim das discriminações por credo ou raça, os judeus sempre representaram uma reduzidíssima comunidade no país, ao contrário do que ocorria no resto da Europa. Mesmo assim, o antissemitismo passou a fazer parte do discurso da extrema-direita espanhola no século XX, tanto por imitação de outros países (a França e a Alemanha, principalmente) quanto pela tradição histórica de desrespeito em relação aos cristãos-novos.

Ao todo, uns 34 mil voluntários estrangeiros engrossaram as filas das Brigadas Internacionais no decorrer da guerra.

As primeiras Brigadas Internacionais (as de números XI, XII e XIII) mostraram-se operacionais no começo de novembro e tiveram um papel decisivo na Batalha de Madri. A sua melhor preparação técnica, o seu equipamento mais completo e a disciplina com que entravam em combate contrastavam com o jeito arrojado e desorganizado dos milicianos espanhóis. Contudo, as Brigadas Internacionais nem sempre agiam em plena coordenação com o estado-maior republicano, o que ocasionava muitos atritos e rivalidades.

O governo de Largo Caballero

O fracasso das negociações para obter auxílio das democracias ocidentais debilitou ainda mais a posição dos partidos liberais à frente da República. Paralelamente, o apoio que a União Soviética estava prestando ao governo de Madri, diretamente ou através do envolvimento da Internacional Comunista na organização das Brigadas Internacionais, deu fôlego político aos socialistas e comunistas da Espanha. No verão de 1936, houve uma tentativa de unificar os partidos comunista (liderado por José Díaz e Dolores Ibárruri, *La Pasionaria*) e socialista (liderado, pelo menos o setor mais revolucionário, por Largo Caballero) em um Partido Socialista Unificado. Essa iniciativa só deu certo na Catalunha, com a criação do *Partit Socialista Unificat de Catalunya* (PSUC), que seria a partir de então a subsidiária catalã da Internacional Comunista e faria frente ao PCE, em vigor no resto do Estado espanhol. Fora da Catalunha, o movimento de unificação também teve sucesso no caso das juventudes socialistas e comunistas, que se uniram, em abril de 1936, na Juventude Socialista Unificada (JSU), cujo primeiro secretário-geral era um jovem de 20 anos chamado Santiago Carrillo.

Diante desse panorama, as posturas moderadas e reformistas da "república das letras" foram as primeiras derrotadas pela guerra. Sem poder controlar os episódios revolucionários e coletivizadores e acumulando derrotas no campo de batalha, os homens da esquerda liberal republicana foram perdendo adeptos. Embora Manuel Azaña tenha conseguido conservar o cargo de presidente da República (primeira magistratura do Estado, porém com escassos poderes efetivos), o seu homem de confiança, José Giral, renunciou ao cargo de primeiro-ministro em 4 de setembro. A queda de Giral foi precipitada por duas severas derrotas militares acontecidas no dia 3 de setembro. Nessa data, o exército africano conquistou Talavera de la Reina, deixando Madri muito vulnerável à incursão dos soldados de Franco. Ao mesmo tempo, as tropas navarras de Mola entraram em Irún, cidade basca que servia como posto fronteiriço com a França. Com Irún sob controle dos rebeldes, a República perdeu a comunicação terrestre com as províncias do norte peninsular.

A vaga da chefia do governo foi preenchida por Francisco Largo Caballero, líder sindical curtido em inúmeros conflitos trabalhistas e com um tipo de liderança seguramente mais adequada a tempos de guerra. A ascensão de Largo Caballero à presidência do Executivo sinalizava várias coisas. A primeira, a situação de extrema gravidade em que se encontrava o regime republicano, caso contrário o Partido Socialista não teria admitido que um dos seus dirigentes ocupasse tal posição. A segunda, que o PSOE aceitava superar as suas discórdias internas, marcadas sobretudo pela rivalidade entre os setores caballerista e prietista. A terceira, que o setor mais bolchevique do PSOE, liderado por Largo Caballero, ganhava a partida em relação ao segmento moderado de Indalecio Prieto. E, finalmente, a quarta consequência era a entrada no governo dos comunistas, uma força que até 18 de julho tinha sido minoritária, mas agora, com o apoio do Komintern, ampliava o seu espaço no cenário político espanhol.

Os anarquistas também foram convidados a integrar o governo de Largo, porém, como de costume, rejeitaram o oferecimento. A República espanhola, apesar de incubar uma revolução social, era, sob o olhar anarquista, o velho Estado burguês, ainda que pusesse uma máscara socialista. Além do mais, a CNT-FAI duvidava de que as intenções do governo de unidade comandadas por Largo não contemplassem a neutralização das milícias anarquistas para em seguida substituí-las pelo totalitarismo stalinista.

O Generalíssimo

Entre os meses de julho e outubro de 1936, talvez no momento mais decisivo da guerra, o lado rebelde esteve sem um comando unificado. A fatídica morte do general Sanjurjo, quando estava prestes a assumir a liderança do golpe, obrigou os rebeldes a prosseguirem os combates mediante a coordenação dos principais conspiradores. Uma junta improvisada e sem uma pauta formal, integrada por Mola, Cabanellas, Queipo de Llano e Franco, se encarregou de dirigir as operações militares. Porém, a sorte no campo de batalha catapultaria o general Franco à chefia do Exército sublevado e, consequentemente, à máxima autoridade da ditadura que aos poucos se edificava na área sob controle rebelde. Apesar de seus êxitos militares, Franco não foi, no começo, unanimidade. Porém, em pouco tempo o jovem general demonstrou suficiente tato e habilidade política para consolidar sua autoridade.

Mola perde a iniciativa

Enquanto as potências europeias resolviam se interviriam ou não na Espanha, a guerra continuou o seu curso nos meses de julho, agosto e setembro. Na metade norte do país, os sublevados haviam triunfado em um extenso território, que compreendia Galícia, Leão, Castela-a-Velha, Navarra e a metade ocidental de Aragão. Nessa área o general com mais projeção era Emilio Mola, que virou o principal comandante do exército rebelde do norte. Madri ficava a poucos quilômetros de distância do *front*, e a sua rápida conquista teria significado um duro golpe, talvez letal, para a República. Por isso, Mola resolveu concentrar as divisões orgânicas 6ª e 7ª num ataque à capital pelo flanco setentrional.

Contudo, havia um importante obstáculo geográfico: o Sistema Central, um conjunto de serras que divide em dois a Meseta (planalto central) da península ibérica. Embora nos meses de verão as montanhas estivessem livres de neve e a passagem pelas cordilheiras fosse relativamente fácil, as vias de comunicação limitavam-se a dois desfiladeiros: Somosierra e Guadarrama. Ambos apresentavam precárias e serpenteantes estradas, propícias para emboscadas. Para poder deslocar as tropas recrutadas em Burgos, Valladolid, Segóvia, Palência e outras capitais castelhanas era preciso controlar esses dois pontos de acesso. As tropas republicanas estavam cientes disso. Após deter o golpe em Madri e com a rendição dos soldados do *Cuartel de la Montaña*, os milicianos, liderados em Somosierra por Valentín González – *El Campesino* – e em Guadarrama por Enrique Líster, se posicionaram nos desfiladeiros.

O estado-maior republicano detectou o movimento de tropas rebeldes em 20 de julho e reforçou as posições. Mola tentou levar para a frente do Sistema Central a 5ª divisão orgânica, com base em Zaragoza. Mas o seu comandante, o general Cabanellas, não pôde se juntar às tropas de Mola, dado o contra-ataque que os milicianos anarquistas preparavam contra a capital aragonesa.

Com pouca munição, sem cobertura aérea e com peças leves de artilharia que não eram páreo para as baterias republicanas, os soldados, os voluntários falangistas e os *requetés* ficaram obstruídos e não conseguiram avançar para a capital. Mola enviou emissários à Alemanha e à Itália em busca de suporte externo, em um movimento diplomático paralelo e sem comunicação com o que Franco estava realizando. Além disso, a iniciativa diplomática de Mola chegou um pouco tarde: o Duce e o Führer já estavam negociando o acordo de envio de armas ao norte da África e não estavam dispostos a ter um segundo interlocutor entre os rebeldes.

O Generalíssimo

Graças ao sucesso dos delegados de Franco e à pouca habilidade dos delegados de Mola, nas primeiras semanas de agosto o armamento requerido pelo *Director* afluía em crescentes quantidades ao Marrocos. Uma parte desse material bélico recebido dos Estados nazifascistas foi enviado até a área controlada por Mola, atravessando o território português. Porém, Franco não pôde (ou não quis) deslocar aviões e baterias artilheiras ao norte de Madri. Essa medida talvez tivesse permitido uma rápida vitória das forças rebeldes em Somosierra e Guadarrama e, portanto, uma possível conquista de Madri. Mas, ao mesmo tempo, teria elevado o general Mola à máxima glória militar, especialmente no momento em que existia um vazio na direção do lado nacional. E isso teria ofuscado as ambições de Franco, justo quando Hitler e Mussolini já haviam decidido que era ele, e não Mola, o seu homem de confiança.

Preso nos desfiladeiros do Sistema Central e sem vislumbrar uma possível ofensiva para o sul, Mola decidiu abandonar o plano de conquistar Madri e concentrou as suas prioridades na conquista do País Basco. Das três províncias bascas, apenas em uma delas (Álava) triunfara o golpe de Estado. Era a mais conservadora das três, a menos basca do ponto de vista linguístico e aquela em que os carlistas tinham maior presença. As outras duas, Biscaia e Guipúzcoa, mantiveram-se fiéis ao governo republicano. Foi esta última província a eleita como alvo das tropas navarras de Mola. A primeira ação militar foi a ocupação de Irún, cidade na divisa com a França, em 3 de setembro. Com a sua conquista, a República perdeu uma das principais vias de comunicação terrestre com o país vizinho e, consequentemente, uma rota fundamental para o recebimento de armas, homens e suprimentos.

De Irún, o Exército do Norte avançou para San Sebastián (ou Donosti), a bela capital guipuzcoana, que havia servido como local de veraneio da família real espanhola e que caiu no dia 14 de setembro. Mas de San Sebastián para o oeste o avanço fez-se cada vez mais árduo. Junto com as tropas governistas, os nacionalistas bascos tinham organizado as próprias milícias de *gudaris* (soldados em basco) e organizado uma ferrenha defesa da província de Biscaia. Nela concentravam-se algumas das principais indústrias siderometalúrgicas do país, cuja conquista teria sido um grande triunfo para os rebeldes.

Enquanto os *gudaris* protegiam Biscaia do avanço dos *requetés* e das tropas rebeldes, em Madri debatia-se a concessão de autonomia ao País Basco. As

103

reticências que até poucos anos atrás a esquerda espanhola alimentava tinham se dissipado enormemente, tendo em vista que os nacionalistas bascos estavam dando o próprio sangue para defender a causa republicana. O Estatuto de Autonomia foi aprovado em 6 de outubro. No dia seguinte, o *lehendakari* (presidente) José Antonio Aguirre, do PNV, assumiu a presidência do primeiro governo basco, com políticos nacionalistas, republicanos e socialistas.

O "vice-reinado" da Andaluzia ocidental

O fracasso de Mola em sua tentativa de conquistar a capital só deixava uma saída aos rebeldes: transportar o exército da África para a península. Para isso eram necessárias duas coisas: contar com os recursos aeronavais para o transporte (sendo que boa parte da frota e do exército do ar havia ficado do lado da República) e garantir a cabeça de ponte no sul da península. Os emissários de Franco em Berlim e Roma se encarregaram de conseguir os aviões. E o general Gonzalo Queipo de Llano, de garantir a cabeça de ponte.

Para executar o golpe de Estado, Queipo contou com o suporte de voluntários falangistas dirigidos por José María Carranza, *El Algabeño*, um ex-toureiro que se tornaria tristemente célebre pela crueldade com que reprimiu esquerdistas. Antes da guerra, *El Algabeño* havia atuado como capanga para grandes proprietários de terra andaluzes, torturando e assassinando camponeses que reclamavam da lentidão da reforma agrária. Isso o tornou alvo dos sindicalistas violentos, que atentaram repetidamente (e sem resultados) contra sua vida e que procuraram castigar a sua família, especialmente depois do fracasso da *Sanjurjada* em 1932.

O golpe de Estado de 18 de julho foi uma oportunidade ideal para a revanche. *El Algabeño* pôs-se imediatamente às ordens de Queipo de Llano e teve um papel protagonista na repressão de ativistas de esquerda nos bairros operários de Sevilha e na ofensiva contra a cidade de Córdoba. Foi um dos mais cruéis dentre os variados integrantes dos *bandos negros* que semearam o terror na Andaluzia nos meses de julho e agosto de 1936. Centenas de camponeses foram presos pelo simples fato de estarem filiados a sindicatos. Antes de serem assassinados, os falangistas lhes gritavam em tom de escárnio: "tomai reforma agrária!".

O Generalíssimo

Durante os primeiros dias do golpe, em bairros sevilhanos como o de Triana, militares e milicianos de extrema-direita assediaram as casas de socialistas e anarquistas, atiraram nelas granadas de mão e as invadiram empunhando fuzis com baionetas, atacando, sem fazer distinções, adultos, idosos, crianças, homens e mulheres. O golpe rápido e sangrento que Mola pregava durante os preparativos do levante teve em Sevilha um dos exemplos mais dramáticos.

Também foi dantesca a repressão praticada em Córdoba. A capital da província se rendeu quase sem resistência aos rebeldes nos primeiros dias de ataque. Para expurgar a cidade de esquerdistas, Queipo enviou Bruno Ibáñez. Esse *comandante* (major) da guarda civil recebeu carta branca para eliminar todas as pessoas que julgasse contrárias à sublevação. Um dado revelador da brutalidade de Ibáñez: quase um décimo da população total de Córdoba foi eliminado durante a guerra.

Com recursos militares limitados, porém com o suporte de gente dessa laia, o general Queipo de Llano conseguiu controlar com relativa facilidade as províncias de Huelva, Sevilha e Cádiz. Esta última era indispensável para o desembarque seguro das tropas coloniais na península ibérica. O coronel José Enrique Varela estava preso em Cádiz e foi libertado da cadeia pelos sublevados em 19 de julho. Ele ficou responsável pela organização da operação militar para abortar a greve geral declarada na cidade pelos sindicatos e garantir que essa importante base naval permanecesse no lado rebelde.

Em relação a Queipo de Llano, o seu domínio sobre o Exército, a prática do terror durante as repressões políticas e a sua presença cotidiana nas ondas hertzianas fizeram dele uma espécie de "emir" ao estilo do Al-Andalus, ou um "vice-rei" de colônia, mandando e desmandando ao seu bel-prazer e decidindo sobre a vida e a morte de milhares de andaluzes. Embora no passado Queipo de Llano tivesse manifestado inclinações sociais e antimonárquicas, o seu comportamento nos primeiros meses da guerra foi mais condizente com o de um sátrapa.

Em suas quase diárias aparições radiofônicas, Queipo de Llano se orgulhava das atividades repressoras de seus sequazes. Em seus discursos não poupava insultos carregados de palavras grosseiras, as quais, pela vulgaridade, incomodavam os setores conservadores da sociedade sevilhana. Queipo insuflava a prática de todo tipo de violência contra os "vermelhos", inclusi-

105

ve a violência sexual contra as mulheres. As palavras do general indignavam os camponeses das comarcas controladas pela República, que reagiam com fúria e rancor contra os proprietários rurais, ocasionando mais mortes e ocupação de terras.

Dentre as múltiplas vítimas da repressão empreendida pelos homens de Queipo destaca-se o intelectual e político Blas Infante, um dos pais do nacionalismo andaluz. A ele é atribuída a adoção de alguns dos símbolos da região, como o hino e a bandeira verde e branca, desenhada como se fosse uma herdeira da insígnia dos califas de Córdoba. (O passado muçulmano era, segundo Infante, um fator determinante para entender a sociedade andaluza, e ele lamentou em seus escritos que essa parte da história tivesse sido negligenciada nos livros didáticos.)

Com a vitória da Frente Popular, um anteprojeto de concessão de autonomia à Andaluzia havia sido desengavetado. Blas Infante, que conhecia de perto o exemplo da Catalunha, tentou reproduzi-lo em sua terra, com a formação de uma junta regional provisória, em que seria nomeado presidente de honra. O projeto foi malogrado em razão do estouro da guerra civil. Poucos dias depois do golpe, um grupo de falangistas acudiu à casa de Infante em Coria del Río, vila na qual era notário, e o executou sem julgamento. O corpo do político andaluz foi encontrado no acostamento de uma estrada em 11 de agosto.

A passagem do estreito de Gibraltar

Franco temia que a armada republicana pudesse bloquear o estreito de Gibraltar impedindo o desembarque das tropas coloniais na península ibérica. Embora a Galícia (com os portos de Vigo e do Ferrol) estivesse sob controle dos rebeldes desde os primeiros dias da guerra, a importante base naval de Cartagena, situada na região murciana, tinha se mantido fiel à República. Ademais, muitos navios cujos capitães tinham participado da conspiração haviam acabado em mãos republicanas, graças à reação dos marujos, que se rebelaram contra os seus superiores.

Contudo, a ajuda prestada por italianos e alemães acabou por dar a supremacia aeronáutica aos nacionais (cujos aviões foram marcados na cauda com uma cruz de Santo André preta sobre fundo branco, para

O Generalíssimo

diferenciá-los dos aviões dos republicanos, que ostentavam a bandeira tricolor), o que permitiria furar o bloqueio naval mediante uma ponte aérea. Contudo, a capacidade de transporte dos maiores aeroplanos da frota rebelde não superava os vinte passageiros. E havia, por outro lado, questões de segurança que não podiam ser esquecidas. O transporte aéreo ainda era incipiente, e a experiência dos primeiros SM-81 enviados por Mussolini não foi muito promissora (recordemos que, dos doze aviões, dois se perderam no Mediterrâneo, e um terceiro teve que fazer um pouso de emergência no protetorado francês). Além disso, boa parte da tropa acantonada no norte da África, tanto espanhola quanto indígena, sentia pavor de voar.

O general Franco contava com aproximadamente 30 mil soldados para serem transportados até a Andaluzia. Com algo mais de uma dúzia de aeronaves (entre Ju-52 e SM-81) nas primeiras semanas da guerra e calculando um máximo de quatro voos diários por avião, a ponte aérea demoraria mais de um mês até ser completada. E isso considerando que as condições meteorológicas fossem extremamente favoráveis, e supondo que as tropas nacionais dispusessem de combustível suficiente e meios técnicos para realizar a operação. Havia suposições demais.

Os generais rebeldes não dispunham de tanto tempo. As tropas africanas deviam ser deslocadas o mais breve possível se não quisessem deixar que os republicanos se rearmassem e contra-atacassem em grande escala. Sempre cauteloso e pouco inclinado a se arriscar em excesso, Franco era pouco favorável a combinar a ponte aérea com uma operação de transporte marítimo, mesmo que um único navio pudesse deslocar pessoas de Ceuta a Algeciras, o equivalente a 150 voos. Porém, acabou convencido pelos assessores de que os marinheiros republicanos não seriam capazes de comandar e operar os navios de guerra. Além disso, os aviões não podiam transportar o equipamento pesado do exército, como as peças de artilharia, e, assim, o bloqueio republicano do estreito poderia ser facilmente contornado pelos navios rebeldes, os quais, ainda que fossem inferiores em número, seriam pilotados por oficiais experientes. A comprovada covardia com que as tripulações republicanas reagiam aos ataques dos aviões nacionais acabou dando razão àqueles que defendiam uma operação aeronaval, e Franco finalmente autorizou o embarque das tropas.

107

A Guerra Civil Espanhola

Com cobertura aérea, o primeiro comboio naval zarpou de Ceuta no dia 5 de agosto, conseguindo levar para a beira norte do estreito um total de 8 mil soldados de uma vez só. O destróier Lepanto, principal navio republicano que operava na região do estreito de Gibraltar, não fez nada para deter a incursão dos nacionais. O sucesso do comboio e a apatia da frota republicana aceleraram o processo de transferência das tropas. A notícia de que o feroz Exército Colonial tinha aberto o caminho para a península caiu como um balde de água fria entre os membros do gabinete de Giral. Os esquerdistas temeram que se repetisse a história de outubro de 1934, com o general Franco mais uma vez encabeçando as tropas reacionárias.

A passagem do estreito foi uma manobra espetacular que fez com que Francisco Franco surgisse como o líder mais destacado da Junta de Defesa do lado rebelde. Em 7 de agosto, sem deixar esfriar a vitória do comboio, Franco se mudou para Sevilha, onde estabeleceu o seu quartel-general. A sua chegada à capital andaluza provocou um choque de egos com o general Queipo de Llano, que se considerava uma espécie de "vice-rei" daquela região. A rivalidade entre os dois generais foi ficando cada vez mais evidente. Apesar da resistência de Queipo quanto a exercer um papel subalterno, quem tinha a faca e o queijo era Franco, e, afinal, Queipo precisou aceitar a sua superioridade.

Queipo não gostou nem um pouco dessa subordinação e tratou de se vingar do desafeto processando o general Miguel Campins. Esse oficial esteve a cargo da guarnição de Granada em 18 de julho e era amigo de longa data de Franco. Queipo acusou Campins de tibieza na hora de executar o golpe de Estado, por ter demorado 48 horas para declarar a lei marcial na cidade e por não ter praticado com presteza a repressão dos esquerdistas. Por esses motivos, acusava o general de alta traição e afirmava que o réu devia ser condenado à morte. Franco escreveu diversas cartas a Queipo de Llano rogando clemência para o seu amigo, mas estas de nada serviram. Campins foi julgado no dia 14 de agosto e fuzilado dois dias mais tarde.

Franco revidou a ofensa de maneira muito hábil. Em 15 de agosto proclamou que a partir daquela data a bandeira do lado nacional seria a bicolor (vermelho-amarelo-vermelho), isto é, a mesma bandeira que ondeara na Espanha nos anos da Monarquia. A medida foi um aceno aos setores direitistas que apoiavam moral e materialmente a causa dos rebeldes e que nos anos anteriores haviam se mostrado muito incomodados com as atitudes progressistas da Segunda República. Mas também era um insulto a Queipo de Llano (e em parte a Mola), que jamais cogitara que o golpe de Estado fosse um primeiro passo para a restauração da Monarquia. Ao contrário de Franco, sempre respeitoso em relação à Coroa e desgostoso com a proclamação da República, Queipo havia conspirando contra a Monarquia de Alfonso XIII e participado ativamente da derrubada do rei.

A campanha da Extremadura

O desembarque das tropas do protetorado disparou os sinais de alarme do governo de Madri, que já esperava uma ofensiva iminente. O caminho mais direto entre Sevilha e a capital era cruzar Sierra Morena pelo desfiladeiro de Despeñaperros e depois através da região de La Mancha. Esse era o percurso da principal rodovia que comunicava Madri com a Andaluzia. O general Miaja, um dos poucos oficiais de alta patente que se negara a secundar o golpe de Estado, apesar de suas convicções conservadoras, decidiu agrupar as escassas forças que tinha sob seu poder e constituir o Exército do Centro. As tropas de Miaja se organizaram entre as províncias de Ciudad Real e Jaén, prontas para deter o avanço do exército franquista.

Porém, não foi esse o caminho que o general Franco seguiu.

Antes mesmo do desembarque das tropas marroquinas se tornar um sucesso, Franco ordenou aos coronéis Yagüe e Asensio que avançassem para Madri por um caminho alternativo, saindo de Huelva e atravessando a Extremadura. Essa opção apresentava duas vantagens: com a ocupação de uma só província (Badajoz) conseguia-se unir em uma mesma faixa de terra as duas metades em que estava dividida a zona nacional; e todo o avanço das tropas rebeldes teria como asa esquerda a fronteira portuguesa, o que assegurava que não seriam incomodadas pela retaguarda.

Na campanha, as tropas coloniais enfrentaram milícias rurais mal armadas. Um após outro, todos os vilarejos, povoados e cidades foram caindo sob o fogo dos nacionais. Esse avanço se deu com poucas baixas para as colunas rebeldes, porém ostentando em toda parte uma duríssima repressão aos adversários, que não economizou violência. Legionários e soldados mouros semeavam o pânico nos campos da Extremadura, enquanto os falangistas completavam o trabalho depurando e executando ativistas políticos, sindicalistas ou simples professores de escola com ideias progressistas. Em certos casos, a repressão praticada pelos nacionais era tida como uma desforra pelas ações violentas perpetradas pelos esquerdistas nas semanas anteriores. Foi assim no caso de localidades como Almendralejo e Fuentes de Cantos, em que a repressão se estabeleceu (nem sempre com muito acerto, porém) contra aqueles que haviam protagonizado a perseguição aos integrantes da direita. Em Fuentes de Cantos, por exemplo, no dia 19 de julho, os republicanos tinham botado fogo em uma igreja em que estavam presas 56 pessoas, das quais 12 faleceram em razão do incêndio. Como represália, quando os nacionais conquistaram o povoado, cerca de 300 esquerdistas foram passados pelas armas.

Somente nas cidades de Mérida e Badajoz – esta última localizada às margens do rio Guadiana e fronteiriça com Portugal –, a infantaria franquista encontrou um exército republicano bem entrincheirado e organizado. A conquista de Badajoz era chave para estabelecer a comunicação do Exército do Sul, comandado por Franco, com o do norte, do general Mola, que controlava Cáceres desde os primeiros dias da contenda. Entre os dias 14 e 15 de agosto produziu-se o assalto a Badajoz. Embora a cidade possuísse muralhas de origem medieval que facilitavam o posicionamento das metralhadoras republicanas, as forças defensoras não puderam resistir ao embate dos legionários, que atacaram pelo norte, e dos regulares marroquinos, que atacaram pelo sul. Uma vez quebradas as defesas da muralha, as tropas coloniais invadiram a cidade e lutaram corpo a corpo com as milícias republicanas, muitas vezes matando os adversários a golpe de faca.

A Batalha de Badajoz ocasionou o maior número de baixas para o exército franquista de toda a campanha da Extremadura (mais de 200 legionários, entre mortos e feridos). À arraigada defesa da cidade, os soldados nacionais responderam com raiva e desejo de vingança pelos companheiros caídos em combate. O resultado foi um massacre terrível e uma pilhagem indiscriminada. Os soldados rebeldes depredaram as casas e roubaram tudo que tinham de valor. Até mesmo os dentes de ouro dos mortos foram arrancados com coronhadas de fuzil.

Sob o olhar conivente do coronel Yagüe, comandante das tropas nacionais e justamente apelidado de "açougueiro de Badajoz", milhares de pessoas foram reunidas à força na praça de touros. Lá, sob um sol escaldante de agosto, sofreram todo tipo de torturas e ameaças. Muitas delas foram fuziladas na mesma arena onde ocorriam as touradas ou foram vítimas de tiros de metralhadora disparados aleatoriamente. Não temos cifras exatas do número de pessoas mortas durante o Massacre de Badajoz, mas as estimativas mais comuns oscilam entre 2 mil e 4 mil pessoas. São números assustadores, sobretudo se levarmos em conta que a cidade, na época, tinha pouco mais de 40 mil habitantes.

Essa matança teve repercussão internacional. Diversos jornalistas estrangeiros presenciaram o saque da cidade e a cruel repressão. De seus relatos, foi provavelmente o do norte-americano Jay Allen o que conseguiu causar maior impacto. As suas crônicas, publicadas no *Chicago Tribune*, estremeceram a opinião pública internacional. O jornal parisiense de opiniões conservadoras *Le Figaro* dedicou a primeira página ao Massacre de Badajoz. Diante da repercussão negativa dessa explosão de crueldade, alguns oficiais alemães, aliados de Franco, criticaram os métodos bárbaros das tropas nacionais e recomendaram que os soldados do Terceiro Reich dispusessem de um comando completamente separado dos espanhóis.

O apoio de Salazar

António Oliveira Salazar não gostou nem um pouco de receber a notícia, em 14 de abril de 1931, da proclamação da Segunda República espanhola. Ficaria ainda mais insatisfeito ao ver como, nos meses posteriores, o governo republicano impulsionaria medidas de viés social-democrático que iam na contramão do Estado Novo, regime que construía desde 1930, com a sua ascensão à chefia do Executivo.

"Da Espanha, nem bom vento nem bom casamento", diz um velho ditado luso. Isso é o que deve ter pensado Salazar em relação à República hispânica, que facilmente poderia se tornar um ninho de opositores e um manancial de iniciativas em busca da anexação de territórios. Embora o governo de Lisboa mantivesse relações diplomáticas cordiais com o de Madri, o clima era de desconfiança mútua. Por vezes Salazar sentiu a tentação de voltar à tradicional política de virar as costas àquela República que tão poucas simpatias lhe despertava. Mais ainda quando ficaram evidentes as boas relações que o presidente Manuel Azaña mantinha com membros destacados do exílio luso, como Afonso Costa ou Jaime Cortesão.

Por isso, não é de se estranhar que ao chegar o 18 de julho o governo português tenha se colocado a favor dos sublevados. No entanto, como bem sabia Salazar, a política de seu país não podia divergir dos desígnios do "aliado perpétuo" britânico. E o chefe do governo português ainda temia que uma vitória dos "vermelhos" atiçasse o sonho do restabelecimento da União Ibérica, em que o seu país seria pouco mais do que mera província da Espanha. A rebelião dos marinheiros de dois navios portugueses (concretamente o Dão e o Afonso de Albuquerque) e a intenção dos amotinados de se juntar à esquadra republicana espanhola, no dia 8 de setembro de 1936, eram uma prova de que o temor de Salazar era real e não uma simples conjectura. Essa preocupação, entretanto, não existia em Londres, cujos responsáveis pela política exterior consideravam muito remotas as possibilidades aventadas por Salazar. Portugal assinou, então, o Tratado de Não Intervenção defendido pelo *Foreign Office*, embora, do mesmo modo que italianos e alemães, na prática nada fizesse para honrá-lo.

Desde as primeiras semanas do conflito, Portugal foi um porto seguro às importações de materiais para o lado rebelde. As autoridades lusas fingiam não ver quando armas e apetrechos eram carregados em seu território para chegar aos nacionais. Até a conquista da Extremadura, a via de comunicação terrestre entre as duas zonas rebeldes foi através de Portugal. Em suas viagens à Espanha rebelde, os Junkers Ju-52 enviados por Hitler receberam autorização para fazer lá as escalas técnicas necessárias. Os nacionais diziam com ironia que esse país era "o porto de Castela",[1] e manifestações de amizade em relação aos portugueses foram comuns em Sevilha nas primeiras semanas do conflito. O governo republicano, então, cobrou explicações de Lisboa. Salazar respondeu em outubro, rompendo relações diplomáticas com Madri e cortando qualquer comunicação oficial com o seu embaixador, o intelectual Claudio Sánchez Albornoz. Contudo, Portugal não reconheceu oficialmente a Espanha nacional, o que incomodaria o Reino Unido, mas colaborou com os sublevados nas tarefas repressivas, devolvendo para o território espanhol os esquerdistas "indesejáveis" que buscavam asilo em solo luso. O irmão do general Franco, Nicolás, ficou como embaixador oficioso em Lisboa, o que é revelador da importância que os rebeldes davam ao relacionamento com Salazar.

Além disso, a imprensa lusa censurava as informações que não fossem laudatórias aos nacionais. Assim, o jornalista português Mário Neves, testemunha das atrocidades cometidas em Badajoz, não pôde publicar seus relatos no *Diário de Lisboa*.

Mas o apoio de Salazar às tropas sublevadas não ocorreu apenas de forma passiva. Um grupo de voluntários, os Viriatos (em alusão ao caudilho lusitano que enfrentou os romanos no século II a.C.), participou da guerra lutando junto com as tropas franquistas. Inicialmente, os Viriatos eram apenas voluntários recrutados pelos espanhóis, sem vínculo algum com o governo português. Esses voluntários integravam as forças da legião ou participavam das milícias falangistas ou carlistas. Porém, a partir de março de 1937, foi deslocada à Espanha uma missão militar portuguesa, sem disfarces, liderada pelo coronel Anacleto dos Santos e com pleno apoio oficial do governo de Lisboa. Além de reforçar o exército dos rebeldes, Salazar esperava que essa missão militar servisse para treinar as tropas portuguesas nas mais modernas técnicas de guerra num cenário de fogo real. Os soldados e oficiais portugueses fariam parte de unidades espanholas e interviriam ativamente nas ações da linha de frente.

Entre os efeitos da Guerra Civil Espanhola em Portugal estavam a militarização da sociedade portuguesa e o avanço do Estado Novo para posições cada vez mais totalitárias. Em 1936, diante do perigo de estourar a guerra no país vizinho, Salazar resolveu fundar a Legião Portuguesa e a Mocidade Portuguesa, duas organizações paramilitares a serviço do regime ditatorial mediante as quais adultos e adolescentes receberiam a devida instrução militar e doutrinamento ideológico para, caso necessário, intervirem no conflito como tropas auxiliares.

A libertação do *Alcázar* de Toledo

Após a subjugação da Extremadura, as colunas de Yagüe avançaram a toda velocidade rumo a Madri. Com a conquista de Talavera de la Reina não restava nenhuma cidade importante entre as linhas rebeldes e a capital. No dia 3 de setembro, Madri estava a apenas 100 km de distância do

Exército. A julgar pelo ritmo com que eles avançavam, em menos de uma semana estariam às portas da cidade e poderiam pegá-la de surpresa e quase desprotegida. Se tudo continuasse assim, a guerra poderia acabar em um mês ou dois.

No entanto, contrariando a lógica militar e deixando pasmos os seus aliados italianos e alemães, Franco ordenou parar o avanço das tropas e desviá-las para o leste, rumo à cidade de Toledo. Juan Yagüe considerou essa ordem um absurdo e ficou furioso. Diante dessa reação, Yagüe foi exonerado de suas responsabilidades. A alegação oficial de Franco para tal medida foi a necessidade de preservar a saúde do coronel, muito deteriorada em razão do cansaço acumulado na campanha. Em seu lugar, Franco nomeou José Varela, comandante supremo das quatro colunas, e lhe encomendou libertar o *Alcázar* de Toledo. Apesar desse incidente, Yagüe continuaria fiel a Franco e logo seria promovido a uma patente superior. O Generalíssimo não podia se dar ao luxo de perder um de seus oficiais mais competentes, com uma inteligência inata que lhe permitia adotar as táticas mais ousadas contra o inimigo, nem Yagüe era tão temerário a ponto de pôr um ponto final em uma brilhante carreira por conta de um chilique.

Toledo era um objetivo menor, porém com grande valor simbólico. Havia sido a capital dos visigodos. Alfonso VI a fez capital do Reino de Castela. Simbolizara a união dos domínios dos Reis Católicos e também foi o ponto nevrálgico do império de Carlos V. O *Alcázar* era uma edificação que existia na cidade desde tempos medievais e que servia de sede para a Academia Militar de Infantaria, onde o general Franco havia feito seus estudos. O golpe de Estado, encabeçado em Toledo pelo coronel Moscardó, fracassara em virtude da rápida e eficiente atuação das milícias de esquerda. Porém, um grupo de soldados, cadetes e guardas civis, junto com suas famílias, refugiou-se no *Alcázar*, onde resistiu por dois meses aos embates dos republicanos, em condições extremamente difíceis.

O assédio ao *Alcázar* teve traços épicos. Com pouca munição e sem possibilidade de receber suprimentos, os seus defensores lutaram heroicamente, sem água corrente nem luz. Depois de fracassarem os assaltos diretos ao castelo, os republicanos resolveram colocar cargas explosivas nos alicerces dos muros. Depois disso, mesmo com boa parte da estrutura do recinto derrubada, os defensores mantiveram a resistência.

O Generalíssimo

Os assaltantes também tentaram a estratégia da chantagem. Capturaram o filho do coronel Moscardó e ameaçaram assassiná-lo caso os rebeldes não depusessem as armas. Conta a lenda que os milicianos teriam telefonado a Moscardó dentro do *Alcázar* e puseram seu filho ao aparelho. O coronel respondeu que preferia perder o próprio filho, carne de sua carne, antes de se render ao inimigo. A cena é tão cinematográfica que anos depois seria estampada no celuloide, no filme claramente propagandístico *Sin novedad en el Alcázar* (1940). No entanto, não é historicamente confirmado que essa conversa telefônica tenha ocorrido de verdade. Tudo parece indicar que a fortificação estava totalmente incomunicável, tornando impossível qualquer telefonema.

O ato de Moscardó é ainda mais significativo aos conhecedores da história da Espanha. Um caso semelhante acontecera no século XV, quando um cavaleiro castelhano, chamado de Guzmán *el Bueno*, teve que defender a fortaleza de Tarifa dos mouros. Também nessa batalha, os assediantes sequestraram o filho de Guzmán e prometeram matá-lo se Tarifa não se rendesse. Guzmán *el Bueno* optou pela honra militar e sacrificou o filho, impedindo assim a vitória do inimigo.

Quando as tropas de Varela entraram em Toledo e libertaram os defensores do *Alcázar*, em 28 de setembro, o coronel Moscardó os recebeu entre as ruínas do castelo, com o uniforme empoeirado, muito magro, grandes olheiras e barba de muitas semanas, porém com a saudação de rotina "sem novidade no *Alcázar*". A operação, muito discutível do ponto de vista estratégico, foi um êxito propagandístico de primeira magnitude. Apresentava o lado nacional como o lado da honra, do cavalheirismo e do patriotismo desmedido, como os cruzados medievais, só que dessa vez não contra as hordas muçulmanas, mas contra marxistas e maçons. No episódio de Toledo os republicanos são pintados como figuras perversas e velhacas, desrespeitosas em relação à dignidade humana, carentes de qualquer senso de ética e sujeitas aos piores vícios.

A Igreja Católica, por sua vez, sacramentou a libertação do *Alcázar*. No dia 30 de setembro, uma pastoral assinada pelo bispo de Salamanca, monsenhor Pla i Deniel (futuro cardeal-primaz da Espanha), intitulada *Las dos ciudades*, em clara alusão a Santo Agostinho, definia as diferenças entre o lado republicano, dominado pelo ódio e pela anarquia, e o lado nacional, guiado pelo amor a Deus, heroísmo e sacrifício até o extremo do martírio. Foi a primeira vez que apareceu o termo *Cruzada* para designar a luta dos combatentes sublevados. O apoio da mais alta prelatura dignificou a condição de Franco como "cavaleiro cristão", o que lhe foi útil para reforçar o apoio dos setores conservadores europeus.

Os rivais de Franco e a eleição do Generalíssimo

Como acabamos de ver, quem obteve vantagem da conquista de Toledo não foi nem Moscardó nem Varela, mas o general Franco, que usou essa vitória em benefício próprio. Desde 26 de agosto, Franco havia estabelecido a sua residência na cidade de Cáceres. Nesta localidade da Extremadura, organizou um protogoverno, que cuidou com carinho de sua relação com a imprensa e manteve contato com os aliados estrangeiros. Com a sucessão de êxitos: no norte da África; na passagem do estreito; na conquista da Extremadura e na libertação de Toledo, Franco ganhou uma aura mítica de "caudilho invicto". Os seus apologetas usaram e abusaram da História espanhola para louvar esses sucessos, mencionando especialmente a Reconquista após a luta contra os árabes e as gestas imperais dos Reis Católicos e de Carlos V, em um exercício nada dissimulado de comparação entre as vitórias do general Franco e as glórias do passado ibérico.

Com o controle da mais poderosa máquina de guerra espanhola, Franco se destacava como um *primus inter pares*, o mais forte dentre todos os generais que lideravam o lado rebelde. Os tempos de um Franco hesitante, que nunca decidia se deveria ou não participar do golpe, para exasperação de seus colegas de armas, ficava bem longe. E, entretanto, tinham transcorrido apenas dois meses desde então.

Com a morte de Sanjurjo, a sublevação havia ficado sem o seu líder natural, pela idade e pela experiência em golpes anteriores. O estabelecimento de uma Junta de Defesa havia sido uma solução provisória, válida para um intervalo de tempo breve, mas tudo indicava que a guerra seria longa. Cumpria unificar o comando e assentar as bases por meio da escolha de um governante capaz de organizar a logística da guerra e gerenciar as questões civis, além de ser reconhecido pelas potências estrangeiras e servir como interlocutor para negociar o apoio internacional. Havia quatro

O Generalíssimo

candidatos possíveis para ocupar esse cargo: Mola, Queipo de Llano, Cabanellas e Franco, todos eles membros da Junta. Também participavam dela os militares Dávila, Saliquet, Montaner e Moreno Calderón, mas nenhum deles tinha aspirações (nem possibilidades) de assumir a chefia. Na sessão de 21 de setembro, quando, mesmo sem constar na pauta, tratou-se da nomeação do comandante supremo das forças nacionais, a Junta de Defesa foi ampliada com a incorporação de mais três generais: Orgaz, Gil Yuste e Kindelán. Os três eram conhecidos pelo seu monarquismo, e a sua participação nas deliberações foi mais uma cartada em favor da candidatura de Franco. Foi deles (especialmente do general da aeronáutica Kindelán) que partiu a iniciativa de debater esse assunto.

Dos quatro candidatos, Emilio Mola era provavelmente o mais dotado intelectualmente. Tinha sido o *Director* de todo o complô militar, havia demonstrado boas capacidades organizativas e tinha bom trânsito político, pois negociara com sucesso a participação dos *requetés*. Se o golpe tivesse obtido sucesso em questão de dias ou no máximo um par de semanas, Mola provavelmente teria ocupado a máxima magistratura. Contudo, o golpe fracassou num primeiro momento, e a sua tentativa de conquista de Madri resultara em um fiasco. Tivera mais sucesso no País Basco, com a ocupação de Guipúzcoa, e o seu Exército do Norte havia obtido um êxito recente com o levantamento do cerco de Oviedo. Entretanto, Mola não fora o general preferido por Hitler e Mussolini na hora de entregar armas aos rebeldes. Ele mesmo era consciente da fraqueza de sua candidatura e votou em Franco, por considerá-lo em melhores condições para ganhar a guerra.

Gonzalo Queipo de Llano tivera uma atuação fundamental nas primeiras semanas da guerra. Sem seus ardis e falta de escrúpulos, teria custado muito mais conquistar a Andaluzia ocidental, feito essencial para que o exército da África pudesse ser transportado à península ibérica. Todavia, o seu Exército do Sul ficara atolado na província de Córdoba, em parte em razão da falta de suprimentos, que Franco preferiu desviar às colunas marroquinas de Yagüe. Além do mais, Queipo de Llano era um militar com um temperamento demasiado impetuoso, faltava nele jogo de cintura. Tinha queimado boa parte de seus ativos políticos se expondo excessivamente em retransmissões radiofônicas que brilharam pela vulgaridade. Ideologicamente, representava um republicanismo com alguns tiques esquerdistas, o

117

qual, junto com o seu passado de conspirador antimonárquico, o tornava uma figura pouco simpática aos grupos conservadores que apoiavam a sublevação. Os seus companheiros não lhe perdoavam que houvesse traído Alfonso XIII em 1931 nem esqueciam o parentesco que o vinculava ao ex-presidente Alcalá-Zamora. Queipo chegou à mesma conclusão de Mola e, percebendo que a sua candidatura não tinha prestígio, também votou em Franco para o cargo de Generalíssimo.

Miguel Cabanellas era o general mais veterano dos quatro e um militar amplamente respeitado. Por ser o general de divisão mais antigo, presidia a Junta de Defesa Nacional desde 24 de julho. Havia conseguido que o golpe triunfasse na anarquista Zaragoza, mas as tropas que comandava ficaram na defensiva desde então. Os anarquistas da Catalunha, liderados por Buenaventura Durruti, organizaram uma coluna para reconquistar aquela que era considerada a segunda capital da CNT-FAI na Espanha (a primeira era Barcelona). Do mesmo modo que Queipo de Llano, Cabanellas era ideologicamente republicano, embora achasse que aquela República da Frente Popular levava o país ao precipício. Ademais, Cabanellas era um notório maçom, fato que o indispunha com a direita espanhola, que via na maçonaria a causa derradeira de boa parte dos males nacionais.

O general Francisco Franco era o mais novo dos quatro. Havia estado sob as ordens de Miguel Cabanellas no Marrocos e ficara bastante afastado da política nos anos da Segunda República. Porém, tinha brilhado durante o esmagamento da Revolução de Outubro de 1934 e desde o 18 de julho colhia os triunfos cada vez mais retumbantes do lado nacional. A sua candidatura era, pois, a mais sólida.

Na última semana de setembro, os membros da Junta de Defesa Nacional realizaram uma reunião em Salamanca para decidir qual deles seria o comandante supremo do Exército Nacional. Era óbvio que Franco tinha tudo a seu favor: uma invejável safra de êxitos militares, o controle das forças de elite, a amizade da Itália e da Alemanha, que lhe brindavam com contínuos suprimentos e, como cereja do bolo, a cobertura midiática da libertação do *Alcázar*, ocorrida justamente quando se discutia quem deveria assumir o comando supremo. Aliás, Franco ganhou o apoio de generais monárquicos como Kindelán, que esperavam que a guerra fosse um primeiro passo à restauração dos Bourbon.

O Generalíssimo

Mola e Queipo, embora reticentes, acabaram por aceitar o inevitável. Cabanellas se opôs radicalmente e afirmou que ninguém conhecia Franco como ele, pois o jovem general havia sido seu subordinado. Acreditava que Mola e Queipo não sabiam o que estavam fazendo ao concordar com aquela nomeação e disse aos dois: "se vocês lhe entregarem a Espanha, vai acreditar que é dele e não deixará que ninguém o substitua, durante a guerra ou depois dela, até a morte". No dia 30 de setembro, Cabanellas também teve que aceitar e assinar a nomeação de Franco, apesar de tudo. Não obstante, as suas palavras soaram premonitórias.

Em 1º de outubro de 1936, em Burgos, foi divulgada a informação: Francisco Franco Bahamonde havia sido designado "Generalíssimo" dos exércitos nacionais e "chefe do governo do Estado espanhol", esta última definição sujeita a múltiplas interpretações, o que Franco mais tarde usaria em proveito próprio, autoproclamando-se chefe do Estado. Com a nomeação do Generalísimo, a Junta de Defesa Nacional foi dissolvida, deixando todos os poderes concentrados em apenas um homem, que agiria na qualidade de chefe de Estado "enquanto a guerra durasse". Entretanto, essa limitação temporal foi misteriosamente suprimida no decreto finalmente publicado. Franco, como a história iria demonstrar, prolongaria essa interinidade até a sua morte, em 1975.

Quem era Francisco Franco?

Francisco Franco Bahamonde nasceu na Galícia, no Ferrol (cidade que durante o franquismo seria chamada de *El Ferrol del Caudillo*). Esse lugar possui uma das principais bases navais da armada espanhola, a mesma em que o pai de Franco serviu como oficial. Os pais de Franco tinham personalidades muito diferentes. A mãe era uma mulher conservadora e profundamente católica, enquanto o pai era um maçom e livre-pensador. Quando este os abandonou e foi morar sozinho em Madri, a mãe precisou manter sozinha a família. Ela inculcou em seu filho os valores morais do catolicismo, além da *retranca*, um jeito de ser associado aos galegos (conforme dito antes, similar àquele atribuído aos nascidos em Minas Gerais, no Brasil).

A primeira carreira a atrair o jovem Franco foi a Marinha. No entanto, como não conseguiu superar as provas de acesso à escola naval de Marín,

A Guerra Civil Espanhola

acabou seguindo a carreira militar no corpo da infantaria, como cadete na academia de Toledo. Não foi um aluno brilhante, concluindo os estudos com qualificações abaixo da média de sua classe. Contudo, uma vez egresso da academia, soube como progredir na carreira de maneira meteórica.

Francisco Franco participou ativamente das operações bélicas de pacificação do protetorado de El Rif e colaborou com Millán Astray na criação da legião espanhola. Imitando o modelo da legião estrangeira francesa, a legião espanhola foi idealizada como um corpo de choque da infantaria. Entre os seus integrantes havia desde corajosos soldados movidos pelo patriotismo até criminosos que preferiam servir na legião a enfrentar longas condenações em lúgubres presídios. A disciplina dos legionários era exigida com rigor extremo. Relatam-se casos de militares assassinados à bala por seus superiores por não terminarem de comer a refeição servida.

Caracterizavam a legião: a sua indumentária, com a camisa verde-oliva meio desabotoada, deixando à mostra um peito que não temia as balas inimigas; a marcha a passo ligeiro, a ponto de os legionários terem que desfilar em último lugar nas paradas militares, bem distantes do agrupamento que os antecedesse; a sua estrutura dividida em *banderas*, em vez de batalhões; o hino *Soy el novio de la muerte* e, como curiosidade, o fato de toda agrupação de legionários ter uma cabra como mascote.

Legionários e regulares (tropas mouras mercenárias, dividas em *tabores*) formavam a tropa de choque do Exército espanhol no norte da África e, como já vimos, em 1934 e 1936 tiveram um papel de destaque na resolução dos conflitos civis no país. Comandando a legião, Franco destacou-se pela frieza e pela capacidade de impor disciplina aos elementos mais agressivos do Exército. A mesma bravura e crueldade utilizada para manter sob controle os soldados também era aplicada na pacificação do protetorado, em dose igual ou ainda maior. Na luta contra as guerrilhas de Abd el-Krim, os legionários cometeram todo tipo de crimes hediondos contra a população nativa, com o beneplácito de seus superiores. Prova disso é o livro de memórias *Diario de una bandera*, publicado pelo próprio Francisco Franco em 1922, em que detalha as atrocidades da guerra colonial como se fossem atitudes absolutamente normais.

O sucesso de Franco à frente de seus homens devia-se em boa medida à sua dedicação à empresa bélica. Enquanto os seus colegas de ofício frequentavam

120

os bordéis e destinavam grande parte do ordenado para manter seus vícios, o jovem comandante Franco passava as noites estudando mapas topográficos e analisando as informações sobre a movimentação das forças inimigas. Graças à meticulosa organização de seus ataques, à disciplina, à sua habilidade tática e ao prestígio que conseguiu entre os subordinados, aos 30 anos Francisco Franco foi considerado uma glória nacional, o que o levaria a obter a patente de general de brigada antes de chegar aos 40. Como a propaganda do franquismo não se cansaria de repetir, Franco foi o general mais jovem da Europa. Embora a sua capacidade para manobrar as tropas de infantaria estivesse fora de questão (conforme demonstrara diversas vezes na guerra civil), os seus dotes como estrategista eram mais limitados. Franco inovou pouco ou nada no terreno da estratégia militar, limitando-se a copiar os métodos importados das guerras coloniais e as táticas empregadas na Primeira Guerra Mundial. Como o general Sanjurjo reconhecia *in off*, ele não era exatamente um Napoleão.

Aos 30 anos Franco casou-se com María del Carmen Polo, filha de uma família de classe alta de Oviedo. Carmen Polo, com o tempo, demonstraria ser uma mulher tão ambiciosa quanto o seu marido (ou até mais), porém dona de um caráter bem mais decidido. Embora ficasse à sombra do general, os biógrafos de Franco são unânimes em assinalar que o seu papel foi decisivo nos momentos críticos. O padrinho de casamento havia sido o rei Alfonso XIII, representado na cerimônia pelo governador civil. Franco, além de católico fervoroso (chegaria a dormir com um membro de Santa Teresa, o "braço incorrupto", em seu quarto), foi também monarquista, embora pouco amigo do regime político da Restauração. Como bom militar crescido após o Desastre de 1898 e forjado na guerra do Marrocos, desconfiava da classe política e do parlamentarismo. A proclamação da Segunda República desagradou-lhe, e ainda mais quando o ministro Azaña resolveu fechar a academia militar de Zaragoza, a qual dirigia, e o enviou para destinos periféricos.

O fim da Monarquia aprofundou as diferenças ideológicas que separavam Francisco Franco de seu irmão Ramón. Este último era um pioneiro da aviação e conquistara grande fama na Espanha em 1926, ao copilotar o Plus Ultra, um hidroavião que viajou de Palos de la Frontera (Huelva) até Buenos Aires, com escalas nas cidades brasileiras do Recife e do Rio de Janeiro.

A Guerra Civil Espanhola

O outro piloto do Plus Ultra foi Julio Ruiz de Alda, um dos fundadores da Falange Espanhola, em 1933. Ramón Franco, no entanto, destacou-se pela sua militância esquerdista, pelo envolvimento com a franco-maçonaria e a participação em conspirações para derrubar a Monarquia. Com a mudança de regime político, chegou a ser eleito deputado em 1936, nas listas da Esquerda Republicana da Catalunha, e para ocupar o cargo de adido militar da aeronáutica na embaixada espanhola nos Estados Unidos. Em razão do 18 de julho, Ramón voltou à Espanha e, dando prioridade aos laços familiares, ficou do lado dos rebeldes. Francisco Franco resolveu destinar seu irmão à base de hidroaviões do porto de Pollença (Maiorca). Esse traslado de Ramón às ilhas Baleares, decretado pelo Generalíssimo, irritou o general Kindelán, que, apesar de ser o comandante das forças aéreas nacionais, não foi sequer consultado a respeito da decisão. A morte de Ramón Franco aconteceu em 28 de outubro de 1938, em um acidente ainda hoje sem completo esclarecimento. Algumas estranhas circunstâncias fazem pensar em um complô contra sua vida.

No biênio conservador a figura militar de Francisco Franco seria reabilitada, passando a ocupar o comando do estado-maior no combate à revolução operária nas Astúrias, em outubro de 1934. Mas, justamente por seu caráter reacionário, a vitória da Frente Popular em fevereiro de 1936 o condenaria mais uma vez ao ostracismo. Depois das vicissitudes relatadas em capítulos anteriores, Franco acabaria se juntando à sublevação que levou ao golpe de Estado no dia 18 de julho.

O general não era um intelectual, mas tinha veleidades literárias. Logo depois da guerra, escreveu o roteiro do filme *Raza* (1942), que assinaria com o pseudônimo Jaime de Andrade. O protagonista de *Raza* é uma versão heroica e idealizada do próprio Franco, interpretado na tela do cinema pelo galã espanhol Alfredo Mayo. Este cresce numa família semelhante àquela que Franco gostaria de ter tido. Diante da situação de caos da República, o protagonista se rebela contra a ordem estabelecida e, em defesa dos ideais imperiais da "Espanha eterna", acaba morrendo fuzilado pelos "vermelhos". Franco também foi colaborador da imprensa escrevendo artigos esparsos dedicados a condenar a maçonaria, sob o pseudônimo Jakim Boor. Na década de 1930, tornou-se leitor frequente da pseudociência divulgada nos círculos de extrema-direita, assinando algumas das revistas mais populares dessa corrente. Chegou a acreditar, como tantos outros, na veracidade do livro *O protocolo dos doze sábios de Sião*, e passou a defender que o judaísmo, junto com a maçonaria e o marxismo, era uma das pragas que haviam levado a Espanha à decadência depois da derrota da Invencível Armada (1588). A menção ao *"contubérnio judeo-maçônico"* (suposta conspiração internacional da qual fariam parte os judeus, os maçons e os comunistas, muito popular na literatura pseudocientífica e propagada pelo integrismo católico e pela extrema-direita europeia no primeiro terço do século xx) como causa dos problemas do país será constante em seus discursos até a sua morte.

Como político, seu traço mais destacado era a *retranca* galega. Podia conversar durante horas sem manifestar ao interlocutor o que realmente pensava. Adolf Hitler foi vítima dessa conduta na reunião que manteve com o Caudilho em Hendaia, em outubro de 1940. Depois da entrevista, o Führer confidenciou a um assistente que preferia passar a tarde no dentista do que voltar a conversar com o general.

Embora se cercasse de uma parafernália semelhante à do nazifascismo, Franco não tinha uma liderança carismática. Baixinho e parrudo, o Generalíssimo também não era um herói fotogênico. Tampouco possuía o dom histriônico de Hitler ou de Mussolini, capazes de insuflar as massas com suas expressões verbais e seus gestos teatrais. Nos discursos de Franco só dava para entender o início, sempre igual: *"Españoles todos..."*. Mas na segunda frase o público perdia o interesse. Em virtude de sua voz monótona e da dicção ruim, os discursos de Franco não conseguiam manter a atenção do público. De fato, era um péssimo orador. Lia os discursos rígido como uma estátua, no máximo acompanhando a leitura das frases com movimentos espasmódicos do braço. Até mesmo os seus seguidores mais fervorosos preferiam ler o que dissera no dia seguinte, por meio da imprensa, em vez de acompanhar sua fala ao vivo ou nas retransmissões radiofônicas ou televisivas.

O Movimento Nacional

Com a sua proclamação como Generalíssimo, Franco assumiu aos poucos muitas das prerrogativas que tradicionalmente haviam pertencido aos reis da Espanha. Foi proclamado capitão-general, cargo somente ostentado

A Guerra Civil Espanhola

pelo chefe do Estado, além de escolher novos bispos da Igreja a partir de uma lista de três candidatos apresentada pela Conferência Episcopal. Embora a forma jurídica do Estado tenha se mantido indefinida durante quase uma década, porque os nacionais eram contrários a promulgar uma Constituição (algo visto como excessivamente liberal), a Espanha de Franco não era mais uma República (a República era o pérfido inimigo). Mas não estava muito claro o que era exatamente. A volta da bandeira bicolor indicava que a Espanha nacional tinha vocação de Monarquia, mas sem rei. "*Caudillo*" era a forma castelhana castiça de traduzir os títulos Duce e Führer, que significam em suas línguas algo como "guia", "aquele que conduz ou dirige". A designação "*Caudillo*" mantinha as mesmas conotações epopeicas e medievais de seus homólogos italiano e alemão. E, à maneira desses líderes, Duce e Führer, o "*Caudillo*" foi objeto de um extenso culto à personalidade. A efígie de Franco aparecia impressa continuamente nos jornais e em cartazes colados nos muros das cidades. Poemas de louvor ao "salvador da pátria" foram escritos, e a rádio *adicta* (partidária do *Alzamiento*) não parava de louvar as qualidades de liderança do Generalíssimo.

Sem Carta Magna, a Espanha "azul" (cor da camisa da Falange) foi regida por decretos assinados por Franco em Salamanca ou Burgos (as duas capitais, sucessivamente, dos nacionais) e rubricadas com um marcial "*ordeno y mando*". A forma de governar foi típica de um general em tempos de guerra. Nada de sutilezas jurídicas ou de linguagem esotérica. Os decretos estavam escritos em um castelhano claro e direto, como se o povo a quem se destinavam fosse uma classe de tropa sem muita instrução.

A unificação do comando militar na figura de Franco sinalizava também o começo da união de todas as forças políticas que haviam dado sustentação ao levante militar. Esse processo político foi um pouco mais demorado e conflituoso, em virtude das diferentes sensibilidades ideológicas e em razão das rixas que os dirigentes dos diversos partidos haviam acumulado ao longo dos anos. A CEDA, principal partido de direita durante a Segunda República, perdera o protagonismo nos primeiros meses da guerra, embora José María Gil Robles tivesse passado instruções precisas aos militantes para acatarem as ordens dos militares sem questioná-las. Apesar de Gil Robles ter sido o homem forte da direita, capaz de angariar recursos para os rebeldes no exterior, sua figura de chefe estava totalmente

O Generalíssimo

desprestigiada. Os militares golpistas não lhe perdoavam ter deixado passar a oportunidade de liquidar as esquerdas depois da falida revolução de 1934. Muitos militantes cedistas, especialmente de suas juventudes parafascistas, tinham se apresentado como voluntários nas milícias da Falange e, ao engrossar as fileiras dos "camisas novas", acabaram trocando o ideário de Gil Robles pelo de José Antonio.

Algo parecido aconteceu com os monarquistas alfonsinos da *Renovación Española*. Juan de Bourbon, filho de Alfonso XIII e *pretendiente* (aspirante ao trono), tentou sem êxito alistar-se no exército rebelde. Além disso, por duas vezes Juan de Bourbon aproximou-se dos nacionais. A primeira foi poucos dias depois do *Alzamiento*, quando encaminhou ao general Mola uma proposta de apoio à sublevação. Mola, que não nutria grandes simpatias pela causa monárquica, despachou o infante com maus modos. Mais astuto foi Franco: quando Juan de Bourbon tentou uma segunda aproximação, em dezembro de 1936, solicitando permissão para embarcar no *Baleares*, o Generalíssimo lhe recomendou que não interviesse ativamente no conflito lutando por um dos lados, pois isso hipotecaria suas futuras expectativas de tornar-se "rei de todos os espanhóis". Seria o começo de um jogo de gato e rato que Franco praticaria com *el pretendiente* por mais de 30 anos e que culminaria com a eleição do filho deste, Juan Carlos, como seu sucessor na chefia do Estado, em 1969.

As duas forças políticas mais relevantes no lado nacional tinham sido muito minoritárias nos anos republicanos: os carlistas da Comunhão Tradicionalista, cujos *requetés* tinham sido decisivos para o triunfo do golpe de Mola, e os falangistas, cujas fileiras não paravam de crescer à medida que a guerra progredia. Esses grupos não se entendiam bem e, além disso, manifestavam critérios próprios, o que, se não fosse controlado, poderia se tornar um perigo para o comando unificado de Franco. No caso dos carlistas, a gota-d'água foi a tentativa de constituir uma academia militar separada para a formação dos quadros do *requeté*. Franco vetou a iniciativa e ordenou o desterro do principal líder dos tradicionalistas, Manuel Fal Conde.

Os falangistas, por sua vez, perderam seu fundador em 20 de novembro de 1936, fuzilado pelos republicanos. Os sucessores "naturais" à chefia do partido também morreriam nos primeiros meses da guerra. Onésimo Redondo foi morto por milicianos anarquistas em 24 de julho, durante uma

125

escaramuça perto de Segóvia, e Ramiro Ledesma Ramos (que abandonara FET-JONS no começo de 1936 por discordar da linha seguida por José Antonio Primo de Rivera) foi fuzilado em 29 de outubro, após um "saque" de presos (ver capítulo "Desgaste e aniquilação") em Madri. Aparentemente, seria mais fácil para Franco controlar a Falange após a morte de José Antonio Primo de Rivera. Não obstante, o sucessor de José Antonio foi Manuel Hedilla, um camisa velha intransigente, que insistiu em manter uma postura de autonomia do partido.

As tensões entre os franquistas e os falangistas "autênticos" irromperam em Salamanca na noite de 16 de abril de 1937, quando uma briga de rua entre partidários e opositores de Franco rapidamente derivou em uma luta encarniçada, com troca de disparos e duas vítimas mortais. Franco reagiu com a dureza e a frieza que lhe eram características. Para evitar que distúrbios na ordem pública como esse voltassem a acontecer, em 19 de abril foi publicado o Decreto de Unificação. Daquela data em diante não haveria mais partidos políticos na Espanha franquista. Todas as forças que apoiaram a rebelião militar seriam integradas em um partido único, ou Movimento Nacional, chamado Falange Espanhola Tradicionalista e das JONS (FET-JONS), em uma denominação que misturava os nomes da Comunhão Tradicionalista, da Falange Espanhola e das Juntas de Ofensiva Nacional-Sindicalista. Tão barroca quanto o nome do partido era a vestimenta exigida aos seus militantes: camisa azul com a imagem do jugo e das flechas bordada em vermelho no peito (como no uniforme dos falangistas) e, na cabeça, a *txapela*, ou seja, a boina vermelha com borla dourada que os tradicionalistas usavam desde a Primeira Guerra Carlista. O próprio Francisco Franco foi retratado em repetidas ocasiões com essas vestimentas. O hino nacional passou a ser a soma de três hinos cantados em sequência: primeiro o *Cara al Sol* falangista, depois o *Oriamendi* carlista e finalmente a *Marcha Real* da Monarquia alfonsina.

O anúncio da unificação veio acompanhado de discursos de Franco pronunciados em tom messiânico. A luta contra a República era apresentada como uma mudança de ciclo histórico, um parto doloroso por meio do qual surgiria uma nova Espanha, herdeira das glórias do passado imperial. As cartas escritas pelos nacionais passariam a incluir, junto à data, a expressão "Primeiro Ano Triunfal", a contar a partir do 18 de julho de 1936. Nas despedidas, não faltavam as expressões "*¡Viva Franco!*" e "*¡Arriba España!*".

O Generalíssimo

Tudo isso pode parecer bizarro, mas o lado nacional adquiriu tamanho grau de unidade com o Decreto de Unificação que passou a concentrar todas as forças na busca da vitória na guerra, sem se preocupar com divisões internas, que acabavam sendo resolvidas a portas fechadas com a arbitragem última de Franco. A unidade de comando militar e político foi um diferencial determinante. Os republicanos nunca dispuseram dessa vantagem.

O que havia começado como uma sangrenta briga de rua em Salamanca culminou com o controle absoluto de Franco sobre todos os grupos políticos. Para demonstrar que não estava brincando e que não aceitaria qualquer tipo de insubordinação, o general mandou prender Hedilla quando este demonstrou resistência ao Decreto de Unificação. O líder da Falange foi processado por traição e condenado à morte (condenação que seria comutada por uma pena de prisão). Sem Hedilla, a Falange acabou dirigida por homens de confiança de Franco, como Ramón Serrano Suñer, cunhado do Caudilho, um falangista de última hora que havia conhecido as agruras das prisões republicanas. Era a derrota definitiva dos camisas velhas, cuja "revolução nacional-sindicalista" ficaria adiada para sempre.

A partir desse momento, a Espanha franquista foi dotada, aos poucos, de estruturas administrativas próprias de um Estado moderno. Franco governaria com o apoio das principais forças políticas (falangistas, carlistas e monarquistas alfonsinos), que, desprovidos de seus líderes naturais, tiveram no Caudilho a única garantia de permanecer com algum poder. Oficialmente, as três correntes defendiam os mesmos princípios ideológicos (amálgama de teses conservadoras e pseudorrevolucionárias fascistas contida nos 26 pontos que José Antonio redigiu como texto programático da Falange),[2] porém cada uma delas formaria "famílias" dentro do regime e disputaria os cargos de responsabilidade. No campo da ideologia, entretanto, o Movimento Nacional seria só uma das fontes de que se nutriria o regime de Franco. A outra, e em muitos momentos a mais importante, seria a Igreja Católica. Elementos da Ação Católica e ex-militantes da CEDA seriam integrados aos quadros franquistas e formariam a "família" dos católicos. Esta, junto com a dos militares, acumularia um elevado número de altos cargos do governo, mesmo sem defender aos berros o ideário joseantoniano.

Até a sua queda em desgraça, em 1942, o filogermânico Serrano Suñer foi ganhando poderes e influência, a ponto de se transformar no número dois do regime franquista. Em tom irônico, era chamado de "Cunhadíssimo", em contraposição ao Generalíssimo Franco. Com o mesmo tom burlesco circularam os seguintes versos, muito populares na Andaluzia:

> Por ahí viene el Jesús del Gran Poder,
> que antes se llamaba Cristo y ahora Serrano Suñer.[3]

A contribuição de Serrano Suñer à construção do edifício jurídico da ditadura franquista foi essencial. Graças à sua experiência parlamentar, às suas qualidades como orador e à sua formação em Direito, o Cunhadíssimo supriu as carências de Franco em matéria política. Paradoxalmente, sua proximidade com o Caudilho e o seu crescente poder levantariam ciúmes e rivalidades, que acabariam resultando em conspirações palacianas.

Só em 1942, ao ficar evidente que os alemães não poderiam ganhar a Segunda Guerra Mundial, é que o brilho de Serrano Suñer seria definitivamente extinto.

Notas

[1] Na Alta Idade Média, o principal porto do reino de Castela tinha sido Santander, cidade em que o *Alzamiento* fracassou.

[2] Na realidade, como foi indicado no primeiro capítulo deste livro, os pontos da Falange eram 27. Contudo, o último ponto afirmava que os falangistas não pactuariam com ninguém, o que era incompatível com o Decreto de Unificação de Franco.

[3] Lá vem Jesus do Grande Poder [imagem de Jesus Cristo venerada em Sevilha], / que antes se chamava Cristo e agora, Serrano Suñer.

¡No pasarán!

Com a unificação militar (e depois política) dos sublevados, tudo parecia indicar que o governo da República estava com os dias contados.

Mas não foi assim. A República ainda conseguiu reunir forças para resistir, de forma quase milagrosa. A vontade de ferro de não permitir que os fascistas ganhassem a guerra e a chegada de apoio militar soviético foram determinantes para que o governo democrático erguesse a cabeça quando tudo parecia conspirar em sentido contrário.

O avanço sobre Madri

Com um mês de diferença em relação à proposta inicial do coronel Yagüe, partidário da ideia de assaltar a capital logo após a conquista de Talavera de la Reina, e com Franco definitivamente ungido como líder supremo dos rebeldes, deu-se início ao ataque a Madri. Na prática, era a segunda vez que os nacionais tentavam assumir o controle da capital, depois da ofensiva frustrada de Mola em julho-agosto através das passagens montanhosas de Somosierra e Guadarrama.

PRINCIPAIS COMBATES AO REDOR DE MADRI

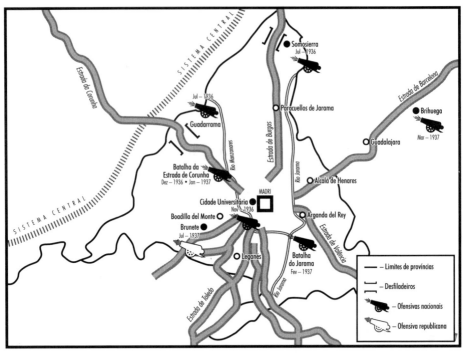

A capital foi alvo de sucessivas ofensivas. Embora em sua maioria tenham sido iniciativa dos nacionais, a mais sangrenta delas (de Brunete) partiu da ação dos republicanos.

Esse mês de intervalo foi a chave para que a República pudesse rearmar-se, assim como para desgastar as tropas procedentes da África, muito cansadas e com baixas enormes depois da campanha da Extremadura. Em 15 de outubro atracara em Cartagena o cargueiro soviético Konsomol, com armamento abundante (como os primeiros 50 tanques T-26) e assessores militares. Pouco depois chegaram também os primeiros aviões produzidos na URSS. Paralelamente, no final de outubro estariam prontas para o combate as primeiras Brigadas Internacionais. Com esse material bélico e tropas de reforço, a República estava em melhores condições de repelir o ataque das colunas franquistas que chegavam do sul. Em 29 de outubro, os republicanos puderam articular um contra-ataque na localidade de Seseña. Contudo, a manobra não prosperou, e os republicanos tiveram que recuar, porém ficou claro que o novo Exército Popular tinha uma capacidade ofensiva respeitável.

¡No pasarán!

Em 6 de novembro finalmente começou a Batalha de Madri. Depois de analisar diversas alternativas, o general Varela decidiu realizar um ataque direto contra a cidade, pelo flanco sudoeste, entrando pela Casa de Campo, atravessando o Manzanares (um "aprendiz de rio", como o chamou Quevedo) e entrando na Cidade Universitária. A estratégia consistia em um assalto rápido das quatro colunas sobre a capital, com uma intensa cobertura da artilharia e com o suporte da aviação. Apenas 6 km de distância separavam o *front* da *Puerta del Sol*, local que marca, no centro de Madri, o ponto zero das estradas espanholas. Porém, eram 6 km de zona urbana.

O que Varela propunha era, em definitivo, a mesma estratégia que o exército da África tinha usado para a conquista de Badajoz e durante a ruptura do cerco de Toledo. Entretanto, Varela estava ciente de que as dificuldades dessa operação seriam muito maiores do que aquelas enfrentadas anteriormente. Madri possuía edifícios altos de onde franco-atiradores poderiam causar muitas baixas ao Exército Nacional. Os legionários e os regulares haviam demonstrado grande valentia nos combates em campo aberto e na ocupação de pequenas localidades, mas não estavam treinados para a conquista de uma cidade com mais de um milhão de habitantes. Além disso, o avanço das tropas deveria ser feito em um terreno com um relevo desfavorável, com ladeiras e encostas ascendentes. Por isso, Varela traçou um plano que previa, junto com a ofensiva principal à Cidade Universitária, ataques secundários pelos flancos laterais.

O governo conclamou os madrilenhos para que resistissem ao ataque dos nacionais, com uma luta corpo a corpo, defendendo rua por rua e casa por casa. Os comunistas foram especialmente ativos na organização das defesas e na injeção de ânimo em uma população muito preocupada com as histórias que circulavam sobre as atrocidades cometidas por legionários e regulares. O apoio da URSS havia dado asas ao PCE, que a cada dia se tornava uma força política mais influente.

Foi célebre o grito de *La Pasionaria*. Com o seu *¡No pasarán!* animou os habitantes da capital a apresentar encarniçada resistência ao Exército Colonial. O grito não era muito original, pois já fora pronunciado pelo general francês Pétain na ocasião da Batalha de Verdun, mas ficaria registrado como uma das frases lapidares da guerra civil.

131

A Guerra Civil Espanhola

Anos depois, os franquistas ironizariam o *¡No pasarán!* dizendo que, com efeito, os nacionais não passaram, mas ficaram lá (e por 40 anos, aliás).

A evacuação da capital

Apesar do brado de *La Pasionaria* em favor da resistência, a realidade era que o governo republicano não tinha plena confiança de que a capital resistiria aos rebeldes. Por isso, Largo Caballero ordenou que o parlamento e o Executivo se mudassem para Valência, uma cidade suficientemente grande para abrigar as principais instituições republicanas e bem longe do *front*. Ademais, ao contrário de Barcelona, Valência não possuía um governo regional nem um comitê anarquista que pudessem disputar o poder com as autoridades centrais.

A ordem de evacuação foi recebida com críticas. Parecia contraditório que o governo incentivasse a população a lutar até o final e, ao mesmo tempo, fizesse as malas correndo e fugisse para um porto do Mediterrâneo em vez de ficar e servir de exemplo. A mesma contradição apareceu nas instruções que Largo Caballero passou a Miaja, em que lhe ordenava defender a capital até a morte, ou, se a capital não pudesse ser defendida, que se retirasse com as tropas até Cuenca.

Madri ficou sob a direção de uma Junta de Defesa integrada por políticos jovens e inexperientes e presidida pelo general José Miaja, que, desse modo, uniu em sua pessoa os máximos poderes civis e militares. Miaja nomeou então o tenente-coronel Vicente Rojo chefe do estado-maior. Juntos, e com a colaboração de outros militares, como o general Pozas (comandante supremo do Exército do Centro), esses homens organizaram a defesa da capital. Uma tarefa nada fácil, pois se tratava de proteger um perímetro de cerca de 35 km com escassos recursos materiais e sem um exército bem estruturado.

A aparição na batalha das primeiras brigadas internacionais melhorou o ânimo dos republicanos, muito decaído com a fuga de seus governantes. Embora os rebeldes tivessem conquistado o Cerro Garabitas (um dos pontos mais altos da Casa de Campo) e invadido a Cidade Universitária, o *front* ficou estabilizado à altura do Hospital Clínico. Os generais Emil Kléber (pseudônimo de Manfred Stern, chefe da Brigada XI, "Thälman") e Paul Luckács (pseudônimo de Máté Zalka, chefe da Brigada XII, "Garibaldi") eram soldados curtidos na Primeira Guerra Mundial e conseguiram formar

¡No pasarán!

em poucas semanas unidades disciplinadas e prontas para entrar em ação. A Brigada XIII, "Dombrowski", dirigida por Wilhelm Zaisser (apelidado de "general Gómez"), seria formada em dezembro e então deslocada para Teruel, como manobra para aliviar a pressão do cerco sobre a capital. O sucesso dos voluntários estrangeiros deu alento ao lado republicano, que encontrou neles um exemplo de coragem e de profissionalismo. Como revelam seus nomes, as três primeiras brigadas internacionais estavam constituídas principalmente por alemães/austríacos, italianos e poloneses, respectivamente.

Os nacionais tinham ocupado alguns bairros e cidades da periferia, ao sudoeste da capital, mas não puderam avançar para o centro como haviam previsto. Em 23 de novembro, em uma visita a Leganés, o general Franco ordenou que detivessem a ofensiva rebelde, após mais de duas semanas de intensos combates. Madri resistiu ao primeiro assalto em grande escala. Embora os brigadistas representassem apenas 5% do total das forças que defendiam a capital, a imprensa internacional os apontaria imediatamente como os "salvadores de Madri".

Franco não conquistou a cidade e precisou reconhecer o desgaste do exército da África, que, de tão dizimado, ficou sem condições de encarar um novo ataque frontal. No entanto, a derrota na Batalha da Cidade Universitária veio acompanhada de uma vitória diplomática. Alemães e italianos perceberam que o exército franquista precisaria de mais reforços, se não quisessem que a República virasse o jogo. Em 18 de novembro, as duas potências reconheceram o governo de Salamanca como o legítimo representante do governo espanhol. O Terceiro Reich enviou um conhecido nazista com experiência na América Latina, Wilhelm Faupel, como seu embaixador na Espanha nacional. No caso da Itália, o reconhecimento diplomático veio junto com uma pitada de desprezo. Mussolini considerava Franco um militar incapaz de vencer a guerra. Os italianos incrementariam então seu esforço bélico na península ibérica, porém as tropas italianas deviam ter uma direção independente, com o experiente general Mario Roatta como seu comandante supremo.

Os ministros anarquistas

Antes do início da Batalha de Madri, houve um fato insólito na história universal. Pela primeira vez (e pela última, ao que consta), os anarquistas aceitaram fazer parte do governo de um Estado. Largo Caballero já havia chamado os integrantes do partido no começo de setembro, para que participassem de seu gabinete de salvação nacional. Entretanto, naquele momento, a CNT-FAI declinou o convite. Porém, dois meses mais tarde, à vista da situação de extrema necessidade em que a República se encontrava, deram conta do recado. Quatro dirigentes anarquistas foram nomeados membros do Executivo republicano: Joan García Oliver, Juan López, Federica Montseny e Joan Peiró. Dentre eles, destaca-se a figura de Federica Montseny, primeira mulher espanhola a alcançar a posição de ministro, assumindo a pasta da Saúde. Durante a negociação de seu ingresso no governo, a CNT-FAI havia exigido de Largo Caballero a entrega dos ministérios da Fazenda e da Defesa, o que na prática teria dado aos anarquistas quase plenos poderes na administração da guerra. O primeiro-ministro não aceitou tão altas exigências, e os anarquistas tiveram que se conformar com pastas consideradas do segundo escalão: Saúde, Justiça, Indústria e Comércio.

A decisão da CNT-FAI de entrar no governo de Largo foi polêmica, tanto para o movimento libertário espanhol quanto para o anarquismo internacional. Algumas vozes de reconhecido prestígio, como a de Emma Goldman, entretanto, se ergueram para respaldar a decisão dos espanhóis. Dadas as circunstâncias, e sabendo que uma vitória dos franquistas implicaria uma perseguição mortal aos anarquistas, valia a pena renunciar temporariamente a alguns princípios ideológicos em benefício da unidade de todas as forças antifascistas. De qualquer modo, a simples justaposição das palavras "ministro" e "anarquista" causa surpresa ao leitor medianamente informado. Para aqueles que entendem do assunto, "ministro anarquista" deve soar como um oximoro perfeito.

De todos os ministérios obtidos pelos libertários, o mais importante foi o da Justiça, pasta assumida por García Oliver, militante da FAI com longa ficha criminal. Fiel à sua biografia, porém para surpresa de muitos, uma das primeiras medidas que García Oliver decretou como ministro foi a queima de todos os arquivos policiais. Essa atitude era coerente com a crença dos anarquistas de que uma sociedade sem classes nem patrões estaria livre da chaga da delinquência e, portanto, não seria mais necessária a supervisão da polícia. Contudo, a decisão de García Oliver não ajudou em nada a manutenção da ordem pública na área republicana.

¡No pasarán!

A quinta-coluna

Sobre Madri avançaram quatro colunas rebeldes, dirigidas pelos tenentes-coronéis Barrón, Asensio, Castejón e Tella. Em imprudentes declarações radiofônicas, o general Mola afirmou que além dessas quatro colunas havia na capital uma quinta, integrada por civis partidários do golpe militar, prestes a realizar atos de sabotagem que facilitariam a entrada das tropas franquistas.

As palavras de Mola desataram uma caça às bruxas em Madri, à procura dos "quinta-colunistas", multiplicando as prisões de direitistas e a prática de execuções sumárias de suspeitos de espionar para os rebeldes. As embaixadas que ainda estavam funcionando na capital foram invadidas por uma nova onda de pessoas que solicitavam com urgência asilo político, enquanto nas ruas procedia-se a uma sangrenta perseguição, como não se via desde os dias imediatamente posteriores ao levante, após a queda do *Cuartel de la Montaña*.

Diante da passividade do Comitê de Segurança e do seu secretário de ordem pública, Santiago Carrillo, milicianos sedentos de vingança invadiram o cárcere Modelo e assassinaram indiscriminadamente os presos políticos. Muitos outros foram *sacados* – ou seja, retirados violentamente das cadeias sem qualquer tipo de controle judicial – e transportados em caminhões até certos locais da periferia de Madri para serem fuzilados. De todas essas ações, aquela que ficou gravada na memória como a mais nefasta foi a ocorrida em Paracuellos del Jarama, onde se estima que mais de 2 mil pessoas tenham sido assassinadas pelos milicianos por motivos ideológicos e sem julgamento prévio. Torrejón de Ardoz foi outro dos palcos desses assassinatos em massa.

Embora depois da guerra os nacionais tenham feito um detalhado levantamento dos crimes cometidos pelos "vermelhos", condensado na *Causa General*, os assassinatos de Paracuellos del Jarama ainda despertam controvérsias a respeito de quem os ordenou e como foi organizada a operação. Existe um debate entre os historiadores acerca dos fuzilamentos, se foram aleatórios e descontrolados ou fizeram parte de um plano para exterminar grande parte dos militares, religiosos, burgueses e simples simpatizantes de partidos de direita que haviam sido presos nos meses anteriores. Se houve mesmo um plano, quem o teria concebido e ordenado? Teoricamente, o responsável maior pela matança deveria ser Santiago Carrillo, que ocupava a Secretaria de Interior da Junta de Defesa de Madri quando tais episódios

A Guerra Civil Espanhola

ocorreram. Mas será que um jovem de 20 anos, ainda muito inexperiente nas lides políticas, teria cacife para uma empresa desse porte? Ou será que essa mancha em seu passado teria sido ocultada pelo papel destacado que tivera durante a transição democrática dos anos 1970, liderando com moderação os comunistas? De todo modo, não existem provas para condená-lo – mesmo porque os indícios parecem apontar que foram os agentes soviéticos os idealizadores do massacre –, porém é difícil de acreditar que, durante aquele período, ele não soubesse absolutamente nada do que estava acontecendo.

A repressão aos direitistas dividiu as opiniões dos integrantes da Junta de Defesa de Madri. Os militares profissionais, com Miaja e Rojo como líderes, exigiram que as *sacas* e os fuzilamentos extrajudiciais parassem por completo e que as *checas* (prisões privadas que alguns partidos políticos possuíam) fossem desarticuladas. Os ativistas políticos mais exaltados, contudo, justificaram a prática de ações exemplares contra espiões e traidores, mesmo que fora da estrita legalidade. A discussão mais ácida foi entre Vicente Rojo e o general Emil Kleber, comandante da XI Brigada Internacional. Para o brigadista, justamente por estar em jogo a revolução, os fins justificavam os meios, e a Junta de Defesa devia despir-se de "preconceitos burgueses" para ser capaz de enfrentar com êxito o "desafio dos fascistas".

As expressões "quinta-coluna" e "quinta-colunista", cunhadas na Guerra Civil Espanhola, ganharam triste fama internacional como sinônimos de oposição interna ou traição, sendo na atualidade vocábulos que fazem parte do jargão jornalístico. Sua propagação teve o reforço da peça de Ernest Hemingway intitulada precisamente A *quinta-coluna* (1938).

A batalha aérea

Os nacionais começaram a Batalha de Madri exibindo sua superioridade aérea. Os caças e bombardeiros alemães e italianos eram tecnicamente mais avançados do que os aeroplanos republicanos. Além disso, a conquista fácil do aeródromo de Getafe fez com que os franquistas contassem com excelentes pistas para sua frota aérea a poucos quilômetros do centro da capital.

Também do ponto de vista midiático os rebeldes souberam aproveitar melhor os sucessos nas batalhas aéreas como veículo de propaganda política. O principal ás da aviação nacional foi Joaquín García Morato, que a bordo de

¡No pasarán!

seu Fiat CR-32 colecionou 40 vitórias no decorrer da guerra. A sua esquadrilha tinha impresso na fuselagem das aeronaves o emblema *Suerte, vista y al toro* (Sorte, visão, e ao touro) uma exclamação típica das touradas.

Madri foi a primeira capital de um Estado a ser bombardeada pela aviação. Um ano antes, Shanghai tinha sido a primeira grande cidade a se tornar alvo de bombardeiros, nesse caso dos aviões japoneses. As bombas nacionais não pouparam a população civil, atacando as principais artérias comerciais da cidade, como a Gran Vía, além dos grandes nós de comunicações, como a estação ferroviária de Atocha. Os caças também castigaram o povo indefeso, metralhando pessoas que transitavam pelas ruas ou que aguardavam nas filas para comprar alimentos. Refúgios foram improvisados nas estações de metrô, e sistemas de alarme foram instalados por toda a da cidade para informar acerca da aproximação de aviões inimigos. Foram ditadas instruções precisas proibindo que as luzes se acendessem à noite, o que permitiria que os bombardeiros localizassem melhor seus alvos. Também foi imposto o toque de recolher, para evitar que os quinta-colunistas indicassem ao inimigo os pontos fracos da defesa antiaérea.

Cenas de terror ocorreram em Madri sobretudo durante os bombardeios noturnos. As bombas semeavam a morte sem fazer distinções de idade, sexo, classe social ou ideologia política, em tragédias que, infelizmente, seriam somente um aperitivo do que estava por vir na Europa com a eclosão da Segunda Guerra Mundial.

A chegada dos primeiros aviões russos mudou o curso da batalha aérea em favor dos republicanos. O biplano Polikarpov I-15, mais conhecido como *Chato* (porque a ponta do avião ficava muito próxima das asas. Em espanhol, *chato* significa pessoa de nariz pequeno), mostrou-se superior em combate em comparação com os biplanos italianos Fiat CR-32 e os alemães Heinkel He-51. Ainda mais avançado era o Polikarpov I-16, chamado de *Mosca* pelos republicanos e de *Rata* pelos nacionais, um monoplano com trem de pouso retrátil e duas metralhadoras ligeiras com grande poder de fogo instaladas nas asas. Os 12 primeiros *Moscas* entraram em operação sob o céu de Madri em 13 de novembro de 1936 e, em poucos dias, infligiram muitas derrotas ao inimigo. O único inconveniente do *Mosca* estava na sua pouca estabilidade nos pousos e decolagens, o que lhe ocasionava numerosos acidentes, sobretudo se comandado por pilotos pouco experientes.

A Guerra Civil Espanhola

Apesar disso, o I-16 foi um caça imbatível nos céus europeus até a entrada em operação do alemão Me-109.

Junto com os caças *Chato* e *Mosca*, os soviéticos também enviaram para a Espanha os bombardeiros Polikarpov R-Z, apelidado de *Natacha*, e o Tupolev ANT-40 (SB-40), conhecido popularmente como *Katiuska*. O *Natacha* era um bombardeiro biplano que transportava 8 bombas de 50 kg cada. Era especialmente hábil para operações a baixa altura. Dispunha de duas boas metralhadoras (uma delas colocada na cauda) que o protegiam da ação dos caças inimigos. Com o *Katiuska* a força aérea republicana conseguiu dispor de um bombardeiro tão moderno quanto o alemão Heinkel He-111. Os primeiros *Katiuska* chegaram a Cartagena no *Konsomol* e entraram em combate duas semanas antes do início da Batalha de Madri, mostrando-se certeiros no ataque e difíceis de serem interceptados.

Os aeroplanos soviéticos entraram em batalha acompanhados de um bom número de assessores militares. Iakov Schmuchkevitch (apelidado "Duglas") foi o principal responsável pela força aérea deslocada para a Espanha e, na prática, o comandante supremo da aeronáutica republicana. Embora o exército do ar governista tivesse como principal oficial o coronel (e aristocrata, ainda que tivesse simpatias comunistas) Ignacio Hidalgo de Cisneros y López de Montenegro, este raramente era informado previamente das operações militares ou do uso que os soviéticos fariam dos aeródromos. Como já foi apontado, a República conseguiu segurar em suas mãos boa parte dos aparelhos nos primeiros dias do golpe de Estado, porém não teve o mesmo sucesso com os pilotos. De fato, na aviação republicana, dos doze ases que conseguiram abater mais de dez aviões inimigos na guerra, apenas quatro pilotos eram espanhóis e oito eram soviéticos.

A intervenção das aeronaves soviéticas na batalha foi tão decisiva que o grito *"¡Vivan los rusos!"* ecoou por todas as ruas de Madri. A decepção entre os aliados de Franco foi grande. Pela primeira vez desde o começo da guerra os sublevados perdiam a supremacia aérea. Em um dos seus frequentes ataques de ira, Adolf Hitler resolveu utilizar na Espanha uma de suas armas mais modernas, uma arma praticamente secreta: o Messerschmidt Me-109. Esse modelo de caça começaria a operar na Legião Condor em 1937.

O Me-109 devolverá aos poucos a hegemonia no ar aos franquistas e se tornará o caça mais cobiçado da Europa até encontrar um rival à sua altura, em 1940: o inglês Spitfire.

¡No pasarán!

A formação do Exército Popular

No dia 10 de outubro, poucas semanas antes da Batalha de Madri, o governo de Largo Caballero havia decretado a formação do Exército Popular da República, ao qual todas as milícias de esquerda deveriam integrar-se. A constituição desse exército revelava que o governo central tinha consciência da necessidade de ter um comando militar único para alimentar alguma esperança de vencer a guerra. Os anarquistas e trotskistas inicialmente se opuseram a esse comando unificado, alegando que a disciplina exigida pelo exército republicano contrariava os seus princípios revolucionários. Os milicianos socialistas e comunistas, ao contrário, aplaudiram a medida do governo e integraram as suas milícias subordinados à nova estrutura militar.

Com a promoção de José Miaja à presidência da Junta de Defesa de Madri, o Exército Popular foi submetido ao comando de um militar de carreira. Miaja organizou as dispersas forças republicanas na Andaluzia oriental e no centro peninsular, mas foi incapaz de reconquistar Córdoba. Também não foi muito feliz na coordenação das defesas de Extremadura. Em virtude dessas operações um tanto desastradas, os generais rebeldes viram nele um militar incompetente, fanfarrão e covarde, eleito provavelmente como bode expiatório da capitulação próxima de Madri. Quando o golpe de Estado fora declarado na capital, o general Miaja, depois de um breve período de hesitação, optara por manter-se fiel ao governo democrático, embora muitos de seus subordinados tivessem abraçado a sublevação e embora as suas convicções políticas estivessem mais orientadas para a direita.

Com um adversário assim, Franco, Mola e Queipo estavam convencidos de que os legionários em breve desfilariam pela *Puerta del Sol*. Todavia, os generais rebeldes não imaginavam a forte resistência que a capital apresentaria ao seu avanço. Menos ainda que os planos do general Varela cairiam nas mãos do inimigo, como aconteceu quando a *tanqueta* italiana (tanque ligeiro L3/35) que os transportava pelo *front* foi capturada. Com essa documentação em seu poder, o estado-maior republicano passou a conhecer todos os detalhes da ofensiva nacional e pôde organizar suas defesas com suficiente antecedência.

Uma das decisões mais felizes que Miaja tomou à frente da Junta de Defesa de Madri foi a de promover o tenente-coronel Vicente Rojo à chefia

139

do estado-maior republicano. Rojo tinha experiência na guerra colonial do Marrocos e havia sido por dez anos professor na escola de infantaria de Toledo. Essa experiência dupla, no comando das tropas e como docente e instrutor de oficiais, forjou nele grandes dotes de estrategista. Antes de participar da guerra, Rojo tinha feito cursos e estudado para ocupar uma vaga no estado-maior. Isso lhe permitiu adquirir conhecimentos profundos em tática militar, intendência, topografia e novas tecnologias aplicadas à arte da guerra. Essa tendência intelectual também se refletiu em sua participação na organização da *Colección Bibliográfica Nacional*, uma coletânea de mais de cem livros que abordavam com rigor os tópicos necessários à formação de oficiais.

O primeiro contato que Rojo teve com o recentemente constituído Exército Popular mostrou-se o avesso de tudo o que havia lido, publicado e ensinado em sala de aula. Encontrou um exército sem disciplina, sem hierarquia, com munição escassa (e não raro de calibre incompatível com o armamento disponível), sem linhas de suprimento etc. Antes mesmo da (re)construção do Exército da República, Rojo havia feito esforços para coordenar as milícias em um estado-maior unificado. Com essa finalidade, constituíra a Inspeção Geral de Milícias, que não alcançou os objetivos planejados em virtude da oposição dos partidos quanto a perder o controle de seus batalhões de voluntários.

O novo Exército Popular, por sua vez, precisou navegar entre duas águas. Por um lado, queria voltar a ser um exército segundo os moldes tradicionais, e medidas como a convocação de todos os *quintos* (pracinhas) de 1932 a 1936 ou a sujeição de todos os soldados à justiça militar caminhavam nesse sentido. Mas, ao mesmo tempo, o fato de que a defesa da República havia sido conduzida pelas milícias populares até aquele momento não podia ser esquecido, e estas dificilmente aceitariam se unir ao Exército Popular como tropas regulares da noite para o dia. A solução, decretada em 18 de outubro, foi a formação das brigadas mistas. As milícias dos partidos e sindicatos foram convidadas a participar desse modelo de transição. Com o tempo, os convites se tornaram ameaças ríspidas de integração ou dissolução.

Esse caráter intermediário, buscando conciliar o exército tido como "burguês" com as colunas de milicianos, também ficou marcado na saudação castrense, que voltou a ser obrigatória. Mas o gesto não seria mais com a mão

¡No pasarán!

aberta e os dedos fechados sobre a têmpora, porém com o punho fechado (como a saudação marxista) sobre a testa. Logo também seriam eliminados os emblemas próprios do exército imperial (como a águia), substituídos por estrelas vermelhas de cinco pontas e outros enfeites inspirados no Exército Vermelho soviético. À medida que a intervenção da URSS foi se tornando cada vez mais decisiva à sobrevivência da República, maior se tornou a presença da simbologia comunista nos uniformes do Exército Popular.

Para superar a resistência dos partidos políticos à criação de um exército comandado por militares, tendo em vista que persistiam as suspeitas acerca da fidelidade destes à República, determinou-se a criação da figura do comissário político, que supervisionaria a atividade das brigadas. Esta não era a situação mais confortável para os militares profissionais como Miaja ou Rojo, porém, do seu ponto de vista, era um grande avanço em relação ao cenário anterior, de milícias dispersas e descoordenadas. Políticos comunistas como *La Pasionaria* insistiram na importância dos comissários políticos, única salvaguarda caso os militares profissionais se sentissem tentados a unir-se aos rebeldes.

No novo Exército Popular coexistiram três grandes tipos de comandantes. Havia os generais do exército republicano que se mantiveram fiéis ao governo da Frente Popular. Era o caso de Miaja, Pozas ou Llano de la Encomienda, oficiais de ideologia e temperamento bastante conservadores, que batalharam para preservar a filosofia do Exército Peninsular, sobretudo no que diz respeito à hierarquia e à disciplina. Junto com eles lutavam os estrangeiros: assessores soviéticos (que na prática controlavam armas estratégicas, como a aeronáutica ou as viaturas blindadas) e os voluntários das brigadas internacionais. Taticamente, os comandantes vindos do exterior não contribuíram com grandes inovações à arte militar. Mesmo as figuras mais destacadas, como o general Walter, aplicavam à risca as táticas da guerra de trincheiras ainda da Primeira Guerra Mundial, o que provocava elevadíssimas baixas entre os seus soldados. Finalmente, havia os jovens oficiais, que tinham brilhado nas primeiras semanas do conflito ao articular as milícias operárias que impediram o triunfo do golpe de Estado. Militares como Líster, Modesto ou *El Campesino*. Esses generais, embora tivessem conquistado *status* dando ordens a batalhões de milicianos, eram vistos com pouca complacência pelo presidente Azaña, que os avaliava como gente quase sem formação militar, cuja rápida ascensão no Exército Popular se devia em parte à sua bravura e em parte à sua militância no PCE.

Apesar de todas as dificuldades, com Miaja e Rojo à frente do Exército Popular, pode-se dizer que terminava a etapa em que a defesa da República cabia principalmente às milícias partidárias. O sucesso dessa dupla na defesa de Madri (com Rojo como cérebro e Miaja como executor) deu prestígio ao Exército Popular e fez crescer o otimismo entre os republicanos a respeito da sorte que alcançariam na guerra. A partir de novembro de 1936, o exército de Franco teria diante de si um inimigo comandado por dois profissionais de grande estatura.

A guerra entrava em uma nova fase.

O 20-N e as duas Espanhas

Coincidindo cronologicamente com o momento da Batalha de Madri, os dois lados perderam representantes simbólicos. Os republicanos perderam o anarquista Buenaventura Durruti e os nacionais, o falangista José Antonio Primo de Rivera. Os dois morreram no mesmo dia, 20 de novembro de 1936, embora em pontos geográficos diferentes. O primeiro, lutando no *front* da capital; o segundo, na prisão de Alicante. Mas as duas mortes são controversas ainda hoje. Se a guerra civil fosse o roteiro de um filme, seria improvável encontrar dois personagens que personificassem melhor do que eles as duas Espanhas: a Espanha da classe operária, que lutava pela revolução, e a Espanha dos *señoritos*, que por meio de sua cruzada pretendia expurgar o país dos "heterodoxos".

Para o anarquista, Espanha era uma invenção da burguesia, uma imagem idealizada pelos proprietários para alienar a classe trabalhadora e impor normas que perpetuassem a dominação de uma classe sobre a outra. Para o falangista, Espanha era uma realidade transcendente, um "espírito nacional" que existia em todos os "verdadeiros espanhóis". Os indivíduos que negavam essa entidade espiritual, que estava acima das pessoas concretas e formava um "gênio" particular e diferente das outras nações, eram hereges que mereciam ser perseguidos e eliminados.

Buenaventura Durruti nasceu em León em 1896, em um bairro modesto. O pai trabalhava na ferrovia e ganhava um parco salário, que a mãe, quase fazendo milagres, usava para sustentar os oito filhos. Assim, a infância e a juventude de Durruti foram típicas de um menino de classe baixa, cheia de dificuldades, e sem acesso à educação ou aos serviços de saúde. Como o pai, Durruti começou sua atividade sindical na socialista UGT, mas acabou sendo expulso do sindicato por suas posições extremistas, incoerentes com a disposição negociadora dos *ugetistas*.

Para Durruti, eram ridículas as aspirações de compromisso político dos socialistas, porque os operários precisavam enfrentar os interesses de uma classe proprietária que preferia matar antes de ceder um milímetro no reconhecimento de qualquer direito à classe trabalhadora. Exemplos como o do conde de Alba de Yeltes pareciam dar-lhe a razão. Apesar das condições miseráveis de vida em que o proletariado tinha que sobreviver no começo do século XX, para o conde Gonzalo de Aguilera, uma das causas da guerra civil era o crescimento demográfico da classe operária nas últimas décadas, em consequência das melhoras na higiene e especialmente da expansão da rede de esgoto. O aristocrata chegou a pregar a destruição do saneamento básico quando a guerra terminasse. O esgoto se tornaria assim um luxo destinado às elites merecedoras de tal mordomia, e a Espanha voltaria a ter o controle de natalidade dada por Deus. Não haveria mais perigo de que as lideranças operárias voltassem a crescer e acabassem animando o "povo miúdo" a fazer uma revolução. Com essa ideologia, não é de se estranhar que o conde se gabasse de ter mandado matar aleatoriamente vários trabalhadores rurais no começo da guerra, para que servissem de exemplo àqueles que lavravam suas terras.

Desde os anos 1920, Durruti era um dos líderes mais conhecidos do movimento anarquista espanhol. Integrou o grupo *Los Solidarios* e participou de diversos atos criminosos, inclusive do assassinato do cardeal-arcebispo de Zaragoza, em 1923. Confrontado pelos pistoleiros dos patrões e perseguido pela polícia da ditadura de Primo de Rivera, fugiu para a América do Sul, onde residiu por vários anos. Voltou à Espanha em 1931, tão logo a República foi proclamada, embora não sentisse por ela a menor inclinação. Imbuído dos ideais revolucionários preconizados pela FAI, manteve um violento ativismo político e sindical que lhe trouxe diversas condenações na Justiça. Junto com seus companheiros, reorganizou *Los Solidarios*, com a nova denominação de *Nosotros*, cujos membros se autoqualificavam como "os melhores terroristas da classe trabalhadora", dispostos, em sua luta, a devolver todos os golpes recebidos pelo proletariado.

Em julho de 1936, teve um papel decisivo na derrota do golpe de Estado em Barcelona, com o assalto ao quartel de Sant Andreu, onde se concentrava o principal arsenal da cidade. Também ajudou a organizar o Comitê Central de Milícias Antifascistas da Catalunha, poder de fato da região. Pouco amigo de círculos políticos, logo organizaria a própria coluna de milicianos libertários. Com eles sairia de Barcelona e atravessaria Aragão, com o objetivo de recuperar a sua capital, Zaragoza, para a causa revolucionária. No caminho, a coluna Durruti libertou diversos povoados, prendeu e matou muitos direitistas, além de impor a coletivização das terras. Durruti jamais aceitava ordens de comandos superiores e agia conforme os próprios critérios. Em novembro, avaliando que Madri corria perigo de ser conquistada pelos fascistas, levantou o cerco sobre Zaragoza (que até então havia segurado bem as ofensivas dos anarquistas) e rumou com a coluna para a capital. Lá, as suas tropas lutaram com tanta bravura quanto desorganização. Embora Madri estivesse carente de braços e armas que a protegessem dos soldados de Varela, a atuação imprevisível do grupo de Durruti irritava os comunistas, que controlavam a Junta de Defesa da capital.

Em 19 de novembro, uma bala ou um estilhaço de metralha acertou o peito de Durruti, que estava no *front* da Cidade Universitária. O líder anarquista foi internado em caráter de emergência, mas não conseguiu superar o ferimento e faleceu no dia seguinte. As análises forenses do projétil que o matou não foram conclusivas. Não foi possível determinar nem o calibre da bala (se é que tinha sido uma bala) nem a sua procedência. Todo tipo de hipótese seria levantado a partir de então: desde uma morte infeliz diante do fogo do inimigo até um assassinato pelas mãos dos comunistas, ou mesmo uma *vendetta* (vingança) em razão de conflitos internos entre os próprios anarquistas.

Até hoje não podemos tirar uma conclusão definitiva a respeito da morte de Durruti, porém, pesquisas recentes assinalam que a submetralhadora de um miliciano emperrou e, quando este tentou destravá-la, a arma foi disparada por acidente, acertando o líder libertário. Seja como for, o corpo do "terrorista do proletariado" foi carregado em um desfile fúnebre espetacular pelas ruas de Barcelona. Milhares da pessoas saíram de casa para receber o cadáver de Durruti, andando pela cidade com o punho levantado. A morte do ativista deu lugar ao nascimento do mito. A CNT-FAI usou e abusou de sua efígie como exemplo de herói da classe trabalhadora, disposto a morrer pela Ideia. O seu rosto passou a aparecer com frequência sobre o fundo da bandeira vermelho-preta dos libertários e ilustrando *slogans* de luta pela Revolução.

José Antonio Primo de Rivera y Sáenz de Heredia era o avesso de Durruti. Até o tamanho de seu sobrenome informa sua origem "de berço" (era o terceiro marquês de Estella e, portanto, um Grande da Espanha). Filho de "boa família", estudante aplicado, católico fervoroso (chegou a vestir o hábito da ordem de Santiago) e com cara de "bom moço", José Antonio foi um advogado que cresceu em um ambiente repleto de militares e políticos. Seu pai, o general Miguel Primo de Rivera, foi o ditador que governou a Espanha, com o beneplácito do rei Alfonso XIII, entre 1923 e 1930, período em que o país experimentou a implantação de um regime corporativista.

Com a instauração da Segunda República, José Antonio centrou seus esforços primeiro em defender o legado da ditadura de seu pai e depois, com a fundação da *Falange Española*, em 1933, em pregar um evangelho político muito parecido com aquele que levara Mussolini ao poder em 1922. O falangismo abominou a política parlamentarista da República e atuou ativamente contra o movimento operário, com a prática da violência nas ruas. Em março de 1936, poucas semanas depois do triunfo eleitoral da Frente Popular, José Antonio foi encarcerado por posse ilícita de armas e por incitar atos violentos. Mesmo na prisão, manteve contato constante com os militares que conspiravam contra o governo e passou instruções aos falangistas para que se unissem a eles quando chegasse o dia da sublevação. Em junho, ele foi trasladado da prisão Modelo de Madri para a cadeia provincial de Alicante (ou Alacant). Era nesta cidade levantina que ele se encontrava quando começou a guerra civil.

A intervenção dos falangistas no golpe de Estado, junto com a revelação de que José Antonio participara da conspiração militar, piorou a sua situação na prisão de Alicante. A partir de então, ficou incomunicável e sem permissão para ler jornais ou ouvir rádio. Os nacionais elaboraram diversos planos para libertá-lo. Porém, Alicante ficava em um ponto muito distante das tropas rebeldes, descartando completamente uma ofensiva terrestre.

A Guerra Civil Espanhola

Uma possibilidade mais viável era enviar um comando por via aérea capaz de embarcar o preso em um navio ou hidroavião rumo a Maiorca. Mas esse tipo de operação tampouco foi executada, em razão do seu risco elevado. Uma variante desse plano – para o qual os falangistas contariam com a colaboração do cônsul da Alemanha em Alicante, Hans Joaquim von Knobloch – consistia em tirar José Antonio do cárcere e embarcá-lo em um navio alemão. Porém, Franco impôs condições tão restritivas à execução do plano que este acabou ficando só no papel.

Buscou-se negociar com o governo republicano uma troca de prisioneiros: José Antonio pelo filho de Largo Caballero, que estava preso no lado rebelde. O governo republicano não aceitou a proposta, e o processo contra José Antonio, seu irmão Miguel e sua cunhada Margarita começou no dia 3 de outubro. Sobre eles pendiam acusações de conspiração em favor da rebelião militar. O júri condenou à morte José Antonio, à prisão perpétua Miguel e a seis anos de cadeia Margarita. Antes que a condenação fosse executada, avaliou-se a possibilidade de trocar José Antonio pela esposa e filhos do general Miaja, presos em Melilla desde o começo da guerra. Desta vez foi Franco quem vetou a troca, de maneira um tanto arbitrária (os parentes de Miaja acabariam sendo trocados por um militante carlista de menor importância política que o fundador da Falange).

Em 20 de novembro, uma vez confirmada a sentença pela corte suprema, José Antonio foi fuzilado. Em seu testamento, deixou registrado seu último desejo: "que o meu sangue seja o último sangue espanhol vazado em discórdias civis". Muitos falangistas concluíram que Franco não havia feito tudo que estava em suas mãos para evitar essa morte e acreditaram que havia deixado José Antonio morrer por conta de desavenças pessoais. É verdade que existia uma certa antipatia entre Franco e o fundador da Falange, mas não há como negar que uma ofensiva terrestre contra Alicante teria sido um despropósito, e, mesmo se fosse feita, não havia como garantir que a vida de José Antonio seria salva.

A mitificação de Durruti se mostra mínima se comparada àquela em torno da figura de José Antonio. O mesmo Franco que não se esforçara o bastante para resgatá-lo da cadeia, uma vez acabada a guerra, organizou para o fundador da Falange um sepultamento digno de um imperador. O cadáver foi transportado, nos ombros de voluntários falangistas, pela estrada

146

que comunica Alicante a Madri e enterrado em El Escorial, também túmulo de Felipe II. Quando o Vale dos Caídos ficou pronto, os restos mortais de José Antonio foram deslocados para o mausoléu erigido por Franco para glorificar a "Cruzada" do século XX, local onde são mantidos até hoje.

O rosto de José Antonio, sempre jovem com seu sorriso angelical e enigmático, esteve presente em todas as salas de aula das escolas espanholas durante os anos da ditadura de Franco, afixado bem acima da lousa, acompanhado de um crucifixo e do retrato do Caudilho. Toda vez que seu nome era pronunciado, quem o ouvisse respondia automaticamente: "Presente!". A morte de José Antonio tornou-se o exemplo que corporificava toda a maldade dos republicanos na guerra. Por isso, o seu nome ocultava-se sob o apelativo de *el Ausente*. A ditadura de Franco proclamou o 20 de novembro "Dia da Dor", e a data foi dedicada a rememorar o "mártir da causa nacional", com a leitura de alguns de seus textos, em cerimônias laicas que tinham muito de litúrgicas.

Curiosamente, Francisco Franco também morreria em um 20-N (20 de novembro), 39 anos depois de José Antonio.

Com as mortes de Durruti e José Antonio, republicanos e nacionais perderam homens de grande bravura. Mesmo assim, e ainda que possa parecer contraditório, essas duas mortes não representaram perdas significativas para a ação dos lados que defendiam. Em vez disso, a sua desaparição aplainou o caminho para a unificação de comando requerida por republicanos e nacionais para ganhar a guerra. Com Durruti vivo, teria sido muito mais complicado para os republicanos conseguir que os anarquistas aceitassem integrar suas milícias no Exército Popular. Por sua vez, Franco teria esbarrado com uma resistência muito mais dura dos *camisas viejas*, se José Antonio ainda estivesse vivo quando foi publicado o Decreto de Unificação.

A conquista do norte

Madri resistiu ao primeiro assalto direto dos rebeldes, mas a batalha pela conquista da capital ainda estava longe de acabar. A ordem que Franco deu a Varela de deter o avanço das tropas foi apenas uma pausa para recuperar forças e avaliar outras estratégias. Depois do fracasso do ataque frontal, as tropas de Franco prepararam algumas manobras envolventes, com o objetivo de cortar as principais estradas radiais e fechar o cerco sobre a cidade.

As batalhas da estrada da Corunha

A primeira destas manobras teve como foco a rodovia que comunica Madri a Corunha. A Batalha da estrada da Corunha constou de duas ofensivas consecutivas dos rebeldes. A primeira começou no dia 29 de novembro, quase uma semana depois da ordem de Franco de não avançar mais pela zona urbana. Mais uma vez, porém, as tropas nacionais seriam freadas pelo Exército Popular, muito bem coordenado por Vicente Rojo. O fracasso dessa primeira ofensiva fez com que o estado-maior franquista preparasse sua segunda tentativa com mais cuidado.

No dia 13 de dezembro, o exército rebelde voltou a tomar a iniciativa, mas as péssimas condições de visibilidade, com baixas temperaturas e espesso nevoeiro, impediram uma utilização mais intensiva do fogo artilheiro e dos ataques aéreos. O avanço franquista emperrou na localidade de Boadilla del Monte, onde os republicanos apresentaram uma encarniçada resistência. Depois de um mês desde o começo da Batalha de Madri, os "azuis" não conseguiam ainda ultrapassar as linhas de defesa dos "vermelhos". Contudo, os republicanos já estavam sem forças para tentar um contra-ataque que expulsasse os rebeldes da periferia de Madri. A linha do *front* ficou estável perto de Boadilla del Monte pouco antes do Natal.

Franco e seus aliados não desistiram de conquistar a capital, mas começou a ficar claro para o estado-maior rebelde que a capitulação de Madri não seria uma tarefa fácil. Aliás, os republicanos haviam concentrado quase todas as tropas disponíveis ao redor da capital, o que lhes dera vantagem numérica (30 mil homens sob o comando de Miaja diante de 20 mil comandados por Varela). Mas essa estratégia de proteger a capital a qualquer custo tinha deixado com pouca guarnição alguns flancos apetitosos. Cumpria se perguntar se valia a pena queimar a língua enfiando a colher bem no meio do prato quando parecia mais fácil comer a sopa pelas beiradas.

O ano de 1937 alvoreceu com novos objetivos militares. Madri continuaria a ser o foco de muitos combates, mas o exército de Franco não perderia a ocasião de invadir outras regiões periféricas e assim ir, aos poucos, fechando o cerco à República.

A carnificina de Málaga

Poucos, dentre os milhões de turistas que todos os anos visitam a *Costa del Sol*, sabem que em fevereiro de 1937 aquelas belas praias e suas pitorescas cidades pintadas com cal branca foram palco de uma das cenas mais dantescas da Guerra Civil Espanhola. A província de Málaga, território que inclui os municípios de Marbella e Fuengirola – locais atrativos para os europeus que visitam o Mediterrâneo à procura de sol, festa e sexo –, está situada no sul da Andaluzia. A sublevação fracassou na cidade, que logo foi controlada pelo movimento operário. Os milicianos republicanos vitoriosos passaram logo a reprimir os supostos aliados dos rebeldes, basicamente o clero e os moradores do elegante bairro de La Caleta. Protegida ao norte pelas montanhas dos sistemas Béticos e ao sul pelo mar, a província de Málaga foi afetada pelos movimentos de tropas de Queipo de Llano somente nas primeiras semanas da guerra. No entanto, a posição geográfica fazia dela uma presa fácil, tendo em vista que formava um saliente da zona republicana, apenas comunicada por terra mediante a estrada que conduz a Almería. No começo de 1937, a província estava protegida por uns 40 mil milicianos, mal armados e com pouca munição. As ações do governo de Valência no sentido de transformar as milícias em um exército popular disciplinado apenas tiveram eco nessa parte da Andaluzia.

As pouco organizadas forças republicanas tiveram que fazer frente a um exército menos numeroso (aproximadamente 20 mil soldados), mas bem aparelhado, com potente fogo artilheiro e respaldo aéreo e naval. Além disso, as tropas nacionais estavam com sede de vitória depois do fracassado ataque a Madri. De fato, desde a libertação do Alcázar de Toledo, no final de setembro, os sublevados não tinham conseguido nenhum outro sucesso militar de importância. A inquietação pela falta de vitórias era especialmente notória entre os oficiais italianos. O Corpo de Tropas Voluntárias (10 mil soldados de terra, mais aproximadamente 100 aviões e muitos carros de combate) ainda não tinha demonstrado no campo de batalha a sua superioridade. Roma precisava de um grande triunfo para justificar sua presença na península ibérica. Por isso, embora Queipo de Llano fosse nominalmente o comandante das tropas nacionais na Andaluzia, quem dirigiu boa parte da operação foi o general italiano Mario Roatta.

A ofensiva sobre Málaga começou em 17 de janeiro por várias frentes, avançando sobretudo pelo norte e oeste da província. Em 3 de fevereiro começou o assalto à capital, que no dia 6 viu-se completamente cercada pelas forças italianas (norte e leste) e espanholas (oeste). Os nacionais também deslocaram para a costa malaguenha os seus três maiores navios de guerra: os cruzadores pesados Canarias e Baleares e o cruzador ligeiro Almirante Cervera. Este último era um navio que havia entrado em serviço em 1928, possuía 176 m de comprimento e 16 m de largura. Dispunha de 6 canhões de 152 mm instalados em três torres duplas e alcançava uma velocidade de 34 nós. Maiores e mais modernos eram o Canarias e o Baleares. O primeiro tinha entrado em operação em setembro de 1936, e o segundo, em dezembro do mesmo ano. Eram os navios mais destacados da armada nacional. Possuíam 8 canhões de 203 mm instalados em quatro torres duplas, mais outros 8 canhões de 120 mm. O seu poder de fogo era indiscutivelmente superior ao de qualquer bateria de artilharia instalada em terra.

Dada a pouca resistência que os republicanos podiam oferecer, em 6 de fevereiro Málaga foi evacuada. Na verdade, havia poucas vias de escape da cidade. O mar estava controlado pela frota franquista, e as estradas, cortadas pela infantaria e cavalaria ítalo-espanhola. Seguindo o ditado espanhol que diz "ao inimigo que foge, ponte de prata" (que significa: é bom facilitar a retirada do inimigo que foge), os italianos, apesar da conquista na cidade de Vélez-Málaga, resolveram não cortar a estrada que liga Málaga com Almería. Essa estreita faixa de terra que transcorre paralela ao mar foi então a saída utilizada por milhares de famílias que fugiram das futuras e certas represálias dos nacionais.

A estrada tornou-se uma espécie de "corredor polonês", cercada pela artilharia do norte, atacada pelos cruzadores que navegavam pelo sul e bombardeada e metralhada constantemente pela aviação italiana. O caminho para Almería virou uma ratoeira para famílias inteiras que, a pé ou em carroças improvisadas, com idosos e crianças de colo, saíram apavoradas de Málaga. Pelo menos 3 mil pessoas (a grande maioria civis) foram mortas na estrada, em cenas de grande sofrimento. A *escuadrilla España*, da qual participava o escritor francês André Malraux, tentou sem sucesso dar cobertura aérea aos fugitivos. Entretanto, as aeronaves republicanas não eram páreo contra as italianas, muito superiores tanto em número como em tecnologia, e não puderam parar a matança indiscriminada.

As primeiras tropas que entraram em Málaga foram aquelas dos italianos do CTV, que por um breve período administraram a cidade. O general Mario Roatta entregou a praça aos espanhóis com um gesto de ostentação da superioridade italiana. Tratava-se de bajular o orgulhoso Mussolini, que achava o exército de Franco incapaz de coletar os frutos triunfais da *guerra celere*. De fato, a imprensa internacional noticiou a conquista da cidade andaluza como um êxito das forças italianas, para satisfação do Duce.

A tragédia de Málaga completou-se dias mais tarde, com a entrada dos soldados espanhóis e a imposição de tribunais de exceção para apurar os crimes cometidos pelas "hordas vermelhas". Ao contrário do acontecido em Badajoz, desta vez os nacionais não cometeram o erro de permitir a presença de correspondentes estrangeiros na cidade. Sem o testemunho

A conquista do norte

de fotógrafos ou cronistas, no mínimo 4 mil pessoas foram executadas como vingança pelos atos esquerdistas cometidos a partir de 18 de julho. Na perseguição aos "vermelhos", destacou-se em razão da truculência um jovem advogado chamado Carlos Arias Navarro. Preso pelos republicanos e libertado com a conquista de Málaga, Arias tornou-se *fiscal* (promotor público) em grande número de processos e foi implacável na acusação e na solicitação de condenações à morte, pelo que acabou ganhando o apelido de "açougueiro de Málaga". Com tais "méritos de guerra", esse jovem impiedoso fez carreira durante a Ditadura, e em 1974 seria nomeado primeiro-ministro, sendo o último chefe de governo de Franco e o primeiro do reinado de Juan Carlos I. Na qualidade de chefe do Executivo, Arias Navarro seria a pessoa eleita em novembro de 1975 para comunicar ao povo espanhol, por meio da televisão e sem conter as lágrimas, a morte de Francisco Franco.

A conquista de Málaga também teve implicações de caráter religioso. Em sua fuga, o coronel José Villalba Rubio, responsável pelas forças republicanas, deixou para trás alguns pertences pessoais. Entre eles havia uma relíquia: o braço incorrupto de Santa Teresa, uma extremidade mumificada que a fé católica atribui à santa mística de Ávila. Franco recebeu a relíquia da reformadora da ordem carmelita como um dom do Altíssimo e ficaria com ela em seu dormitório particular até o final dos seus dias. Da mesma forma que Santiago ou São Emiliano (*Millán*), santos a quem são atribuídas vitórias cristãs na Idade Média, Santa Teresa acabou elevada à categoria de *Santa de la Raza* e objeto de veneração pelos "cruzados" da Espanha nacional.

O *front* voltou a estabilizar-se com a entrada em combate das Brigadas Mistas e das Brigadas Internacionais, enviadas pelo governo de Valência para deter o avanço dos franquistas. Apesar de a chegada das tropas de refresco republicanas ter equilibrado um pouco o confronto, os nacionais tinham tudo a seu favor para explorar o êxito da Batalha de Málaga e completar a conquista da Andaluzia. Contudo, e para exasperação de Queipo de Llano e de seus aliados italianos, Franco optou pela cautela, e os "azuis" não continuaram com a ofensiva. Queipo não perdoaria ao Caudilho que tivesse deixado passar essa oportunidade de engrandecer seu "vice-reinado" andaluz.

153

A Batalha do Jarama

A vitória em Málaga aumentou o entusiasmo do Exército Nacional. O objetivo prioritário voltou a ser Madri, que seria atacada mais uma vez com uma manobra envolvente. Parece que a ideia inicial era lançar duas ofensivas simultâneas: uma pelo flanco sudoeste, atravessando o rio Jarama (um afluente do Tejo), a outra pelo nordeste, ocupando a província de Guadalajara. Os dois braços do exército franquista seriam reunidos à altura da rodovia de Valência, deixando a capital isolada.

Na prática, as duas ofensivas não ocorreram ao mesmo tempo, o que permitiu aos republicanos concentrar melhor suas tropas sem precisar proteger a vanguarda e a retaguarda simultaneamente. A primeira ofensiva, a do Jarama, iniciou-se no dia 6 de fevereiro, na mesma data em que os soldados ítalo-espanhóis fecharam o cerco sobre a capital malaguenha. O serviço de inteligência franquista recebeu notícias de que os republicanos estudavam lançar uma ofensiva ao sul de Madri no começo desse mês. Essa informação precipitou o início das operações no Jarama, justamente para obter o benefício do efeito surpresa atacando antes que o inimigo estivesse pronto para o combate.

Os rebeldes, dirigidos pelo general Luis Orgaz (que havia substituído Enrique Varela, ferido no dia de Natal), ocuparam o vale do Jarama e fizeram suas tropas rumarem em direção às cidades de Arganda del Rey e Alcalá de Henares. Esta última, conhecida pela sua universidade, era o objetivo derradeiro da ofensiva. A batalha começou bem para os franquistas, que, fortemente apoiados pela artilharia e pelos bombardeios aéreos, conseguiram atravessar as linhas inimigas pobremente defendidas por apenas 3 mil soldados. A infantaria nacional também contou com o suporte de 55 tanques Panzer I, o que causou enormes baixas entre os governistas nas primeiras 48 horas de combate. No dia 11, os nacionais controlaram as pontes sobre o rio Jarama situadas nas localidades de San Martín de la Vega e Pindoque, sem que explodissem as cargas de demolição que haviam sido colocadas pelos "vermelhos" antes de sua retirada. Os republicanos, por sua vez, estavam divididos em uma querela interna entre o general Miaja e o general Pozas, em que se misturavam questões políticas e pessoais e que acabou com a vitória do primeiro.

A conquista do norte

Em 17 de fevereiro, os republicanos superaram suas divisões internas (apesar do difícil relacionamento entre o estado-maior espanhol e os assessores soviéticos) e conseguiram agrupar no *front* sete brigadas mistas e três brigadas internacionais, as quais somavam aproximadamente 30 mil homens. As tropas terrestres foram apoiadas por 30 tanques soviéticos BT-5 e T-26. Este último modelo mostrou-se muito superior ao alemão Panzer Mark I, tanto pela resistência de sua blindagem quanto pela potência de fogo de seu canhão de 45 mm. Um elemento decisivo para o resultado da Batalha do Jarama foi o fato de que os nacionais perderam novamente a superioridade aérea. Os caças soviéticos I-15 e I-16 infringiram derrotas aos Fiat CR-32 e abriram o espaço aéreo para que os bombardeiros *Natacha* pudessem atacar a infantaria nacional à vontade.

Novamente os soldados estrangeiros tiveram um papel de destaque na contraofensiva republicana. Na Batalha do Jarama, os "vermelhos" colocaram no campo de batalha mais duas Brigadas Internacionais. Uma delas, a XIV "Marselhesa", comandada pelo general Walter (pseudônimo do polonês Karol Wacław Świerczewski) e com um grande contingente de soldados franceses, tinha se formado dois meses antes e detivera o avanço de Queipo de Llano pela província de Jaén, na Andaluzia. A outra era a XV Brigada Internacional "Abraham Lincoln" (integrada principalmente por norte-americanos, canadenses, britânicos e irlandeses), recém-saída do centro de treinamento de Albacete e que no Jarama teve o seu batismo de fogo.

Contudo, mesmo que a contraofensiva republicana detivesse o ataque nacional, esta não foi suficientemente intensa para provocar a retirada total do inimigo. A batalha terminou no dia 27 de fevereiro, sem que os nacionais pudessem conquistar Alcalá de Henares ou cortar a estrada de Valência. Apesar disso, os franquistas haviam avançado bastante as suas linhas, a ponto de poder bombardear a rodovia com as peças de artilharia. Ainda que não atingissem todos os seus objetivos, os franquistas conquistaram uma cabeça de ponte do outro lado do rio Jarama, o que obrigou os republicanos a conservar lá um bom contingente de tropas. Em termos de vítimas, os nacionais tiveram umas 7 mil baixas e os republicanos, cerca de 9 mil.

Blitzkrieg à italiana

Apesar do resultado agridoce da Batalha do Jarama, os rebeldes não se deram por vencidos e voltaram à carga em menos de duas semanas. O objetivo era o mesmo: chegar a Alcalá de Henares e fechar o cerco sobre Madri cortando as comunicações com as principais estradas. Mas agora mudariam a direção da manobra envolvente e a chefia das operações. Tendo em vista o fracasso do ataque pelo sudeste, optou-se pela ofensiva pelo nordeste, atravessando a província de Guadalajara. Quem assumiria o comando do ataque seria o general italiano Mario Roatta, que empregaria o grosso do Corpo de Tropas Voluntárias, que acabava de voltar vitorioso da conquista de Málaga.

Mussolini almejava uma vitória italiana em grande escala que demonstrasse ao mundo a supremacia dos herdeiros do Império Romano. O Duce insistia na incapacidade militar dos espanhóis e queria que suas tropas tivessem a mais larga margem de autonomia. Franco deixou que ele fizesse como bem entendia. Era muito arriscado opor-se a seu principal aliado e, em qualquer caso, fosse qual fosse o resultado da batalha, ele sairia ganhando. Se Roatta triunfasse, os italianos teriam contribuído decisivamente à vitória dos nacionais; se fracassasse, deixaria patente que o CTV precisava agir coordenado ao estado-maior do Caudilho.

A concepção tática de Roatta (*guerra celere*) se assemelhava bastante à técnica da "guerra relâmpago" que os alemães utilizariam nos primeiros anos da Segunda Guerra Mundial. A ideia era que a vanguarda do ataque fosse encabeçada pelos veículos blindados (os tanques ligeiros L3/35, mais conhecidos na Espanha como *tanquetas*), que aplanariam o terreno para o desdobramento da infantaria. Para que os soldados pudessem acompanhar o ritmo dos carros blindados, estes seriam transportados em caminhões até os pontos estratégicos, que deveriam ser ocupados após a limpeza do terreno feita previamente pelas *tanquetas*. A tática de Roatta não levou em consideração três aspectos que afinal desbaratariam seus planos: as condições climáticas nas primeiras semanas de março de 1937 eram totalmente adversas ao avanço das *tanquetas* através do campo, com frio intenso, chuvas torrenciais e, inclusive, precipitações de neve; essas mesmas condições climáticas impediram o uso

A conquista do norte

dos aeródromos nacionais próximos ao cenário dos combates, enquanto os republicanos puderam operar os seus a partir de Barajas e Cuatro Vientos de maneira aceitável; e as *tanquetas* italianas, ao não contarem com uma torre móbil, eram um alvo ainda mais fácil do que os Panzer I para os tanques soviéticos.

Assim, apesar do tempo nada favorável, Roatta ordenou o início da ofensiva no dia 8 de março. Esta se desenrolou nos primeiros dias com resultados favoráveis para o CTV e seus aliados espanhóis, comandados pelo coronel Moscardó. As linhas republicanas foram rompidas pelas *tanquetas* da divisão *Littorio*, sem que os republicanos pudessem opor muita resistência. Dois dias mais tarde, os espanhóis conquistaram Brihuega, a primeira cidade de certa importância no caminho para Guadalajara. Enquanto isso, os italianos repeliam com desenvoltura a contraofensiva das Brigadas Internacionais XI e XII.

Em 11 de março, o tempo piorou ainda mais. As campinas que rodeiam Brihuega se transformaram em grandes lodaçais nos quais as *tanquetas* ficavam empacadas por completo. Sem poder avançar pelo meio do mato, os nacionais tiveram que concentrar seus efetivos blindados ao longo da estreita faixa asfaltada da estrada N-II, rodovia que comunica Madri a Zaragoza e Barcelona.

A oportunidade foi aproveitada pelos republicanos, que no dia 12 empreenderam o contra-ataque. Quase sem mobilidade e apertados sobre o asfalto da estrada, os tanques ligeiros italianos foram atacados sem piedade pela aviação republicana e pelos tanques T-26. Esses veículos blindados, de fabricação soviética e inspirados no Vickers 6-Ton britânico, tinham muito mais facilidade de deslocamento em terrenos embarrados. A torre móvel do T-26 permitia virar o seu potente canhão em 360°, atingindo objetivos situados nos quatro pontos cardeais. No dia 18, o Exército Nacional não pôde segurar mais a linha do *front* e teve que evacuar Brihuega. A retirada do CTV fez-se de maneira ordenada, mas, mesmo assim, os italianos perderam muito material bélico e sofreram mais de 400 baixas. Cinco dias depois, o Exército Popular tinha reconquistado todo o território perdido nas semanas anteriores. A frente de batalha voltou à situação em que se encontrava no começo de março. Era a primeira vez desde o começo da guerra que os republicanos podiam comemorar

A Guerra Civil Espanhola

um triunfo incontestável. Apesar disso, o número de baixas foi elevado, aproximando-se da cifra de 6 mil, entre mortos e feridos.

O que devia ser o grande triunfo que demonstraria ao mundo as qualidades das armas italianas acabou em uma vergonhosa derrota, ressuscitando o pesadelo de Adua, quando em 1896 os lanceiros etíopes venceram o Exército Colonial italiano. Brihuega-Guadalajara foi um vexame às aspirações de Mussolini, enquanto para os simpatizantes da República simbolizou a luta vitoriosa da esquerda contra o fascismo. Os italianos reclamaram da lentidão do avanço dos soldados espanhóis que os acompanhavam e da inexistência de um ataque simultâneo no Jarama, o qual teria obrigado os republicanos a dividir suas forças. Franco desculpou-se pela descoordenação, afirmando que as tropas de Orgaz estavam muito debilitadas e não tinham como iniciar o ataque previsto. Essa desculpa no fundo escondia a calculada passividade do Caudilho, interessado em destruir o mito da invencibilidade fascista italiana. Os camisas negras sucumbiram em Brihuega pelos próprios erros, mas também pela falta de socorro dos espanhóis. A duras penas, Franco podia reprimir em suas mensagens e comunicados a *Schadenfreude* que sentia pelo fiasco dos prepotentes aliados. Depois do fracasso em Guadalajara, Mussolini haveria de pensar duas vezes antes de dar lições de estratégia militar a Franco.

Apesar das elevadas baixas e do fracasso geral da ofensiva, Franco soube tirar partido da situação. O CTV perderia a autonomia usufruída até então. Após a derrota em Guadalajara, os italianos deveriam se submeter às diretrizes do estado-maior nacional. Mario Roatta seria retirado do cargo e substituído por Ettore Bastico, mais tolerante com a ideia de união das tropas italianas e espanholas em brigadas mistas. A *Aviazione Legionaria Italiana* foi integrada à Legião Condor e passou a reportar-se ao alto comando alemão. Mais uma facada nas costas do orgulho mussoliniano, obrigado a ajoelhar-se perante a potência germânica.

Enquanto isso, no lado republicano, a vitória em Brihuega-Guadalajara não supôs nenhuma reviravolta na condução da guerra. O jornal *The New York Times* comparou a Batalha de Guadalajara à vitória dos espanhóis contra Napoleão em Bailén: um fato de armas relevante que animou os combatentes a seguirem lutando, mas sem consequências práticas imediatas.

O Cinturão de Ferro

Com os fracassos no Jarama e em Guadalajara, o estado-maior franquista decidiu mudar de cenário e voltar o olhar para o País Basco. Isso nos obriga a retroceder o relato alguns meses. Mais especificamente, até setembro de 1936, quando os recursos militares do lado republicano (que controlava apenas a província de Biscaia, a parte ocidental de Guipúzcoa e uma estreita faixa ao norte de Álava) foram organizados no *Euzko Gudarostea*, ou Exército Basco.

Embora estivesse já integrado por soldados do mais variado perfil ideológico, o *Euzko Gudarostea*, até a sua integração definitiva no Exército Popular (como XIV Corpo do exército republicano), foi dirigido pelo governo autônomo basco, submetido ao *Euzkadi Buru Batzar*, ou Comitê Executivo do Partido Nacionalista Basco (PNV). A partir de abril de 1937, dada a situação desesperada no *front*, passou ao comando do *lehendakari* José Antonio Aguirre em pessoa. Aguirre havia feito o juramento do cargo de presidente (ou *lehendakari*) do governo autônomo no dia 7 de outubro de 1937, poucos dias depois da aprovação do Estatuto de Autonomia para a região. A posse do cargo fez-se à maneira dos senhores medievais de Biscaia, na Casa de Juntas de Guernica, sob o carvalho sagrado dos bascos. Essa cerimônia solene foi realizada em sigilo, para evitar ataques do inimigo.

De forma parecida com o que acontecera na Catalunha em julho, o País Basco dispôs de forças armadas próprias, que teoricamente agiam em coordenação com o exército republicano do norte (com o general Francisco Llano de la Encomienda como comandante supremo), mas, na prática, tinham uma larga margem de manobra. Porém, ao contrário do caso catalão, em que as milícias foram controladas principalmente pelos anarquistas, o *Euzko Gudarostea* abraçava um direcionamento ideológico muito mais conservador, de acordo com os princípios religiosos e de proteção da propriedade defendidos pelo partido fundado por Sabino Arana. As coletivizações de fábricas e terras que os anarquistas praticaram na Catalunha e em Aragão oriental quase não ocorreram no território em que *Euzko Gudarostea* imperou. Também no que diz respeito à religião, o Exército Basco foi uma exceção ao laicismo e ateísmo dominante no lado republicano. Mais de 80 padres oficiaram serviços religiosos diante dos

A Guerra Civil Espanhola

soldados bascos, em um clima de fervor católico que não deixava nada a desejar aos *requetés* integristas navarros.

O Exército Basco chegou a mobilizar quase 75 mil homens, em sua maioria soldados de infantaria. Também dispôs de uma pequena frota de navios de pesca (*bous*), habilitada às pressas para o combate naval mediante a colocação de um canhão na proa e de várias metralhadoras a estibordo e bombordo. Essas barcas foram úteis para ações de retirada de minas nas entradas dos portos e para a escolta de cargueiros, mas não podiam competir com o poder de fogo dos cruzadores franquistas. Estes, como no caso do Canarias, foram deslocados para o Cantábrico após a conquista de Málaga e demonstraram toda a sua superioridade na Batalha do Cabo Machichaco (5 de março). Mais capacidade de combate tinham os destróieres republicanos Ciscar e José Luis Díez. No entanto, a sua participação na Batalha marítima do Cantábrico foi muito limitada.

O *Euzko Gudarostea* tampouco dispunha de artilharia suficiente para atacar o exército de Mola, nem contava com uma força aeronáutica propriamente dita. Em função dessas carências, o estado-maior basco optou por uma estratégia nitidamente defensiva, buscando proteger a qualquer custo a cidade de Bilbao, uma das quatro maiores da Espanha e motor econômico da região. Desde o século XIX a *ría* (foz) do Nervión, onde Bilbao está situada, viu crescer uma pujante indústria siderometalúrgica, que potencializou um sólido sistema financeiro, concentrando alguns dos bancos e companhias seguradoras mais importantes da Espanha.

A estratégia seguida para defender Bilbao foi aquela típica dos manuais militares da época, muitos deles escritos depois da experiência da Primeira Guerra Mundial: a construção de uma rede de fortificações e trincheiras que criasse obstáculos às investidas do inimigo. No caso bilbaíno, essas fortificações foram batizadas de "Cinturão de Ferro" e tiveram um perímetro de 80 km. Nesse cinturão foram erigidos 180 *bunkers* de concreto, com muros de 70 cm de espessura, o que lhes permitia resistir ao bombardeio de peças de artilharia de mais de 100 mm. Além dessas construções, o sistema de defesa estava constituído por duas linhas de trincheiras separadas entre si por uma distância de 200 a 300 metros.

O Cinturão de Ferro de Bilbao bebeu na mesma fonte ideológica que levou a França a construir a Linha Maginot, uma série de defesas teoricamente inexpugnáveis que serviriam de barreira em face das invasões externas. O resultado de ambas foi o mesmo: o inimigo (os franquistas no caso de Bilbao e os alemães no caso da Linha Maginot) descobriram um método de contornar as proteções e atravessar as linhas defendidas. Mas no caso da invasão do Cinturão de Ferro foi decisiva a traição praticada pelo seu engenheiro e idealizador, Alejandro Goicochea. Este fugiu para a zona rebelde em fevereiro de 1937, levando consigo as plantas e abundante informação acerca da situação das obras. Graças aos dados que Goicochea entregou, os franquistas detectaram no monte Gaztelumendi, localizado nas proximidades de Bilbao, o local em que as defesas bascas eram mais frágeis.

O bombardeio de Guernica

Antes de continuar com a conquista de Bilbao, devemos nos deter em um dos episódios mais tristemente famosos da guerra espanhola, ocorrido precisamente durante a campanha de Biscaia: o bombardeio de Guernica (ou *Gernika*, de acordo com a ortografia basca atual).

O fracasso das *tanquetas* italianas em Guadalajara era a notícia de que o estado-maior nacional necessitava para diminuir a pressão sobre Madri e buscar outros objetivos. Justamente pelo esplendor econômico mencionado antes, a conquista da industrial Biscaia era um butim apetitoso para o Generalíssimo Franco. Além do mais, com o isolamento da província em relação à área controlada pelo governo de Valência e o corte na comunicação terrestre com a França realizado pelos carlistas navarros em Irún, as probabilidades de sucesso da empresa eram bastante grandes. Mola também precisava de uma operação de prestígio que levantasse o moral de suas tropas, que desde setembro de 1936 haviam mantido uma posição defensiva diante do Exército Basco.

A campanha de Biscaia iniciou-se em 31 de março, com o ataque à cidade de Durango. Desta vez os nacionais não cometeram a mesma falha de Brihuega, e a ofensiva terrestre veio precedida por um duríssimo bombardeio aéreo sobre a cidade, no qual faleceram aproximadamente 300 pessoas, a grande maioria civis. Previamente, os franquistas haviam concentrado nos aeroportos de Álava o grosso da Legião Condor e da Aviação Legionária Italiana. A *Luftwaffe*, aliás, aprendera com os erros cometidos na Batalha

A Guerra Civil Espanhola

de Madri, e havia renovado a sua frota aérea, especialmente de caças, com a paulatina retirada dos obsoletos biplanos He-51 e a utilização das primeiras unidades do veloz e manobrável Messerschmidt Me-109.

No ataque a Durango, os Savoia SM-81 bombardearam indiscriminadamente a cidade, atingindo inclusive edifícios religiosos. Uma igreja foi destruída pelas bombas italianas às 8h30 da manhã, durante a celebração de uma missa, com o resultado de cerca de 50 vítimas mortais. Além das bombas jogadas sobre a cidade, os caças Fiat CR-32 metralharam as ruas de Durango, espalhando ainda mais o terror entre uma população que não encontrava refúgio contra o fogo inimigo. Os bombardeios foram repetidos nos dias 2 e 4 de abril, mas a ocupação por parte dos *requetés* do *Tercio* de Montejurra só aconteceria em 28 de abril. A causa dessa demora foi o mau tempo reinante na primeira quinzena de abril. Prudentemente, o general Mola preferiu deter as operações até que as condições climáticas melhorassem.

Guernica sofreria um bombardeio semelhante ao de Durango, porém mais feroz e mais carregado de simbolismo. A cidade de Guernica despertava um interesse estratégico por estar situada em uma encruzilhada de estradas e pelo fato de possuir uma fábrica de bombas. Havia, aliás, uma ponte que ligava Guernica a Rentería, cujo controle seria fundamental caso o Exército Basco se retirasse para Bilbao.

Não podemos deixar de lado o fato de que Guernica é um dos símbolos históricos do nacionalismo basco. Nela conserva-se um carvalho centenário que enlaça os modernos bascos aos rituais pré-romanos. Do lado da Árvore de Guernica ergue-se a Casa de Juntas, edifício onde os senhores de Biscaia juravam solenemente acatar os *fueros* (conjunto de leis consuetudinárias). A cidade de Guernica é, junto com o *euskera* (idioma basco), o folclore (com danças e instrumentos ancestrais), a excelente gastronomia, alguns esportes (como a pelota basca), e o fervor católico (não devemos esquecer que a ordem dos jesuítas foi fundada por um santo basco, e muitos de seus primeiros missionários eram bascos – o próprio José de Anchieta, mesmo nascido nas Canárias, possuía um sobrenome tipicamente basco), um dos elementos mais marcantes do orgulho nacional desse povo.

O bombardeio de Guernica ocorreu em 26 de abril, uma segunda-feira, o dia da semana em que havia mercado a céu aberto, que por sorte nessa

A conquista do norte

data o prefeito preferiu cancelar, por medo de ações militares. O ataque foi organizado por Wolfram von Richthofen, chefe do estado-maior da Legião Condor. As operações de bombardeio e metralhamento foram executadas por aparelhos Ju-52, He-111 e Do-17, escoltados por caças He-51 e Me-109. O bombardeio começou às 16h30 e durou quase três horas, acompanhado pelo metralhamento dos caças. Além de bombas explosivas, foi lançada sobre a cidade uma grande quantidade de bombas incendiárias de fósforo e alumínio, que deixaram Guernica em chamas por mais de 24 horas. Os caças metralharam as pessoas que tentavam fugir do bombardeio, lançando rajadas de balas à vontade e ferindo até mesmo cabeças de gado.

Morreram entre 120 e 300 pessoas e só não houve mais vítimas mortais graças à existência de bons refúgios antiaéreos na praça da prefeitura e ao funcionamento do sinal de alarme, que avisou os vizinhos da aproximação dos aviões. Muitos habitantes da cidade se salvaram do incêndio fugindo para as montanhas ou para a *ría* – como são conhecidas as enseadas profundas do litoral cantábrico, pelas quais o mar se infiltra pelos vales fluviais. Como por milagre, nem a Árvore nem a Casa de Juntas foram afetadas pelas bombas, embora 70% das casas da cidade tivessem sido arrasadas na ação. Pelo fato de muitas delas serem de madeira, o efeito das bombas incendiárias foi devastador.

O bombardeio de Guernica indignou a opinião pública internacional. Meios de comunicação britânicos elevaram a 3 mil o número de mortos no ataque, um número exagerado mas compreensível diante da imagem desolada da cidade. O correspondente do jornal londrino *The Times* chegou à localidade logo após o bombardeio, e a sua reportagem foi publicada dois dias mais tarde. As descrições do horror de Guernica não deixaram dúvidas de que fora perpetrado um crime de lesa-humanidade. Na crônica do jornalista inglês, Franco foi apontado como criminoso de guerra.

O alto-comando franquista tentou se esquivar das críticas internacionais afirmando, primeiramente, que os próprios bascos haviam explodido a cidade. Queipo de Llano alegou que haviam sido dinamiteiros asturianos os culpados por incendiar Guernica, em uma espécie de política de "terra queimada" dos "vermelhos" em retirada. Depois, ao perceber que a tese da culpa dos republicanos era difícil de ser engolida, apresentou como desculpa para o ataque a necessidade de destruir a ponte de comunicação com

Rentería. No entanto, a construção permaneceu incólume depois dessa jornada e não consta que um ataque com bombas incendiárias seja a melhor maneira de derrubar uma ponte de pedra.

Finalmente, quando as mentiras caíram pelo próprio peso e expuseram o lado franquista a novas críticas, informou-se que a Legião Condor agira de forma autônoma, algo também pouco verossímil, dado o alto grau de coordenação das operações dos alemães com o estado-maior nacional. É verdade que não existem provas de que o coronel Juan Vigón, responsável pela aeronáutica rebelde no norte, tivesse dado luz verde à ação dirigida por Richthofen, porém é difícil de acreditar que um ataque dessa envergadura não fosse conhecido previamente pelo estado-maior franquista.Tampouco existem documentos que indiquem medidas de protesto ou de castigo contra a suposta atuação autônoma da Legião Condor no bombardeio de Guernica.[1]

A imagem de Hitler, que já não era das melhores, foi apresentada perante a opinião pública mundial como a de um monstro cruel que não hesitava em lançar um ataque infernal contra a indefesa população civil. O governo republicano também utilizou o bombardeio de Guernica com fins propagandísticos. O ataque impune praticado por aeronaves do Terceiro Reich sobre o povo espanhol era a prova mais contundente da farsa da não intervenção. Mediante métodos bárbaros, os fascistas haviam finalmente arrancado a máscara de "salvadores da civilização ocidental". Tinha chegado, de uma vez por todas, a hora de as potências ocidentais armarem o Exército Popular republicano para frear a ameaça da hidra nazifascista.

Em realidade, o bombardeio de Guernica foi uma tragédia humana com mais consequências no plano simbólico do que no campo de combate. Curiosamente, nenhum dos alvos militares que *a priori* justificariam o bombardeio foram atingidos. As fábricas de armamento sediadas na localidade não sofreram sérios danos, a ponte que liga Guernica a Rentería ficou em pé, e, conforme dito antes, nem a Casa de Juntas nem a Árvore de Guernica sofreram os efeitos das bombas incendiárias.

Diante da acusação de que o bombardeio havia sido um ato de violência gratuita contra a população civil indefesa, os oficiais jogaram a culpa do seu pouco acerto à fumaceira emitida pelo alumínio e o fósforo das bombas. Contudo, essa justificativa é dificilmente admissível. Não dá para acreditar que os pilotos alemães, que haviam mostrado grande habilidade em combates anteriores, fossem tão incompetentes em Guernica. Por isso, a explicação mais plausível é a de que o bombardeio não tinha outro objetivo a não ser semear o terror. Incendiando a pacífica retaguarda, o Estado-Maior franquista pretendia acabar com o moral do Exército Basco e abrandar as linhas de defesa.

A queda de Bilbao

Os nacionais não puderam aproveitar a sua superioridade para conquistar Bilbao, mais uma vez em função do mau tempo. O clima voltou a piorar na primeira quinzena de maio. Os republicanos, diante da paralisia do Exército Nacional do norte, tentaram algumas manobras de dispersão em dois *fronts*, distantes do País Basco: Huesca e Segóvia. Foram ataques fracos e fadados ao fracasso. O combate em Huesca foi relatado por Orwell em sua *Homenagem à Catalunha*. O escritor participara desse conflito como integrante da milícia Carlos Marx, do POUM.

O governo basco aproveitou essa pausa para negociar a paz. A Santa Sé estava preocupada com o futuro dos católicos de Euskadi, e o papa Pio XI pediu ao cardeal Gomá que interviesse para chegar a um acordo pacífico entre Franco e o *lehendakari* Aguirre. Contudo, essas instruções papais chegaram antes às mãos do governo de Valência e alimentaram as suspeitas de que os bascos não eram confiáveis nem agiam em favor dos interesses comuns da República, mas buscando unicamente o próprio benefício.

Em 11 de junho, os nacionais lançaram a ofensiva derradeira sobre Bilbao. Antes do avanço da infantaria, a artilharia terrestre e os bombardeiros italianos lançaram abundantes projéteis sobre as defesas bascas. Seguindo a rota do monte Gaztelumendi, em 48 horas o exército franquista já havia atravessado o Cinturão de Ferro. A ruptura da linha fixa de defesa espalhou o desânimo entre os defensores de Bilbao. A população civil começou a evacuar a cidade, rumo a Santander. A retirada, porém, não foi tão ordenada como o governo basco planejara. Bilbao acabou se rendendo no dia 19 de junho, deixando nas mãos dos nacionais abundante material bélico e o controle de boa parte das indústrias. Nem a política de "resistência a qualquer custo" (como Prieto exigira) nem a de "terra queimada" foram praticadas.

A conquista de Bilbao melhorou muito a situação do lado franquista, que a partir desse momento pôde contar com a produção de uma das províncias mais industrializadas da Espanha, rica em fábricas de armamento. A queda de Bilbao significou também o fim da breve experiência de autogoverno basco. Franco promulgou um decreto muito duro contra as províncias de Biscaia e Guipúzcoa, que qualificou como "traidoras", e eliminou qualquer vestígio de autonomia política. Foi abolido inclusive o regime de "concerto econômico", um privilégio que as províncias bascas tinham desde a Idade Média, mediante o qual as *diputaciones provinciales* (corporações públicas que administram as províncias) arrecadavam todos os impostos, e não a Fazenda. Uma parte (o *cupo*) dos tributos era paga a Madri, como compensação, previamente negociada, pelos serviços oferecidos pelo governo central. Nem mesmo Felipe v, o rei centralizador por excelência, ousara mexer no "concerto" dos bascos, mas Franco sim, ainda que somente naquele das províncias leais à República. Álava e Navarra, que apoiaram a sublevação militar desde o primeiro momento, conservaram esse privilégio, algo único no panorama tributário espanhol e que ainda persiste.

O general Mola não pôde comemorar o triunfo sobre Bilbao, porque havia falecido em 3 de junho, como consequência de um acidente aéreo. Embora não existam provas que fundamentem a existência de uma sabotagem, foram inúmeros os rumores a respeito de quem poderia estar por trás dessa morte, situação semelhante àquela que envolvia a morte de Sanjurjo. É certo que o falecimento de Mola beneficiava Franco, porque eliminava da cena política o *Director*, um oficial muito capacitado que no futuro talvez se tornasse um conspirador contra o Caudilho. Também é verdade que, como o embaixador alemão Wilhelm Faupel relatou aos seus superiores em Berlim, Franco recebeu a notícia com a maior frieza. "É só isso, então? Temi que tivessem afundado o Canarias", foi a resposta do Caudilho quando lhe comunicaram o falecimento de Mola. Contudo, a essa altura da guerra, o controle que o Generalíssimo exercia sobre o Exército Nacional e as forças políticas que lhe davam suporte era tão vasto que não parece ter sido necessária uma operação para eliminar fisicamente o rival. Portanto, a hipótese de acidente (um de tantos casos fortuitos nessa época pioneira da aviação) ainda parece a mais provável.

A conquista do norte

Após a morte de Mola, o comando do Exército do Norte passou ao general Fidel Dávila, que continuaria a conquista do resto das províncias ribeirinhas do mar Cantábrico.

O pacto de Santoña

Com a queda de Bilbao, os *gudaris* tiveram de abandonar a província de Biscaia e se refugiar na vizinha Santander (hoje comunidade autônoma de Cantábria). O grosso do *Euzko Gudarostea* que havia sobrevivido à ofensiva rebelde concentrou-se na cidade de Santoña, um belo porto de mar. Lá proclamaram a República Basca e iniciaram conversas com o exército italiano, que os rodeava para uma eventual capitulação. Para os *gudaris* a guerra havia terminado com a perda de Biscaia. Um privilégio medieval permitia aos bascos lutarem somente para a defesa de Euskadi (País Basco). Com seu país ocupado pelo inimigo e sem previsão de poder reconquistá-lo em breve, o *Euzko Gudarostea* perdeu a sua razão de ser, para irritação do governo de Valência e do general Llano de la Encomienda, comandante supremo do exército republicano do norte.

Com o beneplácito do conde Ciano, italianos e bascos chegaram a um acordo de cavalheiros no dia 24 de agosto. As negociações que deram lugar ao chamado pacto de Santoña foram dirigidas pelos dirigentes do PNV e pelo coronel Farina, chefe do estado-maior italiano. Os contatos entre as duas partes foram levados a cabo em sigilo, sem conhecimento nem do governo republicano de Valência nem do governo nacional de Salamanca. Os bascos convenceram os italianos de que a sua causa era independente da guerra realizada pela República contra os rebeldes. O fato de o principal negociador basco ser o padre Alberto Onaindía abonava a tese de que se tratava de uma guerra "autônoma" e, portanto, era possível chegar a um acordo. O Vaticano também teve um papel decisivo para selar tal acordo, recordando que o País Basco não tinha sofrido a perseguição religiosa que os republicanos praticaram em outras regiões.

Segundo o pacto de Santoña, os bascos entregariam as armas aos italianos e estes tratariam os *gudaris* como prisioneiros de guerra, respeitando os tratados internacionais e sem praticar represálias. Os civis que acompanhavam o Exército Basco, alguns deles membros do governo de Euskadi,

A Guerra Civil Espanhola

seriam evacuados em navios britânicos que se apresentaram como voluntários para tal ação.

Esse pacto recordava remotamente a rendição de Sintra, durante as guerras napoleônicas, quando o exército francês, encurralado em Portugal pelos britânicos, recebeu um tratamento magnânimo do duque de Wellington, que lhe permitiu ser evacuado (desta vez com armas e bagagens) em navios ingleses. Como no precedente de Sintra, o acontecido em Santoña inflamou todas as partes em conflito, nacionais e republicanos. Estes últimos viram no pacto com os italianos a manifesta traição dos bascos à causa republicana. Em lugar de continuar os combates em terras cântabras, os *gudaris* tinham decidido, de maneira unilateral e sem consultar Valência, que o melhor era capitular.

Franco também vetou o pacto de Santoña por vários motivos. Em primeiro lugar, considerou inaceitável que os italianos chegassem, a seu belprazer, a um acordo com o Exército Basco, sem solicitar autorização prévia ao comandante do Exército do Norte, o general Dávila. O Caudilho estava insatisfeito com o ar de superioridade adotado pelos italianos. Por isso não podia tolerar que o CTV agisse como um exército independente no cenário bélico espanhol. Tinha custado muito unir ao seu redor todas as forças políticas e militares sublevadas, e agora não podia permitir qualquer demonstração de autonomia ou de insubordinação, por menor que fosse.

Além disso, a essa altura do conflito, o general havia chegado à conclusão de que essa era uma guerra de extermínio e somente seria concluída com uma vitória incontestável de suas tropas. Não havia lugar, pois, para soluções negociadas. Consequentemente, o estado-maior nacional desautorizou o pacto de Santoña e ordenou que todos os indivíduos do *Euzko Gudarostea* fossem presos. Em 26 de agosto, quando os refugiados bascos já haviam começado a embarcar nos cargueiros ingleses Bobie e Seven Seas Spray, Dávila deu ordens de interromper a operação e forçou o desembarque dos bascos. Somente 533 soldados feridos conseguiram fugir de Santoña a bordo do Bobie, escoltado pelo destróier Keith da Royal Navy. O restante dos três batalhões acantonados em Santoña (aproximadamente 20 mil homens) foi levado para o presídio de El Dueso. Lá foram ditadas mais de 500 sentenças de morte, das quais mais da metade foi finalmente executada.

168

A conquista do norte

O próprio Mussolini reclamou da cruenta repressão aos bascos. Disse a Franco que os italianos haviam comprometido sua honra ao negociar a capitulação pacífica de Santoña, mas só recebeu indiferença como resposta. Totalmente desacreditado, o general Ettore Bastico, comandante do Corpo de Tropas Voluntárias, foi retirado do cargo e substituído pelo seu lugar-tenente, o general Mario Berti.

As batalhas de dispersão: Brunete e Belchite

O governo republicano teve grandes dificuldades para enviar suprimentos ao *front* do norte. Tentou sem sucesso deslocar aviões à vertente cantábrica sobrevoando a zona rebelde, ou fornecer víveres e munições por via marítima, o que significava a necessidade de contornar as patrulhas da frota franquista. Essas soluções para manter o suprimento das regiões cantábricas eram excessivamente arriscadas.

A alternativa era lançar ofensivas em pontos distantes, com a intenção de atrair a atenção do estado-maior rebelde e dar um tempo para as brigadas republicanas do norte se reorganizarem. Isso foi testado em duas ocasiões consecutivas. A primeira delas foi na localidade de Brunete, a uns 25 km a oeste de Madri.

A Batalha de Brunete foi a quinta (ou a sexta, se incluirmos a ofensiva de Mola em Somosierra e Guadarrama) pela conquista da capital, depois das ofensivas da Cidade Universitária, da estrada da Corunha, da Batalha do Jarama e da Batalha de Guadalajara-Brihuega. Mas a Batalha de Brunete diferencia-se das anteriores porque desta vez foi o lado republicano que tomou a iniciativa.

O lado governista estava em plena transformação. Conforme veremos com maior detalhe no capítulo "À sombra do Kremlin", em 17 de maio caiu o governo de Largo Caballero e a chefia do Executivo passou a Juan Negrín. Essa mudança não foi apenas nominal, mas trouxe consigo a consolidação definitiva dos comunistas pró-soviéticos e a defenestração dos anarquistas dos órgãos de decisão política. Agora, com maior capacidade de influenciar o governo republicano, Stalin intensificará a sua participação na guerra espanhola. Com a expulsão dos libertários do governo e a reordenação do lado republicano conforme critérios de autoridade, o gabinete de Negrín

A Guerra Civil Espanhola

nutria a falsa crença de que seria mais fácil convencer a França a abandonar a política de não intervenção e abrir as suas fronteiras ao tráfico de armas.

Paralelamente, a situação militar era muito negativa. A queda de Bilbao significou uma importante perda nos recursos industriais dos "vermelhos", e tudo parecia indicar que Santander seria a próxima peça a cair. A Batalha de Brunete foi, neste contexto, uma isca para desviar a atenção dos nacionais para um setor do *front* que estava estabilizado desde o mês de março.

A operação começou em 6 de julho, em Brunete, de acordo com as indicações dos assessores militares soviéticos, que viram na cidade um ponto fraco das defesas franquistas. Ao mesmo tempo, era suficientemente próxima de Madri para garantir uma boa intendência. O plano inicial, traçado pelo general Miaja, implicava uma dupla ofensiva: uma começaria ao norte da estrada de El Escorial, com o objetivo de avançar para o sul até tomar Móstoles e Navalcarnero; a outra partiria de Carabanchel, no sul. Para a primeira ofensiva designaram-se os corpos do Exército Popular V (comandado por Juan Modesto) e XVIII (comandado por Segismundo Casado). Ambos os destacamentos deveriam se reunir em Alcorcón, em um movimento envolvente que isolaria o exército franquista e o impediria de lançar novas ofensivas contra a capital.

O ataque começou muito bem para os republicanos. Em pouco mais de 24 horas, Enrique Líster conseguiu conquistar Brunete. O intenso bombardeio da artilharia e da aviação desestabilizou as defesas adversárias, e as tropas nacionais foram surpreendidas pelo rápido avanço do Exército Popular. Villanueva de la Cañada, Quijorna e Villafranca del Castillo foram outras localidades tomadas nos dias seguintes, apesar de os rebeldes oferecerem uma dura resistência antes de entregar qualquer palmo de terreno. Os republicanos chegaram muito perto do quartel-general de Varela, em Boadilla del Monte.

Mas, em 11 de julho, os soldados republicanos estavam exaustos em razão da rapidez da ofensiva e da dureza dos combates. As altas temperaturas do verão castelhano, com máximas acima dos 35°C, provocaram desidratações e multiplicaram os efeitos do cansaço. Aliás, apesar de os republicanos terem a vantagem da cobertura dos tanques soviéticos, os assessores russos eram refratários à ideia de usar os T-26 de maneira mais agressiva, que diminuísse o desgaste da infantaria "vermelha". Seguindo instruções do Kremlin,

170

A conquista do norte

e temendo os expurgos que Stalin já havia começado a praticar entre os oficiais mais poderosos do Exército Vermelho, os generais soviéticos preferiram um uso mais convencional dos carros de combate. Líster, que liderava a vanguarda republicana, não pôde explorar o êxito dos primeiros dias da incursão e não teve opção a não ser deter o avanço de suas tropas, à espera de soldados de reforço, munições e víveres.

Brunete foi uma isca, e Franco mordeu o anzol. Foram deslocadas para o *front* de Madri três divisões e duas brigadas de Navarra que estavam lutando no norte. Também a Legião Condor teve que reduzir suas ações no Cantábrico, pois um bom número de caças Me-109 e bombardeiros He-111 foram levados para Brunete. Com esses reforços vindos com rapidez, a situação dos dois exércitos equilibrou-se. Em 15 de julho, os nacionais já estavam em condições de dar início ao contra-ataque.

A aviação teria um papel de destaque na Batalha de Brunete. Contudo, em virtude do calor, da poeira e da fumaça das bombas, os pilotos nem sempre acertaram em seus *raids*. As baixas por fogo amigo foram abundantes em ambos os lados e contribuíram para a desmoralização das tropas da vanguarda.

Nessa hora decisiva, o Exército Popular republicano voltou a sofrer com os mesmos problemas de insubordinação que se alastravam desde 18 de julho de 1936. Mas dessa vez o tratamento à indisciplina foi diferente: não havia mais um bando de milicianos desgovernados, cada um com suas ideias políticas. A ascensão dos comunistas ao poder significava o triunfo do autoritarismo de esquerda. Os casos de rebelião ou deserção (como aqueles vivenciados na XIII Brigada Internacional) foram sufocados com fuzilamentos sumários. O estado-maior republicano agora estava disposto (e possuía o suporte político para tanto) a não deixar o seu exército aquém da disciplina imperante entre os "azuis".

Mas a disciplina por si só não foi suficiente para deter o avanço dos nacionais. Em 19 de julho, os "vermelhos" começaram uma retirada ordenada. No dia 24, Brunete voltou a ser controlada pelos franquistas, e três dias mais tarde a batalha terminou sem grandes alterações em relação à linha do *front* anterior. A República não obteve o resultado esperado. A única consequência positiva (e muito relativa) foi atrasar em quase um mês a queda de Santander. Mas, em troca disso, perdeu 20 mil soldados republicanos enquanto os nacionais perderam 17 mil homens. Além do mais, os "vermelhos" perderam mais de 60 aviões, contra 25 dos "azuis".

Na festividade de Santiago, dia 25 de julho, Franco agradeceu ao santo padroeiro da Espanha a vitória em Brunete. Celebrações religiosas foram realizadas em Salamanca em louvor do Apóstolo que havia apoiado o "*invicto Caudillo*" e os "cruzados da verdadeira Espanha". Entretanto, os nacionais não aproveitaram a derrota republicana para lançar mais um ataque contra Madri, pois preferiram devolver parte das tropas ao norte e dar continuidade à campanha no Cantábrico.

Quando Santander estava prestes a cair, a República lançou uma segunda ofensiva, somente para confundir o inimigo, desta vez na cidade aragonesa de Belchite. Franco, porém, tinha aprendido a lição de Brunete e não caiu na cilada. As tropas do *front* setentrional não foram deslocadas para defender uma localidade de escasso valor estratégico, e os planos de conquista de Santander seguiram o seu curso.

Na Batalha de Belchite misturaram-se novamente aspectos políticos com outros estritamente bélicos. O governo de Negrín precisava afiançar o seu poder em Aragão, uma região com forte tradição anarquista e na qual os membros da CNT-FAI controlavam o Conselho de Defesa. A atuação do Exército Popular nessa região visava desmembrar as milícias anarquistas e trotskistas e integrar seus recursos humanos às forças armadas republicanas, cada vez mais controladas por elementos comunistas e assessores soviéticos. As manobras do Exército Popular em Aragão concluíram-se nas primeiras semanas de agosto, com avanços consideráveis. A 45ª divisão de Modesto chegou a apenas 6 km da capital, Zaragoza. Contudo, uma possível operação de conquista da cidade precisou ser adiada para esmagar a resistência dos rebeldes em Belchite, localidade defendida com unhas e dentes, 50 km ao sul.

Em 26 de agosto os republicanos concentraram seus efetivos contra os 7 mil nacionais, entre soldados e civis, que protegiam Belchite. Mesmo com tropas numericamente muito superiores e podendo lançar ataques do ar com caças Chatos e Moscas, o Exército Popular encontrou uma resistência inesperada. Os rebeldes se defenderam ferozmente entre os escombros do povoado, que ficou em ruínas. O próprio Modesto teve que levantar o assédio a Zaragoza e socorrer com seus soldados as tropas republicanas.

Belchite acabou sucumbindo no dia 6 de setembro. A República venceu, mas foi uma vitória pírrica.

A Batalha de Belchite, mesmo com a conquista de alguns pequenos povoados, foi globalmente um fracasso para a República, e assim foi comunicado pelo ministro Indalecio Prieto ao general Pozas, responsável pela operação. Os republicanos tinham perdido muito material bélico, inclusive boa parte dos prezados tanques BT-5, na fracassada tentativa de recuperar Zaragoza. Os boatos que noticiavam uma revolta popular na capital aragonesa tão logo os republicanos se aproximassem mostraram-se totalmente falsos. Além disso, os comandantes "vermelhos" saíram da batalha muito divididos por questões ideológicas e pessoais. Modesto, Líster, Walter e Kléber trocaram farpas na hora de dividir as responsabilidades pelo fracasso. Os franquistas, ao contrário, aproveitaram o caso de Belchite para fins propagandísticos, demonstrando a vontade de ferro dos seus seguidores, que lutaram até o último homem antes de entregar a localidade aos "vermelhos". A perda da cidade tornou-se para eles uma vitória moral.

A definitiva conquista da vertente cantábrica

O fracasso republicano nas Batalhas de Brunete e Belchite selou o destino das províncias de Santander e das Astúrias. Em 14 de agosto, os nacionais lançaram o ataque sobre a região cantábrica. Embora os republicanos contassem com 80 mil soldados para proteger Santander, estes não dispunham de material bélico para fazer frente à supremacia artilheira, aérea e naval dos nacionais. Além da Legião Condor e da *Aviazione Legionaria*, o exército franquista contou com o suporte do encouraçado España, além de outros navios, como o possante Canarias. O España era um modelo mais antigo, com um *design* próprio dos navios do começo do século XX. Contava com 24 anos de serviço no momento da Batalha de Santander. No entanto, os seus oito canhões Vickers de 305 mm (montados em quatro torres duplas) lançavam projéteis de 385 kg a 21,5 km de distância, o que tornava esta belonave o terror das cidades portuárias.

O avanço nacional foi rápido e contundente. Em poucos dias as forças republicanas ficaram isoladas em diversos bolsões, sem comunicação umas com as outras. Os mais importantes foram os de Reinosa e o de Santoña, onde os bascos negociaram a sua malograda rendição. Com a conquista de Reinosa, os nacionais ocuparam toda a região do Alto Ebro e começaram a invadir o resto da província em movimentos sul-norte através dos vales dos quatro rios principais (Besaya, Cabuérniga, Carriedo e Pas) que nascem na Cordilheira Cantábrica e desembocam no mar de mesmo nome. Por volta do dia 20 de agosto, a queda de Santander parecia iminente. Aliás, os nacionais tinham conseguido controlar Torrelavega, o que impedia uma eventual retirada do exército republicano para as Astúrias. Para impedir a *débacle* no norte, Indalecio Prieto, ministro de Defesa do governo de Valência, autorizou a ofensiva de Belchite, que, conforme acabamos de ver, começaria no dia 24.

A ofensiva de Aragão não serviu para deter o avanço nacional. No dia seguinte, as poucas tropas republicanas que continuavam em Santander içaram a bandeira branca. As tropas de Franco entraram na capital cantábrica no dia 26 de agosto e fizeram mais de 17 mil prisões, muitas das quais acabariam em execuções, após conselhos de guerra sumaríssimos. O exército republicano ficaria entrincheirado no rio Deva para evitar a queda das Astúrias. Em 17 de setembro, toda a província de Santander estaria controlada pelos nacionais.

A conquista das Astúrias foi mais lenta e desgastante. Com uma orografia muito acidentada, o Conselho Soberano das Astúrias e Leão, dirigido por Belarmino Tomás (sindicalista que se destacara na Revolução de Outubro de 1934), isolado e com remotíssimas probabilidades de receber socorro da zona republicana, aguentou os ataques dos rebeldes por mais dois meses. A declaração de soberania asturiano-leonesa foi publicada em 26 de agosto, para desgosto do governo republicano, que a interpretou como mais uma traição, sobretudo quando os asturianos solicitaram o reconhecimento de seu próprio Estado por parte da Liga das Nações. Para *La Pasionaria*, em depoimento posterior à guerra, o *front* do norte foi um paradigma de picuinhas localistas, de nacionalismos e regionalismos que só impuseram obstáculos à coordenação das tropas republicanas e semearam a discórdia entre os governistas. Apesar das críticas dos comunistas, a constituição do Conselho Soberano contara com o apoio dos socialistas e dos anarquistas, isto é, das duas principais forças sindicais asturianas.

A campanha militar continuou em paralelo às discussões políticas. Em 20 de setembro, Aranda conquistou para os nacionais o estratégico

A conquista do norte

desfiladeiro de Pajares, e, em 1º de outubro, os franquistas chegaram a Covadonga, o que foi aproveitado como propaganda da cruzada. Covadonga é um santuário com forte carga simbólica para o nacionalismo espanhol, pois nesse local o rei asturiano Pelágio infringiu a primeira derrota aos muçulmanos, no século VIII. A escaramuça de Covadonga sinaliza, segundo a historiografia hispânica mais tradicional, o começo da Reconquista cristã.

No dia 17 de outubro, os *requetés* atravessaram o rio Sella, e, por esse motivo, o Conselho Soberano declarou a evacuação das Astúrias.

Em 21 de outubro de 1937, os portos de Gijón e Avilés foram ocupados pelos soldados nacionais. Assim acabava a campanha do norte, com um elevado saldo de vítimas, fruto tanto das batalhas quanto da repressão política. Para a Espanha de Franco, valeu a pena o sacrifício: com o domínio das províncias bascas, cântabras e asturianas, passou a controlar os recursos minerais e as principais indústrias siderúrgicas e metalúrgicas do país, assim como algumas das fábricas de armamento mais importantes. A posse das reservas de carvão e da indústria do metal reafirmou a superioridade em termos materiais. No final de 1937, o exército de Franco contava com 600 mil homens, 20% a mais do que os efetivos do Exército Popular e, indubitavelmente, muito mais bem armados e alimentados.

Do ponto de vista da estratégia militar, os pilotos da Legião Condor aperfeiçoaram, nas Astúrias, os ataques em zonas montanhosas, enfiando-se pelos vales e fazendo voos rasantes sobre as encostas rochosas. Foi experimentado o ataque às posições inimigas com bombas incendiárias misturadas com benzina, um antecedente do napalm que trouxe efeitos devastadores aos abrigos das cavernas.

Nota

[1] Sessenta anos depois do bombardeio de Guernica, o presidente da República Federal da Alemanha, Roman Herzog, reconheceu a culpa dos aviadores alemães da Legião Condor. Dentro da política de expiação dos pecados do nazismo, em 24 de abril de 1998, o *Bundestag* alemão aprovou uma resolução pedindo perdão pelo bombardeio. Como reparação pelos danos causados, foi entregue à prefeitura de Guernica a quantia de 1,5 milhão de euros.

À sombra do Kremlin

Quatro Internacionais se uniram na Espanha para lutar contra o fascismo. Todas entoavam o mesmo hino (*A Internacional*) e defendiam, em teoria, os mesmos valores de libertação do proletariado e edificação de uma sociedade sem classes. Mas os pontos em comum entre elas paravam aí.

A Primeira Internacional era a dos anarquistas, herdeiros da AIT (Associação Internacional do Trabalho), preconizadores da supressão de qualquer estrutura de poder e defensores da organização de acordo com critérios federativos e autogestionários. A Segunda Internacional era a dos socialistas, que, seguindo os textos de Marx, entendiam a história da humanidade como uma evolução em etapas que desembocaria em uma sociedade sem classes. Para os socialistas, a consolidação do capitalismo intensificaria as suas contradições internas e provocaria a sua desaparição. Por isso, para um setor do socialismo espanhol (o mais contemporizador), cumpria fortalecer antes uma sociedade burguesa, como passo prévio e inevitável em direção a um mundo livre de opressão. Para a Terceira Internacional, a dos comunistas, a Revolução Soviética de outubro de 1917 (que ocorrera em novembro nos países ocidentais com calendário gregoriano) mostrava à humanidade que a utopia igualitária podia se tornar uma realidade mediante a instauração da ditadura do proletariado. A URSS era o modelo a ser seguido para a construção do (suposto) paraíso para a classe operária. Tratava-se de um modelo autoritário, com um único partido político (o PCUS), uma economia planificada e a supressão dos direitos políticos e civis, tidos por Lenin como "direitos humanos burgueses". Finalmente a Quarta Internacional, a dos trotskistas, era nutrida pelos dissidentes do modelo soviético. Seu fundador, Leon Trotsky, considerava-se o legítimo herdeiro ideológico de Lenin e acusava o seu sucessor, Joseph Stalin, de ter adulterado o espírito revolucionário e transformado a URSS em uma ditadura pessoal.

Na Guerra Civil Espanhola essas quatro internacionais conspirariam entre si, pactuariam quando necessário, se uniriam em alianças para evitar a derrota e perseguiriam umas às outras sem piedade. Mesmo que todas cantassem o mesmo hino em favor da união dos párias da terra para a luta final, o certo é que alimentaram um estado de divisão permanente.

A intervenção da União Soviética

A URSS foi um dos poucos países que deram respaldo à causa republicana. Mas a intervenção de Stalin na guerra espanhola não foi algo premeditado ou fruto de um plano estratégico ambicioso. O conflito espanhol coincidiu com o momento em que as teses que primavam na Internacional Comunista eram as da consolidação do "socialismo num só país", isto é, a União Soviética. As potências ocidentais, que logo depois da Revolução de Outubro tinham criado um "cinturão sanitário" e incentivado a guerra entre russos "brancos" e "vermelhos", agora tinham pouco a temer. Naquele instante, a URSS nem cogitava exportar seu modelo de revolução aos países vizinhos.

Essa contenção do modelo marxista-leninista em um só país, junto com a implacável perseguição aos rivais políticos, a prática de deportações coletivas e o exagerado culto à personalidade, fez com que Stalin fosse acusado, por uma parte dos comunistas, de trair o espírito revolucionário de outubro. Um setor de militantes do PCUS, liderado por Leon Trotsky, considerou-se o verdadeiro sucessor do pensamento de Lenin e fundou a Quarta Internacional com o objetivo de propagar a revolução aos quatro cantos do planeta. Mas também é verdade que a Terceira Internacional (ou Komintern) tinha motivos de sobra para elogiar o stalinismo como o modelo a seguir.

Na década de 1930, quando a maioria das nações nem sabia como fugir da Grande Depressão, Stalin podia se gabar de que, sob o seu comando, a União Soviética apresentava crescimentos econômicos anuais de dois dígitos. O "socialismo real" de Stalin era uma via concreta e tangível, não mais uma utopia. Porém, era difícil dizer se o stalinismo era verdadeiramente socialismo, ou se, como propugnavam seus críticos, era apenas uma simples prorrogação do regime pseudosservil czarista sob outra aparência.

Entretanto, não podemos afirmar que Stalin fosse completamente neutro em matéria de política exterior. Todos os partidos comunistas mantinham uma subordinação ao *diktat* de Moscou, e isso favorecia que os grupos de extrema-direita apresentassem os comunistas como um inimigo interno, um bando de conspiradores que defendiam os interesses de uma potência estrangeira. Nesse contexto, o crescimento das ditaduras nazistas e fascistas era um perigo aos interesses soviéticos e poderia chegar a ameaçar a própria sobrevivência da URSS. Por isso, a partir de 1935, a Internacional Comunista promoveu a união de todas as forças progressistas em frentes populares, com a finalidade de conter o avanço da extrema-direita.

Do ponto de vista da URSS, situada na outra ponta da Europa, a guerra da Espanha não era uma prioridade para o *premier* soviético. Muito menos no verão de 1936, quando o mandatário soviético estava prestes a lançar um duríssimo expurgo contra os oficiais do Exército Vermelho, por medo de que fossem leais a Trotsky, o seu fundador. Mesmo assim, Stalin resolveu intervir do lado da República espanhola, seguindo o mesmo esquema farisaico de italianos e alemães, ou seja, participando das reuniões do Comitê de Não Intervenção e ao mesmo tempo enviando assessores militares e equipamento bélico à península ibérica. O apoio de Stalin foi fundamental para que a República não fosse derrotada antes de concluir o ano de 1936. Não obstante, como veremos nas páginas seguintes, o auxílio que Stalin prestou não foi movido apenas por afinidades ideológicas ou filantropia.

O ouro de Moscou

A expressão *Moscow gold* ("ouro de Moscou") foi popularizada na Guerra Fria por setores conservadores para criticar o financiamento irregular dos partidos comunistas. Segundo alguns arautos da direita, a União Soviética enviava recursos econômicos aos comunistas da Europa ocidental para financiar suas atividades políticas. Era uma crítica bastante usada para desprestigiar os partidos comunistas, rebaixando-os a meros agentes de Moscou.

Durante a Guerra Civil Espanhola o conceito de "ouro de Moscou" tinha um significado muito distinto, praticamente oposto, daquele utilizado anos depois. Nesse caso, fazia referência às 510 toneladas de ouro do *Banco de España* (o Banco Central) transferidas para a União Soviética. No começo da guerra, as reservas de ouro da autoridade monetária espanhola atingiam as 635 toneladas. Alguns dizem que esse ouro acumulado em Madri era fruto das riqueza em metais preciosos advindos das colônias espanholas. É falso. O ouro e a prata que o Império Espanhol havia retirado de suas possessões americanas fora gasto há muito tempo pelos reis e nobres. Se na década de 1930 o país contava com tão substanciais reservas de ouro, isso acontecia em função dos superávits comerciais acumulados pelo país no período de 1914-18. Graças à sua neutralidade na Grande Guerra, a Espanha pôde exportar imensas quantidades de matérias-primas e produtos manufaturados às potências beligerantes. Na época, o padrão ouro era o sistema usado para garantir a estabilidade do comércio internacional.

Depois do rápido avanço do exército africano através de Extremadura, cresceu o temor de que esse tesouro caísse em mãos dos nacionais. Por esse motivo, o governo de Largo Caballero ordenou que o ouro fosse evacuado de Madri e levado para o porto de Cartagena, em 14 de setembro. Quase três quartas partes das reservas foram embarcadas no dia 28 de outubro em três navios cargueiros russos com destino ao porto de Odessa, no mar Negro. De lá, o ouro viajou para Moscou em um trem blindado. O restante foi encaminhado para Paris e usado pelos emissários da República como garantia em negociações para a compra de armamentos, tentando burlar o boicote decretado pelo Comitê de Não Intervenção.

É provável (mas não está totalmente confirmado) que a ideia de retirar o ouro da Espanha e mandá-lo para a Rússia tenha sido do adido comercial da embaixada soviética. Este recomendou a Negrín, então ministro da Fazenda, abrir uma conta corrente na URSS e manter uma contabilidade pormenorizada de todos os suprimentos enviados ao lado republicano. Deixar que os russos custodiassem o ouro espanhol, além de reforçar as garantias de pagamento, afastaria o perigo de que essas reservas caíssem em mãos do

À sombra do Kremlin

inimigo, tanto o externo (o lado rebelde), quanto o interno (os anarquistas). Com tato maquiavélico, os diplomatas soviéticos jogaram veneno sobre as verdadeiras intenções dos libertários e semearam dúvidas sobre a sua lealdade em relação à República.

A decisão de Negrín de embarcar o ouro para Odessa foi muito controversa. As críticas mais duras vieram dos anarquistas, que consideraram a medida uma rendição aos soviéticos. Também se ouviram protestos do lado nacional, que reclamou da espoliação praticada pelo governo republicano, constatando que tal medida fora tomada à margem da legalidade vigente (o que não deixa de ser curioso, vindo de um grupo sublevado contra a ordem constitucional). Realmente, essa não foi uma decisão fácil para Negrín. Ao abrir mão dos ativos metálicos mais prezados do país, o governo republicano condenava os espanhóis, fosse qual fosse o resultado da contenda, a um longo pós-guerra de pobreza (porque não haveria mais reserva de ouro no Banco Central, e o fornecimento de alimentos e bens de consumo do exterior seria mais difícil). Porém, sem o suporte das democracias ocidentais e muito necessitada de armas e víveres, a República espanhola precisaria pactuar até mesmo com o diabo para manter a esperança na vitória. E esse "diabo" era a União Soviética.

A divulgação da notícia de que o ouro tinha saído do país causou uma séria crise monetária no lado republicano. Sem a âncora das reservas auríferas, cresceu a desconfiança sobre o valor real da peseta que os "vermelhos"emitiam. Aliás, o governo republicano não teve demasiados escrúpulos na monetarização das dívidas, e a máquina de fabricação de notas não parou de funcionar durante toda a guerra. Os franquistas agravaram a crise monetária ao afirmar que não aceitariam como moeda válida notas impressas depois de julho de 1936. Como os rebeldes demonstravam superioridade militar e, portanto, era de se prever que ganhassem a guerra civil, a peseta republicana não servia como refúgio de riqueza nem era aceita nas transações internacionais.

O resultado de tudo isso, como é fácil de imaginar, foi uma inflação galopante. Esta, somada às dificuldades na produção e transporte de produtos (em parte, como consequência das coletivizações), complicou ainda mais a vida dos cidadãos do lado republicano, obrigando-os a apertar mais o cinto.

Stalin se responsabilizou pela "custódia" do grosso do ouro espanhol, mas deu instruções aos seus homens de confiança para que de jeito nenhum assinassem qualquer recibo contra a entrega do metal. Em um depoimento posterior, Alexander Orlov comentou que o *premier* soviético afirmara em privado que os espanhóis voltariam a ver o ouro "quando vissem as próprias orelhas". Embora a historinha seja de autenticidade duvidosa, *se non é vero, é ben trovato*. Conhecendo minimamente a biografia de Stalin não é de se estranhar que não tivesse a mínima intenção de devolver o ouro a Madri, mesmo que o republicanos ganhassem a guerra.

Anos mais tarde, a propaganda da ditadura de Franco faria contínuas alusões ao "ouro de Moscou" como uma das causas da penúria econômica que o país enfrentou até o início da década de 1950. Nesse sentido, o "ouro de Moscou" seria, junto com o "contubérnio judeo-maçônico" e a "pertinaz seca", um dos três bodes expiatórios que o governo de Franco utilizaria para desviar a atenção de sua incompetência na gestão da economia e das funestas consequências do isolamento internacional a que fora submetido por sua ligação com os regimes nazifascistas.

Por sua vez, a União Soviética não devolveu nem uma onça do ouro recebido, afirmando que todo ele havia servido para financiar a venda de tanques, aviões, canhões, munição, vestimenta e alimentos ao governo republicano. Inclusive, os soviéticos alegaram que a garantia das reservas de ouro havia se esgotado quase um ano antes do fim da guerra. Essa afirmação, entretanto, deve ser desmentida analisando com detalhe o preço que os soviéticos impuseram e a taxa de câmbio que aplicaram, ambos sempre em seu favor.

Os expurgos stalinistas

A Guerra Civil Espanhola coincidiu no tempo com o primeiro grande expurgo de Stalin. Entre 1936 e 1938, ocorreram os tristemente famosos julgamentos de Moscou. Neles foram condenados como "traidores", "espiões", "inimigos do povo" ou "revisionistas" alguns dos nomes mais proeminentes da política soviética, tais como Zinoviev, Kamenev (rivais diretos de Stalin pelo controle do PCUS após a morte de Lenin) e Bukharin (que havia dirigido a Internacional Comunista). Junto com eles também foram reprimidos quase 2 mil escritores e intelectuais, boa parte do corpo de oficiais do Exército Vermelho, e mesmo agentes do Comissariado do Povo para Assuntos Internos (NKVD), como Yagoda, que fora seu principal dirigente.

À sombra do Kremlin

Os julgamentos de Moscou foram apresentados à opinião pública como um castigo exemplar àqueles que haviam se afastado do verdadeiro caminho da ditadura do proletário. O promotor público Vichinsky lançava as acusações com a máxima ferocidade nas exposições orais. Os julgamentos aparentavam garantir o direito à defesa dos acusados. Os réus teoricamente podiam expor os seus argumentos e contradizer as acusações. No entanto, antes de se sentarem no banco dos acusados, eles haviam sido submetida à tortura e a duríssimas pressões. Eram vários os métodos que o NKVD usava para arrancar as confissões: extenuantes interrogatórios de mais de 8 horas seguidas; deixar o preso sem poder dormir por vários dias; simulações de afogamento; surras; obrigar o acusado a ficar em pé, imóvel, por longas horas ou fazer ameaças de prender ou assassinar seus parentes. Quando o acusado chegava à frente do juiz era um ser tão deteriorado física e psicologicamente que só desejava pôr fim a seu calvário o mais rápido possível. Nos casos em que o réu resistia à tortura e se negava a confessar os crimes não cometidos, o NKVD se preocupava em produzir provas falsas, como supostos relatórios confidenciais enviados ao inimigo e cartas privadas revelando intenções contrárias ao regime soviético.

Stalin não confiava plenamente na fidelidade dos assessores militares enviados à Espanha. Ordenou que estes fossem acompanhados por espiões do GRU (o serviço de inteligência do Exército Vermelho). Alexandre Orlov esteve à frente deles. Para efetuar suas perseguições políticas, o general Orlov contou com a colaboração de Iosif Grigulevich (apelidado José ou Felipe), um lituano que havia emigrado para Argentina e que falava perfeitamente espanhol, e de Vittorio Vidali (apelidado "comandante Carlos Contreras"), agente italiano do Komintern especializado na eliminação física de dissidentes. O grupo de operações de Orlov também recebeu ajuda de militantes comunistas espanhóis, muitos deles vinculados ao Quinto Regimento, isto é, a milícia do PCE.

Dois diplomatas soviéticos morreram em meio à voracidade dos expurgos. O primeiro foi Marcel Rosenberg, embaixador da URSS em Madri. Rosenberg impulsionara a intervenção soviética na Espanha. O embaixador havia tido um papel importante no envio do ouro a Moscou e na gestão dos primeiros carregamentos de armas russas. Seguindo as diretrizes de Stalin, Rosenberg tentara até o último minuto fomentar a fusão das forças socialistas e comunistas num único partido, fusão à qual os dirigentes do PSOE, com Largo Caballero como líder, se opuseram. Em fevereiro de 1937, Marcel Rosenberg foi substituído por Leon Gaikiss na embaixada e chamado a Moscou. Na capital russa, ele morreria nesse mesmo ano como mais uma das inúmeras vítimas dos expurgos stalinistas.

A segunda vítima do corpo diplomático soviético na Espanha foi Vladimir Antonov-Ovseenko, um herói da Revolução de Outubro de 1917. Militante bolchevique, havia liderado a tomada do Palácio de Inverno em São Petersburgo, e por esse feito se tornara um ícone revolucionário. Quando a guerra espanhola eclodiu, Antonov-Ovseenko foi nomeado cônsul da URSS em Barcelona e participou ativamente da organização da ajuda soviética à República. A sua função era servir de mensageiro das diretrizes do Kremlin e se opor sempre ao parecer dos anarquistas da CNT-FAI e dos trotskistas do POUM. Entretanto, o passado revolucionário de Antonov-Ovseenko acabou levando-o a cometer alguns deslizes. Ele não pôde ocultar a simpatia que alimentava pela experiência coletivizadora na Catalunha, na qual via um pouco daquele espírito original dos revolucionários que acompanharam Lenin. Também se mostrou condescendente quanto à postura contrária dos anarcossindicalistas à unificação das milícias no Exército Popular.

Porém a gota-d'água foi o apoio explícito que Antonov-Ovseenko deu à tentativa do governo catalão de fomentar a independência do Marrocos espanhol. Essa possibilidade já havia sido estudada pelos sublevados na fase da conspiração. Para evitar que o governo republicano procurasse neutralizar o *Alzamiento* oferecendo aos marroquinos o fim do protetorado, dias antes do golpe o coronel Beigbeder convencera o califa Mulei Hassan a não dar ouvidos a esse "canto de sereia". Stalin tampouco via com bons olhos essa medida descolonizadora, pois a França, que controlava o sul do Marrocos, poderia entendê-la como um incentivo à independência no seu protetorado (França e Espanha tinham dividido Marrocos em dois protetorados no começo do século XX; se o protetorado espanhol declarasse a independência, seria muito provável que no lado francês houvesse contágio independentista). Negrín criticou a atuação de Antonov-Ovseenko e o acusou de ter se tornado "mais catalão do que os catalães". Enfim, as declarações e movimentos políticos infelizes de Antonov-Ovseenko incomodaram o *premier* soviético, que acabaria determinando o regresso do cônsul à Rússia em agosto de 1937. Em fevereiro de 1938, o veterano revolucionário seria preso e assassinado em um expurgo.

Os "fatos de maio"

Mas foi de fato na perseguição aos dirigentes do POUM que a influência dos expurgos alcançou o máximo paroxismo na Espanha. O POUM tinha sido fundado por Andreu Nin, um ex-anarquista que conhecia muito bem a experiência soviética, pois havia morado na Rússia por mais de dez anos, país em que se casou e teve duas filhas. No final dos anos 1920, Nin renegou o stalinismo e aproximou-se do trotskismo. Contudo, quando a guerra espanhola começou, ele já havia abandonado a Quarta Internacional por divergências ideológicas com Trotsky. Concretamente, Nin dedicara grandes esforços no sentido de compreender a questão nacional catalã e era partidário da autodeterminação dos povos. Para Trotsky, essas preocupações eram dignas de um pequeno-burguês. O revolucionário russo também criticou que o POUM se unisse às outras forças de esquerda na Frente Popular, fazendo assim o jogo de Stalin. Em 1935, Nin e Trotsky romperam relações. Em uma carta muito dura, Nin exigiu que Trotsky não falasse mais com ele e, se quisesse saber algo sobre a Espanha, que dirigisse suas perguntas à delegação da Quarta Internacional. Apesar dessas notórias discrepâncias, o POUM e Andreu Nin eram, aos olhos de Moscou, perigosos subversivos que deviam ser eliminados a qualquer custo.

Andreu Nin integrou-se, nos primeiros meses da guerra, na estrutura do governo catalão, ocupando o cargo de *conseller* de justiça (equivalente a secretário de Estado). Nesse cargo, Nin fez esforços para organizar os tribunais populares, estruturando-os com garantias processuais, e para deter as prisões e execuções extrajudiciais, o que desagradou a alguns anarquistas. Enquanto a mídia republicana em geral ocultava as informações referentes aos expurgos de Stalin, para não provocar o aliado que tanto fazia pela sua causa, os jornais do POUM (como *La Batalla*) não poupavam os leitores de detalhes acerca dos métodos stalinistas e criticavam abertamente a postura autocrática da União Soviética.

No primeiro semestre de 1937, à medida que a influência da URSS se tornava cada vez mais marcante no lado republicano, as críticas do POUM à atitude anti-Stalin foram crescendo. Nin foi então afastado do governo catalão e aos poucos uma linha divisória foi se erguendo entre a esquerda autoritária (basicamente os comunistas do PSUC, o sindicato socialista UGT e os catalanistas de ERC – Esquerda Republicana de Catalunha) e a esquerda libertária (liderada pelos anarquistas e com o suporte circunstancial dos trotskistas). O choque entre os dois lados explodiu entre os dias 3 e 7 de maio, no evento conhecido como *els fets de maig* (os fatos de maio). Mas o clima de grande tensão política havia piorado em razão de fatos ocorridos ao longo de todo o mês de abril. Medidas como a ocupação dos postos fronteiriços pelos guardas de assalto de Negrín ou a nomeação do comunista Joan Comorera como *conseller* do governo catalão irritaram profundamente os anarquistas, porque afastavam o grupo de importantes centros de poder. Os periódicos libertários acusaram os comunistas de manter prisões secretas, e diversos episódios violentos ocorreram em localidades catalãs envolvendo ativistas da UGT, do PSUC e da CNT-FAI.

O que aconteceu entre as datas de 3 e 7 de maio de 1937 foi uma miniguerra civil no seio do lado republicano. O estopim do conflito foi a negativa dos anarquistas de abandonar o edifício da Telefônica em Barcelona, prédio que ocupavam desde o começo da contenda e cuja coletivização estava amparada legalmente pelos decretos da *Generalitat* de outubro de 1936. O governo republicano, entretanto, acusava os anarquistas de interferir nas comunicações, impedindo o fluxo normal de transmissões. Também havia a dúvida acerca de um possível desvio de informações importantes ao inimigo. Essa dúvida foi semeada pelos comunistas, que, seguindo orientações de Moscou, esforçavam-se para afastar os libertários dos órgãos de governo da República.

Em 3 de maio, passou-se das recriminações às vias de fato. Duzentos guardas de assalto atacaram o prédio da Telefônica e trocaram tiros com os milicianos anarquistas. Os defensores da CNT-FAI negaram-se a entregar o prédio às autoridades da *Generalitat*. Em poucas horas uma onda de violência percorreu Barcelona. Os anarquistas construíram barricadas em diferentes pontos da cidade e se prepararam para conter armados as investidas das forças da ordem. Os confrontos prosseguiram por mais quatro dias, produzindo cerca de 500 vítimas mortais. Barcelona voltou a mostrar a sua cara mais sangrenta, revivendo páginas de sua história recente, como a Semana Trágica de 1909 ou a reação ao levante em 19 e 20 de julho de 1936. Finalmente, chegou-se a um acordo político em 6 de maio, mediante o qual os anarquistas se retiraram do edifício da Telefônica, que passou a ser controlado pela polícia do governo republicano. Um dia depois foram desmontadas as barricadas que ainda estavam nas ruas, e os guardas de

À sombra do Kremlin

assalto enviados de Valência ocuparam as posições até então defendidas pelos milicianos anarquistas.

Enquanto isso, a imprensa comunista continuava intoxicando a opinião pública com informações de que a explosão de violência na capital catalã tinha sido uma ação de agentes fascistas. Logo os "trotskistas" (nas palavras dos comunistas) do POUM seriam apontados como espiões disfarçados do general Franco e incitadores do confronto. O pequeno partido fundado por Andreu Nin não tardaria a tornar-se o bode expiatório requerido pelos comunistas para expulsar os anarquistas dos órgãos de poder e conseguir a hegemonia entre as forças republicanas.

A "Operação Nikolai"

Os "fatos de maio" levaram à vitória da esquerda "autoritária" sobre os libertários e ao início da desmoralização do movimento anarquista. Foram também um ponto de inflexão na revolução espanhola. O governo republicano, com a intervenção dos guardas de assalto, tinha estabelecido um limite claro: não aceitaria mais "fogo amigo". Qualquer hostilidade vinda das forças que davam suporte à República seria asperamente reprimida. Aliás, ganhar a guerra passava a ser a prioridade número um, acima de quaisquer outras considerações.

Por sua vez, Stalin encontrou nos "fatos de maio" o momento oportuno para expurgar também os "trotskistas" da Espanha. O general Orlov começou a tramar um complô contra o POUM e contra a vida de Nin, um plano denominado "Operação Nikolai".

Em 16 de junho, Andreu Nin foi preso nas Ramblas de Barcelona, em plena luz do dia. O seu sequestro só foi noticiado seis dias mais tarde. Os homens de Orlov o levaram de carro, primeiro a Valência e depois à cadeia de Alcalá de Henares, nas proximidades de Madri. Uma noite, diante da passividade das autoridades penitenciárias, um grupo de desconhecidos arrancou Nin da prisão e o levou para uma casa de campo de propriedade de dois destacados militantes comunistas, Constancia de la Mora e Ignacio Hidalgo de Cisneros. A casa na verdade ocultava uma *checa*.

A palavra *checa* é a abreviação de *Crezvycajnaja Komissija* (Comissão Extraordinária, em russo), o primeiro corpo da polícia política soviética,

187

antecessor do NKVD e da KGB. Na guerra espanhola o termo *checa* adquiriu o significado de prisão secreta. Assim, as *checas* eram centros de detenção e tortura clandestinos, localizados em diferentes pontos da geografia peninsular. O agente da Komintern, o húngaro Enrö Gernö, foi um dos principais artífices da difusão das *checas* em território republicano. Os comunistas que as administravam inovaram no uso da tortura, com a exibição para os presos de pinturas geométricas de efeito hipnótico; com o confinamento em câmaras sem ventilação, que atingiam altíssimas temperaturas; com objetos ocultos no chão para fazer com que o preso tropeçasse continuamente. Em algumas *checas* de Barcelona, as camas eram plataformas de concreto grudadas às paredes e construídas com um desnível de 20%, suficiente para que a pessoa escorregasse assim que caísse no sono.

Em uma dessas *checas*, Nin foi interrogado durante quase uma semana. Além de informações acerca das atividades do POUM, os seus sequestradores queriam que assinasse uma confissão de colaboração com os franquistas. O grupo de Orlov falsificou uma série de comunicações que Nin supostamente teria enviado ao inimigo informando a localização de unidades militares republicanas nos arredores de Madri. Faltava somente que Andreu Nin assinasse de próprio punho a confissão para que o POUM fosse deixado fora de circulação. Mas Nin não entrou no jogo de seus torturadores, que, exaustos em função da resistência que o preso mantinha, decidiram acabar com sua vida. O corpo de Nin foi enterrado em um local secreto que não foi localizado até hoje.

A desaparição do líder do POUM causou consternação em Barcelona, onde se concentrava a maioria de seus partidários. Muitos muros foram pichados com a pergunta "Onde está Nin?", à qual os militantes do PSUC respondiam ironicamente "Em Salamanca ou Berlim", aludindo assim à pretensa traição de Andreu, que teria fugido para a Espanha nacional ou para a Alemanha. A teoria da conspiração tecida pelos comunistas foi ganhando adeptos, e o assunto chegou às Cortes republicanas. Manuel Azaña mostrou-se cético ao ouvir a história da traição do POUM e da entrega de informação sigilosa ao inimigo. "Não é tudo isso muito *novelesco*?", questionou o presidente da República. Mesmo assim, o POUM foi banido, a sua milícia foi dissolvida e os bens do partido foram confiscados. Pela primeira vez na história do movimento operário internacional, um partido político de esquerda era suprimido por ordem do Kremlin. Documentos confidenciais, que estiveram ao alcance dos pesquisadores nos primeiros anos da presidência de Boris Ieltsin, deixaram claro que Stalin esteve a par de toda a operação e que deu o seu consentimento para que fosse executada. Com base nessa documentação, foi filmado *Operació Nikolai* (1992), uma produção da Televisão da Catalunha dirigida por Maria Dolors Genovès.

Um ditado espanhol diz "quando você vir a barba do seu vizinho ser cortada, ponha a sua de molho". Não sei se Alexander Orlov conhecia essa expressão popular, mas o seu comportamento posterior parece indicar que sim. Em 1938, o principal artífice da desaparição do POUM percebeu que a sua "impecável" folha de serviços não lhe seria de grande ajuda quando chegasse a sua hora. Sem esperar a ordem de voltar a Moscou, e com a guerra civil ainda em curso, Orlov desertou e, com identidade falsa, emigrou para a América do Norte. Em 1953, poucos meses depois da morte de Stalin, o ex-espião soviético publicaria o livro *The Secret History of Stalin's Crimes*, que causaria estupor nos Estados Unidos pela detalhada descrição dos terríveis métodos stalinistas.

Juan Negrín e a ascensão dos comunistas

Largo Caballero foi outra vítima política dos "fatos de maio" de Barcelona. Em 17 de maio teve que apresentar sua demissão. Na realidade, os fracassos militares republicanos nos primeiros meses de 1937, com a perda de Málaga e a iminente queda de Bilbao, haviam minado o prestígio do líder socialista, que também exercia o cargo de ministro da Guerra. Aliás, a crescente influência dos comunistas, com o respaldo do armamento e dos assessores soviéticos, não era do agrado de Largo Caballero. Este queria chefiar um governo com um equilíbrio de forças, de teor claramente sindicalista, mas que pudesse abrigar desde a centro-esquerda liberal até os anarquistas. Um governo, em suma, de esquerda radical, mas que mantivesse, pelo menos na aparência, as regras do parlamentarismo e do pluralismo político. Porém, a explosão de violência em Barcelona, "a guerra civil dentro da guerra civil", dinamitou o governo de união e forçou a reorganização das forças políticas republicanas. A oposição de Largo ao banimento do POUM desagradou os comunistas, que finalmente forçaram sua queda.

O homem encarregado de conduzir o governo da República depois da demissão de Francisco Largo Caballero foi Juan Negrín. Médico nascido na ilha de Gran Canaria, de vasta cultura, estudara na Alemanha e dominava diversas línguas. Foi um dos primeiros assinantes na Espanha do semanário *The Economist*, porta-voz da *City* de Londres. Em 1929 filiou-se ao PSOE, graças ao contato mantido com Indalecio Prieto. Integrou o que poderíamos chamar de "socialismo intelectual", uma corrente do partido em que abundavam acadêmicos, pesquisadores e profissionais liberais, próximos do prietismo e partidários de um socialismo moderado e modernizador.

Já nos anos da guerra, e antes de assumir a presidência do Executivo, Largo Caballero tinha nomeado Negrín ministro da Fazenda. Neste cargo, Negrín tomou uma das decisões mais polêmicas de sua carreira: o envio do ouro do *Banco de España* a Moscou. Contudo, outras de suas medidas de gestão econômica ajudaram a estabelecer controles orçamentários mais firmes e a angariar os recursos necessários para uma economia de guerra.

O cargo de ministro da Fazenda também comportava a direção dos guardas de assalto, um corpo policial que em sua maior parte se manteve fiel à República. Negrín faria desses homens uma espécie de guarda pessoal, com a qual alargaria o seu poder muito além das incumbências típicas de um gestor das contas do Estado.

O gabinete que Negrín formou ao aceitar o cargo de chefe de governo incluía republicanos, socialistas, nacionalistas bascos e catalães e uma discreta representação dos comunistas. O escasso número de ministros do PCE não refletia o real peso que o comunismo tinha no lado republicano, mas servia para manter as aparências perante britânicos e franceses. Diferentemente de seu antecessor, todavia, Negrín prescindiu dos ministros anarquistas. Essa atitude fez com que chovessem críticas julgando que fosse um simples peão de Moscou. De fato, Negrín era o candidato predileto do Komintern (agentes deslocados à Espanha, como Gerö, Togliatti, Codovilla ou Marty, aprovaram sua nomeação), mas não há como negar que o setor mais moderado do PSOE (com Prieto como principal líder) o via como um dos seus.

Em certa medida, Negrín personificou os anseios de ordem e estabilidade da classe média da zona republicana. Embora a sua biografia o aproxime mais de um perfil "pequeno-burguês" do que de um líder revolucionário, Negrín

À sombra do Kremlin

encontrou nos comunistas uma tábua de salvação em meio ao tumultuado oceano das esquerdas. Para ele, a União Soviética era o único aliado sólido com que a República espanhola contava. Enviava armas, hospedava crianças que fugiam da guerra, trazia novas técnicas bélicas e impunha disciplina entre as tropas. Se a República quisesse mesmo ganhar a guerra, precisava estreitar o relacionamento com os soviéticos, e a melhor maneira de conseguir isso era dar papéis de destaque aos comunistas espanhóis. E também, se necessário, ignorar quando o comportamento deles não respondia aos valores liberais que haviam inspirado a proclamação da Segunda República.

Os comunistas davam ao lado republicano uma ideologia, o marxismo-leninismo, que provara ser viável. Sem renunciar aos princípios revolucionários, os comunistas rendiam culto à ordem e à disciplina, agiam de modo planejado e respeitavam a hierarquia. O comunismo apresentava um ideário fechado, quase uma religião ateísta. Tinha os seus profetas (Marx, Engels, Lenin); os seus mártires (Rosa Luxemburgo); o seu papa (Stalin); a ortodoxia (o Komintern); a heterodoxia (a Quarta Internacional); os seus hereges (os "inimigos do povo"); um método filosófico (a dialética); uma interpretação evolucionista e teleológica da história; a promessa de salvação (a "Aurora da humanidade"); e até mesmo cerimônias que lembravam os autos de fé católicos (os julgamentos políticos). Disso se deu conta Ernest Hemingway, que admirava os comunistas como soldados, mas os detestava como sacerdotes.

Perdidas na confusão da revolução de cunho libertário, as classes médias espanholas encontraram nos líderes do PCE uma bússola que lhes marcava o norte e lhes dava esperanças de que a guerra não estava completamente perdida. Não por acaso o partido aumentou seu quadro de filiados vertiginosamente. Antes de 1936 terminar, o PCE já havia confeccionado mais de 250 mil carteirinhas. De certa maneira, a militância comunista serviu como salva-vidas para muitos indivíduos antes suspeitos de direitismo. Algo parecido (evidentemente em sentido contrário) ao significado de fazer parte da Falange no lado "azul".

Juan Negrín foi mediador entre as classes médias e os comunistas. Graças a ele, a República espanhola não se rendeu antes de a guerra completar os seus primeiros doze meses. Mas também por culpa dele o lado republicano deteriorou-se lentamente, perseguindo uma vitória improvável e causando terríveis sacrifícios à população civil. Na dúvida entre fazer a revolução ou ganhar a guerra, Negrín não hesitou e apostou todas as fichas na segunda opção. Por isso, nas palavras de Stanley Payne, Negrín se tornou uma das personalidades mais detestadas no pós-guerra. Odiado pelos anarquistas por ter abortado a revolução e pelas classes médias por levar o esforço bélico até o limite da extenuação, Negrín acabaria sendo abandonado inclusive pelos seus aliados comunistas. Os franquistas o ridicularizaram e destacaram os aspectos mais frívolos de sua biografia (como a sua gulodice ou sua promiscuidade sexual), além de acusá-lo de ter liquidado as riquezas do país com seu servilismo pró-soviético. Somente nos últimos anos as pesquisas tentaram fazer justiça a uma figura que, malgrado todos os seus aspectos sombrios e decisões discutíveis, foi uma das mentes mais esclarecidas da época da guerra.

Conjurando o perigo makhnovista

A perseguição ao POUM não foi movida apenas por questões ideológicas. Havia uma questão de fundo que não podia ser esquecida: a República estava em guerra pela própria sobrevivência e precisava de um exército à altura do seu adversário. As diferenças entre "libertários" e "autoritários" não eram tão somente um assunto acadêmico acerca da melhor via para realizar a revolução, mas, antes de tudo, uma decisão sobre o que era prioritário: completar a revolução, mesmo que isso significasse arriscar-se a perder a guerra (como defendiam os anarquistas), ou focar todos os esforços em vencer os "fascistas", mesmo que isso supusesse perder a melhor oportunidade histórica para virar de cabeça para baixo a sociedade burguesa e as estruturas econômicas capitalistas (como propugnavam os comunistas).

Stalin tinha uma visão particular do anarquismo, alimentada pela sua experiência na Guerra Civil Russa. Para o *premier* soviético, os libertários não eram outra coisa que aliados dos fascistas, porém disfarçados de revolucionários. Stalin temia que o anarquismo constituísse um terceiro exército "negro", ante o "vermelho" dos republicanos e a "branco" dos sublevados. Assim havia acontecido na Ucrânia, onde o líder anarquista Nestor Ivanovich Makhno infringira severas derrotas ao Exército Vermelho, quando o regime soviético ainda estava engatinhando. Se a história se repetisse na Espanha, o Exército Vermelho deveria lutar em dois *fronts*, pois os "negros" acabariam por se unir aos "brancos". Era melhor, pois, deter o crescimento dos anarquistas antes que o perigo das milícias makhnovistas se tornasse um pesadelo difícil de conjurar.

Enrique Líster foi um dos oficiais comunistas encarregados de acabar com a experiência revolucionária anarquista em Aragão. Ao comando da 11ª divisão do Exército Popular, o oficial comunista levou à prática o decreto do governo de Valência que exigia a dissolução do Conselho de Defesa e a integração de todos os milicianos trotskistas e anarquistas ao exército republicano. Em 10 de agosto de 1937, todos os que não acataram a ordem do governo foram ameaçados com a cadeia, por traição. O líder libertário Joaquín Ascaso, sem recursos para se opor militarmente aos comunistas e desmoralizado pelo curso dos acontecimentos, acabou dissolvendo o Conselho e recomendando aos seus milicianos a integração no Exército Popular.

Foi o fim da revolução espanhola. As coletivizações foram desfeitas e o movimento anarquista sofreu o seu pior baque. Por três décadas o anarquismo ficará quase em hibernação e só voltará a aparecer em cena no clima revolucionário de 1968. Mesmo assim, as organizações anarquistas nunca mais usufruirão da importância social que tiveram no primeiro terço do século XX nos países mediterrâneos.

O papel das mulheres também mudou com o fim do experimento revolucionário. O exército republicano passou a se espelhar cada vez mais nos modelos dos exércitos regulares, relegando as mulheres a um papel coadjuvante, na retaguarda ou no *front*, mas sempre em ofícios "próprios de seu gênero", como cozinheiras, enfermeiras ou faxineiras. A imagem das milicianas empunhando fuzis para lutar contra o fascismo ficaria no baú das memórias.

Os oficiais formados no seio do Quinto Regimento ocuparam a partir de então cargos relevantes no exército republicano. Nomes como Santiago Aguado, José Bobadilla, Enrique Líster, Juan Modesto, *El Campesino* ou Rafael Menchaca, entre outros, ascenderam às mais altas patentes. Os comunistas também passaram a controlar o Serviço de Investigação Militar (SIM), temido pelos seus métodos truculentos, e, conforme o modelo do Exército Vermelho russo, infiltraram comissários políticos em todas as brigadas, com o fim de controlar ideologicamente os soldados. Alguns militares de carreira sentiram-se traídos pelo aumento súbito da influência do comunismo no Exército e desconfiaram dessa intromissão da política na esfera castrense; outros, mais oportunistas, filiaram-se ao PCE. A preferência dada aos comunistas na hora de conceder promoções foi motivo de rancor e mal-estar no exército republicano. Oficiais competentes, como Segismundo Casado, viram-se relegados a segundo plano por não se filiarem ao partido, enquanto guerrilheiros crus, com baixíssima instrução e sem mais experiência do que a liderança de um batalhão de milicianos, foram colocados à frente de divisões com milhares de homens. O sectarismo dos comunistas geraria tensões internas muito graves, a ponto de precipitar o fim da guerra em março de 1939.

Uma vez feita a faxina de anarquistas na Catalunha e em Aragão, Negrín, em outubro de 1937, tomou a decisão de mudar a sede do governo republicano de Valência para Barcelona. Embora essa mudança fosse apresentada com argumentos de eficiência (Barcelona era a maior cidade da Espanha e concentrava o pouco que restava da indústria republicana, além do principal porto mercante), ao assentar o governo central nessa cidade o que se procurava mesmo era neutralizar a *Generalitat*. Na verdade, depois dos "fatos de maio", a margem de discricionariedade do governo catalão havia diminuído muito. Porém, a partir do mês de outubro, a sua autonomia ficou reduzida à mínima expressão. De forma mais ou menos sutil, com a mudança de sede, o governo central conseguiu cortar definitivamente as asas do autogoverno catalão.

Nos meses precedentes à mudança da capital, o gabinete de Negrín havia unificado todas as milícias em um Exército Popular sob a direção de um estado-maior profissional, que seguiria somente as instruções do ministro da Defesa. A tese de que era preciso ganhar a guerra antes de mais nada havia triunfado definitivamente. Depois de tantas dificuldades, Negrín não podia se dar ao luxo de permitir que a sua autoridade fosse desafiada por qualquer partido político, sindicato ou governo regional.

Foi a Segunda República um satélite soviético?

É fato que a transformação do PCE em um partido de massas aconteceu nos anos da guerra civil e muito especialmente durante o governo de Juan Negrín. O partido liderado por Juan Díaz e Dolores Ibárruri (*La Pasionaria*), que contava com uns poucos milhares de filiados antes do *Alzamiento*, supe-

À sombra do Kremlin

rou o número de 300 mil militantes em 1938. A eles temos que acrescentar quase outro meio milhão de jovens filiados à Juventude Socialista Unificada (JSU) e algumas dezenas de milhares do Partido Socialista Unificado da Catalunha (PSUC). Ambos os coletivos, apesar de sua denominação "socialista", seguiam as instruções do Komintern e compartilhavam com o PCE boa parte de seu ideário.

O PCE foi o elo entre Moscou e o governo republicano, e os seus tentáculos abrangiam os principais serviços da administração republicana e os oficiais do Exército Popular. Os comunistas contavam com a sua justiça paralela e continuaram a operar as *checas* na maior impunidade. O governo de Valência os tinha como uma peça essencial em toda a engrenagem do lado "vermelho", e questionar os seus posicionamentos poderia irritar o Kremlin, algo que nenhum governante em seu juízo perfeito estava disposto a assumir.

Vista depois de mais de sete décadas, pode parecer que a República espanhola em guerra foi uma antecessora das repúblicas populares do centro e leste europeu criadas após 1945. Essas repúblicas populares contavam com o monopólio político do Partido Comunista e seguiam à risca as instruções de Moscou. O modelo soviético de economia planificada, igualdade em direitos sociais, partido único e liberdades públicas cerceadas foi exportado a países como Polônia, Tchecolosváquia, Alemanha Oriental, Hungria, Romênia e Bulgária, entre outros, às vezes contra a vontade de suas populações, que não puderam resistir ao golpe de Estado dos comunistas apoiados pelo Exército Vermelho.

Resisto a ver a República espanhola como um "satélite" soviético e considero extemporâneo esse tipo de paralelismo. A Espanha republicana não foi objeto de uma ocupação militar dos tanques soviéticos, como aconteceu com os países da Europa Oriental durante a perseguição às tropas invasoras de Hitler. A intervenção de Stalin na Espanha tampouco teve origem em um plano de expansão imperialista. Ao contrário: foi fruto da passividade das democracias ocidentais, que abandonaram a República espanhola à própria sorte. O fato de ser a URSS o único país comprometido com a defesa do governo democrático espanhol (com a honrosa exceção do México), somado ao fato de que a República possuía suficientes recursos materiais para pagar o apoio russo, foi o que determinou a aproximação cada vez maior dos governantes republicanos com as posições políticas de Moscou. Além do mais, Stalin não desejava transplantar à Espanha a semente soviética,

A Guerra Civil Espanhola

àquela altura algo incoerente com a sua política exterior. Além disso, uma imposição do modelo socialista soviético à Segunda República teria sido tratada por Hitler como uma agressão e também significaria a ruptura das pontes de diálogo dos soviéticos com Londres e Paris.

Por isso, a República nunca perdeu por completo os traços de identidade que a modelaram em 14 de abril de 1931. A Constituição de cunho social-democrático não foi abolida e trocada por outra baseada no "socialismo real". Foi mantida a divisão de poderes, embora o Judiciário não fosse mais um poder verdadeiramente independente e o parlamento fosse convocado de maneira cada vez mais esporádica. Manuel Azaña, um político de ideário liberal-progressista, manteve-se na presidência da República até o começo de 1939, e os estatutos de autonomia regional conservaram sua vigência até serem esmagados pelas botas franquistas. Por isso é discutível a ideia de que nos anos da guerra a República espanhola tenha acabado se transformando em um regime totalitário. Foi, isso sim, um regime encurralado por um inimigo poderoso, um regime praticamente asfixiado internacionalmente pela política de não intervenção. Também é verdade que a ajuda soviética obrigou a Espanha a abrir mão, pelo menos enquanto a guerra durasse, de alguns princípios do Estado de direito. No entanto, é bastante ousado afirmar que se a guerra civil tivesse sido vencida pelos republicanos, o Estado espanhol teria se tornado um regime totalitário de tipo soviético.

O próprio Negrín chegou a confidenciar ao embaixador britânico, Shrine Stevenson, que não considerava o comunismo um sistema adequado para governar os espanhóis. Somente a necessidade de conservar o apoio que a União Soviética estava prestando fazia com que o primeiro-ministro premiasse os comunistas com altos cargos no Executivo e no Exército Popular. Se franceses e britânicos se envolvessem na guerra civil, os comunistas seriam imediatamente expulsos. Não sabemos se essa confidência de Negrín era sincera ou apenas conversa fiada para convencer os *tories* a levantarem o embargo que pesava sobre a República. Realmente, a biografia de Negrín não é aquela que se espera encontrar quando se pensa num ativista bolchevique, mas também é verdade que o seu comportamento em relação aos comunistas foi muito além do simples respeito por um aliado fundamental.

196

O *front* das ideias

Enquanto os soldados "vermelhos" e "azuis" combatiam nas trincheiras e a população civil tinha que aguentar estoicamente os bombardeios, a falta de alimentos e de remédios e os cortes no fornecimento de água e luz, uma guerra paralela era desenvolvida no plano intelectual. Os dois lados do confronto queriam convencer que a razão (ou Deus) estava com eles, e para isso promoveram uma disputa de ideias.

Nessa luta, os republicanos levaram vantagem. Em 1936 coexistiam na Espanha três gerações de literatos, a saber: a de 1898, com nomes como Miguel de Unamuno, Antonio Machado, *Azorín* ou Pío Baroja; a de 1914, com figuras como José Ortega y Gasset, Juan Ramón Jiménez, *Gaziel* ou Ramón Gómez de la Serna; e a de 1927, que era sobretudo um grupo poético, com nomes como Rafael Alberti, Federico García Lorca, Luis Cernuda, Dámaso Alonso, entre outros. O grosso desses literatos deu apoio à causa republicana, embora alguns deles preferissem o silêncio diante de uma tragédia cujos frutos seriam devastadores, fosse qual fosse o resultado. Os membros da geração de 1898, em razão de sua maior idade e ceticismo, foram aqueles que adotaram em maior grau essa atitude de recolhimento, enquanto os jovens de 1927 abraçaram com entusiasmo a defesa da República.

A Guerra Civil Espanhola

E os nacionais? Poucas figuras relevantes lhes deram sustentação intelectual. Dentre os nomes consagrados, somente os pensadores mais conservadores e espanholistas, como era o caso de Ramiro de Maeztu, aplaudiram a rebelião militar. O irmão de Antonio Machado, Manuel, também se posicionou do lado dos rebeldes, basicamente porque se encontrava em território "azul" quando a guerra estourou. Também houve casos como o de Salvador Dalí, que, pela origem familiar acomodada ou pela excentricidade de seu comportamento, se sentiram à vontade com o regime de Franco e sua mistura surrealista de militarismo e clericalismo.

De resto, foram apenas jovens atraídos pelo discurso pseudorrevolucionário e imperialista da Falange ou meros oportunistas, que viram no deserto intelectual dos sublevados uma chance para prosperar, aqueles que combateram no *front* das ideias do lado dos rebeldes. A causa nacional foi defendida por autores como Ernesto Giménez Caballero, Agustín de Foxá, Luis Rosales, José María Pemán, Antonio Tovar ou Pedro Laín Entralgo, entre outros. Eles formaram a "geração de 1936", cujos integrantes são grandes desconhecidos no exterior e inclusive na Espanha. Apesar de algumas contribuições interessantes, raramente passam de uma nota de rodapé na História da Literatura.

Venceréis pero no convenceréis

Os generais rebeldes eram poucos amigos da classe artística e literária. Alguns deles chegaram a afirmar que quando ouviam a palavra intelectual botavam a mão na pistola. Formados na disciplina das academias militares e curtidos na guerra colonial, muitos militares enxergavam a cultura erudita como algo próprio de afeminados, no melhor dos casos, ou como um elemento corrosivo da união nacional e do *statu quo*, no pior deles. A pobreza de ideias que muitos militares possuíam e os métodos rudes com que as manejavam ficaram em evidência no dia 12 de outubro de 1936, na Universidade de Salamanca.

A data e o local não podiam ser mais oportunos. Doze de outubro é a festividade de Nossa Senhora do Pilar, padroeira da Espanha, cuja imagem é venerada na catedral de Zaragoza. Mas também é a data comemorativa da chegada de Cristóvão Colombo à América, em 1492. Por esse motivo, o dia

O *front* das ideias

12 de outubro é comemorado na Espanha e em muitos países hispano-americanos como o "Dia da Hispanidade", ou *fiesta de la raza*, como costumava ser chamada na primeira metade do século xx.

O local foi o *paraninfo* (sala magna) da Universidade de Salamanca, um dos centros acadêmicos mais antigos e prestigiados da Espanha. O nome de Salamanca está tão incrustado na mentalidade dos espanhóis que quando uma coisa é muito fácil de fazer se diz que "para isso não é preciso ir a Salamanca". O seu reitor, na época, era Miguel de Unamuno, um dos sábios mais reconhecidos do país. Já septuagenário, Unamuno representava em certa medida todas as contradições do pensamento espanhol. Basco de nascimento, havia encontrado em terras castelhanas o território de inspiração e a essência da espanholice. Na juventude tinha passado do ativismo positivista a um entristecido niilismo que negava que a modernização fosse viável para a Espanha. Comovido, como todos os pensadores de sua geração, pela derrota espanhola em 1898, alimentou a ideia de que a ciência e a tecnologia não tinham sido feitas para o país (chegando a exclamar *¡Que inventen ellos!*). Em seu lugar, os espanhóis deviam focar naquilo em que eram bons: a especulação metafísica, a ponto de tornar-se uma "reserva espiritual do Ocidente".

Mesmo assim, também no plano espiritual, a postura de Unamuno foi ambivalente. O protagonista do romance *San Manuel bueno mártir* (1930) é um padre rural que no fundo não acredita em Deus. Interpelado pelo socialista local, que afirmava, como Marx, que a religião era o ópio do povo, o padre Manuel respondeu com uma mistura de tolerância e resignação: "talvez a religião seja mesmo o ópio do povo, mas, se for assim, melhor deixar o povo dormir".

O pensamento paradoxal de Unamuno o levou a adotar uma vida de dissidência permanente. Foi muito crítico com o regime da Restauração; ridicularizou o nacionalismo basco; defendeu posições anticlericais; brigou com o ditador Primo de Rivera (que o condenou ao desterro nas ilhas Canárias); conspirou contra a Monarquia; foi parlamentar por um breve período de tempo, durante a Segunda República, para renunciar, logo depois, também a esse regime político. Em resumo, Unamuno mordeu quase todas as mãos que lhe deram de comer e representava, melhor do que ninguém, a velha máxima espanhola: "seja quem for o governo, eu sou contra".

A Guerra Civil Espanhola

Em outubro de 1936 os militares rebeldes pensavam que o reitor de Salamanca estava com eles, mas não era bem assim. Ainda que Unamuno não nutrisse grandes simpatias pela República, a repressão desatada em Salamanca o deixara sem alguns de seus amigos próximos, como o prefeito da cidade.

O evento do "Dia da Raça" tinha um caráter mais político do que acadêmico. A ele compareceram o general Franco (recentemente promovido à condição de Generalíssimo) e sua esposa, assim como as autoridades civis, militares e religiosas salmantinas. Tomou a palavra Millán Astray, que em poucas frases deu conta de seu singelo pensamento. O fundador da legião lançou duríssimas críticas aos republicanos, socialistas, comunistas e separatistas bascos e catalães. Clamou que o fascismo e o Exército haviam chegado para arrancar os esquerdistas do corpo nacional como um bisturi corta a carne gangrenada. Para isso Millán Astray contaria com o apoio dos *mouros*, os mesmos que anos antes o haviam mutilado e que agora lutavam com os soldados nacionais para restabelecer a grandeza da pátria. O general concluiu seu discurso com um *"¡Viva la muerte!"* que fez Unamuno se agitar na cadeira.

Incapaz de morder a língua, o filósofo retrucou as palavras de Millán Astray com contundência e ironia. Recordou aos presentes que era basco e que o arcebispo de Salamanca, Pla i Deniel (presente no ato), era catalão. Comparou Millán Astray com Miguel de Cervantes, também mutilado de guerra, para deixar em evidência a escassez de neurônios do primeiro, e destacando que "viva a morte", aliás, era um paradoxo muito pobre do ponto de vista literário. A fala de Unamuno terminou enfatizando que em nenhum caso desejava para a Espanha a mutilação preconizada por Millán Astray.

O militar ficou furioso ao ouvir a réplica do filósofo. Repetiu o grito de *"¡Viva la muerte!"* e acrescentou um *"¡Mueran los intelectuales!"*. O desaforo de Millán Astray incomodou muitos dos presentes. O poeta José María Pemán, uma das "glórias literárias" do lado nacional, gritou por sua vez *"¡Viva la inteligencia!"* e restringiu o brado de morte somente aos "falsos intelectuais", ou seja, aos intelectuais de esquerda.

O bate-boca esgotou a paciência de Unamuno. Este afirmou que todos estavam no templo da inteligência e que ali ele era o sumo sacerdote. Vaticinou que os nacionais venceriam a guerra, mas não convenceriam. Venceriam, porque possuíam a força bruta, mas não convenceriam, porque não tinham capacidade para persuadir. A persuasão exige razão e direito à luta, e ambas as coisas estavam em falta entre os nacionais.

O incidente não passou das palavras às vias de fato, porque Carmen Polo segurou Unamuno pelo seu braço e o conduziu para fora do *paraninfo*. Os militares, irritadíssimos com essas palavras ofensivas, se contiveram para não agredir o filósofo, então protegido pela esposa de Franco.

Não houve tempo de infligir represálias contra Unamuno. Ele faleceu no dia 31 do mesmo mês por causas naturais.

A questão religiosa

Em 28 de outubro de 2007 foram beatificados, em uma missa solene na igreja de São Pedro, no Vaticano, 498 religiosos assassinados durante a guerra civil e na revolução de 1934. A essas beatificações precisamos acrescentar 487 reconhecidas durante o pontificado de João Paulo II. Naquele momento surgiram vozes críticas à decisão do pontífice, estas consideravam que a Santa Sé fazia uma leitura particular e interessada do conflito, e justo quando os espanhóis pareciam estar superando o trauma mediante a consolidação da democracia. A maciça beatificação de 2007, ocorrida no pontificado de Bento XVI, coincidiu no tempo com a polêmica Lei da Memória Histórica, impulsionada na Espanha pelo primeiro-ministro socialista José Luis Rodríguez Zapatero.

Deixando de lado avaliações acerca do senso de oportunidade do gesto papal, é fato que a religião exerceu um papel de primeira magnitude na guerra civil e que os membros do clero estiveram entre suas principais vítimas (cerca de 10 mil mártires, de acordo com fontes católicas atuais, dos quais uma décima parte já teria sido beatificada). A onda revolucionária que eclodiu entre os dias 18 e 20 de julho de 1936 perseguiu com crueldade os ministros da Igreja, incendiou templos e destruiu imagens religiosas de grande valor artístico. A Igreja Católica foi tratada pelos revolucionários como um dos pilares da antiga ordem, opressora da classe operária. Os anarquistas foram os mais violentos na destruição de qualquer coisa que tivesse a ver com um sentimento religioso, algo para eles ultrapassado, mas também socialistas e comunistas contribuíram para reprimir o clero, com a prisão e tortura de sacerdotes, frades e freiras em *checas*. O "mundo novo" que surgiria das cinzas do capitalismo precisava ser erigido com novos ideais, nos quais as velhas crenças em deuses crucificados não podiam mais ser abrigadas. Existia também um aspecto de revanche contra aqueles que haviam abençoado monarcas, ditadores e proprietários de terras e colaborado com a polícia na criminalização do movimento operário.

O lado "vermelho" proibiu o culto religioso, tanto na esfera pública quanto na privada. Nos meses revolucionários, seguindo o modelo da União Soviética, os republicanos impuseram o ateísmo e acusaram qualquer tipo de manifestação de piedade religiosa como "ópio do povo". Essas medidas contrariavam o sentimento da maior parte da população, que, com maior ou menor fervor, acreditava nos dogmas católicos. Os crentes continuariam suas missas e rezas em um clima que se assemelhava ao das catacumbas. Casamentos religiosos ainda seriam realizados, porém em segredo, tomados pelo medo de serem flagrados pelos revolucionários.

O lado "azul" encontrou na religião o aspecto de diferenciação radical em relação aos republicanos e um dos principais pretextos para justificar o golpe de Estado. A causa nacional foi apoiada por um largo número de sacerdotes, apavorados com as notícias que chegavam do outro lado do *front*. Esses religiosos abençoaram os escapulários e *detentes*[1] dos soldados rebeldes e oficiaram missas de *Te Deum* toda vez que os sublevados obtinham um triunfo militar. Alguns padres também colaboraram intensamente na repressão aos esquerdistas, preparando listas de desafetos e colhendo informações que pudessem levar à captura dos mesmos. Esqueciam inclusive a missão de dar asilo aos necessitados, e alguns conventos serviram como centros de detenção e tortura de ativistas de esquerda.

Na filmagem da felicitação de Natal de 1936, como prova do sentimento religioso, o general Franco apareceu junto com sua esposa e sua filha, Carmencita. A menina, acompanhada pelo pai atrás dela, em pé e mexendo os lábios como um ventríloquo, deseja feliz Natal a todas as crianças da Espanha, com especial ênfase para aquelas que habitam no lado republicano e que não podem sequer montar o *Belén* (presépio). O *Belén* é uma das tradições natalinas mais populares no país. Semanas antes do Natal, as famílias instalam nas salas ou vestíbulos de suas casas uma representação do nascimento de Jesus com pequenas esculturas de terracota que simbolizam a Sagrada Família, os Reis Magos e os pastores que foram adorar o Filho de Deus.

O *front* das ideias

Também com caráter propagandístico foi o livro de Joan Estelrich, *A perseguição religiosa na Espanha*, editado em vários idiomas no primeiro semestre de 1937. A obra de Estelrich, que fora secretário pessoal do dirigente catalanista conservador Francesc Cambó, faz uma detalhada relação das atrocidades cometidas pelos republicanos contra os templos e os ministros católicos. Em sua ira revolucionária, os "vermelhos" espanhóis tinham feito todo tipo de profanações, saqueando igrejas, destruindo imagens, assassinando padres e poluindo com urina e fezes as pias batismais. O livro, acompanhado de abundantes fotografias, calou profundamente nas consciências cristãs da Europa, embora nem todas as suas afirmações fossem plenamente comprovadas.

Um dos assuntos mais espinhosos foi a acusação de que freiras tinham sido estupradas. Esse tipo de sacrilégio é um dos mais repugnantes para o crente católico. As freiras são mulheres casadas com Cristo, e a ele dedicam a sua pureza. Portanto, sua violação supõe um duplo crime: contra aquelas mulheres que haviam sacrificado sua vida para ajudar os outros e contra Deus, seu legítimo cônjuge. Ainda que várias acusações de estupros de freiras circulassem durante a guerra, nenhum caso foi totalmente provado. Em parte, talvez, porque as possíveis vítimas preferiram mantê-lo em segredo.

Os bispos abençoam a cruzada

Apesar do suporte de membros da Igreja concedido desde o primeiro instante aos generais rebeldes, a hierarquia católica espanhola demorou quase um ano para apoiar sem restrições o lado nacional. Essa demora aconteceu por diversos motivos, entre eles a "queda de braço" que o Vaticano mantinha com os regimes totalitários e a divisão interna no seio do clero espanhol.

A Guerra Civil Espanhola explodiu em um momento em que o Vaticano passava por uma delicada situação diplomática com os governos de Roma e Berlim. O papa Pio XI tinha se mostrado muito crítico em relação aos totalitarismos nazifascistas, que considerava incompatíveis com o Evangelho. Além de razões teológicas e humanísticas, Pio XI deplorava que os totalitarismos, fossem de direita ou de esquerda, impedissem aos católicos

A Guerra Civil Espanhola

a sua livre associação. A encíclica *Non abbiamo bisogno* (1931) havia sido uma dura admoestação ao fascismo de Mussolini por limitar a margem de manobra da Ação Católica.

Em 14 de março de 1937 o alvo das críticas do pontífice foi a Alemanha de Hitler. Na encíclica *Mit brennender Sorge*, Pio XI reprovava abertamente as teses racistas do nazismo. Poucos dias depois, com a encíclica *Divini Redemptoris*, cujo foco era o comunismo, o papa completou o seu arcabouço doutrinal contra o totalitarismo. Seguindo as diretrizes do Vaticano, o cardeal arcebispo de Toledo e primaz da Espanha, Isidro Gomá, traduziu *Mit brennender Sorge* para o castelhano e mandou divulgá-la pelas dioceses espanholas. Franco, entretanto, vetou tal divulgação, e a encíclica permaneceu censurada na Espanha nacional.

Outro episódio de conflito de interesses entre a hierarquia católica e o Generalíssimo produziu-se em relação à questão basca e catalã. Na campanha de conquista do País Basco, os nacionais não puderam usar o argumento da guerra religiosa contra os republicanos, pois estes receberam o auxílio do clero local. Padres católicos acompanharam os milicianos do PNV, abençoaram suas armas, celebraram missas de campanha antes dos combates e, depois da derrota do Exército Basco, alguns deles acabaram fuzilados junto com outros *gudaris*. Os nacionalistas bascos construíram a sua identidade nacional tomando a fé católica como um dos seus alicerces mais firmes, e tanto a hierarquia episcopal quanto o clero de base colaboraram nessa convicção. Foi também um ministro da Igreja, o padre Onaindía, um dos propagandistas mais conspícuos contra o horror das bombas franquistas sobre Guernica. As notícias do bombardeio da localidade basca dividiram a opinião pública católica no exterior e esfriaram os efeitos propagandísticos do bem-sucedido livro de Estelrich sobre a perseguição religiosa.

Também na Catalunha havia uma estreita conexão entre o clero e o nacionalismo. Recordemos que fora o bispo Torras i Bages um dos principais teóricos do catalanismo no século XIX e que a abadia de Montserrat tornara-se um *think tank* dos políticos catalanistas. Na década de 1930 prosperou um partido que fundia os ideais do nacionalismo catalão com o respeito à fé católica, a União Democrática da Catalunha (UDC). O partido, liderado por Manuel Carrasco i Formiguera, foi um antecessor da democracia cristã, hegemônica no centro-direita das democracias europeias após 1945.

204

Inspirada nos valores cristãos, a UDC defendia a democracia representativa, as liberdades públicas, a construção de uma sociedade mais justa, assim como a autonomia política da Catalunha.

No início da guerra civil, Carrasco i Formiguera sofreu o assédio de anarquistas e comunistas, o que fez com que se mudasse para Bilbao, onde atuou como representante da *Generalitat* junto ao *lehendakari* Aguirre. Preso pelo cruzador Canarias durante a Batalha naval do cabo Machichaco, foi enviado à prisão de Burgos. Apesar de todos os apelos recebidos em prol de sua libertação (até mesmo o Vaticano fez ações em seu favor), Franco mostrou-se irredutível. Carrasco i Formiguera acabou sendo julgado por traição e fuzilado em 9 de abril de 1938.

A atitude intransigente do Generalíssimo em relação aos católicos bascos e catalães enviava uma mensagem claríssima aos bispos espanhóis: "não dava para aceitar meias tintas". Os prelados tinham que estar ou do lado de Franco ou contra ele. E se estavam contra ele, a mão do Caudilho não tremeria na assinatura de novas sentenças de morte.

Os bispos espanhóis acabaram cedendo às pressões de Franco. Ao precisar escolher entre o "comigo ou contra mim", os prelados optaram por apoiar o lado nacional. Em 1º de julho de 1937 Franco obteve uma grande vitória propagandística. Os prelados da Espanha encaminharam uma carta coletiva a todos os bispos do mundo. O teor dessa epístola era absolutamente laudatório do Generalíssimo e uma justificativa do golpe de Estado, negando que o regime de Franco tivesse algum parentesco com os totalitarismos ateus. Ao contrário, aquilo que o general Franco dirigia era uma verdadeira cruzada. A carta dos bispos foi como um bálsamo para a causa nacional, que depois do bombardeio de Guernica tinha perdido muitas simpatias no cenário internacional.

Apenas dois prelados negaram-se a assinar a carta que lhes enviou o cardeal Isidro Gomá. Um basco e um catalão. O basco foi Mateo Múgica, bispo de Vitória, e o catalão foi Francesc Vidal i Barraquer, arcebispo metropolitano de Tarragona e cardeal. A negativa dos principais bispos do País Basco e da Catalunha assinalava a dissidência da hierarquia católica dessas regiões em face da identificação ideológica do primaz da Espanha com o centralismo e o fascismo. O diferencial basco e catalão também se exprimia no âmbito religioso.

A negativa de assinar a carta pastoral foi uma atitude muito corajosa que custou caro aos dois membros da Igreja. Bilbao tinha caído em mãos franquistas havia pouco, e Múgica foi condenado ao exílio sob a acusação de ser "vermelho separatista", de onde só voltaria em 1947, para ocupar um cargo muito inferior em Zarauz. Vidal i Barraquer, por sua vez, não devia nada à causa republicana. Teve que se refugiar no mosteiro de Poblet para fugir das represálias dos revolucionários, onde foi preso e levado para a cadeia de Montblanc. Durante a repressão contra os religiosos, o seu bispo auxiliar (Manuel Borràs) foi assassinado por anarquistas da FAI. Porém, o arcebispo de Tarragona considerava que os princípios cristãos eram permanentes e deviam estar acima de interesses temporários. O seu gesto fez com que Franco jamais permitisse que Vidal i Barraquer voltasse à Espanha. O arcebispo morreria no exílio suíço em 1943.

Agora sem rachas, Franco restabelecia o velho pacto entre o trono e o altar, típico dos anos da Monarquia. O Generalíssimo usufruiria das mesmas mordomias que haviam vigorado desde o tempo dos Reis Católicos. Em atos públicos oficiais, apareceria sob pálio, privilégio reservado apenas à custódia do corpo de Cristo nas procissões, a imagens religiosas veneradas ou ao próprio papa. O mito da cruzada já estava completamente assentado. O Caudilho tinha resgatado a Igreja Católica das farpas marxistas e ateístas e, em troca, os prelados benziam o regime ditatorial e justificavam a insurreição contra o governo democrático.

Em suas encenações como chefe do Estado, Franco dotou-se de uma parafernália digna de um rei medieval. Além de sua corte de militares, religiosos, falangistas e *requetés*, o Caudilho andava escoltado por tropas *mouras* a cavalo, uma exótica *guardia de corps* integrada por regulares do Marrocos, ataviados com turbantes, longas capas brancas e brandindo lanças. As atribuições de cavaleiro cruzado alcançaram o paroxismo no retrato exposto no Museu da Guerra em Madri, intitulado "Alegoria da Cruzada". Nessa pintura, Franco aparece vestindo uma armadura prateada e uma capa branca e segurando uma espada *tizona*, a guisa de um Lohengrin do século XX. Na composição pictórica, inspirada em quadros de El Greco, aparece rodeado de soldados nacionais em uma cena que culmina com uma visão do céu, onde um santo montado a cavalo porta uma bandeira com a cruz.

O front das ideias

Picasso na Exposição Universal de Paris

O governo republicano decidiu aproveitar a Exposição Universal de Paris de 1937 para fazer proselitismo de sua causa. No começo desse ano, personalidades da cultura e da embaixada espanhola convenceram Pablo Ruiz Picasso a colaborar na decoração do pavilhão da República, cujo *design* foi encomendado ao arquiteto Josep Lluís Sert. O pintor acedeu de bom grado ao convite. Só exigiu em troca que a embaixada lhe reembolsasse o valor das telas e dos materiais de pintura, sem dúvida um preço simbólico para o trabalho de um dos artistas vivos mais valorizados naquela época.

Em 1937 Picasso já era o mais internacional de todos os artistas espanhóis e um dos grandes renovadores da arte do século XX. O seu apoio à República foi um trunfo do governo de Valência. O pintor era andaluz de Málaga, havia se formado em Barcelona, a mais cosmopolita de todas as capitais espanholas no *fin de siècle*, e terminou desenvolvendo sua arte em Paris, o centro criador por excelência no mundo no primeiro terço do século. A capital gaulesa adotou Picasso como um artista francês "de origem hispânica", e seus quadros ganharam o aplauso da crítica, atingindo valores de venda estratosféricos nas galerias de arte. O pintor abriu novas portas para a reflexão estética e estava na vanguarda de todos os *ismos*. Como ele próprio chegou a afirmar, Picasso "não busca, encontra". O seu quadro *As senhoritas de Avignon* (1907) revolucionou a técnica pictórica, a desfez dos moldes do século XIX e iniciou um processo de decomposição das figuras que culminaria com a abstração. Atravessou fases azuis, cor-de-rosa, cubistas analíticas, cubistas sintéticas... E quando quase todo mundo aderiu à vanguarda, voltou o olhar para a Antiguidade Clássica. No entanto, e apesar de ser um autêntico vulcão de novas ideias, a verdade é que Picasso demorou meses para encontrar um tema que atendesse à encomenda feita pela República. Somente as notícias do bombardeio de Guernica e a comoção internacional que esse evento ocasionara levaram Picasso a emular o seu antecessor Francisco de Goya e a transformar-se em um cronista do horror da guerra.

O resultado foi uma tela de dimensões colossais, de quase 8 m de largura por 3,5 de altura. Em sua descrição do bombardeio de Guernica, prescindiu do uso da cor e fez um quadro que vai do branco ao preto, passando por toda a gama de cinzas. O estilo do autor é inconfundível, com a mistura da pintura a óleo e técnicas de *collage*. O quadro *Guernica* choca o espectador, que sente como se levasse um soco no estômago. As figuras nele representadas são inquietantes, e algumas ainda hoje são objeto de interpretações controversas: uma mulher grita do fundo de sua alma ao perceber a morte de seu filho no colo, um touro e um cavalo com línguas de ponta de lança não sabem onde se esconder e um soldado com uma espada quebrada está deitado no chão, decapitado e com o braço amputado. Entre os dois animais, aparece a silhueta de um pombo ferido com o bico muito aberto (uma metáfora da paz violada?). Duas figuras fantasmagóricas tentam fugir do incêndio, enquanto a cena toda é iluminada por uma lâmpada elétrica e um lampião segurado por um braço misterioso que sai de uma janela em chamas.

Precisamos voltar mais de um século na história para encontrar nos *Fuzilamentos de 3 de maio*, de Goya, uma pintura tão chocante quanto o *Guernica*. Como Goya, Picasso transcende o realismo para exprimir a insanidade da guerra. As formas se transmutam em um grito de dor e de angústia.

Analistas recentes, porém, têm encontrado paralelismos entre o *Guernica* de Picasso e uma cena do filme *Adeus às armas*, versão fílmica do romance homônimo de Ernest Hemingway, realizada por Frank Borzage em 1932. De fato, há nesse filme uma cena que guarda grandes semelhanças com as figuras que aparecem pintadas no *Guernica*. Contudo, essas novas contribuições da História da Arte não diminuem nem um pouco a força da mensagem de Picasso em defesa dos direitos humanos e da paz.

O impacto das notícias do bombardeio de Guernica deve ter sido tão forte que Picasso abandonou outros projetos em curso e debruçou-se de maneira febril na obra encomendada pelo governo republicano, dedicando todos seus esforços a ela. Parece que o pintor começou a trabalhar para valer no dia 11 de maio, e em menos de um mês considerou o trabalho concluído. A obra foi exposta ao público no dia 12 de julho, com algum atraso em relação à inauguração da Exposição Internacional. O escritor Max Aub, então adido cultural em Paris, foi o encarregado de ler o discurso de apresentação do *Guernica*. A obra teve um efeito imediato no público parisiense, exatamente como o governo republicano havia desejado, e se tornou uma das peças mais comentadas pelos visitantes. Depois da exposição em Paris, essa obra fez uma turnê por cidades escandinavas e do Reino Unido, exposta junto com outras pinturas de arte moderna, como paradigma das novas correntes estilísticas.

Naturalmente, para os partidários do fascismo o quadro de Picasso era como um cuspe na cara. O *Guernica* seria alvo de atentados perpetrados por extremistas de variadas ideologias. Uma história de origem duvidosa conta que em Paris, em 1940, um soldado alemão perguntou a Pablo Picasso, ao ver uma reprodução do *Guernica*, se fora ele quem havia feito aquilo. A resposta do artista foi: "Não fui eu, foram vocês".

O quadro teve uma vida azarada nos anos posteriores. Em 1940, diante do perigo de uma invasão alemã, o *Guernica* foi evacuado da França e levado para os Estados Unidos, onde foi exposto no Museu de Arte Moderna. Picasso faleceu em 1973, mas deixou em seu testamento a vontade de que o *Guernica* fosse para a Espanha assim que o país recuperasse as liberdades democráticas. A partir de 1977, o governo espanhol iniciou uma longa negociação diplomática, que culminou em 1981 com a viagem do quadro da América do Norte para a península ibérica. Atualmente, o quadro se acha exposto no Museu Reina Sofía, de Madri, detrás de um grosso vidro à prova de balas.

Muito mais modesta foi a presença da Espanha nacional na Exposição Universal de Paris. Como o governo francês não tinha reconhecido diplomaticamente o lado franquista, a sua participação se fez através do pavilhão do Vaticano. Uma pintura de José María Sert, intitulada *Intercessão de Santa Teresa pela guerra espanhola*, serviu para mostrar aos visitantes a outra versão da história.

O Congresso Internacional de Intelectuais Antifascistas

Como uma espécie de Brigada Internacional das letras, uma legião de intelectuais esquerdistas viajou até a Espanha em guerra para manifestar apoio à República. Esse auxílio era, na maioria dos casos, moral, com a aparição pública de reconhecidos autores dando suporte ao governo democrático. Figuras renomadas como o fotógrafo Henri Cartier-Bresson ou a estrela de Hollywood Errol Flynn, por exemplo, visitaram as Brigadas Internacionais perto do rio Jarama. Em outros casos, os artistas e pensadores não se limitaram apenas a argumentar ou a levantar o moral das tropas, mas participaram ativamente no *front* bélico, empunhando armas ou pilotando aviões de combate.

Embora muitos escritores fossem para a Espanha por sua própria conta e risco e de maneira individual, o principal evento coletivo que os atraiu foi o Segundo Congresso Internacional de Intelectuais Antifascistas em Defesa da Cultura, organizado em Valência entre os dias 4 e 11 de julho de 1937. O Primeiro Congresso ocorrera dois anos antes, em Paris, sob a organização da Associação Internacional de Escritores em Defesa da Cultura, uma entidade formada por militantes comunistas e outros "companheiros de viagem" (isto é, simpatizantes do comunismo que não estavam filiados ao partido). O secretário desse primeiro congresso foi Louis Guilloux, que logo seria o principal responsável pelo Socorro Vermelho.

A "filial" espanhola dessa associação internacional constituiu-se em 30 de julho de 1936, pouco depois do golpe de Estado, sob a denominação de Aliança de Intelectuais Antifascistas em Defesa da Cultura. Em seu manifesto inaugural, assinado por algumas das figuras mais significativas da *intelligentsia* espanhola (entre outros, Luis Buñuel, Ramón Gómez de la Serna, María Zambrano, Rafael Alberti, Rosa Chacel, Max Aub e Miguel Hernández), a Aliança qualificava o *Alzamiento* como um "levante criminoso de militarismo, clericalismo e aristocratismo de casta contra a República democrática"; portanto, contra o povo. Diante da "explosão de barbárie" promovida pelos militares, os intelectuais vinham a público para mostrar sua solidariedade ao governo da República.

Também no âmbito da cultura fez-se patente a sombra do Kremlin. A articulação dos intelectuais ao redor de alianças antifascistas não era fruto do acaso. Em 1934, Stalin tinha ordenado convocar o Primeiro Congresso da União de Escritores Soviéticos. Nele foi imposta que a doutrina do "socialismo em um só país" também passasse ao terreno estético, e para tanto o *premier* soviético obteve o apoio de Maxim Gorki. Como consequência, foi colocado um ponto-final às experimentações vanguardistas da década de 1920. Daí para a frente os escritores, músicos e artistas seriam forçados a seguir o chamado "realismo socialista". O artista devia renunciar à sua individualidade e pôr sua arte a serviço do Estado.

O *front* das ideias

A posição do Kremlin colidiu com os postulados estéticos de muitos criadores da Europa Central e Ocidental, que consideravam a vanguarda uma boa forma de criticar o capitalismo e as contradições da sociedade burguesa. O confronto entre o *diktat* moscovita e as pretensões de liberdade criativa dos artistas ocidentais foi um dos assuntos mais discutidos no congresso ocorrido em Valência. Ainda que esta cidade tivesse sido a escolhida para o evento (dado que desde novembro de 1936 era a sede do governo republicano e estava bem protegida em face de eventuais incursões rebeldes), também foram realizadas reuniões literárias em Barcelona e Madri. As autoridades republicanas deram respaldo total ao congresso. A sessão inaugural foi presidida por Juan Negrín e a de encerramento, por Diego Martínez Barrio, presidente das Cortes.

Ao Congresso de Intelectuais Antifascistas acudiram, além dos principais escritores espanhóis republicanos (como Antonio Machado, León Felipe, Rafael Alberti ou Miguel Hernández), uma nutrida representação de autores estrangeiros. Participaram do encontro, entre outros, os franceses André Malraux e Louis Aragon, o romeno Tristan Tzara, o russo Ilya Ehrenburg, o norte-americano Ernest Hemingway, o chileno Pablo Neruda, o mexicano Octavio Paz, o peruano César Vallejo, o cubano Nicolás Guillén e o argentino Raúl González Tuñón. Alguns deles viajaram para Valência *ex professo*; outros já estavam na Espanha havia algum tempo. Era o caso de André Malraux, que no começo da guerra havia conseguido reunir aviões franceses para organizar a *Escuadrilla España*, um corpo de voluntários do ar que operou entre agosto de 1936 e fevereiro de 1937, apesar da política de não intervenção secundada pelo governo francês. Malraux fez tudo o possível para evitar a integração de sua esquadrilha nas Brigadas Internacionais, cujo principal mentor, André Marty, era alguém com quem mantinha diferenças ideológicas e pessoais irreconciliáveis.

Ernest Hemingway, o romancista, também já estava na Espanha quando o congresso foi convocado. Ele havia visitado o país com alguma frequência nos anos anteriores, geralmente em companhia de outros membros da "geração perdida" norte-americana, um grupo de escritores que após a Primeira Guerra Mundial se refugiara em Paris, numa vida boêmia e carregada de excessos. Esse clima de *fiesta*, com fartura de álcool e em meio às exóticas touradas e *encierros* de Pamplona, teve seu reflexo literário em *The sun also rises* (1926 – *O sol também se levanta*), seu primeiro sucesso. Hemingway foi um amante da cultura hispânica e encontrou tanto em Cuba quanto na Espanha uma espécie de segundo lar.

Graças ao seu bom conhecimento do idioma e da cultura local, em março de 1937 a *North American Newspaper Alliance* contratou Hemingway como correspondente de guerra. Uma de suas primeiras tarefas foi completar o roteiro do filme *The Spanish Earth* (*Terra espanhola*), que John dos Passos tinha começado a escrever, mas havia deixado incompleto por razões que comentaremos em páginas posteriores. A estadia de Hemingway na Espanha durante os anos da guerra teve forte impacto em sua produção literária. Títulos como *A quinta-coluna* e *Por quem os sinos dobram* figuram entre suas obras mais aplaudidas.

Pablo Neruda foi outro dos maiores propagandistas da causa republicana. Impactado pela experiência da Guerra Civil Espanhola, Neruda inspirou-se para escrever *España en el corazón* (1937). O congresso de Valência também serviu para que o poeta chileno pudesse conhecer pessoalmente alguns dos novos escritores que despontavam no panorama literário hispano-americano. Foi lá que Neruda encontrou um jovem poeta mexicano chamado Octavio Paz. Entre eles surgiu uma grande amizade que com o tempo, e por culpa de divergências políticas, acabou transformando-se em uma azeda rivalidade, porém não isenta de reconciliações e de uma certa cumplicidade. Octavio Paz chegou a reconhecer em Pablo Neruda o seu "inimigo mais querido". Neruda manteve-se firme em suas convicções stalinistas até a sua morte, em 1973. Exportou o modelo de associação literária aprendido na Espanha e fundou a seção chilena da Aliança de Intelectuais para a Defesa da Cultura.

O congresso de Valência foi provavelmente o ato cultural de maior alcance internacional de toda a guerra. Surpreende que uma República acuada e com remotas perspectivas de vitória (o evento aconteceu poucos dias antes da Batalha de Brunete) ainda tivesse forças morais para atrair um punhado de escritores de tão elevada qualidade, alguns dos quais chegariam a ganhar o prêmio Nobel. Nesse ponto, a República espanhola marcou um gol propagandístico contra seus adversários. Talvez a sorte das armas estivesse contra ela, mas a razão e a ideologia pareciam estar de seu lado. Todavia, a preeminência dos escritores comunistas denotava a inclinação pró-soviética

O *front* das ideias

do governo de Negrín e a sua submissão às consignas de Stalin, inclusive em matéria cultural.

Uma guerra que revirou convicções

A guerra da Espanha teve um efeito traumático em vários pensadores, a ponto de forçá-los a rever boa parte de suas crenças. Um caso emblemático foi o de Georges Bernanos. O escritor francês, que ficaria famoso com o seu romance *Diário de um pároco de aldeia* (1936), era um dos autores mais prestigiados da literatura católica europeia. Militara, junto com seu amigo François Maurais, na *Action Française*, um partido de extrema-direita contrário ao liberalismo e ao laicismo que imperavam na França da Terceira República. Porém, a relação de Bernanos e Maurais esfriara no começo da década de 1930, e em 1932 o escritor abandonou definitivamente a *Action Française*.

Em 1934, basicamente por motivos financeiros, Bernanos resolveu se mudar com a família para Palma de Maiorca. Lá fez contato com intelectuais, religiosos e políticos locais, e seu filho Yves militou na Falange Espanhola. Graças a essa ligação com os falangistas e com as autoridades católicas, Bernanos pôde testemunhar de perto a conspiração, o golpe de Estado e o desenvolvimento da guerra nas ilhas Baleares. Em março de 1937, o escritor e sua família foram evacuados de Maiorca e voltaram para a França. Em seu país natal, Bernanos começaria a escrever o seu livro mais polêmico: *Les grands cimetières sous la lune* (*Os grandes cemitérios sob a lua*).

Exemplo primoroso de literatura de testemunho, a publicação em 1938 de *Os grandes cemitérios sob a lua* pegou totalmente de surpresa aqueles que esperavam mais um texto de louvor à cruzada do general Franco. Na contramão de sua militância política anterior e deixando de lado o fato de que o seu filho fora *camisa vieja*, a pena de Bernanos não tremeu ao relatar as atrocidades cometidas pelos rebeldes na sua repressão contra os esquerdistas da ilha. Metade ensaio, metade relato, algumas passagens de *Os grandes cemitérios* pintam vívidos retratos das prisões arbitrárias e execuções sumárias dos *desafectos* à rebelião militar. Bernanos não esconde em seu livro os nomes e sobrenomes dos principais responsáveis do massacre que estava sendo executado. Nem mesmo o bispo Josep Miralles foi poupado. Em sua duríssima diatribe, Bernanos aponta o dedo para o prelado assinalando-o como um dos principais mentores espirituais daquele banho de sangue.

O livro de Bernanos levantou grande poeira na França. Algumas vozes conservadoras se levantaram para reclamar que *Os grandes cemitérios* era fruto de uma imaginação fértil e que suas descrições não correspondiam à realidade. O prestígio que Bernanos adquirira nos círculos católicos decaiu notavelmente. Para muitos, ele havia traído a religião com esse livro incendiário que não passava de um panfleto político. No entanto, e apesar da contrapropaganda católica, a publicação de *Os grandes cemitérios* compensou o impacto causado um ano antes pela obra de Joan Estelrich acerca da perseguição religiosa na Espanha e equilibrou o debate intelectual europeu a respeito da guerra espanhola.

George Orwell percorreu o mesmo caminho de Bernanos, porém em sentido contrário. O escritor inglês (cujo verdadeiro nome era Eric Blair) havia manifestado inquietações anti-imperialistas e esquerdistas em seus anos de juventude. Em 1936 fizera uma meticulosa pesquisa sobre as condições de vida da classe trabalhadora no norte da Inglaterra, o que sem dúvida fomentou as suas aspirações de justiça social. Embora tivesse participado de algumas reuniões do Partido Comunista britânico, nunca chegou a filiar-se. Algumas das opiniões que Orwell publicara em seu estudo sobre os operários incomodaram ativistas de esquerda associados ao filocomunista *Left Book Club*. Nesse texto, Orwell havia procurado retratar a classe trabalhadora britânica tal como era, sem esconder os defeitos, e pintando uma imagem muito distante do proletariado como "motor da revolução" que os leninistas pregavam.

Orwell entraria na Espanha nos últimos dias de 1936 com um salvoconduto do Partido Trabalhista Independente e, após sua chegada em Barcelona, decidiria se alistar na milícia do POUM. Na sua viagem da Inglaterra à Espanha, Orwell fez uma parada em Paris. Lá entrevistou o escritor norteamericano Henry Miller. Os dois autores nutriam mútua admiração, apesar das diferenças ideológicas e estilísticas. Miller ridicularizou a vontade de Orwell de "lutar contra o fascismo" nas terras espanholas e o acusou de ser um *boy-scout* (escoteiro). Achou uma idiotice participar daquela guerra. Mesmo assim, o "pornógrafo" Miller fez a sua pequena contribuição à causa da República dando um casaco de presente a Orwell. O inglês sem dúvida agradeceria o presente nas frias noites passadas nas trincheiras.

O *front* das ideias

Como miliciano, George Orwell lutaria no *front* de Aragão, próximo a Huesca. Ferido em uma das mãos, ele voltou a Barcelona em abril de 1937, para ser internado. Durante a sua convalescência, Orwell presenciou os "fatos de maio" e viu com os próprios olhos as táticas usadas pelos comunistas para depurar os rivais anarquistas e trotskistas e intoxicar a opinião pública com meias verdades e falsidades completas. Achou detestável a onda de mentiras e acusações de espionagem que os meios afins aos comunistas orquestraram com a finalidade de banir o POUM e integrar as suas milícias no Exército Popular da República. Orwell negou-se categoricamente a juntar-se às Brigadas Internacionais, pois era público e notório que essas forças estavam sob a supervisão dos stalinistas, e manifestou sua vontade de continuar a lutar com seus companheiros do POUM.

Recuperado da lesão e de volta ao *front*, no final de maio Orwell foi ferido de novo, e desta vez era um ferimento de maior gravidade. Uma bala atingiu sua garganta e o deixou quase sem voz. Faltou muito pouco para o projétil cortar a artéria aorta, o que teria sido fatal. Ainda que não precisasse temer pela própria vida, ficou inútil para o combate e, em julho de 1937, regressou à Inglaterra, pouco antes de o POUM ser definitivamente banido.

O resultado imediato da experiência de Orwell na guerra civil foi o livro de memórias *Homenagem à Catalunha* (1938). Nele, o autor expõe a alegria que sentiu ao chegar a Barcelona, "uma cidade onde a classe trabalhadora segurava as rédeas". O escritor admirou o ímpeto revolucionário dos anarquistas, cuja bandeira vermelha e preta era onipresente. Os operários daquela Barcelona revolucionária haviam assumido a direção de suas vidas e tinham rompido as correntes que os aprisionavam. Os serviços públicos estavam socializados, os garçons olhavam os clientes como iguais, cara a cara, e quadrilhas de pedreiros dedicavam-se a demolir igrejas. Vocábulos como "senhor" ou "dom" tinham sido eliminados da linguagem cotidiana, e todo mundo se tratava por "tu" e se cumprimentava com um sonoro *salud*.

Orwell também teceu elogios às coletivizações praticadas em Aragão. Os revolucionários tinham conseguido instaurar uma igualdade quase absoluta nesse recanto único da Europa. Vícios do mundo capitalista, como a ostentação, interesse pelo lucro ou temor ao patrão, haviam simplesmente deixado de existir. "A divisão de classes sumiu a um ponto que parece ser quase inconcebível na atmosfera mercantil da Inglaterra; lá só estávamos os camponeses e nós, e ninguém era dono de ninguém." Todavia, Orwell não nos poupa nas páginas de seu livro do reverso obscuro da guerra nem esconde as agruras que uma população envolvida em uma guerra indesejada é obrigada a atravessar. Nas ruas de Barcelona a comida escasseava, e produtos como a gasolina, o carvão e o açúcar eram praticamente impossíveis de se conseguir. Entre os gritos revolucionários ocultava-se uma massa anônima e assustada.

Homenagem à Catalunha é uma rara apologia da utopia, do humanismo e do sacrifício pessoal em benefício do progresso da humanidade, escrita com a clarividência de um pensador que não se deixava levar por *slogans* simplificadores. Há também nesse livro uma grande dose de realismo, como somente poderia ter sido estampado no papel por alguém que havia passado pelo trauma de confrontar as belas teorias com a dura realidade.

A longo prazo, o testemunho do experimento revolucionário espanhol – e especialmente do seu esmagamento pelos stalinistas –, tornaria Orwell um dos críticos mais corrosivos do totalitarismo. Em *Animal Farm* (*A revolução dos bichos*, de 1945), o escritor usa as técnicas da fábula para contar como o porco Napoleão (*alter ego* de Stalin) obtém o poder absoluto em uma granja, expulsa o dono anterior (um homem) e impõe um regime de terror. O que começa como uma revolução igualitária, em que os bichos se rebelam contra a alienação a que são submetidos pelos humanos, acaba com uma declaração de que há alguns animais "mais iguais do que outros", o que leva ao domínio dos porcos sobre os demais. E dentre os porcos surge um ditador que rege a granja com ainda mais crueldade do que os humanos. A deturpação da revolução e a sua conversão em uma ditadura personalista alcança o ápice quando Napoleão (isto é, Stalin) aparece calçando as botas do antigo dono e portando um chicote no cinto. Em *Animal Farm*, com um estilo próximo ao dos contos infantis, Orwell traçou uma trágica alegoria dos primeiros vinte anos da história da União Soviética e uma sólida descrição dos métodos totalitários.

Orwell apertaria mais um pouco os parafusos na sua crítica ao totalitarismo com o romance *1984* (publicado pela primeira vez em 1949, quando a Guerra Fria fazia temer a eclosão da Terceira Guerra Mundial). Nesta distopia, o mundo está dividido em três superpotências totalitárias que combatem entre si. O protagonista mora em um desses regimes sem liberdade, em que as únicas ideias permitidas são as doutrinas e os hinos do partido. Uma das poucas distrações é assistir à projeção de noticiários que dão conta dos avanços obtidos na economia, das vitórias infringidas ao inimigo em uma guerra sem fim e das confissões pronunciadas em juízo pelos dissidentes políticos. Tudo está controlado por um líder chamado de *Big Brother* (Grande Irmão), cuja imagem está presente em toda parte e ao qual é rendido culto quase religioso. Uma atmosfera opressiva e cinzenta se abate sobre os personagens de *1984*, que são monitorados 24 horas por dia até mesmo em seus momentos mais íntimos. O trabalho do protagonista do romance consiste em alterar os textos da hemeroteca de acordo com a evolução das diretrizes do partido único.

A falsificação da História foi um recurso corriqueiro em muitos totalitarismos, como o próprio Stalin fez na URSS ordenando a exclusão da figura de Trotsky nas fotos em que aparecia junto a Lenin. Esse recurso também foi testado na guerra espanhola durante a perseguição do POUM. Como diria a cubana Yoani Sánchez, blogueira em um dos poucos estados totalitários que restam no planeta, como em *1984*, o futuro é conhecido por todos, mas ninguém sabe o passado que pode ter...

De uma forma talvez menos radical do que a experiência de Orwell, mas igualmente observável em sua biografia, a Guerra Civil Espanhola mudou a percepção que John dos Passos tinha do comunismo. O narrador estadunidense havia se destacado pela sua militância de extrema-esquerda e pela aplicação do conceito de luta de classes à realidade de seu país. Dos Passos fizera parte da Liga de Escritores Americanos, uma associação de orientação claramente pró-comunista. Da mesma forma que seu patrício Ernest Hemingway, também se deslocou a Espanha para conhecer e relatar o que estava acontecendo. No entanto, a sua atitude em face da guerra foi muito diferente. Enquanto Hemingway viveu o conflito espanhol quase como uma aventura (o autor de *Adeus às armas* foi criticado por usar em Madri uma indumentária mais adequada para um safári na África), Dos Passos se deu conta rapidamente do drama humano que aquela guerra representava.

No começo de 1937 o seu melhor amigo espanhol desapareceu. Tratava-se de José Robles Pazos, o tradutor para o castelhano do romance mais famoso de Dos Passos, *Manhattan Transfer*. O corpo do tradutor foi encontrado semanas mais tarde. Havia sido assassinado, segundo a versão oficial, por ter praticado espionagem em favor dos franquistas. Inconformado com essa explicação, e sabendo que José Robles era avesso ao fascismo, John dos Passos iniciou uma investigação para averiguar o que realmente tinha acontecido. Deparou-se com uma verdade desagradável: José Robles, que também falava fluentemente russo, havia assistido Yan Karlovich Berzin, um oficial soviético enviado por Stalin como assessor militar. Exercendo a sua função de tradutor, José Robles soube dos planos soviéticos para expurgar anarquistas e trotskistas, que seriam postos em prática a partir do mês de maio. Para evitar vazamento de informações e manter o projeto em segredo, Alexander Orlov decidiu liquidá-lo, como "queima de arquivo", e inventou a história da espionagem como cortina de fumaça.

A indignação de John dos Passos ao saber a verdade sobre a morte de seu amigo provocou uma briga com Ernest Hemingway, o que levaria ao fim da amizade entre ambos. Hemingway preferiu continuar a acreditar na tese oficial da espionagem, apesar de todas as evidências em contrário. Para John dos Passos, por outro lado, o episódio de José Robles havia servido para abrir seus olhos ante a dura realidade. Como reconheceria anos mais tarde, depois da viagem à Espanha, as liberdades civis deviam ser protegidas em qualquer situação. Dos Passos opinava que a introdução das práticas persecutórias da polícia secreta soviética fizera tanto mal para a causa da República quanto bem lhe fizeram os tanquistas, pilotos e especialistas militares. Os métodos totalitários, como acontecera na Rússia, eram implacáveis e, uma vez empregados, não cessariam até ter corrompido todo o corpo político.

Os "mártires" da cultura

Em razão de a Guerra Civil Espanhola ter sido também uma guerra ideológica, em que os escritores lutavam por um lado ou por outro sem outra arma senão as palavras, a repressão política não poupou poetas, romancistas ou dramaturgos. Eles foram alvo das balas do inimigo como se fossem soldados uniformizados. Nos cruentos anos de 1936-39, a Espanha perdeu alguns de seus criadores mais destacados.

Talvez o "mártir" internacionalmente mais chorado seja o poeta e dramaturgo granadino Federico García Lorca. Jovem brilhante e cosmopolita (havia sido *lector*, isto é, assistente na cátedra de espanhol da Universidade de Nova York), García Lorca esteve atento às inovações literárias do primeiro terço do século XX. Conviveu com Buñuel e Dalí na Residência de Estudantes de Madri e teve uma fértil amizade com eles, através da qual se aprofundou nas descobertas do surrealismo, a corrente artística em voga no final da década de 1920. Inspirado nessa estética, García Lorca escreveu o livro *Poeta en Nueva York* (1930).

Contudo, o cosmopolitismo de Lorca nunca esteve em conflito com o seu amor pelo povo. O poeta foi um autor engajado nas questões sociais e impregnou-se da linguagem popular para compor poesia de muitos quilates, mas ao mesmo tempo de fácil compreensão para as massas. O *Romancero gitano* (1928) talvez seja a maior prova disso. Em seus versos destila-se o lirismo da poesia tradicional andaluza e dá-se voz aos mais oprimidos: os "invisíveis" ciganos, uma minoria étnica chegada à península ibérica 500 anos atrás, sempre perseguida e jamais integrada.

O cigano ocupa o lugar do Outro no imaginário coletivo espanhol. Com a pele mais escura do que a maioria dos espanhóis e com uma fala própria, o *caló*, os ciganos são tratados ainda hoje com preconceito. A guarda civil fica de olho neles o tempo todo, pois são nômades, possuem as próprias regras de convivência e negam-se a aceitar as convenções sociais dos *payos* (brancos), entre elas o respeito à propriedade privada. O clichê pinta o cigano como um malandro ladrão de galinhas, uma pessoa ruidosa e festiva, que mora na bagunça; alguém que nenhuma família de bem gostaria de ter como vizinho. Consciente de que os guardas civis têm sido os antagonistas seculares do povo cigano, o *Romancero gitano* lhes dedicou versos ofensivos, como aquele que diz que os guardas civis não choram, "pois têm as caveiras de chumbo". Não é difícil de entender por que esses versos caíram como uma bomba entre os membros da *benemérita* e os seus protegidos, os grandes proprietários de terra.

Com a proclamação da República, Lorca intensificou seu compromisso político e fundou o grupo teatral *La Barraca*, encarregado de encenar as peças clássicas do teatro castelhano nos mais recônditos povoados rurais. Apresentando Lope de Rueda, Lope de Vega e Calderón de la Barca a lavradores analfabetos, Lorca recuperou a essência catártica do teatro grego. Os dramas e comédias do Século de Ouro espanhol colocaram novas ideias

A Guerra Civil Espanhola

em mentes que até então, em muitos casos, só tinham se preocupado com a sobrevivência no duro dia a dia. Peças como *Fuenteovejuna* ou *El mejor comendador, el Rey* eram manifestos políticos em favor da justiça e podiam ser facilmente utilizados pelos sindicatos para conscientizar o povo.

Os caciques meridionais não gostaram nem um pouco dessa ideia. Fazer pensar sujeitos com fome e submetidos a trabalhos diários de sol a sol, pelos quais apenas ganhavam uma mixaria, só poderia contribuir para trazer desordem aos latifúndios. Além do mais, Federico García Lorca estava se comportando como um traidor. Ele próprio era filho de um proprietário de terras (porém, de posições políticas bem mais progressistas do que a média) e deveria defender os interesses de sua classe e não fomentar a rebelião dos trabalhadores. Por esses motivos, quando a direita chegou ao poder no final de 1933, os subsídios a *La Barraca* foram cortados drasticamente.

Lorca não desistiu de sua vocação pedagógica e nos anos republicanos escreveu uma trilogia de peças ambientadas na Andaluzia rural. Nelas o poeta toca de forma muito ferina em alguns dos preconceitos mais enraizados na mentalidade popular e eleva as mulheres à condição de heroínas plenas de dignidade. Assim, em *Bodas de sangre* (1933) Lorca faz refletir sobre a importância da virgindade feminina; em *Yerma* (1934) trata da triste condição das mulheres inférteis; e em *La casa de Bernarda Alba* (1936) ele fala do clima de opressão sexual que padece um grupo de irmãs por terem de honrar o luto por um parente. Com essa trilogia, Federico García Lorca fez uma radiografia sem piedade do atraso da sociedade andaluza e espanhola, atrelada a velhos códigos morais. Mesmo que não se filiasse a partido político algum, obras como essas não deixavam dúvidas de que estava claramente posicionado à esquerda. Em 1936 Lorca fará manifestações públicas de apoio à Frente Popular.

Mas não era só isso. Na figura de Lorca havia mais um pecado, talvez o mais grave aos olhos dos grandes proprietários de terra conservadores: o poeta era homossexual. Aliás, ele não escondia sua condição de *gay*, ao contrário de tantos outros que preferiam mantê-la oculta. Todos esses fatores, mesmo sem que ele soubesse, iriam condená-lo à morte. Como disse o seu captor, o ex-deputado da CEDA Ramón Ruiz Alonso, "Federico García Lorca causou mais danos com a sua pena do que outros com as armas".

Quando a guerra começou, Lorca negou-se a abandonar sua cidade natal, ainda que em Granada tivesse triunfado o golpe militar. Passou a morar na casa de seu amigo Luis Rosales, poeta falangista. Mas isso não lhe salvou a vida. Tampouco salvaria a amizade que cultivou com José Antonio Primo de Rivera, que, apesar das insuperáveis diferenças ideológicas, considerava Federico García Lorca um dos maiores poetas de sua geração e admirava sua obra.

Em 18 de agosto de 1936, Lorca foi preso, acusado de esquerdista, no mesmo dia em que seu cunhado, o prefeito de Granada, Manuel Fernández-Montesinos, era morto. Na madrugada do dia 19, o poeta foi fuzilado, junto com um mestre republicano e um *banderillero* (assistente de toureiro) anarquista. Um de seus assassinos se gabou de ter-lhe dado "dois tiros no cu, por ser viado". O corpo foi enterrado em uma vala comum no município de Alfácar e até hoje não foi localizado. Em 2009, em meio à aplicação da Lei da Memória Histórica e do processo aberto pelo juiz Baltasar Garzón para apurar os crimes da guerra civil e do franquismo, a vala comum onde supostamente se encontrava o cadáver de Lorca foi aberta. Porém, os resultados dos testes de DNA mostraram que os restos exumados não correspondiam aos do poeta.

A dificuldade para encontrar o seu cadáver tem levantado diversas hipóteses, mas com poucas provas que as fundamentem. Uma dessas teorias recentes é que os ossos de Lorca foram transportados para a América do Sul pelo seu amante uruguaio, o escritor Enrique Amorim, que os teria depositado na cidade de Salto. Seria o final mais bonito e lírico para o poeta que emprestara sua voz ao povo. Todavia, não temos provas de que os restos mortais de Lorca estejam realmente nessa cidade do Uruguai. E, conhecendo a fértil imaginação de Amorim, é muito provável que essa história não passe de ficção.

A prisão e desaparecimento de Federico García Lorca provocou uma onda de indignação. Na Espanha, o seu amigo e poeta Antonio Machado lhe dedicou a obra *El crimen fue en Granada* (1937). No exterior, H. G. Wells, na qualidade de presidente do Pen Club, enviou uma queixa ao governador militar de Granada, que foi respondida com evasivas. No Segundo Congresso de Intelectuais Antifascistas foi feita uma homenagem ao poeta assassinado, em uma cerimônia que acabaria instrumentalizada com fins propagandísticos. Muito mais discretas foram as reações à morte de Lorca na Espanha "nacional", embora um escritor corajoso tenha publicado que "a Espanha imperial perdera o seu maior poeta".

A Guerra Civil Espanhola

Na guerra ideológica os franquistas não tiveram um "mártir" à altura de Lorca. Não em virtude da falta de escritores de direita assassinados pelos "vermelhos", os quais infelizmente abundaram. Porém, como apontamos no início deste capítulo, os grandes nomes das letras hispânicas se puseram em geral do lado da República, ou se mantiveram em silêncio. Mesmo assim, se tivermos que assinalar um "mártir" dos "nacionais", esse deveria ser Ramiro de Maeztu.

Filho de pai cubano de ascendência navarra e de mãe inglesa, Ramiro de Maeztu nasceu na cidade basca de Vitória em 1875 e residiu em Madri desde 1897. Como jornalista, presenciou de perto o Desastre de 1898 e, com Azorín e Pío Baroja, formou o núcleo de escritores da chamada "geração de 98". Como os seus companheiros de grupo literário, Ramiro de Maeztu estava convencido da decadência da Espanha. Para superá-la era necessário um programa regeneracionista. Embora na juventude Maeztu tivesse flertado com o socialismo, à medida que foi amadurecendo adotou posturas cada vez mais conservadoras. Colaborou com a ditadura de Primo de Rivera e atuou como embaixador na Argentina. Lá, entrou em contato com o pensador Zacarías de Vizcarra, que tinha cunhado o conceito de Hispanidade, como superação ao de *raza*.

Durante a Segunda República, Maeztu mostrou-se um dissidente intelectual e fundou a revista *Acción Española*, cujo nome era a tradução espanhola da *Action Française*. Ideologicamente, *Acción Española* espelhava os princípios monárquicos, católicos e reacionários de sua homóloga francesa e atraiu um grupo de autores de direita e alguns dos ideólogos do fascismo na Espanha. Nesses anos Maeztu publico o livro *Defensa de la Hispanidad* (1934), síntese de sua ideologia, que se tornaria uma das bases doutrinais da ditadura de Franco.

O fracasso do levante em Madri levou à sua prisão em 30 de julho de 1936. Esteve na cadeia de Las Ventas até o dia 29 de outubro, quando, em um dos "saques" de presos, foi levado por milicianos até o cemitério de Caravaca, onde foi fuzilado. Na hora de sua morte, Maeztu pronunciou uma frase lapidar: "Vocês não sabem por que me matam, mas eu sim sei por que morro: para que os seus filhos sejam melhores do que vocês!"

Ainda que a sua morte tenha ocorrido depois da guerra, é habitual considerar o poeta Miguel Hernández como outro dos "mártires" da *intelligentsia* republicana. Nascido em uma família humilde da localidade murciana de Orihuela em 1910, Miguel Hernández cursou apenas estudos primários, pois teve que abandonar a escola para trabalhar como pastor de cabras. Complementou sua formação rudimentar com frequentes visitas à biblioteca municipal, onde pôde ler os clássicos da literatura e descobrir a sua vocação poética. Com 20 e poucos anos, mudou-se para Madri e colaborou nas Missões Pedagógicas da República, ao mesmo tempo que publicava textos na prestigiosa *Revista de Occidente*. Os seus poemas chamaram a atenção de literatos consagrados como Juan Ramón Jiménez.

Ao começar a guerra, o poeta alistou-se no Quinto Regimento e lutou em diversos *fronts*. Paralelamente, desenvolveu a sua carreira nos principais eventos literários organizados pelo governo republicano ou em missões institucionais, como aquela que o levou à União Soviética por vários meses em 1937. Quando a guerra civil terminou, Miguel Hernández tentou fugir da Espanha, mas foi preso em Portugal, e a polícia de Salazar o entregou à de Franco. Foi condenado à morte, pena finalmente comutada por 30 anos de prisão.

Com ele na cadeia, sua esposa e filho passaram muita necessidade. Em uma carta, sua mulher relata ter apenas pão e cebolas para comer. O poeta respondeu à missiva com o livro *Nanas de la cebolla*, um conjunto de enternecedoras canções de ninar para o filhinho que não teve oportunidade de conhecer. A escrita desses versos ocorreu nas piores condições imagináveis. Na prisão de Ocaña onde o poeta estava, a comida era escassa e o tratamento médico inexistente. Miguel Hernández adoeceu de bronquite e tifo, que evoluíram para uma tuberculose que ceifou sua vida. O poeta faleceu na prisão de Alicante em 1942, com apenas 31 anos de idade.

A cultura popular

A guerra da Espanha gerou um rico cancioneiro popular em diversos idiomas. Eram no geral toadas cantadas no *front* para animar as tropas durante as batalhas, aliviá-las do sofrimento das longas marchas ou preencher os períodos de tédio em que nada acontecia nas trincheiras. Algumas dessas canções também eram entoadas por civis nas cidades como forma de animar a população, e era frequente que se alternassem com hinos como o da

A Guerra Civil Espanhola

República (hino de Riego), da Internacional ou hinos de partidos e sindicatos (como *A las barricadas*, cantado por anarquistas e trotskistas, baseado no célebre hino libertário *A varsoviana*).

Os brigadistas internacionais também deixaram a sua contribuição, com canções em seu próprio idioma. Talvez a mais célebre seja o *Jarama Valley*, composta por Alex McDade durante a batalha pelo controle desse rio, aproveitando a melodia da canção folclórica *Red River Valley*.

Um caso particular foi *¡Ay, Carmela!*, canção popular do século XIX que ambos os lados adaptaram, mantendo a música e trocando a letra, para louvar suas façanhas bélicas. Assim, conservamos versões republicanas de *¡Ay, Carmela!* dedicadas à passagem do rio Ebro ou a elogiar o papel das Brigadas Internacionais. Os nacionais adaptaram essa canção e a transformaram em uma cantiga à glória do Caudilho. *¡Ay, Carmela!* serviu de tema central para o filme homônimo dirigido por Carlos Saura em 1990, em que é contada a história de um casal de humoristas que encena seu espetáculo de variedades em ambos os lados da contenda.

Algo similar ocorreu com *Ya sabes mi paradero*, usada com letras diferentes por "vermelhos" e "azuis". Possui um tema com uma melodia tão pegajosa que tem se tornado uma das trilhas sonoras mais conhecidas da guerra civil, usada abundantemente em filmes e documentários. Embora a canção tivesse sua origem na guerra do Marrocos, a versão dos republicanos foi aquela que ganhou mais popularidade. Uma de suas estrofes diz assim:

> Si me quieres escribir
> ya sabes mi paradero
> Tercera Brigada Mixta,
> primera línea de fuego.[2]

Os "nacionais" entoavam hinos falangistas, como *Cara al sol* ou *Prietas las filas*. *Cara al sol* era o hino oficial da Falange Espanhola e virou, junto com o *Oriamendi* e a *Marcha real*, uma das três partes do hino da Espanha de Franco. Com uma retórica pós-romântica, avessa às correntes de vanguarda da literatura do século XX, os autores do *Cara al sol* (a letra é atribuída a José Antonio Primo de Rivera, com colaboração do escritor Agustín de Foxá, e a música foi composta por Juan Tellería) fizeram um hino à esperança de uma nova Espanha, onde a primavera voltaria a rir, e esquadras vitoriosas trariam um novo amanhecer imperial.

A letra do *Cara al sol* transpira um ar juvenil, que contrasta com o olhar nostálgico do *Oriamendi* (hino carlista). Esse hino cantava: "Por Deus, a Pátria e o Rei lutaram nossos pais. / Por Deus, a Pátria e o Rei nós lutaremos também. / Lutaremos todos juntos, todos juntos em união, / defendendo a bandeira da santa tradição."

Hinos fascistas também constavam no repertório dos soldados nacionais, como *Giovinezza* ou *Faccieta Nera*, que geralmente eram cantados em sua língua original, o italiano. Quando as letras eram traduzidas para o castelhano, geralmente era para mudar o seu significado e ironizar as tropas de Mussolini. Foi o aconteceu, por exemplo, depois do fiasco dos blindados leves italianos na Batalha de Brihuega. Os soldados espanhóis cantavam ao ritmo de *Faccieta Nera*: "Guadalajara não é Abissínia; aqui os vermelhos jogam bombas que explodem." Os hinos alemães, ao contrário, e dada a dificuldade da língua de Goethe para a dicção ibérica, eram entoados em sua tradução para o castelhano, o que permitia adaptar a letra às particularidades do falangismo. Foi o caso do hino nazista *Die Fahne Hoch*, cujos versos diziam na versão espanhola: *Despierta ya, burgués y socialista. / Falange trae la revolución.*[3]

Houve canções populares que escondiam um discurso político subliminar. O exemplo mais claro encontra-se em *Yo te daré*, canção popularíssima nos anos da guerra. Com uma música que recorda muito os primeiros compassos da valsa da suíte de jazz de Dimitri Shostakovich, *Yo te daré* cantava, em sua tradução livre para o português: "Eu te darei, te darei menina formosa, / te darei uma coisa, / uma coisa que só eu sei: / CAFÉ!". Sob uma roupagem de frivolidade, pois "café" pode ser interpretado de muitas maneiras, algumas delas picantes, a canção ocultava as iniciais do grito falangista: *Camaradas, Arriba Falange Española!*

Apesar de todos os dissabores da guerra, e por mais difícil que seja acreditar, houve espaço para o humor. Contrariando a crença de que a direita tem um senso de humor pior do que a esquerda, a melhor revista satírica desses anos não surgiu do lado republicano, mas do nacional. Tratou-se do periódico *La Ametralladora*, criado inicialmente para reforçar o ânimo dos soldados, alcançando rapidamente grande popularidade. Com a chegada de Miguel Mihura como diretor, a revista foi abandonando o humor grosseiro,

A Guerra Civil Espanhola

sem sutilezas, destinado unicamente a denegrir os "vermelhos", e seguiu pela trilha do humor do absurdo que tantas obras geniais produziriam no pós-guerra, sempre no limite da censura. Em uma das piadas de Mihura, uma esposa recriminava seu marido que queria ir à guerra. Segundo a senhora, toda vez que ele ia lutar voltava para casa cheio de manchas.

La Ametralladora foi a antecessora de *La Codorniz*, verdadeiro berço do humor gráfico espanhol nos anos da ditadura. Os autores de *La Ametralladora* conseguiam a gargalhada do leitor com um humor branco que se baseava principalmente no disparate. Imagens iam acompanhadas de textos que não tinham nada a ver, produzindo combinações tão absurdas quanto hilárias. E tudo isso em uma publicação tão improvável quanto uma revista para soldados do *front*, em que o habitual é que abundem *slogans*, hinos e insultos, sem espaço para o vigor criativo. Esse humor inteligente, dentro das limitações da época, e completamente distante da retórica da injúria, nem sempre agradou aos chefes militares sublevados, que no verão de 1938 chegaram a solicitar a desaparição de *La Ametralladora*, alegando que a revista "não somente deforma o gosto moral dos soldados, mas também toda a sua psicologia honesta e simples". Por sorte, esses apelos em favor da extinção da publicação não foram escutados, e *La Ametralladora* continuou a ser uma das escassas pitadas de humor num panorama tão trágico e desolador.

Notas

[1] Alguns soldados nacionais, especialmente os *requetés*, que mais se destacaram pela sua fé religiosa, bordavam no peito imagens do Sagrado Coração de Jesus ou colocavam a inscrição *Detente bala* como suposta proteção contra os disparos do inimigo.

[2] Se queres me escrever, / já sabes meu paradeiro: / Terceira Brigada Mista, / primeira linha de fogo.

[3] Desperta já, burguês e socialista. / Falange traz a revolução.

Desgaste e aniquilação

Dizem que um dos problemas das guerras civis é que todas as bombas caem sobre o mesmo telhado. Em se tratando de guerras entre dois países, os projéteis e os mortos às vezes se repartem de forma um pouco mais equitativa, mas nas guerras civis é um povo só que deve arcar com todas as misérias.

O caso da guerra espanhola é ainda pior, pois reúne características das guerras civis e das guerras religiosas. Os dois lados viram em seu antagonista um Anticristo que devia ser eliminado a qualquer custo. Não se tratava apenas de ganhar batalhas, mas de "limpar" o terreno de sujeitos que pensavam diferente. Por isso, a longa duração do conflito só fez prolongar a perseguição mútua e incrementar o número de vítimas e a destruição do país.

No plano militar, depois das fracassadas ofensivas de Brunete e Belchite e com as regiões cantábricas praticamente controladas pelos nacionais, nos últimos meses de 1937 a guerra entrou em uma situação de impasse. Dos avanços das colunas e das manobras táticas passou-se a uma guerra de posições, em que as longas linhas do *front* mantinham-se estáveis por muitos meses.

As condições de vida no *front*

Nessa conjuntura de desgaste, dois fatores resultavam de vital importância: economizar os poucos recursos disponíveis e assegurar o suprimento de armas e alimentos. Se os primeiros dias da guerra tinham seguido a pauta dos *pronunciamientos* do século XIX (com a surpreendente eclosão revolucionária) e se o primeiro ano do confronto recordava as guerras coloniais, a partir de outubro/novembro de 1937 o enfrentamento das duas Espanhas repetiria os moldes da Primeira Guerra Mundial.

O dia a dia dos soldados transcorria nas trincheiras, escavando refúgios contra as bombas, construindo ninhos de concreto para posicionar as metralhadoras ou limpando os fuzis para protegê-los da ferrugem e da lama. Era habitual a troca de insultos e burlas entre os combatentes dos dois lados, uma das maneiras de passar o tempo nas longas semanas em que o *front* ficava estabilizado. Inclusive, para afetar o moral do inimigo, eram instalados aparelhos de megafonia para transmitir *slogans* e hinos militares. No filme de ficção *La vaquilla* (1985), de Luis García Berlanga, mostra-se uma cena em que os nacionais tentam fazer crer aos famélicos soldados republicanos que no lado "azul" a refeição é de cinco estrelas e as porções são fartas.

A guerra psicológica foi utilizada para erodir a vontade de combate do adversário. Mas não foram trocados somente impropérios e *slogans* entre as trincheiras. Houve também, como acontecera na Grande Guerra, momentos de confraternização e de escambo de produtos. Um caso paradigmático foi o cigarro. Para poder enrolá-lo era necessário tabaco (cuja produção se concentrava nas ilhas Canárias, sob o poder dos franquistas) e papel (as papeleiras estavam quase todas na Catalunha, no lado republicano). Era frequente, pois, que emissários se reunissem entre as trincheiras para intercambiar essas mercadorias. Assim, os dois exércitos podiam fumar à vontade.

Também não foram raras as confraternizações, especialmente em *fronts* estabilizados por longo tempo, como o de Aragão. Houve partidas de futebol jogadas entre adversários, assim como a entoação conjunta de canções populares e a troca de informações sobre o andamento da temporada de touradas.

Os poucos passatempos dos combatentes eram fumar, jogar cartas, bater papo com os colegas e esperar a chegada do correio com as notícias de casa. Os envelopes contendo a correspondência eram frequentemente violados, e informações que podiam diminuir o ânimo das tropas eram rasgadas. Em dias ou semanas sem nada para fazer, muitos soldados se perguntavam por que estavam perdendo o tempo lá, longe dos seus e, talvez, lutando por uma causa que não era a sua. O acaso de residir em um ponto geográfico onde a sublevação militar triunfara ou fracassara podia selar o seu destino como soldado "azul" ou "vermelho", mas não era raro que o combatente não tivesse nada a ver com a ideologia que defendia. Em muitos casos, o jovem pracinha não tivera nenhum contato prévio com a política, e a sua ideologia era lutar pela sobrevivência.

Essa falta de identificação política fazia com que as motivações pessoais ganhassem peso à hora de se decidir pela deserção. Deserções aconteceram em ambos os lados ao longo de toda a guerra. Além dos desertores por covardia (nada favorece mais a decisão de abandonar as armas do que ser alvo do fogo inimigo), houve também deserções premeditadas de sujeitos que sentiam incômodo lutando no lado que lhes tinha cabido por azar ou que queriam reunir-se com seus parentes. Manter os filhos nas trincheiras era um duro sacrifício para muitas famílias que precisavam dessa força de trabalho para completar a renda doméstica. Todavia, os desertores que conseguiam cruzar a linha do *front* eram submetidos a severos interrogatórios para determinar se tratava-se ou não de espiões.

O clima anódino das trincheiras era rompido de vez em quando com o lançamento de um morteiro ou uma rajada de metralhadora. Os bombardeios com baterias mais pesadas ficavam reservados aos momentos de ofensiva. O que causava mais pânico à infantaria era a aparição de aviões militares. O simples rugir de seus motores acabava com os nervos de muitos soldados que não sabiam como agir perante essa ameaça nem como se proteger dos projéteis lançados pelas aeronaves. O nervosismo nas trincheiras às vezes deflagrava brigas entre soldados por questões banais. Alguns sujeitos, cansados da guerra, disparavam sobre os próprios braços, pernas ou pés, acreditando que as feridas os afastariam da primeira linha de combate e os devolveriam para casa ou mandariam para algum hospital na retaguarda. Sargentos e oficiais frequentemente tinham que agir com violência para manter a disciplina em suas fileiras. Castigos exemplares, que podiam incluir a morte de desertores ou automutilados, eram aplicados para evitar a debandada da tropa.

Na hora das grandes ofensivas o quadro mudava por completo. A morte era palpável por toda parte. O zumbido de um disparo tirava a vida de um companheiro em uma fração de segundo. Ou o deixava gravemente ferido, gemendo de dor e amaldiçoando o dia em que essa guerra tinha começado. Alguns, nesses momentos, se encomendavam a Deus, ao diabo ou às suas pobres mães. Mais estrondosa era a explosão de um obus, que aos mais afortunados apenas rompia os tímpanos, mas que era capaz de desmembrar o corpo de um soldado e deixá-lo completamente irreconhecível. Igualmente medonho era o avanço dos tanques sobre as trincheiras, o que obrigava a rápidas evacuações. Os infelizes que não conseguiam se retirar a tempo eram massacrados pelas metralhadoras ou esmagados pelos tanques. Alguns combatentes conseguiam poupar a vida por perderem os sentidos ou fingirem ter morrido. Quando o campo fica manchado de sangue e coberto de cadáveres, poucos exércitos se dão ao luxo de verificar se algum dos corpos caídos continua vivo.

O cotidiano na retaguarda

Enquanto isso, na retaguarda, as condições de vida das famílias civis pioravam dia após dia. A guerra consumia boa parte dos recursos de um país empobrecido, e os combates provocavam a destruição dos meios de transporte. Alimentos, combustíveis, medicamentos e tabaco (nesse tempo o fumo ainda era considerado um item de primeira necessidade) foram submetidos a racionamento e longas filas de mulheres aguardavam nas ruas e avenidas das cidades à espera da chegada de víveres para encher as panelas.

A situação foi pior no lado republicano. A produção de alimentos ficou dividida em partes quase iguais, e algumas das terras mais férteis e produtivas, como as da região valenciana, se mantiveram em poder da República. O lado nacional, por sua vez, conseguiu gerir melhor o abastecimento. Isso aconteceu por três motivos, basicamente. Como consequência do surto revolucionário, uma parte importante de terras na Catalunha, em Aragão e Valência teve índices de produtividade inferiores àqueles do período anterior à da guerra. Além disso, o lado republicano concentrou as quatro principais cidades espanholas (Madri, Barcelona, Valência e, até junho de 1937, Bilbao), o que obrigou a esforços extras de logística para não condenar

Desgaste e aniquilação

as populações urbanas à fome. Finalmente, a política de não intervenção afetou em maior medida os republicanos, que só podiam contar com os fornecimentos da distante União Soviética, enquanto os franquistas receberam abundante ajuda de seus aliados. Inclusive os Estados Unidos, teoricamente assinantes do pacto de não intervenção, colaboraram com o envio de veículos de transporte e de combustível aos nacionais.

A escassez de recursos motivou um contínuo desequilíbrio no orçamento da República, que só pôde ser equilibrado mediante a emissão de mais moeda. Sem a âncora das reservas de ouro, custodiadas pelo "amigo" Stalin, a peseta republicana entrou em uma espiral de desvalorização. O resultado foi uma inflação galopante no lado republicano, que rapidamente superou os dois dígitos mensais. Ao mesmo tempo, os agentes do governo de Valência tiveram que contatar contrabandistas para evitar que o fornecimento de produtos vitais para a manutenção da guerra fosse interrompido. Pouco hábeis nas artes do mercado negro, os emissários republicanos frequentemente caíram nas garras de vigaristas e perderam grandes quantidades de divisas em negócios que não deram em nada.

Também os nacionais experimentaram dificuldades para prosseguir o esforço bélico, mas sem que as condições de vida da população civil deteriorassem tanto como no lado republicano. Os sublevados souberam gerir a produção agrícola e o comércio medianamente bem. A peseta nacional desvalorizou-se muito menos (cerca de uma quarta parte no transcurso da guerra), e as suas cidades não padeceram tanta penúria. Era habitual ver gente bem-vestida nas ruas, indo ou voltando da missa, dos teatros ou das touradas, ou simplesmente parando na praça para tomar um aperitivo antes do almoço. Foram poucas as pessoas de classe média que passaram fome no lado nacional durante os anos da guerra civil. A situação só piorou em 1939, quando o desabastecimento afetou por igual todas as cidades espanholas, e o racionamento de alimentos não fez distinções entre vencedores e vencidos.

No último trimestre de 1937, as relações de Franco com os seus aliados alemães se deterioraram. A ajuda germânica não tinha sido desinteressada, e inclusive alguns de seus figurões, como o marechal Göring, haviam lucrado fazendo negócios com republicanos e nacionais. Em troca do apoio militar, o Terceiro Reich exigiu concessões de minas, sobretudo de minerais que, como o volfrâmio, eram muito raros na Europa. Em outubro, Franco resolveu não renovar as concessões, em uma decisão que Göring recebeu com fúria. Finalmente, em dezembro, as águas voltaram ao seu curso, e o Generalíssimo assegurou que não tomaria nenhuma medida que prejudicasse os interesses da Alemanha.

Imagens do *front* e da retaguarda republicana foram captadas por mestres da fotografia como Robert Capa, Gerda Taro, Agustí Centelles ou os irmãos Mayo. Fotos como a do miliciano sendo abatido no *front* (cuja veracidade atualmente suscita dúvidas razoáveis), de Capa, ou a da *Mater Dolorosa*, de Centelles, em que uma mulher ajoelhada na rua chora a morte de um ente querido, ficaram no imaginário coletivo como ícones de brutalidade e do absurdo da guerra. Os autores desses instantâneos arriscaram a própria vida fazendo fotojornalismo. O caso mais triste foi o de Gerda Taro, companheira de profissão e namorada de Robert Capa, que faleceu atropelada por um tanque republicano em 26 de julho de 1937, durante a Batalha de Brunete.

O rádio e o cinema foram outras mídias amplamente consumidas pela população civil. No final do dia, numerosos grupos de pessoas juntavam-se em casas de família ou em tavernas que dispunham de aparelhos para a recepção radiofônica. Era o horário em que eram emitidos os *partes* (noticiários) de guerra. Neles, exageravam-se as vitórias e minimizavam-se as derrotas, sempre com a intenção de tranquilizar e injetar ânimo no povo. O resto da programação radiofônica era ocupada por programas musicais, com especial ênfase na música popular espanhola, tocando desde o flamenco até a zarzuela, além de transmitir concursos e novelas.

Também teve grande presença nas ondas do rádio o tango argentino, que nessa década dominava a música popular latino-americana. Um ano antes do início da guerra tinha falecido Carlos Gardel, o grande astro do tango portenho. Com seu tom fatalista e suas letras carregadas de decepção frente à vida, nenhum outro ritmo musical poderia ter captado melhor do que o tango a tristeza e a desilusão que a guerra trouxe para milhões de espanhóis. Como Gardel cantava em *Yira, yira*, todos eles já sabiam que "tudo na vida é mentira e nada é amor". Mesmo assim, o mundo continuava a girar.

Nesses anos, o cinema foi uma das poucas atividades de lazer que permitiam às pessoas se desligar da amargura da guerra. Fosse perseguindo índios nas pradarias americanas, chorando pelas histórias de amor impossível ou dançando sapateado com os musicais de Hollywood, o fio de luz que surgia do projetor naquelas salas escuras fazia o público se esquecer dos bombardeios, da fome e das demais privações a que se via submetido ao sair da sala de cinema.

Mas o cinema também foi utilizado com finalidades propagandísticas. Entre os meses de outubro e novembro de 1936, quando Madri foi alvo das investidas dos nacionais, várias salas projetaram os filmes *Os marinheiros de Kronstadt* (1936) e *O encouraçado Potemkin* (1925), para estimular nos sitiados a vontade de resistir ao invasor "fascista". As imagens impactantes desses filmes (especialmente do segundo, de autoria de Eisenstein) têm seu lugar na História da Arte e tiveram um efeito encorajador que não deve ser desprezado.

Com idêntico caráter propagandístico foi produzido *Espoir, Sierra de Teruel* (1938), adaptação cinematográfica do romance *A esperança*, de André Malraux. A ideia do filme surgiu de uma viagem de Max Aub aos Estados Unidos, durante a qual ele percebeu que a filmagem da história de solidariedade contada por Malraux poderia ser um estímulo à causa republicana no exterior. O próprio Max Aub adaptaria o roteiro e conseguiria recursos para a produção. Malraux, por sua vez, conseguiu convencer Darius Milhaud a compor a trilha sonora. No entanto, as dificuldades da guerra, com escassez de eletricidade e problemas de abastecimento, foram protelando a realização do filme, que somente estaria pronto para a sua distribuição no começo de 1939, tarde demais para a República.

Guerra no mar e nas chancelarias

Entre 1937 e 1938, garantir o abastecimento marítimo e interromper o do inimigo tornou-se uma prioridade para os dois lados. O mar voltou a ser um cenário bélico de primeira importância, e os navios de guerra, os submarinos e a força aérea redobraram suas atuações para cortar as linhas de suprimento inimigas. Cargueiros russos foram torpedeados por submarinos italianos no Mediterrâneo, o que provocou a indignação dos diplomatas nos foros internacionais. Providências precisaram ser tomadas para que os navios soviéticos pudessem chegar aos portos republicanos de maneira furtiva.

A rota mais direta entre a URSS e a Espanha saía do mar Negro e entrava no Mediterrâneo pelo Bósforo e o Dardanelos. Para despistar os serviços de espionagem inimigos, os navios soviéticos costumavam fazer uma parada técnica em alguma ilha do Egeu. Lá, eles trocavam o nome da embarcação,

A Guerra Civil Espanhola

pintavam o casco com outras cores ou acrescentavam algum elemento (como uma falsa chaminé) para alterar sua silhueta. Às vezes, as tripulações dos navios desembarcavam com vestes de turista e simulando tirar fotografias.

Para evitar a ação da frota italiana, os cargueiros circum-navegavam o litoral tunisiano e argelino, confiando na proteção do Exército Colonial francês. Mais ou menos à altura da cidade de Oran, os pilotos soviéticos enfiavam os navios rumo noroeste. Esse trecho entre a costa argelina e o porto de Cartagena costumava ser um dos mais perigosos, pois estava bem protegido pelas belonaves franquistas.

No cúmulo da irresponsabilidade, o Comitê de Não Intervenção encomendou a vigilância marítima do litoral mediterrâneo às frotas italiana e alemã. A medida foi adotada em 8 de março de 1937 e foi mantida em vigor inclusive depois que o governo italiano declarou formalmente possuir tropas lutando na Espanha e que estas somente seriam retiradas quando a guerra terminasse. O Comitê de Não Intervenção fez ouvidos de mercador à existência desses soldados, e a participação da Itália na guerra espanhola foi, no farisaico linguajar diplomático, "não reconhecida".

Os cruzadores nacionais Canarias e Baleares demonstraram ser armas possantes no embargo contra a República. Um bom exemplo disso foi o caso do Mar Cantábrico, navio que carregara aeronaves no porto de Nova York e, numa escala no México, embarcou mais material bélico. Antes de o Mar Cantábrico chegar com os suprimentos ao País Basco, foi interceptado pelo Canárias em 8 de março de 1937, graças às informações coletadas pelo Abwehr (o serviço de inteligência alemão), com a provável colaboração dos serviços secretos estadunidenses. Todos os tripulantes espanhóis foram executados pelos nacionais. O cruzador Baleares, por sua vez, impediu que um comboio de quatro mercantes procedente da União Soviética chegasse à Espanha. Na Batalha do cabo Cherchell, próximo da Argélia, acontecida em 7 de setembro, o Baleares foi superior aos navios de guerra republicanos que escoltavam o comboio, entre os quais estavam os cruzadores Libertad e Méndez Núñez, e forçou a debandada dos mercantes soviéticos.

Os republicanos retrucaram com o bombardeio a navios de guerra italianos e alemães. As bombas atingiram, mais especificamente, as belonaves Barletta e Deutschland. Também nos dias 24 e 29 de maio o porto de Palma de Maiorca foi atacado por bombardeiros russos que decolaram de

Valência. Hitler e Mussolini reagiram com declarações agressivas, e, em 30 de maio, Alemanha e Itália retiraram-se do Comitê de Não Intervenção. O ministro Prieto tentou aproveitar a resposta descarada dos ditadores aliados de Franco para provocar a internacionalização do conflito espanhol. Hitler chegou a ficar tentado a declarar guerra à República, sobretudo depois que o cruzador Leipzig foi torpedeado perto de Oran, mesmo que a origem do ataque não estivesse suficientemente clara. As manobras de Prieto para provocar os alemães, porém, não tiveram sucesso. Stalin, por sua vez, temia um confronto direto com o Terceiro Reich e, em razão da pressão de seus agentes na Espanha, Prieto foi obrigado a mudar de atitude.

Posteriormente, a tensão entre a marinha italiana e a Royal Navy britânica seria elevada. No verão de 1937, os submarinos e a Aviação Legionária italiana com base em Maiorca afundaram 200 mil toneladas de embarcações com suprimentos para os republicanos. Em 31 de julho, vários torpedos do submarino italiano Iride atingiram o navio britânico HMS Havock, o que provocou um sério incidente diplomático entre Roma e Londres. O governo de Chamberlain, porém, não quis irritar o Duce e lhe dirigiu uma carta em termos amigáveis. O choque naval não impediu o governo britânico de continuar as negociações para um futuro tratado de amizade anglo-italiano.

A superioridade aérea e naval dos franquistas era evidente, mas, apesar disso, nem tudo foi vitória. A derrota mais noticiada da frota nacional foi o afundamento do cruzador Baleares, perto do cabo de Palos, em 6 de março de 1938. O navio mais moderno da esquadra nacional foi a pique em função dos torpedos lançados pelo destróier republicano Lepanto. Na ação morreram 786 tripulantes. Outros 435 foram resgatados, graças à intervenção dos navios britânicos HMS Boreas e HMS Kempenfelt. Contudo, a operação de resgate foi perturbada pelo ataque de aviões republicanos, que metralharam e bombardearam os navios ingleses. Essa ação causou um conflito diplomático entre Londres e Valência. O afundamento do Baleares foi um duro golpe para o lado rebelde que, entretanto, soube aproveitar os detalhes do violento resgate para defender a superioridade moral dos "nacionais".

Resistir é vencer

No outono de 1937, o governo de Juan Negrín estava plenamente consciente de que a República não ganharia a guerra. Um dos membros mais pessimistas do gabinete de Negrín era, curiosamente, o seu ministro da Defesa, o socialista Indalecio Prieto. Até mesmo o título "ministro da Defesa", na contramão da tradição espanhola de nomear essa pasta como ministério da Guerra, era uma tácita confissão de que a República não estava em condições de lançar um contra-ataque contra os sublevados.

Entretanto, o primeiro-ministro negou-se o tempo todo a ceder, coisa que no futuro lhe atrairia muitas críticas, até mesmo de pessoas próximas e partidários. Negrín achava que, mais cedo ou mais tarde, a luta entre a democracia e o fascismo vivida na Espanha se espalharia no restante da Europa. Quando isso acontecesse, a guerra espanhola não seria mais um episódio exótico na periferia do continente, mas um cenário prioritário em um enfrentamento global. Portanto, resistir era a sua palavra de ordem, para vencer uma guerra que tudo indicava estar perdida de antemão.

Porém, enquanto a guerra europeia não estourasse – e ninguém, nem mesmo Negrín ou qualquer outro membro do governo, se atrevia a vaticinar quando isso aconteceria –, os republicanos intensificariam os contatos diplomáticos. Paris, Genebra (sede da Liga das Nações) e Londres (sede do Comitê de Não Intervenção) foram os centros privilegiados da atividade internacional republicana. Em paralelo, e nem sempre em sintonia com as autoridades centrais, os representantes do governo catalão e basco também enviaram os seus emissários para negociar uma saída pacífica do conflito. A República espanhola precisava com urgência que fossem suprimidas as proibições à importação de armas e suprimentos, se não queria deixar sua população civil morrer de fome e seus soldados sem munição para deter as ofensivas franquistas.

Nessa negociação, a peça-chave estava em Londres. O governo britânico era, em definitivo, aquele com a última palavra acerca da intervenção das democracias ocidentais na guerra espanhola. Conforme fora demonstrado em julho e agosto de 1936, os franceses não mexeriam um dedo em favor dos republicanos espanhóis sem a anuência londrina. A Liga das Nações, muito contestada por sua passividade diante da conquista de Abissínia conduzida por Mussolini, tampouco aprovaria nenhuma resolução sem os votos favoráveis do Reino Unido e da França.

Contudo, nessa partida diplomática no *Foreign Office*, os nacionais tinham vantagem. A legação paradiplomática franquista (e digo paradiplomática porque o governo de Burgos ainda não havia sido reconhecido como legítimo representante do Estado espanhol) estava encabeçada pelo duque de Alba, indivíduo com experiência em negócios estrangeiros e fluente em inglês. Esse embaixador oficioso de Franco cumpria os requisitos de um bom *gentleman* com quem os *tories* se sentiam à vontade para conversar.

O duque de Alba foi muito hábil no momento de convencer seus interlocutores britânicos de que na Espanha havia uma luta entre os valores da civilização ocidental contra a barbárie oriental. Para tal, o emissário de Burgos contava com detalhados relatos da violência exercida pelos revolucionários "sovietizados" contra a fé, a vida e o patrimônio das boas famílias espanholas. Os cruzados de Franco, enfim, defendiam os mesmos princípios morais dos conservadores britânicos e deviam ser tratados como a força de choque da civilização contra os inimigos que não respeitavam os valores cristãos. O ataque aos navios que resgatavam os náufragos do Baleares deu novos argumentos aos franquistas, e Londres não alterou nem uma vírgula do Tratado de Não Intervenção.

Com a porta da Europa ainda fechada, Negrín tentou uma aproximação direta com Franco, com a finalidade de negociar um final digno para a guerra. A iniciativa de Negrín resumiu-se em 13 pontos que foram encaminhados ao governo dos nacionais em 30 de abril de 1938. Embora o texto incluísse algumas concessões à retórica fascista, como "o melhoramento cultural, físico e moral da raça", tratava-se em suma de um programa de ideologia social-democrática.

Os 13 pontos de Negrín pregavam a independência da Espanha e a sua libertação de invasores estrangeiros (uma alusão nada cômoda à intervenção alemã e italiana) e propunha um plebiscito para determinar a estrutura jurídica e social da República espanhola. Em contrapartida, os dois lados renunciariam à guerra para resolver suas controvérsias, e o Exército se limitaria a ficar a serviço da nação e à margem de disputas partidárias.

Além disso, o programa de paz de Negrín previa que a autonomia das regiões fosse respeitada, assim como a proteção à propriedade privada, os direitos dos trabalhadores e a liberdade de culto e de opinião. Insistia que a reforma agrária devia prosseguir até a eliminação das formas de propriedade semifeudal. Finalmente, propunha a concessão de uma ampla anistia para todos aqueles que quisessem colaborar na tarefa de "engrandecer a Espanha".

A Guerra Civil Espanhola

Era, portanto, um programa baseado nos princípios da Constituição de 1931 e radicalmente oposto aos valores políticos que haviam motivado o *Alzamiento* e sobre os quais os franquistas estavam edificando seu Estado Novo.

Por isso, o general Franco simplesmente ignorou a iniciativa de Negrín, sem nem mesmo acusar o recebimento da tentativa de acordo. A guerra prosseguiu no mesmo ritmo em que estava antes.

Franco quer uma guerra longa

Em 27 de julho de 1936, bem no começo da guerra e quando o transporte do exército do Marrocos à península ibérica ainda era incerto, Franco concedeu uma entrevista ao jornalista norte-americano Jay Allen, em Tetuán. O teor das respostas demonstrava o caráter implacável com que Franco entendia aquele confronto. Na entrevista o general rebelde se gabou de ser capaz de avançar sobre Madri, sem acordo com o inimigo nem trégua, para salvar a Espanha do marxismo a qualquer preço. O jornalista perguntou a Franco se ele assumiria o custo de matar meia Espanha para libertar o país, e a isso o general respondeu: "Repito, a qualquer preço." Essa atitude era coerente com o modelo de golpe de Estado projetado por Mola, que contava com o efeito surpresa e com a brutal aplicação do terror sobre os opositores como meios de obter uma rápida vitória. Era uma estratégia lógica, não apenas do ponto de vista militar, mas também atendendo às circunstâncias pessoais dos sublevados. Se o levante fracassasse, os seus principais líderes seriam julgados por alta traição e fuzilados, como assim acontecera nas praças em que o golpe fracassou. A insurreição era uma aposta a tudo ou nada.

Mas a resposta ao jornalista norte-americano denotava algo mais: a obstinação com que Franco levaria adiante os seus planos, custasse o que custasse, mesmo quando o inimigo não tivesse saída e almejasse uma rendição digna. Franco não buscou apenas uma vitória militar. Ele quis a "paz dos cemitérios" e para isso não mediu esforços. Após as experiências de Primo de Rivera, de Sanjurjo e da revolução de 1934, ficou bem claro em sua mente que apenas dando à classe operária espanhola um castigo exemplar e deixando-a amedrontada conseguiria governar por muitos anos.

Essa concepção da guerra civil como uma guerra de extermínio, lenta e inexorável, exasperou os aliados de Franco. Italianos e alemães reclamavam

238

Desgaste e aniquilação

constantemente da lentidão das operações militares e da falta de capacidade de Franco para explorar as vitórias nas batalhas. Quanto mais próximos pareciam o triunfo e a capitulação dos republicanos, mais tempo demorava o Generalíssimo para tomar decisões e mais lento era o avanço de seu exército. Chegaram a considerar que Franco não tinha nem o caráter nem a sabedoria militar necessários para vencer uma guerra moderna. As suas táticas estavam moldadas segundo os padrões das guerras coloniais ou da guerra de posições da Primeira Guerra Mundial. Franco parecia ignorar que, com a introdução dos bombardeios estratégicos e o uso mais ambicioso dos carros blindados, golpes rápidos e certeiros podiam ser impostos ao inimigos. Ao contrário, o Generalíssimo dispersava os soldados ao longo de um extenso *front*, protegidos por trincheiras, em lugar de concentrar as brigadas nos pontos fracos do inimigo (*Schwerpunkt*) e provocar uma fácil ruptura de suas linhas de defesa. Essas novas técnicas eram a base da *guerra celere* italiana ou da *Blitzkrieg* alemã, para as quais o Corpo de Tropas Voluntárias e a Legião Condor tinham sido treinados. Porém Franco considerava que eram úteis para uma guerra entre Estados, mas não para a guerra civil.

Como expressou ao tenente-coronel Emilio Faldella, assistente de Roatta, Franco acreditava que "numa guerra civil é preferível uma ocupação sistemática do território, acompanhada por uma limpeza necessária, a uma rápida derrota dos exércitos inimigos que deixe o país infestado de adversários". O Caudilho estava ciente de que depois da guerra governaria a Espanha e que valia a pena dedicar um certo tempo a livrar o terreno das ervas daninhas.

O fracasso dos italianos em Guadalajara parecia dar-lhe a razão. Como reconheceria em uma entrevista, Franco não negava que o papel da aviação e dos tanques seria crescente nas guerras futuras, porém continuava a acreditar na infantaria como fator determinante da vitória ou da derrota no campo de batalha. Além disso, como confidenciaria ao embaixador italiano Cantalupo, o Generalíssimo não queria apenas conquistar a Espanha, mas libertá-la. Em sua concepção, "libertação" também significava "redenção". E, mesmo que ele não dissesse isso abertamente, para qualquer católico o termo "redenção", leva implícito o conceito de "penitência".

Os aliados do Caudilho concebiam a guerra como uma partida de xadrez: uma vez que o rei caísse (e entenda-se aqui por rei a conquista de Madri ou a captura do governo republicano) a partida acabaria, mesmo que

A Guerra Civil Espanhola

o lado perdedor exibisse mais peças no tabuleiro. Mas Franco, como estrategista, não era um jogador de xadrez. A sua forma de proceder se parecia mais com a tática adotada para vencer no jogo de damas. Não se tratava de fazer xeque-mate, porque não existia uma peça mais importante do que as restantes. No jogo de damas a partida termina com a eliminação ou imobilização de todas as peças do adversário. Somente assim um dos dois jogadores alcança o triunfo. Era coerente, então, a estratégia de ocupação absoluta do território, aldeia após aldeia, povoado após povoado, mesmo que isso retardasse o avanço das linhas do *front*.

Nessa concepção de guerra civil Franco não tolerava exceções. Tampouco no caso do País Basco, cujo governo era controlado pelo católico e conservador PNV, Franco aceitaria terminar as hostilidades de forma negociada. Como vimos ao comentar a retirada do Exército Basco em Santoña, sequer a intercessão do Vaticano fez mudar a posição do Generalíssimo em relação ao acordo de paz que bascos e italianos haviam pactuado. Apesar das mensagens que o papado enviou através do primaz Gomá, o Caudilho mostrou-se irredutível: não havia outra alternativa a não ser a rendição incondicional do inimigo, mesmo que isso significasse fuzilar padres católicos comprometidos com o nacionalismo basco. A paz franquista seria uma vitória sem concessões ou a paz do campo-santo. Em ambos os casos seria uma paz inclemente.

A frieza de caráter do Generalíssimo também se mostrava na hora de assinar as sentenças de morte. Como chefe de Estado da Espanha "nacional", chegavam até Franco as súplicas de indulto, que muito raramente eram atendidas. Ele gostava de examiná-las à tarde, depois do almoço e enquanto tomava café. Sem medo de indigestões, o Caudilho estampava a palavra *enterado* sobre os documentos, o que implicava a execução imediata da sentença. Se o réu era alguém destacado, ao *enterado* ele acrescentava *con prensa*, isto é, que a execução devia ser divulgada pela imprensa, para servir de exemplo e aumentar a dor dos parentes do executado.

Passeios, saques e julgamentos sumários

Uma charge de humor muito macabra publicada em *La Ametralladora* mostra um casal de namorados. A moça pergunta:

Desgaste e aniquilação

— Amor, hoje vamos sair passear?

E o rapaz responde:

— Quem vamos passear?

Talvez o leitor de hoje não capte a piada. Mas um espanhol que lesse a charge nos anos da guerra civil sem dúvida a entenderia. Não só isso: também sentiria um calafrio percorrer sua espinha dorsal.

O termo "passeio" tornou-se corriqueiro como eufemismo para descrever os desaparecimentos políticos. Geralmente de madrugada, pelotões de milicianos ou de soldados visitavam as casas dos opositores e os levavam para um "passeio". Alguns dos "passeados" eram conduzidos diretamente ao local de execução. Lá eram obrigados a escavar uma vala que lhes serviria de túmulo e depois sofriam os disparos mortais. Outros eram levados até locais de detenção onde podiam ser torturados por dias. Os corpos dos "passeados", desfigurados, mutilados e com sinais de violência, eram desovados em terrenos baldios ou nos acostamentos das estradas. Cadáveres anônimos fizeram parte da paisagem espanhola nesses anos.

As *sacas*, como vimos, consistiam em saques de presos feitos irregularmente e sem nenhuma autorização judicial. Geralmente eram extrações em massa de pessoas detidas por motivos políticos, embora também houvesse saques de presos individuais. O caso de Andreu Nin foi um exemplo. Confinado na cadeia de Alcalá de Henares depois de ter sido preso em Barcelona durante os "fatos de maio", Nin foi tirado da prisão pelos agentes de Orlov e conduzido a uma *checa*, onde foi torturado antes de morrer.

Sacas eram praticadas pelos dois lados, porém as mais conhecidas e de maior alcance foram aquelas ocorridas em Madri entre novembro e dezembro de 1936. Em virtude da aproximação do exército vindo da África para a capital, centenas de presos foram retirados das cadeias de San Antón, Las Ventas, Toreno, Duque de Sesto, Porlier e a Modelo (esta última era o maior centro de reclusão de Madri) e conduzidas a Paracuellos del Jarama e Torrejón de Ardoz. Nestas localidades próximas a Madri, cerca de 2 mil desses presos foram assassinados em algumas noites sucessivas por milicianos anarquistas, socialistas e comunistas, diante da passividade cúmplice da

241

A Guerra Civil Espanhola

Junta de Defesa. A finalidade dessas execuções sumárias foi, supostamente, eliminar potenciais quinta-colunistas.

Em localidades "nacionais", como Segóvia ou Pamplona, também foram praticados saques de presos como represália pelos bombardeios inimigos. Às vezes eram executados em público diante de um grande número de espectadores. Isso aconteceu, por exemplo, em Valladolid, nas primeiras semanas da guerra. Os presos políticos eram confinados em vagões de trem e, diariamente, uma dúzia deles era encaminhada para o fuzilamento. Famílias inteiras compareciam à execução pública de esquerdistas, como se se tratasse de um espetáculo do circo romano. A quantidade de gente que comparecia para ver os fuzilamentos era grande a ponto de serem instaladas bancas para a venda de bebidas e churros. Em 24 de setembro de 1936, o governador civil de Valladolid rogou às "famílias de bem" que, por respeito e dignidade, não frequentassem mais os locais de execução.

À medida que as Espanhas franquista e republicana foram consolidando instituições de governo e unificando as diversas tendências políticas que as integravam, houve avanços no controle judicial da repressão. O mando único do Caudilho fez com que todas as sentenças de morte do lado nacional precisassem de seu aval (*"enterado"*) antes da execução. Franco não dava importância a garantias processuais ou a princípios gerais do Direito Penal. Agia contra os republicanos com a mesma determinação e falta de escrúpulos com que costumava castigar os legionários indisciplinados na guerra do Marrocos. O sistema judicial franquista nos anos da guerra não passava de um aglomerado de tribunais militares, que aplicavam estritamente a lei marcial. Mesmo que se mantivessem as audiências e que os réus teoricamente pudessem contar com o apoio de um advogado (muitas vezes, um parente ou amigo com escassas ou nulas noções de Direito), as sentenças haviam sido ditadas de antemão, e os juízes aplicavam os castigos mecanicamente, sem se importar em verificar as provas dos autos. Às vezes a acusação lançada contra o réu era a de "rebelião militar", o que surpreende, pois eram justamente os sublevados que julgavam por traição aqueles que haviam se mantido fiéis ao legítimo governo da República.

A guerra pôs fim às garantias processuais contidas na Constituição de 1931. No lado governista a ordem jurídica foi subvertida, e alguns sindicalistas e políticos de esquerda consideraram que podiam, em nome

Desgaste e aniquilação

do povo, tomar a justiça em suas mãos. As semanas revolucionárias de julho e agosto de 1936 caracterizaram-se pela prática de todo tipo de crimes, sem que as autoridades fizessem qualquer coisa para deter a sangria. Em 14 de agosto foram constituídos tribunais populares de claro aspecto revolucionário. Imitando o modelo robespierriano, esses tribunais eram formados por funcionários judiciais, que se encarregavam de conduzir o processo sob formas aparentemente respeitosas para com os direitos humanos. Todavia, a decisão final sobre a culpa ou a inocência dos acusados correspondia a um júri popular de 14 cidadãos vinculados às organizações políticas da Frente Popular. O modelo do tribunal popular foi um primeiro passo para evitar perseguições indiscriminadas. Para os anarquistas, esse tipo de julgamento era eticamente aceitável, pois exprimia uma forma de justiça sem as limitações "burguesas" e concedia ao povo a última palavra.

Ainda que, a partir de junho de 1937, o governo de Negrín tentasse recuperar a aparência de respeito ao Estado de direito, com a retirada dos anarquistas das principais esferas de decisão, a arbitrariedade continuou a ser a tônica dominante na atuação dos tribunais populares. Aliás, a polícia secreta do SIM e os aliados soviéticos continuaram seus interrogatórios de presos e suas execuções sem qualquer controle judicial. As *checas* se mantiveram operantes até o final da guerra, tanto para extrair confissões mediante tortura, quanto para eliminar fisicamente oponentes políticos, fossem eles direitistas ou esquerdistas considerados "revisionistas".

Franquistas e republicanos maltrataram seus oponentes em níveis indescritíveis. Do ponto de vista da crueldade, é impossível dizer qual dos dois lados foi o pior. Ambos utilizaram métodos hediondos de destruição física e moral, métodos merecedores da condenação absoluta e sem atenuantes.

Houve diferenças, contudo, na questão da violência contra as mulheres. Nesse quesito os "fascistas" se mostraram muito mais implacáveis e cruéis. O estupro, às vezes praticado em grupo, foi uma arma usada pelos nacionais para punir mulheres partidárias da República e desmoralizar o inimigo. Havia nessa violência contra a mulher um elevado componente de machismo. Estuprando as "vermelhas" os agressores davam provas do desprezo que sentiam pelas mulheres que não assumiam um papel subalterno na sociedade e lutavam pela igualdade de direitos. As vexações sexuais serviam também para reduzir a mulher a simples objeto de satisfação dos instintos mais baixos do varão.

Em outros casos a violação era utilizada para aumentar a dor das famílias dos vencidos e para espalhar uma mácula de "desonra" sobre elas. Houve inclusive situações em que o estupro fez parte de um lento processo de destruição física: violações múltiplas eram acompanhadas de golpes e coices e acabavam provocando a morte das torturadas. Ativistas políticas e sindicais, professoras de ideias progressistas e, especialmente, milicianas que empunhavam armas no *front* foram os alvos preferenciais da violência sexual. As tropas mouras e os legionários eram especialmente temidos pela sua libido descontrolada. Na retaguarda, por sua vez, eram sobretudo os falangistas aqueles que abusavam com maior frequência das detentas, tanto para que confessassem segredos, quanto para castigá-las pela sua orientação política. Nos muros de muitas vilas surgiram pichações com a ameaça: "Vossas mulheres parirão fascistas."

A violência sexual, além disso, era uma maneira retrógrada e bárbara de vingar-se das políticas públicas empreendidas pela República a favor da condição feminina (embora essas políticas fossem tímidas). Aulas mistas, sufrágio universal masculino e feminino, acesso da mulher ao parlamento, à universidade e à função pública foram avanços conseguidos durante os breves anos da Segunda República. Mas essas conquistas femininas foram fortemente criticadas pelos setores mais conservadores, que as consideravam um perigo para a moral católica e para a manutenção da família tradicional. A ditadura de Franco abolirá qualquer normativa de cunho feminista e imporá novamente o modelo tradicional de mulher: mãe, esposa, dona de casa... e "repouso do guerreiro". A Falange, através de sua *Sección Femenina*, será um dos instrumentos do regime ditatorial para a recuperação do modelo de mulher submissa.

O difícil cômputo do número de vítimas

Se qualitativamente é quase impossível afirmar qual dos dois lados alcançou os piores patamares de baixaria, quantitativamente não há dúvidas: a repressão dos franquistas foi numericamente pior do que a dos republicanos. Ainda que, pelos motivos expostos adiante, determinar o número exato de vítimas seja muito difícil, as pesquisas mais recentes indicam que a cada assassinato acontecido na zona "vermelha" houve três na "azul". É especialmente revelador o recente livro de Paul Preston, com o polêmico título de *The Spanish Holocaust* (2011).

O número de vítimas da repressão no lado republicano superou as 50 mil pessoas. Especialistas no assunto avaliam que houve algo em torno de 49.272 vítimas, número baseado na apuração realizada pelo governo republicano de Juan Negrín e na contabilidade que os franquistas realizaram depois da guerra, na "Causa Geral". Contudo, esse número aparentemente tão exato não inclui absolutamente todas as vítimas dos "vermelhos", pois muitas delas (e em quantidade incerta) foram executadas de forma irregular, sem deixar qualquer registro escrito, ou até mesmo incluídas erroneamente nas estatísticas dos mortos em ações de guerra.

Mais complicado ainda é o cálculo das vítimas da perseguição política na zona "azul". A partir de 1965 houve uma destruição sistemática dos arquivos judiciais e municipais que continham informação comprometedora. Essa perda de documentação essencial ao conhecimento do alcance da repressão foi leniente ou mesmo consciente. Embora com lacunas, o número de vítimas documentadas eleva-se a 130.199, e não é insensato chegar por meio de cálculos a mais de 150 mil executados.

Há dois fatores que explicam esse número maior de vítimas dos franquistas. O primeiro é que o alvo da repressão "fascista" foi muito mais abrangente. Enquanto os republicanos ajustaram contas com as classes privilegiadas (proprietários de terras, industriais, burgueses, diretores de empresas, religiosos...), os nacionais voltaram seu ódio para a classe trabalhadora. E, como em todas as sociedades humanas, os pobres e humildes da Espanha de 1936 superavam em grande número os sujeitos com posses. Para cada grande proprietário de terra havia (e há) centenas ou milhares de camponeses sem-terra.

O segundo fator foi o próprio desenvolvimento da guerra. Os maiores surtos de violência ocorreram em três cenários distintos: nas primeiras semanas do conflito; em momentos de pânico generalizado (como os *saques* de presos em Madri, entre novembro e dezembro de 1936); ou após a conquista de um novo território. Neste último, os nacionais levaram vantagem na imensa maioria dos casos. As conquistas da Extremadura, de Toledo, de

A Guerra Civil Espanhola

Málaga, do País Basco, de Santander e das Astúrias vieram acompanhadas de uma "depuração" de opositores e da prática de julgamentos sumários ou da simples eliminação física dos desafetos sem qualquer tipo de formalidade jurídica. Quando o Exército Republicano saiu de sua posição defensiva e iniciou alguns ataques (como as Batalhas de Brunete, Belchite, Teruel ou do Ebro), nunca chegou a ocupar extensões significativas de território nem grandes cidades. As chances de revanche dos republicanos foram, portanto, bem menores.

A destruição moral

Ainda mais difícil de estimar é a consequência moral que a guerra teve nas sucessivas gerações de espanhóis. A recordação do conflito foi atiçada quase diariamente pela ditadura de Franco, que via nele o parto doloroso de uma nova Espanha, que ao final voltava-se para Deus pela trilha do Império. Mas, para os familiares das vítimas do lado republicano, a retórica franquista só aumentava ainda mais a dor.

A divulgação das execuções na imprensa deixava os parentes dos mortos na condição de párias sociais. Às vezes não lhes era permitido nem mesmo aparecer em público vestindo luto. A viúva de Emili Darder, prefeito republicano de Palma de Maiorca, caminhava por uma das vias principais da cidade, poucas semanas depois do fuzilamento do marido, quando, em meio a zombarias e xingamentos, foi obrigada a tirar o casaco preto que usava.

Seguindo os mesmos moldes da Inquisição, a execução das sentenças de morte acarretava o embargo de todos os bens da família do condenado. Os parentes ficavam, portanto, fadados à miséria, e, dada a sua condição de "empesteados", ninguém ousava dar-lhes emprego. Um vazio estendia-se ao redor dessas famílias vítimas da repressão, que aturavam todo tipo de humilhações e reprimiam a dor pela perda dos entes queridos. O clima social chegava a ser tão asfixiante que em muitos casos não restava outra alternativa aos familiares dos "depurados" a não ser a emigração.

Também foi inquisitorial o controle imposto à produção artística e literária. Os dois lados praticaram a censura às publicações periódicas, com a intenção de elevar o moral da população civil e das tropas e evitar que informações fundamentais caíssem nas mãos do inimigo. No entanto, o lado

Desgaste e aniquilação

nacional foi muito além da típica censura de guerra e fez um patrulhamento ideológico que cerceava qualquer manifestação criativa relacionada com o pensamento de esquerda. Nesse sentido, a guerra civil pôs um ponto-final à "Idade de Prata" que a cultura espanhola tinha experimentado no primeiro terço de século XX.

Ainda mais grave tornou-se a situação da produção literária em língua não castelhana. Os escritores bascos, catalães e galegos, cujas obras tinham florescido no clima plural da Segunda República, observaram impotentes seus idiomas maternos serem banidos pelas tropas de ocupação franquista. O avanço do Exército Nacional supunha também imposição da cultura do *Santiago y cierra España*, ou seja, de uma política cultural avessa a influências estrangeiras e que premiava o *casticismo* (a "pureza da cultura espanhola") e o ensimesmamento.

Do outro lado, o zelo ateísta dos republicanos impediu qualquer manifestação pública de religiosidade. Enquanto a Semana Santa era celebrada com a exaltação própria do catolicismo hispânico nas cidades conquistadas pelos "fascistas", em procissões carregadas de barroquismo e morbidez, na zona "vermelha" um casal podia ser incomodado ou até morto pelo simples fato de ter sido casado por um padre e de acordo com o sacramento cristão.

A repressão da prática religiosa afrouxou com a chegada de Juan Negrín à chefia do governo republicano. Se em 1936 celebrar o Natal no lado republicano supunha arriscar a própria vida, em 1937 a festividade passou a ser mais tolerada, embora não fossem permitidas manifestações públicas de espírito natalino. No final de 1938 o culto religioso estava bastante difundido pela zona republicana, mas sempre recluso aos limites da intimidade familiar. No entanto, as igrejas tiveram de manter as portas fechadas até a hora de sua "libertação" pelos nacionais. A tomada de uma cidade pelos franquistas costumava ser acompanhada de uma missa de *Te Deum* e da purificação dos locais religiosos profanados pelos revolucionários.

Para além das questões culturais ou religiosas, a guerra deixou uma cicatriz permanente no povo espanhol, que saiu do confronto civil com duas lições aprendidas. A primeira é que o Mal não é algo alheio, mas está dentro de cada um de nós. O seu pacífico vizinho, o seu patrão, um operário, ou até seu cunhado, primo ou irmão, podem aparecer no meio da noite e arrastá-lo de sua casa, torturar e assassinar você. A guerra civil desata os

247

A Guerra Civil Espanhola

ódios mais ocultos, e ninguém está livre de ser objeto de maus-tratos por parte de pessoas de sua convivência. O pior dos infernos foi, sem dúvida, descobrir que o diabo não existe.

A segunda lição que as famílias inculcaram em seus filhos foi que a política não é uma coisa boa. "Não se meta em política, pelo amor de Deus!" foi uma frase exaustivamente repetida, com temor, às novas gerações. Seria melhor prosperar nos estudos, nos negócios ou em uma profissão honesta do que meter o nariz em assuntos políticos, pois a política só leva à dor e à destruição.

Sobre esse medo atávico do próximo, que a qualquer momento pode se revelar o mais sádico dos assassinos, e essa apatia em relação à participação política, foram construídos os fundamentos de uma das ditaduras mais longevas do século XX. A guerra longa de Franco rendeu os frutos desejados, e o Generalíssimo conseguiu governar a Espanha até o final dos seus dias, não só pela força das armas mas também pelo consenso social baseado no medo e no silêncio.

Foi um genocídio?

O nível de destruição física e moral atingido na Guerra Civil Espanhola é comparável ao extermínio de populações aborígenes praticado por civilizações antigas ou colonizadores modernos. Em alguns aspectos de sua fúria destruidora, a guerra espanhola aproxima-se das guerras religiosas, como os confrontos entre católicos e protestantes que assolaram a Europa entre os séculos XVI e XVII.

Nesse ponto surge uma pergunta que não quer calar: foi a Guerra Civil Espanhola um genocídio?

Vista com olhos do século XXI e depois da experiência da Segunda Guerra Mundial; do holocausto judeu; dos julgamentos de Nuremberg e Tóquio; da "limpeza étnica" na antiga Iugoslávia e da guerra civil em Ruanda, entre muitos outros episódios depreciáveis dos séculos passado e presente, o autor destas linhas tende a responder que sim, que a Guerra Civil Espanhola foi, com efeito, um genocídio. Mas, ao mesmo tempo, e em respeito à verdade histórica, deve reconhecer que nem os autores dos massacres nem os observadores neutros estavam conscientes disso ou utilizaram o termo genocídio nos documentos que nos legaram.

Isso não é de se estranhar. De fato, entre 1936 e 1939, o vocábulo genocídio ainda não tinha sido inventado. O termo ganhou forma e conteúdo em 1944, ao ser cunhado pelo judeu polonês Raphael Lemkin, que uniu as palavra grega *génos* (tribo ou família) e latina *caedere* (matar) para formar *genocídio*. Em 1948, as Nações Unidas usaram esse neologismo na redação da Convenção para a Prevenção e Repressão do Crime de Genocídio, assinada pelo Brasil em 1952. Inicialmente, entendia-se por genocídio os atos cometidos com a intenção de destruir, no todo ou em parte, um grupo nacional, étnico, racial ou religioso. Com o tempo, porém, esse crime de lesahumanidade também passou a englobar ações violentas indiscriminadas contra grupos que defendiam uma determinada ideologia política.

No entanto, essa extrapolação do crime de genocídio ao âmbito de perseguição política não está livre de polêmica. O assunto apareceu no debate da convenção de 1948, mas foi vetado pela URSS e suprimido do texto definitivo. Todavia, isso não foi obstáculo para que interpretações recentes da convenção estendessem sua aplicação a perseguições políticas em massa, como aquelas ocorridas na América Latina entre as décadas de 1970 e de 1980.

Contudo, entre os combatentes na Espanha, privilegiava-se a ideia de que as normas que serviam em tempos de paz não eram aplicáveis na guerra. Em tempo de guerra valia tudo para acabar com o inimigo. Ou quase tudo, tendo em vista que, depois do trauma da Primeira Guerra Mundial, a Liga das Nações tinha estabelecido alguns tratados para regular o *ius in bello* (definição das práticas aceitáveis ou não aceitáveis em uma guerra), como, por exemplo, o tratamento concedido aos prisioneiros de guerra ou a questão do uso de armas químicas, que ficou proibido. Inclusive, em 1933, foi cogitada uma convenção internacional para regular o "crime de barbárie", antecedente do "crime de genocídio". Mesmo assim, desde a época de Napoleão, e mais ainda com a expansão dos nacionalismos ao longo do século XIX, a guerra implicava a ativa participação de todos os cidadãos na causa comum, empunhando uma arma, prestando serviços de intendência ou ajudando a custear o esforço bélico com dinheiro, bens ou metais preciosos. O inimigo era despido de seu caráter humano e transformado em um mero alvo de tiro, algo (e não alguém) que deveria ser eliminado sem escrúpulos.

"Ou eles ou nós" foi a palavra de ordem que guiou e justificou muitas atrocidades. Em se tratando de uma guerra civil, "eles" podiam ser perfeitamente

A Guerra Civil Espanhola

nossos vizinhos, que, pelo fato de pensarem diferentemente de "nós", haviam se tornado uma ameaça à "nossa" sobrevivência. Daí à eliminação física "para a própria segurança" era apenas um passo.

Pensando somente na normativa internacional que vigorava no período de 1936 a 1939, é evidente que as convenções de Genebra para o tratamento de prisioneiros de guerra foram desrespeitadas na Espanha pelos dois lados. Era prática habitual, ao se conquistar uma cidade, que os soldados invasores arrancassem as camisas dos homens para ver se estes tinham alguma marca no ombro que delatasse o uso de fuzis. Aqueles que levantavam a suspeita de haverem combatido eram com frequência executados sumariamente e enterrados em valas comuns, às vezes cobertos com uma camada de cal. E isso podia ocorrer com todos os suspeitos, independentemente de serem adultos, crianças ou idosos, soldados regulares ou milicianos.

Qualificar ou não a Guerra Civil Espanhola como genocídio não melhora o nosso conhecimento desse episódio histórico. Da mesma forma, chamar a ditadura de Franco de autoritarismo ou totalitarismo tampouco nos dará uma imagem mais nítida do regime ditatorial. Contudo, o debate em torno do crime de genocídio não é somente acadêmico. O crime de genocídio, junto com os de pirataria e de terrorismo, é um delito de lesa-humanidade, isto é, um crime que não prescreve jamais e que pode ser julgado e condenado em qualquer momento e lugar. Portanto, enquadrar as atrocidades da guerra espanhola na ideia de genocídio permitiria, ao menos em teoria, julgar os seus autores (ou os poucos entre eles que ainda vivem) pelos crimes cometidos.

O inverno mais frio

A estratégia de guerra longa e de desgaste deixava a República em uma situação comprometida. Com uma economia cada vez mais fragilizada, o governo de Negrín estava prestes a encarar uma calamidade pública nas cidades sob seu controle. Cumpria tomar a iniciativa para, com um golpe de sorte, tentar ganhar a guerra. Ou pelo menos dar alento a um exército e uma população desmoralizados. Caso contrário, o inverno de 1937-38 poderia ser o último da Segunda República.

Teruel existe?

Teruel é uma cidade encantadora com um belíssimo centro medieval cheio de edificações de estilo *mudéjar* (corrente estética adotada na Idade Média pelos cristãos que imitavam a arte árabe), algumas das quais são patrimônio da humanidade reconhecido pela Unesco. Pelo seu diminuto tamanho – é a capital de província menos povoada da Espanha – e pela sua localização fora de mão, perdida em meio às montanhas do Sistema Ibérico e distante das principais rodovias, Teruel é uma grande desconhecida, inclusive para os espanhóis.

Esse caráter remoto tem feito de Teruel um território bastante esquecido pelos governos da Espanha. O abandono chegou a tal ponto que, em 1999, fundou-se uma associação cívica com o nome de *Teruel existe*, que promove ações reivindicativas em favor de maiores investimentos nos transportes, na saúde e na educação. Graças a esse protesto a cidade apareceu, mesmo que brevemente, na imprensa espanhola.

A lenda dos amantes de Teruel é uma das poucas coisas pelas quais a cidade é conhecida. A história, registrada no século XIV, mas que narra fatos muito anteriores, conta como uma donzela se apaixonou por um belo jovem sem bens ou propriedades. O pai dela, um rico comerciante da cidade, proibiu o relacionamento. Por esse motivo, o namorado resolveu emigrar. Depois de muitos anos guerreando como mercenário, o jovem conseguiu amealhar riqueza suficiente para voltar a Teruel e pedir a mão da amada. Todavia, a moça havia acabado de se casar com um homem escolhido pelo pai.

O antigo namorado apareceu, então, no leito nupcial suplicando por um beijo da amada, pois não podia mais viver sem o seu amor. Ela negou-se, porque o gesto desonraria o marido, que estava dormindo na mesma cama. Diante dessa rejeição, o amante morreu subitamente de tristeza. O corpo foi levado à igreja de São Pedro, para ser velado. A jovem, com o remorso de não ter poupado a vida do rapaz com um simples beijo, retirou a mortalha e pousou seus lábios sobre os dele com tanta paixão que perdeu a respiração e caiu morta ao seu lado. Impressionados com essa demonstração de amor, os habitantes de Teruel resolveram perpetuar a memória dos dois amantes enterrando-os juntos na mesma igreja e esculpindo um túmulo com as suas figuras de mãos dadas.

A conquista...

O outro episódio histórico pelo qual Teruel é conhecida é o da batalha que lá ocorreu entre os meses de dezembro de 1937 e fevereiro de 1938. Se Brunete foi o local de uma batalha sob temperaturas escaldantes, que superavam 35°C à sombra, a de Teruel destacou-se pelas condições climatológicas gélidas. Afastada do mar em mais de uma centena de quilômetros e a uma altura levemente superior aos 900 m, essa localidade se destaca pelo grande contraste entre as temperaturas máximas do verão e as mínimas do inverno.

O inverno mais frio

Além disso, o inverno de 1937-38 foi especialmente frio, com várias massas de ar polar ocupando a península ibérica, o que baixou a temperatura para mínimas de -20°C. Nestas condições quase siberianas desenvolveu-se a Batalha de Teruel.

Com a capitulação das Astúrias, Franco estava liberado para atacar em qualquer ponto da geografia espanhola. Madri voltou a ser o alvo mais atraente. Ou pelo menos assim foi interpretado pelos serviços de inteligência da República, que observavam com preocupação o agrupamento de forças franquistas na província de Sória, o que poderia perfeitamente ser um prelúdio de uma nova ofensiva contra a capital.

Vicente Rojo temia que o Exército do Centro, muito debilitado após as batalhas de Jarama, Guadalajara-Brihuega e a extenuante Batalha de Brunete, não estivesse em condições de repelir a agressão. Preferiu desferir o primeiro golpe, antes que as tropas rebeldes estivessem de fato prontas para o ataque. Num primeiro momento, pensou em focar a ofensiva republicana na Extremadura (Plano P), com a intenção de dividir a área franquista em duas partes, mas o ponto por fim selecionado para o ataque foi Teruel. Essa decisão foi tomada basicamente por quatro motivos: a cidade era um saliente da zona nacional rodeado por forças republicanas em um semicírculo de mais de 300 graus, deixando somente liberada a estrada que comunicava com Zaragoza pelo noroeste; Teruel estava escassamente protegida, o que a tornava um alvo relativamente fácil de conquistar; os reforços dos rebeldes unicamente poderiam chegar pela estrada de Zaragoza, próxima demais das linhas republicanas; e Teruel era o posto inimigo mais próximo a Valência, onde se concentrava o Exército do Leste, com boas linhas de suprimento. Este último motivo foi determinante para Rojo preferir conquistar Teruel em vez de atacar na Extremadura. A ofensiva sobre Teruel contaria com a sólida retaguarda republicana do eixo mediterrâneo Barcelona-Valência-Cartagena.

Sob o comando do general Juan Hernández Saravia, militar experiente que havia sido o responsável por disciplinar as milícias republicanas e transformá-las no Exército do Leste, os governistas conseguiram juntar mais de 100 mil soldados, pouco mais que uma centena de tanques (os soviéticos T-26, que se mostraram decisivos em enfrentamentos anteriores, e os mais ligeiros e rápidos BT-5) e umas 120 aeronaves, que decolavam de bases catalãs

253

A Guerra Civil Espanhola

e valencianas. Também foram deslocadas para o *front* umas 400 peças de artilharia de todos os calibres.

Na primeira quinzena de dezembro os republicanos concentraram suas forças ao redor de Teruel, protegida pela pequena guarnição comandada pelo coronel Domingo Rey d'Harcourt. Esta contava com pouco mais de 4 mil soldados regulares e uns 2 mil voluntários com escasso treinamento militar.

A ofensiva começou no dia 15 de dezembro à tarde, em uma manobra envolvente realizada pela infantaria e quase sem apoio da artilharia, para não desfazer o efeito surpresa. A 11ª Divisão de Enrique Líster avançou em sentido nordeste-sudoeste, e o XVIII Corpo do Exército avançou em sentido sudoeste-nordeste. O objetivo era tomar as localidades vizinhas a Teruel (Concud, San Blas e Campillo) e bloquear a estrada de Zaragoza. As duas colunas republicanas se uniram em 17 de dezembro, deixando Teruel completamente isolada. O alvo seguinte foi a tomada da Muela, como era chamado um morro de grande valor estratégico que ficava próximo à cidade.

Em 19 de dezembro começaram os combates na periferia. Os franquistas recolheram suas linhas para o centro histórico, entrincheirando-se em alguns prédios, como a *Comandancia* (Comando Militar), o Seminário, o Hotel Aragón e o Convento de Santa Clara. Os republicanos permitiram a evacuação do território antes de lançar o ataque, mas muitas famílias terolenses, temendo o "terror vermelho", se refugiaram no centro da cidade, acompanhando a retirada dos soldados franquistas.

Os combates se deram casa por casa, viela por viela. A estreiteza das ruas medievais impediu a manobra dos carros de combate republicanos. A luta, portanto, teve que ser conduzida pela infantaria, trocando disparos a curtíssima distância do inimigo, ou, inclusive, em um combate corpo a corpo, com o uso de facas e baionetas. Teruel antecipou em pequena escala o que seria a Batalha de Stalingrado, com condições climatológicas semelhantes.

No dia de Natal de 1937 os republicanos deram a cidade por conquistada. Vários militares foram condecorados, e o ministro Indalecio Prieto, em um raro ataque de otimismo, afirmou com um pouco de ironia que já não era mais o ministro da Defesa, mas "da Defesa e do Ataque". O governo de Valência comemorou o êxito, provavelmente o mais importante desde que o golpe fora detido pela reação popular. Nunca até então os republicanos tinham conseguido arrebatar ao adversário uma capital de província. A

254

O inverno mais frio

vitória era sem dúvida uma forte injeção de moral para uma república que só tinha visto o *front* recuar, colhendo derrota após derrota. Entretanto, a celebração do governo mostrou-se precipitada, pois a guarnição de Rey d'Harcourt ainda não tinha se rendido.

Dois dias antes, em 23 de dezembro, o sempre hesitante Franco resolvera partir em defesa de seus homens em Teruel. No entanto, as baixas temperaturas e as copiosas nevascas que haviam caído na última semana do ano atrasaram a movimentação das tropas para o *front* aragonês. Enquanto isso, a minguante guarnição de Teruel continuava a resistir aos embates dos republicanos, que estavam em condições cada vez piores.

Diante da dificuldade do avanço da infantaria e com a cidade coberta por uma espessa camada de neve, os republicanos redobraram o bombardeio ao centro histórico, que ficou em ruínas. As tropas de Rey d'Harcourt, apesar de contarem com pouca munição e alimentos e sem roupas quentes o bastante para resistir às baixíssimas temperaturas que chegavam aos -20°C, mantiveram suas posições nos prédios do Comando Militar e do Seminário.

Foi somente em 29 de dezembro que o general Aranda pôde contar com suficientes efetivos terrestres e aéreos para enfrentar a superioridade numérica dos republicanos e iniciar uma contraofensiva sobre Teruel. Foi encaminhada aos defensores da cidade a ordem de resistir a qualquer custo, pois "a Espanha confiava neles, e eles deviam confiar na Espanha". Em 31 de dezembro os rebeldes reconquistaram a Muela e, com isso, recuperaram uma excelente posição para suas baterias artilheiras.

Contudo, quando a sorte parecia sorrir aos nacionais, um novo temporal de inverno, com temperaturas de até -18°C, malogrou a ofensiva. Um metro de neve cobriu a cidade, deixou as unidades sem comunicação, os aviões parados nas pistas e os soldados mais preocupados com o congelamento dos dedos, das orelhas e do nariz do que com as ordens do estado-maior. A disenteria também causou estragos entre os combatentes de ambos os lados. Sem latrinas em mínimas condições, era necessário fazer as necessidades ao ar livre ou, dadas as baixas temperaturas, evitar riscos de congelamento sujando as calças. Os parasitas foram outro inimigo dos soldados. Piolhos, percevejos, carrapatos e sarna pululavam nas peles de homens já muito debilitados pelo frio, pela fome e pelo cansaço da luta.

Ainda isolados do resto do Exército Nacional e completamente rodeados pelas forças republicanas, os defensores de Teruel tentaram resistir em condições cada vez mais desumanas. A ordem que Franco deu de manter as posições até o último homem foi levada tão à risca que no dia primeiro de janeiro todos os soldados acantonados no Convento de Santa Clara já tinham morrido em condições espantosas de fome e congelamento. Em 3 de janeiro foi a vez dos defensores da *Comandancia*, mortos no porão do prédio na absoluta escuridão, após ficar sem víveres e sem luz. O último agrupamento que ainda resistia em Teruel se encontrava no Seminário, ao limite da exaustão, tremendo de frio e praticamente sem munição.

Em 8 de janeiro, como as tropas de Aranda e Varela não rompiam o cerco republicano, o coronel Rey d'Harcourt e o bispo Anselmo Polanco capitularam. A vitória republicana tinha se completado, ainda que com um elevadíssimo custo em vidas humanas e grandes perdas materiais. Franco, entretanto, considerou a atitude de Rey d'Harcourt própria de um traidor, e o oficial provavelmente teria acabado em um conselho de guerra se não tivesse sido fuzilado antes pelos republicanos. A reação de Franco era injusta para com o militar que resistira em Teruel muito além do humanamente razoável.

Em sua colérica resposta à capitulação de Rey d'Harcourt, talvez Franco se sentisse um pouco como o namorado da história dos amantes de Teruel, que, depois de ter combatido com ferocidade e passado por muitas dificuldades, ao final não consegue o beijo da amada. Mas a reação do Caudilho diante da decepção não foi exatamente morrer de amor.

... e a reconquista da cidade

Franco não se conformou com a perda de Teruel e, embora a cidade nem fosse uma praça tão importante assim, teimou em recuperá-la o mais rápido possível. Ele se beneficiou do fato de que o governo republicano, movido pela euforia do triunfo obtido, decidira retirar parte das tropas que conquistaram Teruel para destiná-las a outros *fronts*. O estado-maior "vermelho", dirigido por Rojo, voltou a examinar com carinho o Plano P e a preparar uma ofensiva na Extremadura que deixasse a Andaluzia isolada do resto da zona "azul". Com isso, a República também recuperaria um pedaço da fronteira com Portugal. Porém, como os eventos posteriores mostrariam, Teruel foi uma andorinha isolada que não fez verão, um pequeno tropeço do exército franquista que não perdeu sua incontestável superioridade sobre o Exército Popular.

Na primeira quinzena de janeiro de 1938, o general Dávila já havia juntado três corpos do Exército Nacional, que totalizavam aproximadamente 100 mil homens. A rendição de Rey d'Harcourt tinha sido um balde d'água fria, mas também facilitara as operações militares dos franquistas, que agora nem precisavam mais correr para salvar os assediados.

Uma nova onda de frio polar (a terceira desde o começo da batalha), acompanhada de temporais de neve, impediu que o contra-ataque rebelde fosse executado imediatamente. Com a melhora do tempo voltaram os combates, que num primeiro momento se orientaram no sentido de garantir a supremacia aérea. A Guerra Civil Espanhola foi um ponto de inflexão na história bélica mundial no que diz respeito à importância da aviação. Se franquistas e republicanos haviam aprendido alguma coisa nesse ano e meio de guerra foi que o controle do espaço aéreo podia determinar o destino do conflito.

Os combates aéreos ao redor de Teruel estiveram entre os mais duros da guerra até aquele momento. Os Fiats CR-32 italianos dos nacionais infringiram severas derrotas aos aparelhos soviéticos. Enquanto isso, a Legião Condor alemã continuava a inovar na arte da guerra, com a experimentação de novas táticas de combate e com aeroplanos que incorporavam os últimos recursos tecnológicos. Sobre o céu terolense lutou pela primeira vez o bombardeiro ligeiro de mergulho Junkers Ju-87, mais conhecido como *Stuka*.

A partir de 17 de janeiro, com condições atmosféricas um pouco mais favoráveis, o exército franquista iniciaria a reconquista de Teruel. Depois de um intenso bombardeio da artilharia, a infantaria rebelde avançou em um movimento envolvente, semelhante ao praticado pelos republicanos um mês antes, porém em sentido contrário. Dois dias mais tarde as Brigadas Internacionais, sob as ordens do general Walter, interviriam na batalha para deter o avanço "azul". No entanto, esse esforço seria em vão e, em 22 de janeiro, com o controle da margem esquerda do rio Túria por parte dos nacionais, os papéis seriam invertidos, e agora os sitiados seriam os "vermelhos".

A Guerra Civil Espanhola

O Exército Popular estava muito fatigado depois de ter lutado por mais de um mês em condições indescritíveis. O contra-ataque franquista tinha dissipado rapidamente os efeitos revigorantes da tomada de Teruel. No exército republicano os nervos estavam à flor de pele, e uma faísca mínima poderia provocar o motim das tropas. Um dos incidentes mais graves ocorreu em Mora de Rubielos, quando a 84ª Brigada Mista, que havia perdido mais de uma quarta parte de seus efetivos nas semanas anteriores, precisou interromper bruscamente a folga de que desfrutava e foi forçada a voltar ao *front*. Os soldados se rebelaram e negaram-se a continuar lutando. Em uma demonstração de que o Exército Popular Republicano não era mais uma turba de milicianos indisciplinados, o general da 40ª Divisão, Andrés Nieto, ordenou o fuzilamento de 50 soldados e 3 sargentos. Outros 60 soldados acabaram julgados por um conselho de guerra.

Para aliviar Teruel do cerco, o general Hernández Saravia decidiu lançar uma ofensiva sobre a cidade de Singra, próxima da estrada e da ferrovia que se comunicavam com Zaragoza. A ação se revelou de extrema dureza, com combates corpo a corpo. A superioridade dos tanques soviéticos se viu limitada pela atuação da aviação ítalo-germânica e depois de cinco dias de luta, em 29 de janeiro, os republicanos recuaram até as linhas anteriores.

Os franquistas aproveitaram o fracasso republicano em Singra para, em 5 de fevereiro, ocupar a margem esquerda do rio Alfambra, um dos pontos mais frágeis quanto à defesa oferecida pelo Exército Popular. O ataque nacional começou com uma carga de cavalaria (uma das últimas da história militar universal!), comandada pelo general José Monasterio. Na guerra espanhola, como o leitor pode comprovar, confluíram as tecnologias mais avançadas daquele momento com táticas típicas das Guerras Napoleônicas.

Com a abertura da cabeça de ponte sobre o rio Alfambra, os generais Aranda e Yagüe (este último comandando o exército da África, que havia sido deslocado a Teruel) infligiram uma dura derrota ao inimigo, causando mais de 15 mil baixas aos adversários, entre mortos, feridos e prisioneiros. O bolsão de Alfambra foi controlado em apenas 48 horas. Com isso, Teruel ficou totalmente sem comunicação com Valência. Em um intento desesperado de salvar a cidade, os republicanos enviaram o v Corpo do Exército, comandado pelo general Modesto (pseudônimo de Juan Guilloto León), porém era tarde demais.

Em 21 de fevereiro as tropas republicanas reclusas em Teruel receberam ordem de retirar-se. A retirada faz-se de forma descontrolada, e os nacionais conseguiram capturar muitos prisioneiros e material de guerra. *El Campesino*, líder do exército republicano sitiado, trocaria acusações com Líster e Modesto por não terem lhe enviado reforços. Os dois últimos acusariam *El Campesino* de deserção e de ter abandonado covardemente os soldados à própria sorte. A Batalha de Teruel, que sinalizaria o renascer do Exército Popular e a sua profissionalização, acabou quase como uma briga de taverna entre oficiais cada vez mais inimizados.

Em 22 de fevereiro de 1938, as tropas franquistas controlaram por completo uma cidade totalmente devastada, que havia enfrentado seu inverno mais longo e violento.

A ocupação de Aragão oriental

Desta vez Franco não deixou escapar a oportunidade de explorar o êxito da reconquista de Teruel. Em menos de duas semanas organizou suas tropas para invadir a metade oriental de Aragão. Embora o Exército do Leste republicano superasse em número as forças rebeldes concentradas nas províncias de Zaragoza e Teruel, estas últimas dispunham de melhores recursos materiais e estavam mais animadas para o combate.

O controle franquista das fábricas de armamento do norte da Espanha garantia um suprimento continuado de munição. Os republicanos, por sua vez, estavam com poucos fuzis, e as escassas munições chegavam apenas das fábricas da Catalunha, nem sempre bem geridas depois dos Decretos de Coletivizações. Somente os carregamentos soviéticos traziam armas e munições de boa qualidade. Entretanto, a grande distância que os navios da URSS tinham que percorrer até chegarem aos portos republicanos, unida às dificuldades que a armada e a aviação italiana impunham no Mediterrâneo central, impediam o rearmamento contínuo e sem sobressaltos do Exército Popular.

Franco deslocou até Aragão o Exército do Norte, sob o comando do general Dávila, o mesmo que quatro meses antes havia extinguido os últimos bolsões republicanos nas Astúrias. Em 7 de março, aproximadamente 100 mil soldados nacionais romperam a linha do *front* em um ataque simultâneo em

A Guerra Civil Espanhola

vários pontos. Na ofensiva foram apoiados por abundante artilharia e quase 200 aeronaves. Três dias mais tarde as tropas navarras comandadas por Solchaga expulsavam as Brigadas Internacionais de Belchite, a outra pedra que o Generalíssimo tinha no caminho desde a sua perda, em agosto de 1937. Depois da guerra, Franco mandaria construir uma "nova" Belchite para os moradores da cidade e para tal fim usaria presos republicanos como mão de obra. A Belchite "velha" foi deixada em ruínas, como testemunho dos padecimentos sofridos pelos partidários do *Alzamiento*. No discurso pronunciado em 1954, por ocasião da inauguração da "nova" Belchite, Franco aludiu a essa batalha como a "pedra de toque", o momento crucial em que o comunismo naufragou na Espanha.

Paralelamente, os italianos conquistavam Rudilla, um vitória que o conde Ciano divulgaria aos quatro ventos. Mais complicada resultou a conquista de Montalbán (13 de março), onde os republicanos impuseram severa resistência.

O traslado do estado-maior republicano à cidade de Caspe acenava a vontade de Vicente Rojo de ficar o mais perto possível do cenário da batalha. Caspe é uma cidade com um passado importante na construção da Espanha. Talvez poucos entre os militares republicanos que estabeleceram nela seu estado-maior de campanha soubessem disso, mas cinco séculos antes, em Caspe, fora decidido o futuro da Coroa de Aragão.

Em 1412 a cidade sediou a reunião de compromissários dos três territórios: Aragão, Catalunha e Valência. Depois de acirradas disputas chegou-se a uma solução negociada para preencher o trono, vago desde a morte de Martim, o Humano, em 1410. O Compromisso de Caspe encerrou o interregno com a coroação de Fernando de Antequera como rei de Aragão, de Valência e conde de Barcelona. Fernando pertencia à família Trastámara, a mesma que governava Castela desde o último quartel do século XIV. Visto como estrangeiro pelos nobres catalães, a sua ascensão ao trono prepararia o terreno para a futura unificação dos reinos peninsulares. O casamento do seu neto Fernando de Aragão com a sua sobrinha-neta Isabel de Castela (os Reis Católicos, como passariam à posteridade), mais de meio século depois, selaria a definitiva fusão dos dois ramos da dinastia e a aparição da Espanha moderna.

O destino dos antigos territórios da Coroa de Aragão e de toda a Espanha seria novamente decidido em Caspe, agora em 1938. Dessa vez, porém, pela força das armas e não mediante o compromisso político.

O inverno mais frio

O estado-maior republicano reconhecia a importância estratégia da comarca de Caspe e transmitiu a seus combatentes instruções de resistir até o final. Não obstante, quando os violentos combates em Montalbán pareciam indicar que os "vermelhos" poderiam frear o avanço dos "azuis", tudo desabou. Os soldados republicanos, muitos deles recrutas sem qualquer experiência de fogo real, fugiam apavorados, enquanto os bombardeiros Heinkel He-111 e os Savoia SM-79 dizimavam as trincheiras. Os oficiais comunistas tentaram impor a disciplina com medidas autoritárias. Enrique Líster ameaçou seus soldados com a pena de morte, caso desertassem diante do avanço inimigo. O próprio André Marty saiu de sua base permanente em Albacete e mudou-se para Aragão com a intenção de controlar de perto a ação das Brigadas Internacionais.

Essas medidas não foram suficientes, e os comandantes republicanos começaram uma troca de acusações que só piorou a imagem dos oficiais comunistas perante o exército e a população civil. Recordemos, entretanto, que Aragão havia sido um dos principais focos anarquistas e que a revolução libertária fora sufocada pelas brigadas mistas do PCE no verão anterior.

Indiferentes às disputas internas dos "vermelhos", os franquistas prosseguiram a sua inexorável ocupação do território. O estado-maior rebelde concentrou em Aragão os principais corpos do exército: o marroquino de Yagüe, o castelhano de Varela, o galego de Aranda, o aragonês de Moscardó, o navarro de Solchaga, além dos italianos do CTV dirigidos por Berti e os alemães da Legião Condor. A próxima cidade importante a cair em mãos inimigas foi Alcañiz, cujo bombardeio fez mais de 200 vítimas civis. Os Savoia-Marchetti da Aviação Legionária arrojaram mais de dez toneladas de bombas sobre a cidade. Em Alcañiz os nacionais praticaram uma versão italiana de Guernica. Dessa vez, porém, sem a repercussão internacional que teve o ataque à localidade basca.

A queda de Alcañiz abriu o caminho para o sítio de Caspe, que capitulou em 17 de março. As tropas franquistas estavam se destacando pela rapidez da ofensiva, pois conseguiram percorrer 100 km em apenas uma semana. Finalmente, Franco dava sinal verde à *guerra celere* que os italianos pregavam desde o começo do conflito.

Em 22 de março o centro da batalha mudou para o norte de Aragão. Os nacionais levantaram o assédio que Huesca padecia desde as primeiras semanas da guerra e avançaram rapidamente seguindo o curso do rio Ebro. Com a conquista de Fraga, em 25 de março, os soldados de Yagüe puseram os pés pela primeira vez na Catalunha. O exército republicano estava em absoluta debandada. Somente alguns escassos corpos do Exército Popular mantinham-se firmes nas posições, como nos casos de Bielsa, que resistiu heroicamente até junho com apenas 7 mil soldados, e das tropas de *El Campesino*, que contiveram por um certo tempo o avanço de Yagüe.

No entanto, esses surtos de resistência republicana foram pobres em resultados. O exército de Franco continuou seu avanço nas semanas seguintes. Sucessos notáveis foram a conquista de Lleida (3 de abril), a primeira das quatro capitais de província catalãs a cair em mãos dos "azuis", e o controle das centrais hidroelétricas de Balaguer e Tremp, localidades próximas aos Pirineus, cujas usinas eram essenciais ao fornecimento de eletricidade a Barcelona.

Stukas e Panzers

Além de permitir a conquista de toda a região aragonesa e de abrir as portas da Catalunha aos rebeldes, a ofensiva também se destacou por certas inovações na arte militar.

O Junkers Ju-87 já foi mencionado quando tratamos da Batalha de Teruel. Aqui lhe dedicaremos um pouco mais de atenção, tendo em vista que teve um papel destacado na campanha de Aragão. Conhecido como *Stuka*, abreviação da palavra alemã *Sturzkampfflugzeug*, isto é, bombardeiro de mergulho, o Ju-87 era um monoplano com asas chamativas em forma de gaivota especializado no ataque terrestre. Foi desenhado especificamente para realizar bombardeios de mergulho, ou seja, com o aparelho descendo verticalmente em alta velocidade. Isso lhe dava uma grande precisão de tiro. Diz-se que o *Stuka* conseguia lançar uma bomba com uma margem de erro de 5 metros. A essa precisão, o *Stuka* acrescentava o efeito psicológico da sirene instalada na fuselagem, que fazia um barulho estrondoso enquanto o avião mergulhava sobre as posições inimigas. Qualquer um que tenha sofrido o ataque dos *Stukas* recordará a vida toda aquele som desagradável e aterrorizante. Por isso, esse aparelho, que a Legião Condor incorporou em caráter experimental, teve um efeito devastador tanto no bombardeio de

O inverno mais frio

núcleos urbanos quanto no assalto à infantaria em campo aberto. Nos dois casos, além dos danos materiais que provocava, tinha um potente efeito desmoralizador nos adversários.

Embora o *Stuka* tivesse graves limitações em confrontos com caças (e isso ficaria óbvio na Batalha da Inglaterra, em 1940, forçando a sua retirada do *front* ocidental), na Espanha não apresentou esse tipo de dificuldades, dada a superioridade manifesta da aviação nacional no começo de 1938. Em qualquer caso, esse avião mostrou-se uma arma potente na luta antitanque, ao permitir o bombardeio preciso sobre os carros de combate inimigos.

Outra arma antitanque que deu muito certo na Espanha foi o canhão alemão de 88 mm FlaK 18. Introduzido inicialmente como canhão antiaéreo, logo mostrou-se útil na guerra terrestre. Era suficientemente ligeiro para ser transportado com facilidade, e o seu calibre era capaz de romper a blindagem dos T-26. O projétil lançado pelo FlaK 18 podia atravessar até 100 mm de chapa metálica a uma distância de 1 km. Com as vantagens da superioridade aérea e da artilharia ligeira, os nacionais conseguiram neutralizar os carros de combate republicanos, uma das poucas armas em que os "vermelhos" eram superiores aos "azuis".

Em contraste, os tanques alemães Panzer Mark I, modelo utilizado durante a ofensiva de Aragão (200 unidades), não foram rivais para os carros de combate soviéticos. Mesmo reconhecendo que o T-26 apresentava melhor blindagem e capacidade de manobra e de tiro, os oficiais alemães justificaram os seus fracassos acusando os espanhóis de não saberem aproveitar corretamente todas as vantagens dos Panzers. Wilhelm von Thoma criticou o fato de Franco usar os tanques à maneira tradicional, seguindo os padrões táticos da Grande Guerra, em vez de concentrá-los em ações ofensivas diretas e independentes do avanço da infantaria.

Esse uso autônomo dos Panzers seria a chave do sucesso da *Wehrmacht* em muitas batalhas terrestres da Segunda Guerra Mundial, tornando famosos os nomes dos generais Rommel e Gudarian, entre outros. No entanto, essa forma de usar os tanques, como se fossem parte de uma cavalaria moderna e blindada, foi raramente experimentada por ambos os lados na Guerra Civil Espanhola. Os Panzer Mark I eram muito inferiores aos T-26 soviéticos, e, nessas condições, a tática do ataque rápido contra o ponto fraco do inimigo (*Schwerpunkt*) teria sido suicida. Os tanquistas soviéticos,

263

A Guerra Civil Espanhola

por sua vez, mesmo dispondo de carros de combate aptos para tal inovação, não ousaram se modernizar tanto. A execução do marechal Mikhail Tukhachevski por ordem de Stalin (1937) deixou o Exército Vermelho sem seu grande teórico das operações em profundidade. A morte desse valioso oficial serviu de exemplo para os assessores soviéticos deslocados na Espanha a respeito do que poderia acontecer com eles se fossem longe demais na inovação bélica.

A Guerra Civil Espanhola foi um campo de testes ideal para as novas armas e táticas do exército alemão. As áreas bombardeadas pelos *Stukas* foram meticulosamente fotografadas do ar, para que os alemães pudessem detectar e corrigir futuramente os desvios no curso das bombas. Os Messerschmidt Me-109 superaram os esquemas de formação em v e realizaram as interceptações em duplas. Os generais alemães também se deram conta da necessidade de aumentar a potência de tiro dos seus carros blindados. O canhão de 88 mm mencionado antes, que tão bons resultados dera no combate com o T-26, seria instalado anos mais tarde no Panzer Tiger, provavelmente o tanque mais assustador de todos aqueles utilizados na Segunda Guerra Mundial.

Os nacionais chegam ao Mediterrâneo

Uma vez conquistado todo o território aragonês, os rebeldes estabeleceram como objetivo chegar até o mar Mediterrâneo. A primeira tentativa foi seguindo o curso do Ebro, porém o CTV viu-se impossibilitado de ocupar o delta desse rio em virtude da intervenção da 11ª divisão republicana. Essa unidade do Exército Popular, comandada por Enrique Líster, fortificara-se em Tortosa e freara o avanço dos italianos.

Mais sorte tiveram as tropas do general Dávila, que, saindo da província de Teruel, embrenharam-se pela comarca do Maestrat (ou Maestrazgo). O Maestrat é a parte mais montanhosa da província de Castelló e fica ao norte da região valenciana. Essa comarca fora palco de sangrentos combates durante as guerras carlistas do século XIX. A sua geografia escarpada faz do Maestrat um local ideal para emboscadas e atuação de guerrilhas. Contudo, os republicanos não souberam tirar partido dessa vantagem, e os franquistas avançaram por lá quase sem encontrar resistência.

Em 15 de abril as brigadas de Navarra chegaram ao povoado de Vinaròs, a localidade costeira mais setentrional do País Valenciano e que faz divisa com a Catalunha. A visão plácida do cálido *Mare Nostrum* naquela manhã de primavera deve ter sido interpretada como um presente de Deus para soldados que haviam sobrevivido a todos os rigores invernais da Batalha de Teruel. Uma missa de campanha exprimiu a gratidão dos "cruzados" carlistas pela dádiva concedida pelo Altíssimo. O fato de 15 de abril coincidir com a Sexta-Feira Santa da Paixão incrementou o simbolismo religioso. O general Alonso Vega molhou os dedos com a água do Mediterrâneo, como se este fosse o rio Jordão, e fez o sinal da cruz. A imprensa nacional destacou que a espada vitoriosa do Caudilho tinha partido a Espanha vermelha em duas metades.

A campanha de conquista de Aragão e do norte de Valência havia sido um êxito e ocorrera no momento em que Franco dotava o governo de Burgos de um novo marco legal. A aprovação do *Fuero del Trabajo*, em 9 de março, evidenciou uma maior identificação do lado rebelde com a ideologia fascista. O texto bebia da fonte da *Carta del Lavoro* mussoliniana, suprimindo os sindicatos de classe e substituindo-os pelos sindicatos verticais, em que patrões, "produtores" e o Estado compartilhavam a representação dos interesses trabalhistas em uma mesma instituição. Aliás, a política de negociação coletiva, à qual a constituição da Segunda República havia dado renovadas forças, foi suprimida. Em seu lugar foram instauradas as *Ordenanzas del Trabajo*, que, à maneira das ordens castrenses, impunham as novas normas que deviam vigorar nos locais de trabalho. O *Fuero del Trabajo* era uma gratificação para os empresários que haviam dado suporte ao golpe, apesar de a norma ser envernizada com uma pátina de paternalismo, que teoricamente limitaria possíveis abusos dos donos do capital.

A zona republicana dividida em dois

Em 19 de abril houve uma breve pausa nas hostilidades. A ofensiva de Aragão tinha concluído com um incontestável triunfo das forças franquistas. Estas haviam assumido a iniciativa em todos os momentos deixando claras as limitações técnicas, materiais e de comando dos republicanos. O Exército Popular consumira boa parte de seus recursos na conquista e defe-

A Guerra Civil Espanhola

sa de Teruel enquanto se queimava internamente em infindáveis disputas ideológicas e pessoais. Franco tinha sabido aproveitar a sua superioridade em soldados e em material de guerra. O projeto idealizado no final de fevereiro pelo general Vigón, chefe do estado-maior rebelde, tinha sido posto em prática pelo general Dávila e seus subalternos sem grandes contratempos. O *front*, que abrangia mais de 270 km de largura, de norte a sul, tinha sido deslocado para o oeste a uma distância de mais de 140 km.

A tomada de Vinaròs culminava com a exploração do êxito da reconquista de Teruel e deixava a República em sérios apuros. Pela primeira vez o lado republicano tinha o seu território dividido em duas partes: ao norte a Catalunha (amputada das comarcas ribeirinhas do rio Segre) e ao sul Valência, Castela-a-Nova, Múrcia e as províncias andaluzas de Jaén e Almería.

O plano que Vicente Rojo havia acalentado para dividir a zona rebelde em duas metades (Plano P) acabou sendo praticado, meio por azar, contra a própria zona republicana, na outra ponta do mapa espanhol. Poderíamos dizer que o feitiço virou contra o feiticeiro, e agora eram os republicanos que deveriam lutar em dois *fronts* ao mesmo tempo.

Para piorar as coisas, o grosso do território republicano perdeu a comunicação por via terrestre com o resto da Europa. Somente a Catalunha manteve fronteira com a França, uma divisa teoricamente fechada à importação de armas por ordem do Comitê de Não Intervenção, mas na prática bastante porosa ao contrabando.

A comunicação entre Valência e Barcelona precisou ser feita por via marítima. Para evitar que o armamento ingressado pela fronteira francesa chegasse até a outra zona republicana, Franco e seus aliados intensificaram a operação aeronaval. As cidades litorâneas e os principais centros fabris foram pesadamente bombardeados, fazendo um elevado número de vítimas civis e espalhando o terror no povo. Navios britânicos também foram atacados e alguns deles afundados pela aviação ítalo-espanhola, até mesmo diante dos olhos da Royal Navy que os escoltava, o que gerou uma escalada de tensão entre Londres e Burgos. O embaixador "oficioso" Robert Hodgson foi chamado para consultas como prova de irritação dos britânicos com a atitude do Generalíssimo.

Nesse meio tempo, o culto à personalidade de Franco alcançou proporções maiores, semelhantes àquelas dos cultos dirigidos a Mussolini ou

Hitler. Em 18 de julho de 1938, na comemoração do início do "Terceiro Ano Triunfal", a figura do Caudilho foi objeto de exaltação pública. Grupos de falangistas desfilaram pelas ruas de Burgos portando tochas, em uma cerimônia com muitos elementos em comum com as concentrações que o partido nazista celebrava periodicamente em Nuremberg. Uma mistura de símbolos militares, pseudomedievais e religiosos dominou a festividade. O Generalíssimo saiu do palácio e recebeu os seus entusiastas seguidores acompanhado pela *guarda de corps* moura, como uma espécie de El Cid dos tempos modernos.

A batalha derradeira

Depois de dividir a República em duas metades, Franco voltou a surpreender aliados e inimigos com uma decisão difícil de justificar do ponto de vista estratégico. Tudo parecia indicar que o próximo movimento das tropas rebeldes seria rumo a Barcelona. Seria o *coup de grâce* contra a República, pois arrebataria a última grande região industrial que restava em poder do lado governamental, incluindo as poucas fábricas de armas que abasteciam o Exército Popular. Com a Catalunha ocupada pelos nacionais, a asfixia sobre a zona republicana seria quase total.

Com o controle da cidade de Lleida e das pontes do rio Segre, quase não havia nenhum obstáculo geográfico importante para o exército "azul" no caminho a Barcelona. É verdade que a atuação de Líster em Tortosa e de *El Campesino* perto de Lleida tinham detido o avanço do exército franquista no começo de abril, porém é difícil acreditar que os serviços de inteligência do Generalíssimo não estivessem a par da desesperadora situação em que se encontravam as outras capitais catalãs. Continuando no embalo que levara os rebeldes a conquistar todo Aragão, era de se prever que em poucas semanas (ou no máximo um par de meses) a Catalunha fosse finalmente conquistada.

Alguns dos principais generais rebeldes, como Yagüe, Varela e Kindelán, tentaram fazer ver ao Caudilho que a Catalunha era uma presa fácil e que a sua conquista marcaria o fim da República. Da mesma opinião eram os aliados alemães, como o comandante da Legião Condor, o general Helmuth Volkmann, que, seguindo instruções de Berlim, deu seu parecer favorável a um avanço sobre Barcelona.

Mas não foi isso o que aconteceu. Alguns autores defendem a tese de que Franco descartou a ocupação da Catalunha quando tinha tudo a favor porque a França ameaçara intervir na guerra. A recente anexação da Áustria por Hitler tinha elevado a tensão diplomática entre Paris e Berlim e não era disparatado pensar que o exército francês tomasse alguma atitude para deter as botas dos alemães. Contudo, tenho as minhas dúvidas de que esse tenha sido o motivo principal da decisão de Franco. Nem o governo de Paris estava realmente disposto a enviar seu exército à Espanha (não o fizera após nenhuma vitória marcante dos rebeldes), nem (na minha modesta opinião) o Caudilho se deixaria amedrontar, a essa altura da guerra, com uma possível intervenção gaulesa.

Interpreto essa mudança de estratégia de outra maneira. A meu ver, com a chegada dos *requetés* ao Mediterrâneo, o Generalíssimo se deu conta de que estava praticando a guerra veloz que os seus aliados haviam pregado por tanto tempo e à qual ele sempre se opusera, pois contrariava sua filosofia bélica. Em Aragão tinha sido praticada a *guerra celere*, porém, agora que o oponente estava encurralado, tinha chegado a hora de voltar ao velho esquema da guerra de atrito. A República devia ser levada a sangrar lentamente, e os seus partidários deviam ser aniquilados um a um. No vocabulário franquista, como vimos, a vitória equivalia à humilhação total e à imposição do terror sobre os vencidos.

A Linha XYZ

Em 23 de abril de 1938, o general Franco deixou de queixo caído os seus aliados ao dar a ordem de avançar para o sul. O objetivo: Valência. Parecia repetir-se a história da conquista de Toledo. O Generalíssimo optava por desviar as tropas para um cenário aparentemente secundário, quando parecia ter tudo a seu favor para obter uma derrota total sobre o inimigo.

No entanto, a conquista de Valência supunha um plano ambicioso e difícil de ser executado. Enquanto Barcelona estava praticamente desprotegida, Valência mantinha boa parte das tropas do Exército do Leste, concretamente aquelas mais experimentadas, que o estado-maior republicano tinha preferido recolher depois da conquista de Teruel. Esses soldados veteranos haviam podido usufruir de descanso nas semanas precedentes e estavam suficientemente bem dispostos para apresentar uma dura resistência à ofensiva franquista. Além disso, o governo de Negrín podia deslocar para a região valenciana uma parte significativa do Exército do Centro, que até então estava voltado à defesa de Madri.

O general Varela foi incumbido de levar a termo o ataque. Entretanto, as chuvas torrenciais da última semana de abril impediram as manobras do exército rebelde. Só um parêntese: Valência apresenta um dos regimes pluviométricos mais extremos da península ibérica. Como as outras regiões mediterrâneas, o País Valenciano alterna longas secas com intensas chuvas que facilmente podem superar os 100 l/m² em poucas horas. As estações mais úmidas são a primavera e o outono, quando se dá o choque repentino de massas de ar frio polar com o ar úmido e quente do Mediterrâneo. Mas no caso valenciano esse fenômeno meteorológico se vê agravado pelo relevo da região. Com cordilheiras a poucos quilômetros do mar, as fortes chuvas escoam com fúria em estreitos córregos que transbordam facilmente, causando catástrofes por onde passam. Como anos mais tarde cantaria Raimon, o poeta de Xàtiva, "no meu país, a chuva não sabe chover / ou chove pouco, ou chove demais; se chover pouco, é a seca / se chover demais, é um desastre".

No dia 1° de maio os franquistas retomaram o ataque. O general Varela avançou pelo litoral com o mar protegendo a sua asa esquerda. A uns 25 km ao oeste posicionou-se o general Aranda, e, entre os dois, o general García Valiño situou as suas tropas. Este último se posicionou um pouco mais na retaguarda, como uma força móvel pronta a intervir com rapidez em qualquer ponto do *front*. Como adversário tinham o Exército Popular, que, ao contrário da campanha de Aragão, não estava disposto a ceder um só palmo de terreno. Em maio continuaram as intensas chuvas, o que impossibilitou que a aviação nacional pudesse prestar socorro aos corpos da infantaria. Por sua vez, os republicanos receberam novos suprimentos da União Soviética, entre eles o novo modelo do caça I-16, o tipo 10, mais conhecido como *Supermosca*, muito mais rápido e com maior poder de fogo do que as versões anteriores.

A Guerra Civil Espanhola

Depois de um mês de intensos combates, os generais rebeldes perceberam que a conquista de Valência não seria o mesmo passeio triunfal da região de Aragão. Miaja assumiu o comando das defesas republicanas e conseguiu manter suas forças disciplinadas, mesmo nas batalhas mais encarniçadas. Até o dia 14 de junho os nacionais não puderam ocupar a primeira capital de província, Castelló de la Plana, e isso depois de sofrer numerosas baixas. Antes de retirar-se da cidade, os republicanos executaram muitos direitistas, entre eles 40 pessoas que já se encontravam na cadeia. O domínio franquista da província de Castelló consolidou-se no dia seguinte, com a tomada de Vila-real. Contudo, o avanço dos franquistas rumo à capital valenciana ficou estabilizado na linha imaginária que une as localidades de Segorbe (no interior) e Sagunto (no litoral).

Os rebeldes concentraram nesse *front* cerca de 125 mil soldados e contaram com o apoio dos carros blindados do CTV e do potente fogo da aviação. Em 13 de julho, Varela, Berti e Solchaga conseguiram atravessar as posições inimigas e avançar em sentido sul. Houve um momento de pânico entre os republicanos, que temeram que se repetisse a história da ocupação de Aragão. Todavia, a retirada republicana ocorreu de forma ordeira dessa vez. Com isso, Miaja conseguiu recompor as suas forças, à altura da localidade de Viver, aproximadamente a 50 km ao norte de Valência. Lá a defesa republicana organizou-se na Linha XYZ, idealizada pelo coronel Manuel Matallana.

A Linha XYZ supunha um progresso conceitual em relação ao Cinturão de Ferro de Bilbao. Dessa vez os republicanos não repetiram o erro de estabelecer linhas fixas de fortificações de concreto armado. Diante da superioridade artilheira e aérea dos nacionais, esse tipo de refúgio encouraçado era quase inútil. A Linha XYZ, ao contrário, era uma sucessão de trincheiras que aproveitava as condições do terreno, no qual abundavam as colinas e os escarpados penhascos. Aliás, o uso inteligente da topografia permitia dar maior plasticidade à posição defensiva das tropas governistas, que avançavam ou recuavam segundo os movimentos do inimigo e tirando proveito das curvas de nível.

Em certo sentido, a Linha XYZ combinava as táticas militares herdadas da Primeira Guerra Mundial com aquelas da guerra de guerrilhas. Bem comunicadas e camufladas, as linhas de defesa republicanas podiam repelir qualquer ataque com prontidão e agrupar em pouco tempo as diversas

272

unidades ao longo do *front*. Apesar do treinamento obtido na conquista das Astúrias, os aviadores nacionais tiveram grandes dificuldades para localizar o inimigo, sempre bem protegido nas encostas do terreno. Com a sua superioridade artilheira e aérea neutralizada, a Linha XYZ virou um obstáculo quase intransponível para o estado-maior rebelde.

Os seis corpos do Exército Popular, comandados pelos generais Vidal, Ibarrola, Romero, Durán, Palacios e García Vallejo, conseguiram a proeza de deter a invasão franquista e proteger Valência a uma distância prudente. Nessas condições, a infantaria era a única peça que os nacionais podiam mover no tabuleiro, mas sem o apoio artilheiro esta se tornava um alvo fácil para as metralhadoras, morteiros, granadas e fuzis dos republicanos. Mesmo com uma perda significativa de território, a campanha valenciana teve um saldo favorável à República. O Exército Popular frustrou o plano dos rebeldes de tomar Valência, com um número de baixas comparativamente menor: 5 mil soldados republicanos em face dos 20 mil, aproximadamente, que os franquistas perderam.

O Exército Popular atravessa o Ebro

Uma das razões do sucesso da linha XYZ foi o fato de que os republicanos conseguiram desviar a atenção do estado-maior franquista. Em 25 de julho, de surpresa, os "vermelhos" atravessaram o rio Ebro e atacaram os nacionais pelo seu flanco norte.

A hesitação de Franco em conquistar a Catalunha deu oxigênio aos governistas. No final da primavera de 1938, a França concordou que a República espanhola comprasse armas e suprimentos em seu território. Através da fronteira francesa, o Exército do Leste pôde se recuperar de parte das perdas materiais dos meses anteriores e reorganizar as divisões e brigadas com novas tropas. Armas e munições de fabricação tchecoslovaca puderam ser compradas e transportadas sem que guardas as confiscassem.

Ao mesmo tempo, o Exército Popular convocou pracinhas muito novos, com idade entre 17 e 18 anos, que, em princípio, segundo a lei vigente na época, só deveriam prestar o serviço militar em 1941. O equipamento entregue a esses moços pouco antes de partirem para a batalha era muito pobre e dá conta da extrema penúria de que padecia a República: um fuzil,

150 balas, seis granadas de mão, um cobertor, uma muda de roupa, um copo, um garfo e uma colher. Como calçado um par de singelas alpargatas de corda. E só. Equipados dessa forma e carregando aproximadamente 30 kg na mochila, esses jovens soldados tinham que marchar até 40 km diários, escavar trincheiras, atravessar bosques, esconder-se dos ataques da aviação e enfrentar carros blindados.

Embora o objetivo último da ofensiva no Ebro fosse, aparentemente, retomar a comunicação terrestre entre os dois territórios em que a zona republicana tinha sido dividida, o chefe do estado-maior governista, Vicente Rojo, não alimentava esperanças tão grandes. Ele já se contentaria se a operação fosse capaz de diminuir a pressão sobre o *front* de Valência e, paralelamente, injetasse moral no Exército Popular ao desvanecer o perigo de uma iminente ocupação da Catalunha.

Ao contrário do exército republicano que defendia Valência, subordinado a militares de carreira, o exército do Ebro teve no comunista Modesto o seu comandante supremo. Algumas de suas divisões estiveram sob o comando de homens curtidos na luta das milícias, como Enrique Líster ou *El Campesino*. Também contaram com o apoio de cinco Brigadas Internacionais (da XI à XV), agrupadas em duas Divisões Internacionais. Com esses comandantes ideologicamente mais exaltados, os republicanos contaram com uma liderança decidida, embora às vezes um tanto temerária.

A operação que Rojo cogitou envolvia um ataque em grande escala em um *front* de quase 60 km de largura, a distância que separa a cidade aragonesa de Mequinenza da catalã de Amposta. Nesse espaço o rio Ebro faz uma pronunciada curva em sentido leste, que Vicente Rojo queria aproveitar para isolar as forças nacionais que protegiam a margem direita. Para tanto, duas colunas republicanas avançariam: a primeira, do norte, partindo de Mequinenza, e a segunda, do sul, partindo de Tortosa. Ambas se uniriam à altura da cidade de Gandesa, o principal nó de comunicações da comarca, que servia de quartel-general da 50ª divisão franquista. Dessa maneira, os dois braços prenderiam, como uma grande pinça, as tropas rebeldes, deixando-as presas entre o Exército Popular e o Ebro.

Os soldados republicanos tinham pela frente três divisões do exército marroquino, dirigidas pelo general Yagüe. A 50ª divisão foi pega de surpresa, mesmo que nos dias anteriores vigias e olheiros tivessem reportado os

A batalha derradeira

preparativos do inimigo. Contudo, o estado-maior franquista preferiu não dar ouvidos a essas informações, e nenhuma providência foi tomada para reforçar as posições do Ebro.

O cruzamento do rio fez-se em mais de 60 pontos simultaneamente. Os republicanos empregaram um grande número de barcas e instalaram pontilhões (os *pontones*, ou pontes provisórias), úteis para o transporte de soldados e armamento ligeiro, porém insuficientes para o deslocamento dos pesados tanques T-26.

As primeiras 24 horas da batalha terminaram de forma muito positiva para o lado "vermelho". O Exército Popular conseguiu instalar uma extensa cabeça de ponte do outro lado do rio, e os franquistas perderam mais de 5 mil homens, entre baixas e deserções. Ademais, as tropas de Líster estavam a ponto de atingir um dos objetivos da ofensiva: a conquista de Gandesa.

À vista da magnitude do ataque, Franco retirou efetivos do *front* valenciano para socorrer Yagüe, que estava em perigo de ser completamente rodeado pelos republicanos. Foram enviadas em seu auxílio quatro divisões do Corpo do Exército do Maestrat, sob o comando do general García Valiño. Além disso, a Legião Condor dedicou-se com toda intensidade a dificultar o transporte de tropas de uma margem à outra do rio. Os pontilhões foram bombardeados constantemente, e os caças metralharam sem parar os soldados do tenente-coronel Modesto. Apesar de a aviação republicana ter sido reforçada com os *Supermoscas*, estes tardaram quase dois dias para aparecer no céu do sul da Catalunha, tempo suficiente para os nacionais consolidarem sua supremacia aérea.

Outra arma que os franquistas souberam utilizar para frear a invasão foi a própria água do rio. Lembremos que durante a campanha de Aragão os rebeldes haviam conquistado as represas dos afluentes do Ebro, as mesmas que forneciam eletricidade a Barcelona. Bastou-lhes então abrir as comportas das hidroelétricas de Tremp e Camarassa e deixar vazar a água de seus reservatórios para que o nível do rio crescesse bruscamente e inutilizasse as frágeis pontes instaladas pelos republicanos.

Malgrado esses contratempos, os engenheiros do Exército Popular não jogaram a toalha e reconstruíram os *pontones* tantas vezes quanto necessário. Como em outras ofensivas republicanas, os êxitos da infantaria "vermelha" não foram devidamente acompanhados por um bom trabalho de intendência. Com poucos alimentos, sem caminhões nem artilharia, sem poder atravessar o rio com seus tanques e quase sem cobertura aérea, as tropas de Líster não conseguiram conquistar Gandesa. Os pouquíssimos T-26 que puderam atravessar o rio avançaram para Gandesa, mas sua participação na batalha foi insuficiente para levar o sucesso aos republicanos. A história de Brunete repetia-se, e, em 2 de agosto de 1938, o ataque republicano perdeu o ímpeto inicial. A Batalha do Ebro, porém, ainda estava muito longe de ser concluída.

A República queima seus últimos cartuchos

Na primavera de 1938, após a derrota em Teruel e com o Exército Nacional avançando a grande velocidade por Aragão, a República precisava mais do que nunca do apoio internacional. Negrín queria convencer britânicos e franceses de que a guerra não estava irremediavelmente perdida e que, por pouco que esses países se envolvessem no conflito, a sorte poderia sorrir às forças do legítimo governo espanhol. O momento aparentava ser propício para uma ofensiva diplomática. A anexação (*Anschluss*) da Áustria, em março de 1938, tinha criado tensão no relacionamento estabelecido entre Berlim e Roma. Embora a ocupação militar viesse precedida de um plebiscito favorável à integração da Áustria no Terceiro Reich, a anexação desagradou ao Duce. Para demonstrar sua discordância, Mussolini enviou tropas à fronteira em sinal de hostilidade, mas sem maiores consequências.

Enquanto isso, as potências ocidentais continuavam não querendo provocar Hitler e se mantiveram à margem da disputa. A notícia do *Anschluss* chegou no mesmo dia em que Negrín estava em Paris tratando de convencer o governo francês da necessidade de suspender o embargo. O chefe do governo espanhol reuniu-se com os ministros Blum, Daladier, Auriol e Cot, porém foi friamente recebido e só recebeu respostas vagas. Negrín voltou de Paris de mãos vazias. O máximo que obteve do governo francês foi um relaxamento do controle da fronteira, o que facilitou o tráfico de armas para a República. Entretanto, a essa altura do conflito, o governo republicano estava com os cofres vazios e as reservas de ouro exauridas.

A frustração com a viagem de Negrín à França aumentou a sensação de que a guerra estava perdida. Indalecio Prieto, então ministro da Defesa, apresentou um relatório expondo a situação do Exército Popular. As informações contidas nele estavam plenamente fundamentadas em dados e opiniões dos principais comandantes. Negrín, contudo, acusou Prieto de derrotismo e o forçou a sair do governo antes do fim de março de 1938. Com a queda de Prieto o governo republicano perdeu o último dos dirigentes socialistas históricos. Apesar da teimosia de Negrín em continuar a guerra a qualquer custo, as previsões de Prieto (enunciadas bem antes da Batalha do Ebro) resultaram acertadas. Negrín, por sua vez, quis seguir em frente, sem prestar atenção às declarações de lucidez política de outros membros do gabinete ou mesmo do presidente da República, Manuel Azaña.

Negrín aproveitou a conjuntura da Batalha do Ebro para reestruturar o seu governo. A situação de emergência o levou à adoção de medidas que restringiram ainda mais as liberdades públicas. A "democracia controlada" de Negrín separava-se cada vez mais do modelo constitucional erigido em 1931 e se aproximava perigosamente dos esquemas ditatoriais. Novas medidas centralizadoras foram adotadas, e a *Generalitat* perdeu a pouca autonomia que lhe restava, o que fez piorar as relações de Negrín com os nacionalistas bascos e catalães. Como gesto de desagravo, os ministros Irujo e Ayguadé abandonaram o Executivo republicano.

Dada a resposta apática que a anexação austríaca causou no meio diplomático, a avidez expansionista de Hitler não se conteve. Logo a Alemanha passou a reclamar a região dos Sudetos, situada na Tchecoslováquia e povoada majoritariamente por indivíduos de fala germânica. A crise dos Sudetos disparou, desta vez sim, os alarmes nas chancelarias europeias e elevou a temperatura política no continente. Juan Negrín chegou a alimentar esperanças de que afinal Londres e Paris detivessem Hitler. Se assim fosse, a não intervenção na Espanha deixaria de fazer sentido, e a República finalmente ganharia o apoio das principais democracias.

Negrín empreendeu uma viagem até Genebra (Suíça) para discursar na sede da Liga das Nações. Pensando que o clima seria favorável às suas aspirações, em sua intervenção, no dia 21 de setembro de 1938, o primeiro-ministro republicano anunciou a retirada das Brigadas Internacionais, como guinada em favor de uma "desinternacionalização" da guerra espanhola.

Porém, infelizmente para Negrín, as coisas não aconteceram como ele esperava. Numa reunião em Munique no dia 30 de setembro de 1938, o primeiro-ministro britânico Arthur Neville Chamberlain e o homólogo francês Édouard Daladier, com a mediação de Benito Mussolini, concederam a Hitler o que este pedia. Sem que o governo de Praga fosse sequer ouvido, a Alemanha recebeu carta branca para ocupar militarmente os Sudetos. O acordo foi uma violação explícita do direito internacional, mas foi apresentado por Chamberlain, em sua volta a Londres, como a garantia da paz "para os nossos netos".

A retirada das Brigadas Internacionais

O anúncio do dia 21 de setembro foi feito em um cenário tão solene que o governo de Negrín não podia desmenti-lo depois, sob risco de perder o escasso prestígio internacional que ainda conservava.

A retirada das Brigadas Internacionais foi, aparentemente, um tiro no pé da República, mas essa medida deve ser interpretada no contexto de uma ação diplomática de amplo espectro. Com essa proposta, Negrín pretendia mostrar ao mundo que o governo republicano estava disposto a aceitar as condições do Tratado de Não Intervenção (aprovado em agosto de 1936 e que desde então tinha sido apenas de fachada), renunciando a qualquer apoio estrangeiro, até mesmo de soldados voluntários. Assim, o Executivo republicano confiava, um tanto ingenuamente, que britânicos e franceses forçariam a retirada das divisões alemãs e italianas ou, pelo menos, reveriam o embargo de armas que tanto dano havia feito à República. Se a jogada de Negrín tivesse dado certo, a República teria pago um preço relativamente baixo em troca do afrouxamento do bloqueio internacional e de uma maior pressão para a saída das tropas estrangeiras aliadas de Franco. Mas essas esperanças iriam se revelar otimistas demais.

A medida foi executada no mês seguinte, quando se procedeu à dissolução das Brigadas Internacionais. Naquele momento restavam menos de 10 mil brigadistas nos campos de batalha da península ibérica. Um número equivalente tinha caído no *front*, os corpos frequentemente eram sepultados às pressas, sem que restasse nada no local para marcar sua presença. Diante da retirada decretada pelo governo, muitos brigadistas optaram por voltar ao seu país de origem.

A saída da Espanha foi um grande alívio para muitos soldados que haviam se apresentado pensando que lutariam por um período de tempo curto

A batalha derradeira

e que haviam sido forçados a combater por quase dois anos. Alguns de seus generais ficaram tristemente célebres por tê-los usado como "bucha de canhão" em ofensivas suicidas em campo aberto, que recordavam as sangrias irresponsáveis das Batalhas do Marne ou de Verdun, na Primeira Guerra Mundial. Outros voluntários tinham sido vítimas dos interrogatórios dos comissários políticos ou do SIM, que não poupavam métodos terríveis para extrair confissões dos supostos "espiões do fascismo". Nos primeiros meses de 1937, as notícias sobre o desperdício de vidas humanas no *front* e sobre o controle ideológico a que os brigadistas eram submetidos espalharam-se e provocaram uma drástica queda nas cifras de alistamento. Sem poder repor as baixas com voluntários estrangeiros, as Brigadas Internacionais cada vez mais foram se tornado Brigadas Mistas, com tantos soldados espanhóis quanto de outras nacionalidades.

Entretanto, para os brigadistas que provinham de Estados com regimes ditatoriais de direita voltar ao seu país não era uma boa ideia. Tratados como traidores da pátria ou espiões comunistas, o que lhes esperava em seu regresso eram interrogatórios, deportações e longas penas de cadeia. Mesmo os que voltaram a países tidos como democráticos (como no caso da Bélgica) foram objeto de perseguição por terem servido em um exército estrangeiro. Alguns, por desejo expresso ou por falta de opção, finalmente ficaram na Espanha, obtendo a nacionalidade honorária e integrando-se em corpos do exército regular republicano.

La Pasionaria sabia do futuro incerto desses soldados. Em seu discurso de despedida a um grupo de brigadistas que embarcavam no porto de Barcelona, Dolores Ibárruri lhes disse:

> Um sentimento de angústia, de dor infinita, sobe às nossas gargantas apertando-as... Angústia pelos que vão embora, soldados do mais alto ideal de redenção humana, desterrados de sua pátria, perseguidos pela tirania de todos os povos... Dor pelos que ficam aqui para sempre, fundindo-se com a nossa terra e vivendo no mais fundo de nosso coração, aureolados pelo sentimento de nossa eterna gratidão.

Antes de ir embora, os últimos membros das Brigadas Internacionais desfilaram pela avenida Diagonal, onde foram recebidos com lágrimas e pétalas de flores. O povo não havia esquecido o valor daqueles voluntários nem o papel decisivo que tiveram na defesa da República, quando o moral estava mais baixo e as chances de vitória eram remotas.

O tempo que os brigadistas passaram na Espanha (às vezes, mais de dois anos) os deixaria marcados para sempre. Como nos versos de Manuel Bandeira, quase todos levaram consigo a Espanha no coração, e, apesar de todas as misérias da guerra e das patrulhas ideológicas, os brigadistas guardaram uma marca indelével de guerreiros heroicos e românticos, talvez os últimos de uma estirpe que hoje está em franca decadência.

Em relação à atitude das outras potências, a retirada dos brigadistas não provocou (como era de se esperar) o abandono da guerra por parte de alemães e italianos. Estes últimos fizeram uma pequena retirada de tropas, puramente simbólica, porém deixaram em solo espanhol quase toda a artilharia e a aviação. O balanço, portanto, não foi aquele que Negrín desejara. A República perdeu alguns de seus soldados mais corajosos em troca de praticamente nada.

A conquista da Catalunha

A Batalha do Ebro acabaria por ser a mais longa e decisiva de toda a guerra. Demoraria quatro meses para ser concluída e envolveria a participação de mais de 200 mil soldados.

No começo de agosto o exército rebelde poderia ter revidado com uma manobra envolvente, focada na conquista de Barcelona e que teria deixado as tropas republicanas do Ebro sem retaguarda. Porém, Franco desestimou essa possibilidade, o que irritou alguns de seus generais. Pela primeira vez em muito tempo, alguns oficiais rebeldes mostraram em público sua discordância em relação à estratégia do Generalíssimo. Outros, como no caso de Kindelán, anos depois estampariam no papel essa oposição à maneira como era conduzida a guerra. As críticas contidas no livro de memórias de Kindelán seriam censuradas e só veriam a luz muitos anos mais tarde, fazendo com que o general da aeronáutica caísse em desgraça.

Em agosto os republicanos haviam deixado de tomar a iniciativa no combate, surpreendendo as linhas inimigas, passando à situação de defensores. "Vigilância, fortificação e resistência" foi a palavra de ordem mais divulgada entre as fileiras do Exército Popular. Qualquer oficial, suboficial ou soldado que, sem ordem escrita do superior, se retirasse da posição atribuída era passível de execução sumária por traição. No dia 6 de agosto os franquistas iniciaram o contra-ataque pelo setor norte, destroçando o bolsão republicano situado entre os municípios de Mequinenza e Fayón. E no dia 11 o contra-ataque concentrou-se no flanco sul do *front*, com a expulsão dos republicanos de Corbera. Gandesa ficou liberada do cerco no final do mês, porém a um elevadíssimo custo de baixas para os dois lados.

No Ebro, Franco voltou à estratégia de desgaste mediante intenso fogo artilheiro e ataques frontais da infantaria. O exército rebelde demorava muitas semanas para recuperar o terreno que havia sido perdido em poucas horas. A parcimônia com que era realizado o contra-ataque foi repudiada pelos aliados. Mussolini chegou a vaticinar em 29 de agosto que Franco seria derrotado, exclamando ao seu genro Ciano que os únicos lutadores de verdade naquela guerra eram os republicanos. Enquanto isso, o Generalíssimo havia chegado à conclusão de que Gandesa seria o túmulo dos republicanos, custasse o que custasse.

Ainda que o elevado número de baixas estivesse dizimando o Exército Popular, o governo da República aceitou o desafio da guerra de atrito e manteve o pulso firme contra as forças de Franco até o limite da extenuação. Modesto e Líster impuseram severos castigos aos soldados que ousavam entregar ao inimigo um só palmo de terreno.

A notícia do Pacto de Munique foi recebida com alegria em Burgos. Finalmente, dissipavam-se as dúvidas de uma possível participação anglo-francesa na guerra. Franco comunicou sua "sincera felicitação" a Chamberlain pelos seus esforços em favor da paz. Os alemães, que por um tempo duvidaram se valia a pena prosseguir respaldando o esforço bélico de Franco, continuaram a enviar os imprescindíveis suprimentos. Todavia, no processo de negociação da crise dos Sudetos, surgiram dúvidas razoáveis sobre a firmeza de Franco como aliado do Terceiro Reich. Berlim exigiu contrapartidas, e o Caudilho precisou ceder diante das exigências de mais concessões mineiras, algo que entrava em contradição com o discurso patriótico e imperial mantido por ele até poucos meses antes.

A sorte, contudo, sorria para as armas nacionais, e em 30 de outubro foi lançado o derradeiro contra-ataque franquista. O ponto escolhido foi a serra de Cavalls, e sob o céu desse lugar lutaram mais de duzentas aeronaves, naquela que foi a maior batalha aérea da guerra civil. Com a vitória do lado rebelde, os generais Yagüe e García Valiño mandaram os seus exércitos ocuparem o território abandonado pela infantaria republicana. A partir da conquista de Cavalls toda as defesas republicanas caíram como um castelo de cartas. Em 18 de novembro os últimos destacamentos que permaneciam a oeste do Ebro foram evacuados para a margem esquerda do rio, e Yagüe recuperou todas as terras perdidas em julho.

O saldo da batalha foi terrível: as baixas somadas dos dois lados superaram os 85 mil soldados, o que significava quase a metade dos efetivos que operaram no Ebro. Para se ter uma ideia da magnitude dos combates, o meio milhar de canhões nacionais desdobrados na região chegaram a despejar mais de 10 mil projéteis explosivos por dia. Também foram incontáveis as perdas materiais. O Exército Popular ficou na corda bamba, pois os republicanos tinham muito mais dificuldade para repor os estoques de armamento. Os "vermelhos" perderam, aliás, boa parte de sua força aérea. Embora a República tivesse uma fábrica de *Chatos* (o avião soviético I-15) em solo espanhol, mais especificamente na cidade de Sabadell, esta padecia de uma enorme carestia de peças que a impedia de suprir as aeronaves necessárias para repor as baixas.

Para o exército rebelde, o passo mais lógico a seguir, após aquela vitória na Batalha do Ebro, era conquistar a Catalunha, em cuja capital, aliás, estava estabelecido o governo da República. Com quase meio ano de atraso, foi desengavetado o plano de ofensiva sobre Barcelona a partir das posições do rio Segre, o caminho natural e menos problemático para essa ação.

Em 23 de dezembro as tropas franquistas atravessaram diversas comarcas da província de Lleida em poder dos republicanos. A reação, entretanto, foi mais agressiva do que o estado-maior rebelde esperava. O 5º Corpo do Exército Popular, comandado por Enrique Líster, freou o avanço dos nacionais por 12 dias. Contudo, em 5 de janeiro as defesas republicanas se desmancharam, e os "vermelhos" cederam os povoados de Borges Blanques e Artesa. O caminho para Barcelona ficava livre.

Yagüe conquistou Tarragona em 14 de janeiro, e as sucessivas frentes de proteção idealizadas por Vicente Rojo caíram uma após a outra. A notícia da ocupação de Tarragona provocou uma fuga em massa de civis da capital catalã. No dia 22 os rebeldes já se encontravam a apenas 20 km de Barcelona,

As tropas de Franco desfilam em Barcelona

Na manhã de 26 de janeiro de 1939 os soldados nacionais observaram a capital da Catalunha do alto de Montjuïc e do Tibidabo, os dois montes que dominam a cidade. Ao meio-dia adentraram em suas ruas e avenidas centrais.

Enquanto uns poucos exaltados clamavam para construir barricadas contra os "fascistas", a grande maioria dos habitantes de Barcelona não queria mais ouvir falar de revolução ou de coletivização. Belas palavras como "liberdade", "justiça" ou "autonomia" soavam ocas com o estômago vazio, piolhos na cabeça e sarna na pele. Os apelos dos ativistas políticos para uma mobilização geral que enfrentasse o invasor não eram mais escutados por uma população desmoralizada e cansada das agruras da guerra. Os bombardeiros italianos, que partiram de suas bases na ilha de Maiorca, castigaram permanentemente uma população que só queria que parasse aquela tortura chamada de guerra.

Carentes há muito tempo de eletricidade ou combustível para se aquecer, alimentando-se de nabos, sopas de verduras e sem o imprescindível complemento de proteínas e carboidratos, o sofrido povo catalão estava famélico, doente e moralmente derrubado. Os pombos e os gatos sumiram da cidade havia muito tempo. As panelas cozinhavam os legumes importados do México (basicamente grão de bico e lentilhas, estas últimas conhecidas como as "pílulas do Dr. Negrín" e racionadas a no máximo 100 g por pessoa e por dia), cada vez mais escassos, ou algumas hortaliças compradas em fazendas vizinhas à capital. As sacadas das casas, que serviam como improvisados galinheiros nos primeiros meses da guerra, estavam vazias e só mostravam restos de esterco. As cascas de laranja eram recolhidas do chão das ruas e cozinhadas como sucedâneo das batatas fritas (a pouca vitamina C que essas cascas contêm servem como exígua proteção contra o escorbuto, uma doença que se espalhou no inverno de 1938-39). Homens e mulheres caíam no meio da via pública desacordados em virtude da inanição. A única coisa que restava a fazer, diante desse panorama tão cruel, era coletar os poucos móveis e utensílios domésticos que haviam sobrado depois de tanto tempo

A Guerra Civil Espanhola

de privações e pegar a estrada rumo ao norte, "onde a gente é culta e feliz", como rezou o poeta Salvador Espriu.

Barcelona era então uma cidade fantasma. Quarenta horas antes da entrada dos soldados franquistas, estava mergulhada no mais absoluto silêncio. Dessa quietude deram-se conta Vicente Rojo, que qualificou Barcelona como "cidade morta", e Josep Andreu, que acompanhou o *President* Companys em sua retirada da capital catalã. Andreu comparou o silêncio que imperava em Barcelona na madrugada do dia 26 de janeiro com o silêncio terrível que paira no teatro "no ponto culminante de uma tragédia".

O desfile triunfal das tropas franquistas pela avenida Diagonal, acontecido em 28 de janeiro, teve um quê de fantasmagórico. A cidade estava tomada pelo medo, e pouquíssimas pessoas, mesmo entre aquelas que receberam com alívio a entrada dos rebeldes, ousavam dar uma espiada pelas janelas ou sacadas.

Era um medo justificado. Uma duríssima repressão impôs-se sobre os esquerdistas que não haviam conseguido fugir dali. Cerca de 10 mil pessoas foram assassinadas nos primeiros cinco dias após a "libertação". Medidas draconianas foram proclamadas, entre elas a proibição de falar catalão em público. O principal jornal da cidade, *La Vanguardia*, que no passado se destacara como foro de debate do regionalismo e do nacionalismo, foi renomeado como *La Vanguardia Española*. A "vermelha Barcelona", a capital do anarquismo ibérico, mas também a cidade que vibrara com a estreia das óperas de Wagner e que havia acolhido com fruição as vanguardas artísticas, esse mesmo centro urbano que se sentia orgulhoso de ser diferente, de falar outra língua e de ser a Manchester do sul, logo seria obrigado a tomar um remédio amargo para extinguir suas veleidades igualitárias, progressistas e separatistas.

A nova Espanha que sonhava chegar até Deus através do Império e que impunha a disciplina militar à base da ingestão de óleo de rícino não toleraria a criativa irreverência e o orgulho nacional que haviam feito dos barceloneses cosmopolitas europeus, em um tempo em que a Europa ainda terminava nos Pirineus.

O navio que jamais chegará

Os últimos meses de vida da República eram o relato de uma lenta agonia, de um corpo quase totalmente esvaído em sangue, mas que ainda resistia à fatalidade da morte. E as possibilidades de vitória militar ou de magnanimidade do inimigo eram ilusões que haviam se desvanecido quase por completo. Mas quem sabe se a deterioração política do cenário europeu não seria capaz de salvar a moribunda República no último minuto...

A esperança de Negrín

Por muito tempo o primeiro-ministro torceu para que Hitler esticasse tanto a corda com seus gestos expansionistas que pusesse fim à paciência de franceses e britânicos. Quando isso acontecesse (e, de acordo com as previsões de Negrín, isso já deveria ter acontecido em 1938, com as crises do *Anschluss* e dos Sudetos), a atitude das democracias ocidentais em relação à República espanhola mudaria por completo. Londres e Paris finalmente reconheceriam o engano, tirariam a venda dos olhos e interviriam ativamente na guerra civil para deter o avanço nazista.

A Guerra Civil Espanhola

Diante do enfraquecimento das forças republicanas e da iminente queda da Catalunha, o primeiro-ministro espanhol apostou tudo numa única cartada: a intervenção internacional na guerra. Era sem dúvida uma aposta arriscada, mas tinha em seu favor argumentos poderosos, que o tempo demonstraria. Não contente com possuir os Sudetos, Hitler tramou a conquista da Tchecoslováquia inteira. No dia 15 de março de 1939, a *Wehrmacht* avançou sobre o território desse Estado soberano na maior desfaçatez, e impune. Em poucos dias o país surgido do Tratado de Versalhes foi ocupado e dividido em dois: a parte tcheca (Boêmia e Morávia) seria transformada num protetorado alemão, e a metade eslovaca, num Estado teoricamente independente, porém controlado estreitamente por Berlim.

Mesmo assim, a pusilanimidade demonstrada pelas democracias ocidentais durante a organização do Comitê de Não Intervenção seria repetida em cada um dos desafios lançados por Hitler. Nem a anexação da Áustria, nem a ocupação militar dos Sudetos, nem a invasão da Tchecoslováquia fizeram mudar a posição de britânicos e franceses em relação à Guerra Civil Espanhola.

Negrín teve a chance de conferir mais uma vez esse panorama de apatia nas chancelarias em 7 de janeiro de 1939. Enquanto as tropas de Franco avançavam rumo a Barcelona, depois de ter destroçado o Exército Popular à beira do rio Ebro, Negrín fez uma viagem em segredo a Paris e reuniu-se com os embaixadores norte-americano e britânico e com o ministro do Exterior francês, Georges Bonnet. O discurso do primeiro-ministro espanhol era de extrema urgência, tendo em vista que a República estava a um passo de fenecer, e suas pretensões, relativamente modestas. Ao contrário de reuniões anteriores, o lado republicano não reclamava armamento pesado, nem tanques ou aviões. Sequer foi mencionada uma intervenção na guerra de exércitos estrangeiros. O que Negrín queria eram 2 mil metralhadoras e 100 mil fuzis para salvar a República. No entanto, Bonnet não deu sequer resposta às pretensões do espanhol, que não recebeu nem um cartucho para armar suas tropas em retirada.

A gota-d'água há tanto tempo aguardada por Negrín chegou, finalmente, no dia 1º de setembro de 1939. A invasão alemã da Polônia traçaria a linha sem retorno e significaria o começo da Segunda Guerra Mundial. Porém, a declaração de guerra contra o Terceiro Reich chegaria tarde demais para

286

a República espanhola. As esperanças de Negrín se mostrariam inúteis. A demora em responder aos desafios lançados por Hitler tinha levado Stalin a abandonar, em agosto, a ideia de ter como aliados franceses e britânicos. Moscou enviou Molotov para assinar um tratado de não agressão com o ministro alemão das Relações Internacionais, Ribbentrop. Assim, poucas semanas depois, a URSS e a Alemanha nazista pilhariam a Polônia livremente e em um clima de mútua complacência.

A última sessão das Cortes republicanas

Em 10 de fevereiro toda a Catalunha caiu em mãos dos rebeldes. A República perdeu os últimos postos fronteiriços com a França. Nove dias antes o Legislativo reuniu-se pela última vez em Figueres, uma localidade do norte da Catalunha, conhecida por ser a cidade natal do artista Salvador Dalí. As Cortes reunidas no castelo de Sant Ferran eram uma pálida sombra do que haviam sido poucos anos antes. Apenas 60 deputados estiveram presentes nos trabalhos parlamentares, e o clima dominante foi de decepção, medo e ruína física e moral. Contudo, a sua mera convocação demonstrava que a República, mesmo nas derradeiras horas, não estava disposta a renunciar aos princípios do liberalismo e do parlamentarismo que haviam norteado a sua fundação.

Em seu último discurso às Cortes, Negrín esforçou-se para manter acesa a chama da esperança. Reiterou a sua vontade de negociar a paz com os rebeldes, sem largar mão de três condições que considerava irrenunciáveis: a independência da Espanha, a organização de um plebiscito para que o povo escolhesse a forma de governo e a abstenção de qualquer tipo de repressão política. Era óbvio, porém, que Franco jamais aceitaria essas condições.

Além disso, naquele momento, os deputados estavam mais preocupados com seu futuro pessoal e com a sorte de suas famílias do que em debater os assuntos que pudessem estar na pauta. O sentimento de derrota era generalizado, e muitos políticos se voltavam apenas para picuinhas mesquinhas ou buscavam angariar os recursos suficientes para sobreviver dignamente no exílio. Além disso, as Cortes tinham dado as costas ao primeiro-ministro, acusando-o de transformar a República em uma ditadura personalista excessivamente influenciada pelos comunistas.

A Guerra Civil Espanhola

Na convocação anterior das Cortes, cujas sessões se celebraram em Barcelona entre os dias 30 de setembro e 1º de outubro de 1938, evidenciou-se o choque ideológico entre os parlamentares que tentavam proteger as essências liberais que haviam inspirado a Constituição republicana de 1931 e um Juan Negrín cada vez mais autoritário, incapaz de aceitar qualquer tipo de crítica e que se mostrava, no que diz respeito às questões regionais, tão centralizador quanto o general Franco. No fundo, Negrín há tempos tinha parado de acreditar no regime parlamentarista. Ele só via duas possibilidades para o futuro político da Espanha: ou o regime militar defendido pelos franquistas ou um regime autoritário de esquerda, com uma frente única de partidos sob a égide dos comunistas. O mesmo clima de confronto dialético entre o Executivo e o Legislativo repetiu-se na sessão do dia 1º de fevereiro de 1939, em Figueres.

Pouco depois dessa amarga reunião das Cortes, no dia 6 de fevereiro, Negrín, Martínez Barrios e Vicente Rojo também cruzaram a fronteira francesa. O presidente da República apresentou sua demissão no final do mês, deprimido pelo curso da guerra. A cúpula do governo republicano estava no exílio, e a posição legal de Negrín como primeiro-ministro havia ficado juridicamente controversa. Teoricamente, com a demissão de Azaña, Negrín deveria ter posto também o seu cargo à disposição do presidente da República interino, porém não fez isso. E, sinceramente, dada a situação crítica dos republicanos, essas formalidades legais não eram em absoluto prioritárias.

As tropas que defendiam as regiões centro e sudeste da península estavam sob o comando do general Miaja, que, na prática, assumiu o poder do lado governista. Semanas depois de ter cruzado a fronteira francesa, porém, o governo republicano voltaria a Valência, com o ânimo de continuar a guerra até o último suspiro. Negrín negava-se a levantar a bandeira branca. Transferiu a sede do governo para Elda, uma pequena localidade da província de Alacant, onde, rodeado dos seus partidários e sob o abrigo do XIV Corpo do Exército, o primeiro-ministro ficaria mais protegido de eventuais conspirações. Em 3 de março, premiou o zelo dos comunistas promovendo muitos de seus oficiais a patentes superiores.

O reconhecimento internacional da Espanha de Franco

Muito antes mesmo de reconhecer oficialmente o governo rebelde de Salamanca/Burgos, Londres manteve contatos diretos e constantes com o

288

general Franco. Em 16 de novembro de 1937, a capital britânica enviou sir Robert Hodgson como embaixador oficioso do Reino Unido no lado nacional. Essa medida levou o Generalíssimo a ordenar que a imprensa franquista suavizasse as críticas contra a "plutocrática e corrupta democracia inglesa". Hodgson simpatizou imediatamente com Franco, que desde o primeiro momento lhe transmitiu confiança. Em um relatório enviado ao *Foreign Office*, Hodgson descreveu o Caudilho com as palavras: "possui uma delicada voz e fala com amabilidade e rapidez. Seu encanto reside em seus olhos, que são castanho-claros, inteligentes, vivazes e com uma marcada expressão bondosa".

Seguindo a postura britânica, Salazar também decidiu estabelecer um contato constante e direto com a Espanha nacional a partir de dezembro de 1937. Enviou para Burgos, como "agente especial", Teotônio Pereira. Em 18 de maio de 1938 as relações diplomáticas de fato se transformariam num reconhecimento de direito que Portugal fez da Espanha de Franco. Foi uma decisão relativamente corajosa de Salazar, porque se antecipava em dez meses aos aliados britânicos. O apoio português não estava isento das críticas do ultranacionalismo pregado pela Falange, que reclamava sem rodeios a anexação de Portugal à "Espanha imperial". Por isso, a principal função da legação diplomática portuguesa no lado nacional seria evitar um maior envolvimento militar de Franco com os aliados do Eixo. Salazar estava ciente de que Portugal ficaria em uma situação delicada se a Espanha entrasse como beligerante em uma eventual guerra que confrontasse britânicos e franceses com alemães e italianos. A declaração de neutralidade de Franco, em razão do pacto de Munique, foi recebida em Lisboa com um suspiro de alívio e com um gesto contido de vitória. Nos anos 1940 e 1950, o Portugal de Salazar continuou a exercer um papel de "ponte diplomática" entre Madri e as democracias ocidentais.

A conquista da Catalunha não deixava dúvidas acerca de quem ganharia a guerra. Em 27 de fevereiro de 1939, a Grã-Bretanha e a França reconheceram o regime do general Franco como o legítimo governo da Espanha e enviaram embaixadores a Burgos para manter contato permanente com o novo interlocutor. A notícia caiu como uma bomba no lado republicano. Azaña sentiu-se como se os seus possíveis aliados lhe tivessem enfiado a definitiva facada nas costas. Desmoralizado, o presidente da República,

A Guerra Civil Espanhola

exilado já na França, negou-se a voltar a Madri e apresentou sua demissão. A presidência da República passou então, por mandado constitucional, a Martínez Barrios, que até então ostentava a presidência das Cortes.

Os "aliados" da República finalmente haviam tirado a venda dos olhos. Mas não para ajudar Negrín, e sim para reconhecer no plano diplomático que quem mandava na Espanha era o general Franco. Em uma decisão premonitória do que aconteceria no verão de 1940, o governo francês enviou como embaixador a Burgos o marechal Pétain, herói da Primeira Guerra Mundial conhecido pela sua ideologia conservadora. Pétain sentia admiração por Franco e o considerava a "espada mais limpa do mundo ocidental". O reconhecimento diplomático veio acompanhado da promessa de entregar aos nacionais todas as armas adquiridas pelos republicanos que haviam sido retidas em solo francês, assim como a repatriação das reservas de ouro e prata (ou, melhor dito, do pouco que sobrava delas) depositadas pela República em Paris.

A atitude de Londres e Paris propiciou que muitos Estados iniciassem relações diplomáticas com a Espanha de Franco nos dias posteriores. Foi o caso do Brasil, que em 28 de fevereiro reconheceu o lado nacional como o legítimo representante dos espanhóis. As vitórias colhidas no campo de batalha também davam seus frutos no plano das relações internacionais. O governo de Burgos já quase podia cantar vitória.

O golpe de Estado de Casado

A política de resistência até o limite pregada por Juan Negrín dividiu ainda mais o lado republicano no mês de fevereiro. Os comunistas se aferraram à doutrina de "resistir é vencer", embora a agônica República não conservasse forças para continuar a luta. Em uma de suas frases célebres, *La Pasionaria* afirmou que "a Espanha será a tocha que iluminará a estrada da libertação dos subjugados pelo fascismo". Os rivais do PCE – basicamente os anarquistas, os socialistas moderados e o que sobrou do liberalismo progressista – desconfiavam profundamente dessa estratégia, pois temiam que fosse apenas uma cortina de fumaça para esconder a tomada total do poder pelos comunistas. Ao mesmo tempo, circulavam boatos de que a camarilha de Negrín estava transferindo dinheiro para o exterior e fretando aviões e

O navio que jamais chegará

navios para, quando chegasse a hora, sair da Espanha pela porta dos fundos e desfrutar de um confortável exílio.

No dia 3 de março, o coronel Segismundo Casado, um oficial que até então tinha mostrado pouco afã de protagonismo político, deu um basta. Com o apoio dos anarquistas e de líderes socialistas, como o catedrático Julián Besteiro, destacado expoente da "república das letras", deu um golpe de Estado contra o governo de Negrín. Em Madri, organizou-se uma Junta de Defesa Nacional que usurpou do Executivo de Valência as suas funções. O general Miaja, que estava à frente do exército que protegia a capital, acabou aceitando o convite de Casado e presidiu a junta golpista.

Negrín, por sua vez, não cedeu o poder a Casado e negou-se a renunciar ao cargo de primeiro-ministro. A divisão entre negrinistas e casadistas foi mais uma guerra civil dentro da guerra civil. Anarquistas, socialistas e um setor dos liberais progressistas encontraram o momento oportuno para passar a limpo as suas diferenças com os comunistas. Estes, desde os "fatos de maio" de 1937, não tinham parado de crescer em influência, tanto no Exército Popular, quanto no gabinete de Negrín, e ainda nos órgãos de perseguição aos quinta-colunistas. A sua ascensão meteórica, de partido minoritário a principal força política do lado governista, lhes havia atraído um grande número de inimigos.

Um dos choques mais violentos entre partidários de Casado e de Negrín ocorreu em Cartagena, a principal base naval que restava sob poder da República. Dois dias depois do golpe de Estado eclodir em Madri, a guarnição do porto rebelou-se contra o comandante comunista, Francisco Galán. O momento foi aproveitado pela quinta-coluna de Cartagena, que se uniu aos casadistas. Os falangistas chegaram a ocupar a emissora de rádio local e solicitaram socorro ao lado rebelde. Franco enviou uma frota improvisada que zarpou de Málaga e de Castelló. Quando os navios nacionais apareceram nas proximidades de Cartagena, no dia 6 de março, os comunistas já haviam reprimido o golpe e recuperado o controle da situação. As baterias artilheiras responderam aos navios franquistas com uma salva de projéteis. Os nacionais perderam uma nave e quase mil soldados. Era a última vez que o exército de Franco lamentaria grandes baixas.

No dia seguinte, com Cartagena sob controle, os comunistas decidiram recuperar Madri. O I Corpo do Exército Popular, comandado pelo major

291

Luis Barceló, foi enviado à capital. Lá encontrou a ferrenha resistência do IV Corpo, liderado pelo anarquista Cipriano Mera, que rechaçou o ataque em 10 de março. Barceló acabou preso e, logo em seguida, executado.

A atitude de Casado era perfeitamente compreensível dada a precária situação do lado republicano a essa altura do conflito. Boa parte da população do lado governista aplaudiu a valentia desse gesto e torceu para que o golpe conduzisse a um rápido final. No entanto, a postura de Casado era um pouco ingênua. Os conjurados contra Negrín pensaram que seria possível negociar com Franco uma rendição honrosa, que limitasse ao mínimo a repressão por parte dos nacionais. Aliás, pelo fato de terem se rebelado contra os comunistas, a "besta parda" dos franquistas, os casadistas acreditavam parecer "outra coisa" aos olhos dos rebeldes. Portanto, teoricamente, não deveriam receber o mesmo tratamento humilhante dispensado aos demais adversários. Nada mais fora da realidade.

Franco tinha dado mostras ao longo de toda a guerra de que contemplava o conflito como uma cruzada entre a Espanha "eterna" (que ele teoricamente representava) e a "anti-Espanha" (a dos "vermelhos", qualquer um deles). A guerra civil era, pois, vista como uma dolorosa cirurgia para amputar aquele membro doente que ameaçava disseminar sua enfermidade por todo o corpo nacional.

Qualquer dúvida que pudesse haver sobre uma conduta mais benevolente de Franco em face dos vencidos ficou absolutamente dissipada com a publicação da Lei de Responsabilidades Políticas, em 3 de março de 1939. Mediante essa norma, todos os partidários da República ganhavam a pecha de "traidores da Pátria" por terem apoiado um "regime ilegítimo". A Lei de Responsabilidades Políticas chegava ao paroxismo de fazer retroceder o seu âmbito temporal de aplicação até outubro de 1934, tratando por igual os combatentes da guerra e os que se rebelaram contra o governo conservador da República. Contradizendo o princípio de legalidade penal e fazendo uma interpretação *sui generis* das causas da guerra civil, a ditadura franquista dotava-se de recursos legais para executar a perseguição política mais implacável da história da Espanha.

A evacuação impossível

A vitória de Cipriano Mera nos arredores de Madri marcou o fim da hegemonia comunista e, com ela, o fim da política de resistência a qualquer

O navio que jamais chegará

custo. Todavia, o menosprezo com que Franco recebeu as propostas de paz desmoralizou a Junta de Defesa Nacional e tornou inútil o golpe de Casado. Sem armas nem alimentos, desprezados politicamente e sem possibilidades de negociar um final digno para os quase três anos de hostilidades, os republicanos só podiam dar a guerra civil por perdida e temer pela sua vida e integridade física.

Em 26 de março as tropas rebeldes lançaram a última ofensiva. Os focos de resistência foram escassos e os combates, no geral, breves. Os soldados republicanos preferiram a rendição ou fugir para as montanhas, onde esperavam sobreviver como bandoleiros-guerrilheiros.

Em 27 de março os franquistas entraram em Madri sob um silêncio sepulcral. Em contraste com o clima fúnebre da capital, os aliados dos nacionais celebravam a vitória com o envio de telegramas de felicitação ao Caudilho. Enquanto isso, os esquálidos restos do Exército Popular se retiravam em direção ao último porto que restava sob poder da República: Alacant.

Oficiais e soldados acumularam-se no porto de Alacant (ou Alicante), a última saída para o mar que restava à República. Junto com eles havia vários milhares de civis que queriam fugir da mais que provável perseguição a que seriam submetidos pelos nacionais. Correu o boato de que navios estrangeiros romperiam o cerco da armada franquista e evacuariam os republicanos. Esse rumor estava fundamentado em fatos reais: o governo republicano tinha contratado os serviços de várias companhias marítimas para proceder ao resgate dos correligionários. Todavia, o almirantado nacional advertiu que afundaria os navios que ousassem atracar nos cais alicantinos. O medo das bombas e dos torpedos da Legião Condor e da frota franquista fez com que muitos capitães desistissem da empresa.

Apesar das advertências, porém, alguns grupos conseguiram embarcar em naves leves e chegar até o porto de Oran, na Argélia, onde existia uma importante colônia de imigrantes espanhóis (lembremos, a título de exemplo, que o escritor francês Albert Camus nasceu na Argélia e que sua mãe era natural da ilha de Minorca).

O único navio de grande porte que resolveu acudir em socorro dos republicanos sem se importar com as ameaças dos nacionais foi o Stanbrook. O capitão desse carvoeiro inglês, Archibald Dickson, foi um dos últimos heróis da guerra. O Stanbrook burlou os controles da armada franquis-

293

ta e, em 28 de março, conseguiu embarcar 2.700 refugiados em Alacant, um número de passageiros demasiado elevado para as reduzidas dimensões da embarcação. Malgrado o risco de afundamento pelo excesso de peso, o capitão Dickson conseguiu transportar os republicanos até Oran, mas ao chegar à cidade argelina houve uma desagradável surpresa. As autoridades locais somente permitiram o desembarque das mulheres e das crianças. Os homens adultos tiveram que permanecer ancorados no porto, sob péssimas condições humanitárias. Finalmente, e aos poucos, para a sorte dos refugiados, foi autorizado que todos os passageiros pusessem pé em terra.

O capitão Dickson teria mais tarde um final trágico. Em 3 de dezembro de 1939, já com a Segunda Guerra Mundial em curso, um submarino alemão afundou o Stanbrook e Dickson morreu afogado.

A saída do Stanbrook do porto de Alacant aconteceu poucos minutos antes de os franquistas lançarem o ataque definitivo contra a cidade. Quase 15 mil refugiados aguardavam no cais pela chegada dos navios salvadores. Mas esses navios não chegariam nunca. Em seu lugar apareceram os soldados italianos, que procederam à ocupação militar. Grande parte dos refugiados seria deslocada para o campo de concentração de Los Almendros. A repressão em Alacant foi especialmente dura. A cidade tinha um caráter simbólico para os falangistas, pois nela tinha sido executado o fundador do partido, José Antonio Primo de Rivera.

Em 1º de abril de 1939 veio a público o último *bando* (comunicado de guerra), que dizia assim: "No dia de hoje, cativo e desarmado o Exército Vermelho, as tropas nacionais alcançaram seus últimos objetivos militares. *La guerra ha terminado.*" O papa Pio XII uniu-se ao coro de elogios ao general Franco, enviando-lhe uma mensagem com o seguinte teor: "Erguemos o coração ao Senhor, agradecemos sinceramente, com V.E., a desejada vitória da católica Espanha." Dificilmente a Santa Sé poderia ter se pronunciado de forma mais clara em favor dos cruzados.

O saldo final da guerra

Com o final da guerra não começou a paz, mas a "Vitória". O dia 1º de abril, que no Brasil e nos países anglo-saxões é o dia da mentira e das pegadinhas, na Espanha de Franco foi a efeméride da vitória dos cruzados sobre os marxistas, maçons e separatistas. A ditadura que se estenderia pelo país todo após a rendição do exército republicano em Alicante duraria mais 36 anos e seria baseada na divisão dos espanhóis entre vencedores e vencidos. Alguém que fosse um "ex-combatente" das forças nacionais seria premiado com facilidades para ingressar na universidade, obter um emprego na administração pública ou fazer carreira política no Movimento Nacional. Do mesmo modo, possuir um passado no Exército Popular podia acarretar todo tipo de penalidades: desde a obrigação de residir longe do município de nascimento até longas condenações em presídios, ou mesmo a pena de morte.

Franco celebrou seu triunfo em Madri no dia 19 de maio, com um solene desfile militar sob o soar alegre dos sinos das igrejas. O Caudilho presidiu a parada das tropas, acompanhado de seus generais e dos líderes falangistas, em uma tribuna com a expressão VICTOR (vitorioso) em alto-relevo. Cento e vinte mil soldados desfilaram durante horas no *Paseo de la Castellana*, enquanto as aeronaves sobrevoavam o céu da capital. Os caças Fiat formaram no ar as letras do nome de Franco. Os *carabinieri* italianos marcharam vestidos com o elegante uniforme de gala, com distintos chapéus enfeitados com penas. A bandeira da Itália presidia a tribuna junto com a bicolor espanhola e as insígnias dos outros países amigos: Alemanha e Portugal. Representantes da Legião Condor e dos Viriatos portugueses também desfilaram nessa jornada e receberam os vivas aos seus países por parte do público que assistia ao ato com o braço esticado imitando a saudação romana.

Os ardentes discursos patrióticos salientavam que o Generalíssimo havia unido de novo a Espanha, quebrada em mil pedaços pelos seus inimigos, em uma proeza comparável apenas àquela dos Reis Católicos. A "Vitória" era o prenúncio de tempos promissores de bonança para o país, que, como acontecera no ano de 1500, uma vez unificado seria reaberto ao seu destino imperial. O discurso imperialista vinha a calhar num entorno europeu em que Mussolini buscava na Roma dos césares a justificativa para o seu expansionismo no Mediterrâneo, e em que Hitler fazia uma leitura parcial e interessada da História medieval para reclamar o *Lebensraum* (espaço vital) dos alemães na Europa Oriental. A águia imperial voltava a presidir o brasão espanhol, e Areilza e Castiella, dois ideólogos da política externa do regime, publicaram *Reivindicaciones de España* (1941), um elenco dos territórios que o franquismo achava estar em seu direito legítimo de reclamar.

A Guerra Civil Espanhola

Mas a Espanha que saía da guerra civil pouco ou nada tinha a ver com uma potência imperial. Se os apologistas do *Alzamiento* bradavam que o motivo do golpe era libertar o país de séculos de decadência e atraso, a guerra só serviu para enterrar os espanhóis em um buraco ainda mais profundo.

A longa guerra civil tinha deixado o país praticamente devastado. Aproximadamente 200 mil pessoas haviam morrido no *front* ou nos bombardeios sobre áreas urbanas. A esse número há que se acrescentar as 150 mil vítimas da repressão e mais outras 400 mil pessoas que fugiram do país por medo de represálias. Embora a cifra de "um milhão de mortos" seja muito atrativa do ponto de vista literário (a ponto de servir como título para um célebre romance de José María Gironella), os números reais de vítimas são bem inferiores. No entanto, não é exagerado afirmar que a Espanha perdeu um milhão de pessoas, se considerarmos não somente aquelas que perderam a vida, mas também todas as biografias truncadas por exílios, viuvez, orfandade, "depuração" profissional (como aconteceu com centenas de mestres e professores de ideologia progressista) ou por longos anos de prisão.

Economicamente a guerra deixou o país em uma situação de extrema indigência. A indústria demoraria muitos anos para recuperar a produtividade da época anterior ao conflito, e o campo não produziria alimentos suficientes para atender às necessidades das famélicas cidades. Estradas e caminhos de ferro ficaram impraticáveis em muitos pontos, em razão dos efeitos dos combates, e a gasolina era um bem raro. Para piorar a situação, as autoridades franquistas resolveram aplicar os princípios da economia autárquica, com preços artificialmente fixados pelo governo. O resultado foram os cartões de racionamento, que limitavam a aquisição de alimentos de primeira necessidade a um determinado número de cupons por mês. Em paralelo, forjou-se um lucrativo mercado negro de alimentos, combustíveis e produtos importados (muito raros em um momento em que a Espanha estava quase sem reservas de divisas). A palavra *estaperlo*, surgida nos anos da Segunda República, voltou ao vocabulário coloquial dos espanhóis para mascarar esquemas fraudulentos que envolveram milhares de pessoas, de ministros e governadores civis a pequenos camponeses.

A Espanha da "Vitória" e da vocação imperial era na verdade a Espanha da fome, da prostituição, da corrupção, da prepotência, da tuberculose e da elevada mortalidade infantil. A postura implacável do Estado Novo em relação aos vencidos fez do país uma "imensa prisão", na feliz expressão do poeta Marcos Ana. Milhares de pessoas foram amontoadas em lúgubres centros de detenção, sem as mínimas condições de salubridade, ou foram enviadas a campos de trabalho forçado com as mais variadas finalidades, da construção de canais de irrigação à escavação de sítios arqueológicos. Muitos dos prisioneiros políticos eram homens jovens cuja mão de obra era essencial para a sobrevivência de suas famílias. Estas não somente se viram privadas de seu trabalho, mas, além disso, não raro tinham que suportar o ônus econômico de conseguir alimentos e remédios também para seus parentes presos, pois eles corriam o risco de morrer de fome ou enfermidades nos cárceres da ditadura.

Para ser condenado à morte não era necessário ter um histórico criminal. Bastava ter sido oficial do exército republicano para receber tal castigo. As sentenças eram ditadas de maneira absolutamente arbitrária, sem nenhum tipo de garantia processual. A mesma arbitrariedade empregada para condenar alguém ao fuzilamento podia ser aplicada para comutar-lhe a pena por dez anos de presídio. Encontrar um amigo ou familiar que fosse sacerdote, chefe da Falange ou militar do Exército Nacional que desse fé da bondade ou da retidão moral do condenado à morte podia salvar-lhe a vida *in extremis*. A vida dos vencidos, nessa Espanha triunfal, não valia nada ou quase nada.

O franquismo foi implacável em seu ajuste de contas. A última execução de um réu condenado por crimes (reais ou pretensos) cometidos durante a guerra civil ocorreu em uma data tão tardia quanto 20 de abril de 1963. Foi Julián Grimau, um militante comunista acusado de ter gerenciado uma *checa* em Barcelona. Na falta de provas conclusivas, foi submetido à tortura pela Brigada Política e Social após sua detenção em 1962. O fuzilamento aconteceu um ano antes de o regime comemorar com toda pompa e cinismo os "Vinte e Cinco Anos de Paz".

Exílios

O clima de desunião que reinou entre os republicanos durante quase toda a guerra teve a sua continuidade no exílio. Os derotados foram incapazes de se organizar numa frente comum de oposição ao franquismo. As mesmas divisões internas que faziam com que eles se digladiassem nos anos bélicos se perpetuaram no pós-guerra, e as tentativas de manter vivas as instituições republicanas no exílio (basicamente o governo central e as autonomias basca e catalã) raramente ultrapassaram o nível meramente simbólico.

A diáspora republicana

Inicialmente, os republicanos organizaram em Paris um serviço de suporte aos exilados: o Serviço de Evacuação de Refugiados Espanhóis (SERE). Esse organismo estava controlado pelos comunistas e tinha à sua frente Pablo de Azcárate, um homem de confiança de Juan Negrín. Graças aos serviços prestados pelo SERE, aproximadamente 6 mil republicanos conseguiram refugiar-se no México. O transporte foi feito principalmente a bordo dos navios Sinaia, Ipanema e Mexique, que zarparam da França a partir do mês de maio de 1939. Em paralelo, Pablo Neruda administrou o frete do navio

A Guerra Civil Espanhola

Winnipeg, que permitiu o desembarque de 2.500 exilados espanhóis no porto de Valparaíso (Chile), em setembro de 1939.

Mas o SERE não foi o único organismo criado pelas instituições da República para socorrer os refugiados espanhóis. As Cortes, desconfiando das verdadeiras intenções do primeiro-ministro Negrín, constituíram a Junta de Auxílio aos Republicanos Espanhóis (JARE). Embora nominalmente presidida por Lluís Nicolau d'Olwer, o líder na sombra da JARE era o socialista Indalecio Prieto. Como era de se esperar, a Junta obteve o apoio de quase todas as forças republicanas adversárias aos comunistas e incluiu destacados anarquistas, como Joan Peiró.

No começo, todas as instituições republicanas no exílio estiveram sediadas em Paris. Porém, o avanço das tropas do Terceiro Reich na primavera de 1940 fez temer a imediata capitulação da capital francesa. Os republicanos com recursos para a viagem mudaram-se para o México, um dos poucos Estados que se negava a reconhecer o governo do general Franco e que mantinha laços diplomáticos com a derrotada República. Mas, ao começarem a ser evacuados em caráter de urgência e no clima confuso da invasão da França, nem todos os políticos exilados puderam fugir. Gravemente afetado por uma doença cardíaca, o ex-presidente Manuel Azaña morreria em Montauban em setembro 1940, pouco antes que um grupo de falangistas o delatasse e o entregasse aos nazistas.

Um dos casos mais dramáticos foi o de Lluís Companys, presidente da *Generalitat* da Catalunha. Preso pela Gestapo em 13 de agosto de 1940, Companys foi entregue às autoridades franquistas. Estas, depois de um longo interrogatório e de um julgamento sumário, o executaram no castelo de Montjuïc (Barcelona), no dia 15 de outubro. Também Francisco Largo Caballero caiu em mãos da Gestapo. Depois de ter sido interrogado em Berlim, o líder socialista foi confinado no campo de concentração de Sachsenhausen-Oranienburg. Seria libertado em 1945, mas em um estado de saúde tão debilitado que nem chegaria a completar mais um ano de vida.

Em terras americanas as disputas entre Negrín e Prieto intensificaram-se. Nos últimos dias da guerra, Negrín havia conseguido reunir as riquezas que ainda restavam no cofre da República e colocá-las no iate real Vita. Nesta embarcação que pertencera a Alfonso XIII (com o nome de Giralda), o "tesouro" dos republicanos foi transportado para o porto de Veracruz, no

México. Teoricamente esses fundos seriam utilizados para sufragar as atividades da SERE. Contudo, Indalecio Prieto acusou Negrín de querer destinar o dinheiro para fins estritamente pessoais e se apoderou do iate em nome da JARE. A briga pela posse do Vita exemplifica o clima de desentendimento que imperava nas fileiras republicanas depois da derrota. Embora o governo republicano (tanto o central quanto o basco ou o catalão) continuasse existindo no exílio mexicano, não é exagero dizer que estava em estado de "hibernação". Embora as duríssimas condições de vida experimentadas na Espanha no longo pós-guerra tenham posto em xeque em mais de uma ocasião a liderança do Caudilho, os republicanos desunidos seriam incapazes de explorar a debilidade do regime de Franco na década de 1940.

A oposição ao franquismo foi se articulando aos poucos e de maneira autônoma às instituições republicanas no exílio. Estas pareciam ter se conformado em assumir um papel meramente simbólico, enquanto os seus líderes mais destacados (como o próprio Indalecio Prieto) reconheciam em privado que a ditadura seria tão longeva quanto o próprio ditador. Martínez Barrio, Aguirre e Irla mantinham em seu exílio uma espécie de "fogo olímpico" republicano, ora espanhol, ora basco, ora catalão, à espera de tempos melhores que conduzissem a uma redemocratização do país. Enquanto isso, o principal partido esquerdista nos anos da Segunda República, o PSOE, parecia dormir o sono dos justos. Um sono do qual despertaria em 1974, quando no Congresso de Suresnes (uma reunião de socialistas), ainda na clandestinidade da França, elegeu como secretário-geral um jovem advogado de Sevilha chamado Felipe González. A eleição de González representou uma ruptura geracional radical com os líderes socialistas da guerra e uma aproximação do PSOE com o modelo da social-democracia alemã de Willy Brandt.

Na Espanha, o fim da Segunda Guerra Mundial determinou a volta à luta armada dos opositores do franquismo. Militantes anarquistas e comunistas, muitos dos quais haviam lutado na resistência contra os nazistas, ingressaram na Espanha e tentaram derrubar a ditadura usando táticas de guerrilha. O movimento conhecido como *maquis* não chegou a colocar em risco a sobrevivência da ditadura, e os principais focos guerrilheiros seriam sufocados antes de 1950. O anarquismo não se recuperaria do golpe recebido, primeiro pelos comunistas, em 1937, e depois pelos

A Guerra Civil Espanhola

fascistas, em 1939, e jamais voltaria a ser o movimento de massas do primeiro terço do século XX.

Mais sorte teve o comunismo, que, em virtude do cenário internacional da Guerra Fria, obteve o apoio da União Soviética para se tornar o principal porta-voz da resistência antifranquista. Santiago Carrillo, *La Pasionaria* e Enrique Líster, os três veteranos da guerra civil, erigiram-se em líderes do PCE no exílio e mantiveram ativas células do partido na Espanha. Os comunistas tiveram um papel de destaque na organização da oposição à ditadura na clandestinidade, em âmbitos tão diversos como os sindicatos, a universidade ou as profissões liberais. No começo da década de 1970, Carrillo desvinculou o PCE das teses soviéticas e o encaminhou para o "eurocomunismo", tendência encabeçada pelo Partido Comunista Italiano e que primava pelo pragmatismo e pela aceitação da democracia de partidos. O "eurocomunismo" do PCE seria um fator-chave para uma transição democrática pacífica após a morte de Franco em 1975. Contudo, o baixo apoio popular recebido nas primeiras eleições democráticas, em 1977, fez questionar a sua viabilidade como força política majoritária na nova etapa histórica que se abria.

O homem forte da direita nos anos da Segunda República, José María Gil Robles, abraçou de novo a causa democrática e foi uma das figuras mais representativas da delegação espanhola no IV Congresso do Movimento Europeu. Celebrado em Munique entre os dias 5 e 8 de junho de 1962, o evento aglutinou as principais forças não comunistas que integravam a oposição ao franquismo. Entre os participantes havia importantes pensadores liberais (como Salvador de Madariaga), partidários da Monarquia democrática que propugnava Juan de Bourbon, social-democratas, nacionalistas bascos e catalães e inclusive antigos militantes falangistas, que, como Dionisio Ridruejo, ficaram desiludidos com a evolução da ditadura de Franco. Em suas conclusões, os congressistas clamaram pela abertura democrática da Espanha. A resposta do regime franquista, porém, foi uma violenta campanha de desprestígio na imprensa. O Congresso foi chamado de *Contubernio*, e os seus participantes foram presos pela polícia espanhola e condenados a penas de desterro.

Um dos poucos reconhecimentos oficiais às instituições republicanas no exílio ocorreria apenas em 1977, quando Adolfo Suárez, primeiro-ministro do rei Juan Carlos I, restaurou os governos autônomos basco e catalão. O presidente da *Generalitat*, Josep Tarradellas, anunciou a sua volta a Barcelona com um sonoro: *¡Ja sóc aquí!* (já estou aqui!). Foi um dos raros gestos de enlace entre a antiga legalidade republicana e a nova realidade democrática surgida a partir da restauração monárquica.

Os campos de concentração do sul da França

A queda de Barcelona em janeiro de 1939 precipitou o êxodo de quase meio milhão de pessoas, que, fugindo do exército franquista, atravessaram a fronteira da França. O governo francês não estava preparado para tamanha catástrofe humanitária, e a sua principal preocupação foi manter a ordem pública no país. Os fugitivos republicanos foram revistados minuciosamente pelos guardas ao passar pelos controles fronteiriços. O objetivo era desarmar os refugiados, muitos dos quais tinham passagem pelo Exército Popular. Entretanto, alguns agentes corruptos aproveitaram a oportunidade para roubar dinheiro, joias e outros objetos de valor. Famintas, derrotadas e desorientadas, as vítimas não podiam resistir às sevícias a que eram submetidas pelos policiais.

Os refugiados foram conduzidos para improvisados campos de concentração, geralmente areais do litoral mediterrâneo, a poucos quilômetros da divisa com a Espanha. Locais como Argelers, Barcarès ou Saint-Cyprien passaram à História da infâmia humana. Entre o mar e as cercas de arame de espinhos, custodiados por soldados senegaleses, dezenas de milhares de fugitivos da guerra foram confinados ao ar livre, sem comida nem água potável e com o mar gelado como sua única latrina. Muitos feridos, doentes, idosos e crianças não resistiram às péssimas condições dos campos franceses e faleceram pouco depois de chegar até eles. Mulheres grávidas tiveram que dar à luz sem assistência sanitária e em um entorno infestado por ratos e piolhos. Somente os mais hábeis ou agressivos conseguiam um pouco da comida que de vez em quando lhes era lançada. Garotas eram forçadas a prostituir-se em troca de um pedaço de pão duro.

Com o tempo foram edificados barracos de madeira, o que amenizou os rigores da vida à intempérie. Antes disso, os mais fortes escavavam, às vezes com as próprias mãos, buracos na areia da praia, para se proteger do vento

303

A Guerra Civil Espanhola

gélido. A segurança foi outra questão que os refugiados tiveram que resolver por sua própria conta. Os guardiães senegaleses faziam pouco para impor a ordem nessas extensas cadeias a céu aberto. Foram numerosos os casos de pilhagem, violência e estupros, delitos para os quais não havia outro tratamento a não ser a lei do Talião. As moças aprenderam a levar consigo apitos feito de cana que assobiavam para avisar quando percebiam que poderiam ser molestadas.

Um pouco melhor foi a situação dos refugiados concentrados nos campos de Voló, Vernet ou Bram. Situados em pequenas localidades do interior do Rosselló (nome catalão de uma região conhecida em francês como Roussillon), esses campos contavam com melhores condições de salubridade, se bem que a grande concentração de pessoas excedia a capacidade de suas instalações. O campo de Voló não apresentou nem de longe as calamidades que faziam sofrer os concentrados em Argelers. Pensado como um campo de trânsito, para Voló foram sobretudo mulheres, crianças e idosos. Com uma boa comunicação por ferrovia, os concentrados nesse campo conseguiam em um prazo relativamente curto ser enviados para outras localidades francesas, onde famílias e instituições filantrópicas simpáticas à causa da República os acolhiam.

A solidariedade do povo francês em relação aos derrotados espanhóis contrastou com a quase indiferença com que foram tratados pelo governo de Paris. Idealizados como uma solução de emergência para dar vazão a um fluxo inesperado de refugiados, os campos franceses permaneceram ativos por longo tempo. O campo de Argelers abrigou prisioneiros durante dois anos e o de Barcarès esteve ativo até o final de 1942.

Curiosamente, o início da Segunda Guerra Mundial contribuiu para melhorar a condição de alguns republicanos espanhóis. Da noite para o dia o governo francês viu neles (ou ao menos nos indivíduos mais fortes) soldados e mão de obra apta para construir as defesas frente à invasão germânica. Após a derrota da França no verão de 1940, o governo colaboracionista de Vichy continuaria a usar os refugiados espanhóis em trabalhos forçados. Embora as condições de trabalho fossem duras, em muitos casos eram bem melhores do que ser jogado ao esquecimento nas praias do Rosselló.

Todavia, a passagem por Argelers ou Barcarès não era a única experiência em campos de concentração que os refugiados espanhóis teriam que

Exílios

suportar. Alguns tiveram a desgraça de cair nas mãos da Gestapo, tanto por seu passado político quanto por seu recente envolvimento com a resistência francesa. Mais de 7 mil republicanos foram presos no campo de Mauthausen, tristemente famoso pelas atrocidades nele cometidas pelos nazistas. Cinco mil espanhóis não sairiam nunca mais de lá. Um dos poucos sobreviventes foi o escritor Jorge Semprún. Outro, o fotógrafo Francesc Boix, cujos instantâneos tirados furtivamente seriam mais tarde provas valiosas nos julgamentos de Nuremberg.

O cemitério de Cotlliure

Ainda que estivessem do outro lado da fronteira, os nomes dos lugares do sul da França soavam muito familiares para os refugiados procedentes da Catalunha. Embora a República francesa tivesse substituído as denominações medievais dos condados do Rosselló (Roussillon), da Cerdanya e de Conflent pela asséptica *Département de Pyrénées-Orientales* (Departamento dos Pirineus Orientais), e malgrado os nomes dos locais aparecerem em sua versão francesa nas placas das estradas, não dava para ocultar que aquelas terras haviam feito parte da Coroa de Aragão até 1659.

Cotlliure (ou *Collioure*, a quem prefere a ortografia francesa) é um caso paradigmático. O belo castelo medieval que domina o porto acima do morro e a igreja de Nossa Senhora dos Anjos delatam a sua origem histórica. O porto de Cotlliure teve o seu momento de glória entre os séculos XIII e XIV, quando serviu de principal entreposto comercial para os reis da desafortunada dinastia de Maiorca, os quais tinham em Perpinyà (ou *Perpignan*) a sua base permanente.

No começo de 1939 chegou a Cotlliure, gravemente enfermo, Antonio Machado. Ia acompanhado de sua mãe. Ambos conseguiram abrigo em uma modesta casa de pensão. O poeta passou os seus últimos dias de vida com febre alta e tosse forte, deitado na cama quase todo o tempo. A guerra civil o tinha devastado física e animicamente. O conflito bélico havia dividido a sua família em dois lados inimigos. Enquanto Antonio colocava a sua pena a serviço da República, chorando a morte de García Lorca e participando do Congresso de Escritores Antifascistas, o seu irmão Manuel escrevia livros didáticos para os nacionais (inspirados no pensamento de Maeztu) ou cantos de louvor ao "Capitão do sorriso branco".

305

A Guerra Civil Espanhola

Vinte e quatro anos antes do começo da guerra civil, em *Campos de Castilla*, talvez o seu livro de poemas mais célebre, Antonio Machado já havia previsto o precipício para onde o país se encaminhava. Em versos que passariam à posterioridade, o poeta alertava o "espanholzinho" que vinha ao mundo de que uma das duas Espanhas iria gelar-lhe o coração.

Um dos corações que não resistiriam ao gelo da luta fraternal seria justamente o de Machado. Em 22 de fevereiro de 1939, a poucas semanas do final de uma guerra que ele vislumbrara de maneira clarividente, a sua certidão de óbito foi lavrada. Três dias depois a sua mãe o acompanharia no mesmo destino. Ambos os corpos foram enterrados em Cotlliure, em um cemitério que os peregrinos das letras e das liberdades ainda hoje visitam para prestar homenagens em seu túmulo. Flores e bandeiras republicanas agasalham os restos mortais do poeta sevilhano.

O falecimento de Antonio Machado simbolizou a morte daquela que foi chamada de "Terceira Espanha", a Espanha que fugia dos radicalismos da direita e da esquerda; a Espanha do trabalho silencioso e constante, do respeito e da tolerância; a Espanha que admirava (com sentimento de inferioridade, é verdade) os progressos da Europa e que sonhava fazer parte dela algum dia. Com a sobriedade de um modesto professor de colégio e com a perfeição de poemas que cantavam a austeridade da Castela profunda, vista através dos olhos de uma luminosa Andaluzia, Machado representava, em certa medida, o ideal de uma Espanha que poderia ter sido e que não foi, malograda pelo ódio e pelo medo.

As crianças da guerra

Um dos episódios mais comoventes da campanha do norte foi a evacuação de milhares de crianças. Aterrorizadas pelo avanço das tropas rebelde, muitas famílias bascas, cântabras e asturianas acharam na filantropia soviética uma via de escape para proteger seus filhos do flagelo da guerra.

Embora não haja cifras exatas, em torno de 3 mil crianças, entre 3 e 14 anos de idade, zarparam rumo à União Soviética. As principais expedições foram as de Santurce (junho de 1937) e a de Gijón (setembro de 1937). As crianças viajaram acompanhadas de um grupo de professores que se responsabilizou pela sua guarda.

306

Exílios

No começo, as crianças da guerra receberam as boas-vindas das autoridades soviéticas. Casas de acolhida foram equipadas para recebê-las com as comodidades próprias de uma residência infantil e os serviços necessários para ministrar aulas. Stalin não poupou recursos para fazer da estadia dos pequenos na Rússia o mais agradável possível. Havia o intuito, nada disfarçado, de fazer dessas crianças uma elite politizada conforme as diretrizes da União Soviética. Elas seriam a ponta de lança ideológica de uma eventual república socialista espanhola.

Enquanto a guerra civil durou, o tratamento dispensado a elas foi sempre impecável. No entanto, a derrota da República em abril de 1939 esfriou o ânimo obsequioso do governo da URSS. A situação se deteriorou ainda mais em agosto, quando os soviéticos assinaram um pacto de não agressão com Hitler. Então a verba destinada às Casas Infantis das crianças espanholas começou a minguar.

A invasão da União Soviética pelos alemães em junho de 1941 obrigou a evacuar muitas Casas Infantis. Começou naquele momento uma longa odisseia em que as crianças, que haviam saído da Espanha porque suas famílias queriam poupar-lhes dos rigores da guerra, padeceram as misérias do *front* russo. Muitas delas foram deslocadas para os montes Urais ou para a Ásia central, em meio a cercos (como o de Leningrado) ou a ataques da *Luftwaffe*. O frio e a fome acabaram com a vida de muitas dessas crianças ou as empurraram para a delinquência, a prostituição ou a mendicância. Estima-se que, em 1943, 40% dessas crianças já haviam morrido. A Segunda Guerra Mundial deixou esse grupo de refugiados em uma situação tão deplorável que Stalin negou-se a devolvê-las à Espanha com medo de uma possível propaganda antissoviética que a sua simples presença poderia ocasionar. Conta-se que *La Pasionaria* concordava com essa ideia, ao afirmar que não dava para mandá-las de volta aos seus pais convertidas em vagabundos ou vadias.

Foi preciso aguardar até a morte de Stalin para que as iniciativas da diplomacia espanhola dessem frutos. Por volta de 400 "crianças da Rússia" conseguiram regressar à Espanha no navio Crimeia, em janeiro de 1957. Até o final dessa década, quase a metade das "crianças" sobreviventes havia voltado ao seu país natal. Porém, o regresso não foi totalmente bem-sucedido. As "crianças", agora adultos, nem sempre conseguiam se adaptar à realidade espanhola.

A Guerra Civil Espanhola

Tampouco o governo de Franco confiava plenamente nesses indivíduos crescidos à sombra da ideologia soviética. Por esses motivos, muitas delas preferiram ficar na União Soviética ou emigrar para países como o México, bem mais receptivos. A vitória de Fidel Castro também motivou que um grupo de "crianças da guerra" se assentasse em Cuba para servir como elo "hispano-soviético" entre os revolucionários cubanos e o PCUS.

A fuga de cérebros

No primeiro terço do século XX a Espanha, apesar de todas as adversidades políticas, econômicas e sociais, gestou uma de suas melhores safras de cientistas, artistas e escritores. Nesses anos coexistiram os autores veteranos da "Geração de 1898" (Unamuno, Baroja, Valle-Inclán, Azorín, Machado etc.) com os já consagrados da "Geração de 1914" (Gómez de la Serna, Juan Ramón Jiménez, León Felipe etc.) e novas promessas das letras hispânicas amalgamadas na "Geração de 1927" (Alberti, García Lorca, Aleixandre etc.). A presença no panorama literário de autores tão destacados mitigava o complexo de inferioridade espanhol e deixava claro que, pelo menos na atividade "espiritual", o país não era tão decadente assim. Mas também no campo das ciências exatas e experimentais as primeiras décadas do século trouxeram consigo um elenco de cientistas de primeira ordem, em campos como a Medicina ou a Biologia, sendo reconhecidos em nível internacional por seus êxitos.

Contudo, a fuga de cérebros ocorreu antes mesmo da derrota definitiva da Segunda República. Se já em tempos de paz a Espanha a duras penas fornecia os recursos necessários para a pesquisa científica, com a irrupção da guerra civil as condições se tornaram por completo inviáveis. Ciente disso, o presidente mexicano Lázaro Cárdenas resolveu socorrer a República espanhola também na área científica. Assim, através de Daniel Cossío Villegas, Cárdenas encaminhou ao governo republicano a proposta de dar abrigo no México a cientistas, professores e escritores espanhóis. A ideia era de que o asilo fosse temporário, até a guerra terminar, e com a finalidade de oferecer um ambiente mais propício para a *intelligentsia* espanhola prosseguir com as suas atividades, além de, é claro, dar respaldo político à causa republicana. Como resultado

Exílios

do convite do presidente mexicano, em 1937 cerca de 30 intelectuais espanhóis mudaram-se para o país centro-americano e fundaram a *Casa de España en México*.

No entanto, a grande afluência de cientistas e acadêmicos para o México ocorreria no começo de 1939. Os navios Sinaia, Ipanema e Mexique transportaram os primeiros contingentes de exilados. Estima-se que aproximadamente 20 mil republicanos refugiaram-se no México, uma quarta parte dos quais exercia atividades intelectuais. Esse país foi, ao lado da República Dominicana e do Chile, um dos poucos Estados que receberam de braços abertos os fugitivos da guerra e lhes deram condições dignas para refazer suas vidas. Mesmo sem políticas tão ativas de atração de exilados, países como Argentina, Colômbia e Venezuela também se destacaram pelo abrigo que ofereceram aos republicanos espanhóis.

Na lista de exilados que encontraram acolhida no México observamos a presença de destacados filósofos como Joaquim Xirau; cientistas como José Giral (o mesmo que havia sido primeiro-ministro entre julho e setembro de 1936); musicólogos como Adolfo Salazar; acadêmicos como Pere Bosch Gimpera (que havia sido reitor da Universidade de Barcelona); poetas como Luis Cernuda e León Felipe; escritores como María Zambrano ou Max Aub; cineastas como Luis Buñuel; militares como José Miaja; e um longo *et cetera* de engenheiros, médicos, farmacêuticos, biólogos, políticos e economistas, entre outros tantos representantes de diversos campos do saber. Alguns desses exilados, além de sua bagagem cultural, também levaram consigo a experiência de terem ocupado cargos políticos durante a Segunda República.

A fuga de cérebros foi uma perda adicional (e difícil de quantificar) para a economia espanhola do pós-guerra. Em uma das conjunturas mais graves, o país estava sem as suas mentes mais privilegiadas. Por outra parte, a chegada dos refugiados espanhóis injetou seiva nova aos meios cultural e científico latino-americanos. As nações que abriram as portas aos fugitivos da guerra civil beneficiaram-se de suas atividades e conhecimentos.

Enquanto isso, a Espanha de Franco deu as costas aos exilados, qualificando-os como "traidores" e "maus espanhóis". Quando, em 1956, a Academia Sueca resolveu conceder o prêmio Nobel de literatura a Juan Ramón Jiménez, os estudantes espanhóis debruçaram-se sobre seus livros didáticos de

309

Literatura para descobrir quem era esse poeta que havia sido honrado com tão alto reconhecimento. Porém, não acharam nem uma linha a respeito do autor de *Platero y yo*, exilado em Porto Rico. O Nobel dado a Juan Ramón Jiménez foi amplamente interpretado como uma homenagem a todo o exílio espanhol e uma crítica nada velada à ditadura de Franco, justo no vigésimo aniversário da guerra.

O exílio interior

Não partir para o exterior também foi uma opção legítima adotada por vários pensadores conceituados. Foi o caso de Pío Baroja, que passou os seus últimos anos de vida encerrado no mesmo pessimismo existencial que permeia sua narrativa. Passos semelhantes seguiram autores como Rosa Chacel, Vicente Aleixandre ou Jorge Guillén, que ficaram durante anos sem publicar nada. Numa época em que os vencedores se exprimiam com gritos e despedaçavam com suas botas qualquer pensamento crítico, o silêncio era a única via razoável para os intelectuais que decidiram continuar no país e não estavam dispostos a vender sua alma ao diabo. Não surpreende, então, que um dos romances mais importantes publicados na Espanha nesses anos, um livro de Carmen Laforet, fosse intitulado precisamente *Nada* (1944).

Em um país em que as relações pessoais faziam parte da idiossincrasia coletiva, a ponto de a tertúlia ser uma instituição indispensável para a comunicação e a criatividade, os escritores deviam tomar muito cuidado em suas reuniões literárias para não atrair a atenção da polícia política. O perigo de agentes da força pública irromperem em reuniões privadas e prenderem os tertulianos sob a acusação de associação ilegal não era nenhuma quimera.

O exílio interior foi ainda mais intenso entre os escritores que cultivavam a literatura em línguas como o galego, o catalão ou o basco. Nesses casos, a proibição de publicar textos foi mais abrangente, pois não se tratava somente de censurar o conteúdo das publicações, mas também de asfixiar manifestações culturais alternativas à hegemonia do castelhano.

Todavia, passados os primeiros anos do pós-guerra e sobretudo a partir de 1946, quando o regime ditatorial queria tirar de suas costas o estigma de ter sido aliado do Eixo, as limitações à atividade intelectual foram se afrouxando aos poucos. Já sem o perigo iminente de serem presos, diversos

Exílios

pensadores espanhóis cogitaram voltar do exílio. Dentre os primeiros a voltar ao país estiveram José Ortega y Gasset (cuja presença na Espanha começou a ser frequente a partir de 1945) e Gregorio Marañón (que se estabeleceu de novo em Madri em 1942). Nos dois casos o regresso não implicou o retorno às antigas ocupações. Apesar de o filósofo espanhol ser mais famoso internacionalmente, com projeção que ia da Argentina à Alemanha, o governo de Franco negou a Ortega y Gasset a sua reincorporação à cátedra universitária que usufruíra antes da guerra. Tampouco Gregorio Marañón foi aceito no Hospital Provincial, e teve que limitar a prática da medicina ao seu consultório privado. Só com o tempo iria recuperar os cargos de que dispusera no passado, além de obter novas honras acadêmicas.

Como Gregorio Morán expôs em sua biografia de Ortega y Gasset, *El maestro en el erial* (1998), o panorama cultural espanhol após 1939 não teve nada a ver com a "Idade de Prata" que antecedeu a eclosão da guerra. Até a sua morte, em 1955, o autor viveu numa Espanha arruinada em todos os sentidos, com um regime político totalitário sem outra legitimidade a não ser a vitória militar, e com a imensa maioria de seus pensadores e cientistas ou eliminados fisicamente ou morando no exílio. O retrocesso acadêmico e cultural da Espanha nas duas primeiras décadas da ditadura foi mais uma das calamidades que caíram sobre o país em consequência da guerra. Uma defasagem em relação ao resto da Europa que a Espanha custaria muito superar.

Epílogo

Estamos em Madri, em janeiro de 2012. O fim da Guerra Civil Espanhola já tem mais de 70 anos. Na Sala Segunda do Tribunal Supremo está sentado no banco dos réus o juiz Baltasar Garzón, o mesmo magistrado que 15 anos antes tinha alcançado fama internacional ao prender o ex-ditador chileno Augusto Pinochet em Londres. A acusação contra Garzón? Ter aberto um processo judicial para a apuração dos crimes cometidos durante a guerra civil utilizando os mesmos critérios de justiça universal que lhe serviram para processar os torturadores sul-americanos das décadas de 1970 e 1980.

Em 2006, a partir de uma acusação particular formulada por associações de vítimas, Garzón iniciou a investigação dos desaparecimentos, assassinatos e sepultamentos em valas comuns ocorridos entre 1936 e 1939. Muitas das vítimas eram descendentes dos desaparecidos e não recebiam notícias dos seus parentes desde então. Pediam para saber de forma oficial o que havia acontecido com seus entes queridos e para recuperar os corpos e dar-lhes um repouso digno. Embora tivessem se passado muitos anos, alguns dos agentes da repressão continuavam vivos, o que dava a essas acusações um caráter de crime não resolvido e, pelo menos teoricamente, ainda passível de punição.

A Guerra Civil Espanhola

A atuação de Garzón indignou setores da extrema-direita espanhola. O juiz foi ridicularizado na mídia afim pelo fato de ter solicitado a certidão de óbito dos generais Franco e Mola. Um pseudossindicato de ideologia falangista chamado *Manos Limpias* formalizou a acusação de prevaricação, amparando-se na anistia promulgada na Espanha em 1977. Em virtude dessa acusação, se o juiz Garzón fosse culpado, poderia cair sobre ele uma condenação de até 20 anos de inabilitação para o exercício da magistratura. Evidentemente, o intuito de *Manos Limpias* era bloquear qualquer tipo de investigação que pudesse deixar registrada, preto sobre branco e em papel timbrado, uma relação exaustiva de todos os crimes cometidos pelo lado "nacional" na sua perseguição aos "vermelhos" e, de quebra, dar uma lição ao magistrado que havia ousado mexer no vespeiro. Apesar de os argumentos da acusação serem débeis, o Tribunal Supremo resolveu instaurar um processo criminal contra Baltasar Garzón.

Todavia, se o objetivo do processo era fechar a boca do juiz e daqueles que clamavam por justiça, podemos afirmar que o tiro saiu pela culatra. O julgamento de Garzón fez com que, pela primeira vez em 70 anos, as vítimas da repressão "azul" tivessem a oportunidade de expor as suas dolorosas memórias no Judiciário. Esse julgamento acabou se tornando, contra a vontade de quem o havia iniciado, um julgamento da ditadura de Franco e, inclusive, de todo o processo de transição democrática.

Durante o julgamento de Garzón, as provas e argumentos apresentados nas sessões de depoimentos e de conclusões dos advogados de ambas as partes revelaram várias coisas. A primeira, que a guerra civil não era um assunto encerrado na Espanha, caso contrário a atuação do juiz Garzón não teria acabado na máxima instância judicial. A segunda, que os vencedores da guerra ainda resistiam a perder os privilégios usufruídos durante o franquismo, sem querer conceder aos vencidos sequer o direito ao conhecimento da verdade. A terceira, que a anistia aprovada pelo governo de Adolfo Suárez em 1977, e que visava proteger os presos de consciência que ainda existiam nos cárceres da ditadura, 30 anos mais tarde era usada pela extrema-direita para defender seus interesses, como se se tratasse de uma "lei de ponto-final", à maneira argentina ou ao estilo das imunidades que decretou Pinochet antes de abandonar o poder no Chile. E quarta – *the last, but not the least* –, que o processo de transição democrática espanhol, obser-

314

Epílogo

vado à distância de três décadas, apresenta sérios déficits de justiça material. Provavelmente, havia sido a melhor transição que podia ser feita, de acordo com os condicionantes políticos da época, mas foi uma democratização praticada à custa da verdade e da memória.

No dia 27 de fevereiro de 2012, Baltasar Garzón foi absolvido do delito de prevaricação, mas o Supremo Tribunal o admoestou por ter "errado" e cometido "excessos" na interpretação da lei, entrando num mérito que correspondia ao Legislativo e não ao Judiciário. No entanto, o juiz foi "perdoado" magnanimamente pelos seus "desvios". Em seu raciocínio, o Supremo Tribunal reconheceu que nem todas as vítimas da guerra tiveram o mesmo tratamento. No entanto, com a Lei de Anistia de 1977 e outras normativas posteriores impulsionadas pelos governos democráticos, fez-se o possível para reparar o dano ocasionado às vítimas de represálias. O governo de José Luis Rodríguez Zapatero (ele mesmo neto de um militar republicano fuzilado) tentou amenizar esse déficit de justiça com a aprovação da Lei da Memória Histórica, uma normativa tímida que não contentou nem gregos nem troianos.

Resultava óbvio, até mesmo para os magistrados mais conservadores do Tribunal Supremo, que condenar Garzón por perseguir os crimes do franquismo teria causado o descrédito internacional acerca da Justiça espanhola. Mas – e talvez mais significativo – naquela hora a condenação de Garzón era já desnecessária. O "juiz estrela" da magistratura espanhola tinha sido afastado de suas funções 17 dias antes. Em outra resolução muito polêmica do mesmo tribunal, Garzón havia sido expulso da carreira judicial por ter grampeado as comunicações de advogados de políticos presos por escândalos de corrupção. Não era necessário fazer lenha de uma árvore abatida.

O pouco edificante julgamento de Garzón nos leva a concluir que talvez nem mesmo nós, os netos da guerra civil, estejamos em condições de escrever o relato desse conflito com a cabeça suficientemente fria. Ou talvez a conclusão seja mesmo de que essa guerra, tão carregada de paixões, não consegue ser tratada com isenção e neutralidade. Porém, diante do fato de que a via judicial está fechada na Espanha – como o próprio Garzón teve oportunidade de comprovar –, só resta a cada um de nós, historiadores, cumprir com o papel de dar fé da verdade, mesmo sabendo que esse relato provavelmente não agradará a ninguém nem será adequado a leitores de estômago fraco.

Apêndice:
o Brasil e a Guerra Civil Espanhola

A atitude do governo de Vargas

A Guerra Civil Espanhola eclodiu num momento de virada autoritária na política brasileira. Com a revolução de outubro de 1930, e após menos de um mês de confrontos, o gaúcho Getúlio Vargas tornou-se o homem forte de uma república cujas regras do jogo, imperantes desde a Constituição de 1891, estavam em franca crise. A depressão econômica decorrente do *crack* de 1929 e a esclerose das instituições que governaram a chamada "República Velha" motivaram o surgimento de propostas renovadoras radicais.

A guerra civil era um fantasma que também pairava sobre a realidade brasileira da época. A revolução de outubro de 1930 esteve a um passo de se transformar em uma guerra civil entre "prestistas" e "aliancistas". Entretanto, foi provavelmente a Revolução Constitucionalista de 1932 o momento em que o Brasil esteve mais próximo de desatar um confronto em grande escala. Os paulistas opuseram resistência armada às medidas centralizadoras do governo de Vargas, em uma operação militar que durou quase três meses, de 9 de julho a 2 de outubro. Em ambos os casos (1930 e 1932), a solução relativamente rápida dos conflitos por via negociada evitou um maior derramamento de sangue. Além dessas duas revoluções, as décadas

317

de 1920 e de 1930 apresentaram abundantes exemplos de violência política no Brasil, em forma de conspirações, rebeliões, assassinatos políticos, quebra-quebra nas ruas, incêndios de jornais, colunas de idealistas que atravessavam o país promovendo a rebelião, intentonas para depor o governo ou levantes militares das mais variadas cores. Todos esses episódios violentos salpicaram o noticiário desses anos.

Apesar disso, o panorama político brasileiro, com todas as suas contradições, dificilmente teria desembocado em uma guerra civil das mesmas proporções que a espanhola de 1936-39. Mesmo nas conjunturas mais delicadas, houve sempre no Brasil uma certa vontade conciliatória. Alguns gestos, como a presença de Getúlio Vargas na inauguração da Avenida Nove de Julho em São Paulo (1938), dão prova disso. Tal manifestação pública de confraternização com o adversário teria sido, com certeza, inconcebível e desonrosa para a intransigente classe política espanhola da década de 1930.

Mesmo assim, e ainda que a situação espanhola não fosse comparável à realidade brasileira, o governo de Vargas usaria sem pudor o exemplo da guerra na Espanha como pretexto para a adoção de políticas de linha dura, tanto de cerceamento das liberdades públicas quanto de perseguição aos opositores.

Getúlio Vargas não dedicou muito espaço em seu diário para tratar da Guerra Civil Espanhola.[1] A primeira menção ao conflito só aparece no dia 13 de agosto de 1936, mais de três semanas depois do golpe de Estado. Nessa data o ministro das Relações Exteriores, José Carlos de Macedo Soares, solicitou que Vargas assinasse um decreto para declarar a neutralidade do Brasil na guerra. O presidente brasileiro recusou a iniciativa, por se tratar de "uma questão de política interna da Espanha que só a esta cabe intervir, não nos competendo opinar no assunto sobre o qual ninguém nos consultou". Portanto, a postura oficial do Brasil foi a de se manter alheio ao conflito, sem participar sequer do Comitê de Não Intervenção, isto é, uma neutralidade absoluta. Essa atitude era compatível com o princípio de não ingerência em assuntos internos de outros países, tão em voga na diplomacia latino-americana. Apesar disso, ao analisar em detalhe as ações diplomáticas brasileiras, percebe-se que a posição mantida pelo Itaramaty na guerra espanhola foi *de facto* uma não intervenção muito *sui generis*.

No plano político, Vargas não alimentava muita consideração pelo governo republicano, menos ainda pelo da Frente Popular. A vitória das forças

Apêndice

de esquerda em fevereiro de 1936 aconteceu justamente quando o presidente brasileiro estava começando a cogitar a instauração do Estado Novo no Brasil. Aliás, o apoio que os comunistas espanhóis prestaram à difusão da causa de Luís Carlos Prestes, preso após o levante de 1935, quase levou a um conflito diplomático entre Madri e o Rio de Janeiro. A mãe de Prestes esteve na Espanha nos meses de abril e maio de 1936 fazendo campanha para a libertação do líder comunista, com o apoio de políticos como Dolores Ibárruri ou Juan Casanovas.

Dentre os estadistas contemporâneos, as simpatias de Getúlio Vargas estavam mais do lado de Mussolini, que é citado diversas vezes no diário, e, sobretudo, do corporativismo instaurado em Portugal por António Oliveira Salazar. Em 6 de junho de 1933, Vargas comenta que está lendo o livro de António Ferro (principal propagandista da ditadura portuguesa) intitulado *Salazar: o homem e a obra*.

Ainda que o conflito espanhol não constasse entre os assuntos prioritários ou reiterados no diário do presidente-ditador, essa questão aparece em várias de suas páginas. Assim, o diário faz eco ao falecimento do general Emilio Mola em um acidente de avião (3 de junho de 1937, mesma data da sua morte). Também sabemos que na noite de 27 de abril de 1937 Vargas recebeu Gregorio Marañón, acompanhado de outros médicos, "com quem palestramos cordialmente sobre vários assuntos". Mesmo que Vargas não mencionasse isso expressamente, é difícil de acreditar que a guerra civil não tivesse sido tratada na conversa, mais ainda se considerarmos que Marañón era um exilado político bem conhecido pelo seu anticomunismo.

Apesar de o governo de Vargas praticar a política de não intervenção, seguindo à risca a linha defendida pelos Estados Unidos e criticando o apoio que o México dava aos republicanos, é sabido que o Brasil enviou alimentos aos rebeldes desde os primeiros meses do conflito. Em uma carta conservada no arquivo pessoal de Getúlio Vargas, o general Franco lhe agradecia as remessas de açúcar e café e torcia pela chegada do momento em que lhe pudesse dar as graças em público.

Como todas as embaixadas latino-americanas em Madri, também a brasileira recebeu um grande contingente de asilados políticos, ainda que inferior ao das legações chilena e argentina. O embaixador Alcebíades Peçanha concedeu refúgio a um número indeterminado de fugitivos espanhóis. Não

A Guerra Civil Espanhola

possuímos a cifra exata, porque o embaixador "se esqueceu" de comunicar ao governo republicano a presença de asilados em sua sede diplomática. Dado o crescente número de asilados, Peçanha teve que habilitar um edifício anexo à embaixada. A imprensa de Madri noticiou a presença de refugiados "fascistas" no prédio, que brandiam armas e davam vivas aos aviões franquistas. Portanto, a embaixada brasileira foi olhada com suspeita, temendo que pudesse se tornar um bastião dos quinta-colunistas.

Por ocasião da Batalha de Madri (novembro de 1936) o Brasil evacuou a sua legação diplomática para Barcelona. A partir de fevereiro de 1938, a embaixada teve à sua frente o encarregado de negócios Carlos da Silveira Martins Ramos. Este último enviou relatórios ao Itamaraty detalhando as difíceis condições de vida do lado republicano. Pregou que o governo brasileiro fosse mais ativo na distribuição de alimentos entre as crianças, imitando assim o modelo de socorro à população mais desprotegida e inocente que a embaixada sueca realizava. Não temos informações de que o Itamaraty tenha dado uma resposta satisfatória ao anseio do diplomata, o qual continuou pagando de seu próprio bolso as refeições que dava às crianças espanholas. Aliás, o chanceler brasileiro, Oswaldo Aranha, assumiu uma atitude contrária ao lado republicano. Aranha temia que um triunfo dos "vermelhos" resultasse em uma expansão da ideologia bolchevista na América Latina, com efeitos perturbadores no Brasil.

Seguindo a tendência das potências internacionais, o Brasil só reconheceu a legitimidade do governo do general Franco no começo de 1939, mais especificamente no dia 28 de fevereiro, após a França e a Grã-Bretanha terem adotado essa mesma posição.

As boas relações do Brasil com a Espanha de Franco se manifestaram no final do ano, com o envio a Vargas de uma reprodução da espada de El Cid. Esta simbolizava o caráter de cruzada da contenda espanhola e foi recebida no Catete em 26 de dezembro de 1939. O fato de o presidente ter sido obsequiado com um objeto tão simbólico da causa nacional é revelador da atitude pró-franquista que o governo brasileiro manteve durante a guerra civil, mesmo que, por questões de estratégia internacional, o Itamaraty tivesse disfarçado tal apoio por um longo tempo. Com a entrega da espada *tizona* como presente, Franco finalmente agradecia em público ao ditador brasileiro pela sua ajuda durante os anos da guerra.

Apêndice

A guerra da Espanha na imprensa
e nas associações espanholas no Brasil

A imprensa brasileira não pôde informar sobre a guerra espanhola em um clima de liberdade. Esse conflito ocorreu em um momento em que o regime de Getúlio Vargas se sentia ameaçado e estava caminhando para a ditadura, já sem máscaras liberais. A "Intentona Comunista" havia servido de pretexto para promulgar a Lei de Segurança Nacional, medida que permitiu a deportação de muitos estrangeiros indesejáveis.

O discurso oficial sobre a Guerra Civil Espanhola era muito claro: o que estava acontecendo na Europa era um aviso do que poderia acontecer no Brasil, caso o governo do Rio de Janeiro não tomasse medidas severas contra os agitadores sociais. Consequentemente, a imagem da guerra espanhola refletida na mídia brasileira foi coerente com essa visão governamental. O culpado pela guerra era sempre o comunismo e o anarquismo, dois grandes "perigos" que o Brasil devia conjurar.

Da mesma maneira, o tratamento informativo na imprensa escrita primou o lado emocional sobre a análise fria e objetiva. Imagens de bombardeios, de crianças chorando de medo, de igrejas queimadas etc. acompanhavam textos de forte teor propagandístico que conduziam sempre à mesma conclusão: o "terror vermelho" se alimentava dos mais indefesos. Com as sevícias indescritíveis cometidas na Espanha descobriam-se os verdadeiros planos dos comunistas. Até mesmo jornais de tradição liberal e antiautoritária como *O Estado de S. Paulo* não mostraram simpatia alguma pela República espanhola.

Por outro lado, as notícias que faziam referência ao lado do general Franco destacavam os valores cristãos, o cavalherismo e a luta pela civilização. Obviamente, através da tutela da imprensa, o regime brasileiro aplaudia a cruzada dos "azuis" contra as veleidades revolucionárias dos "vermelhos".

Dada a mordaça existente sobre a imprensa brasileira, os periódicos da comunidade espanhola eram uma das poucas fontes para obter informações medianamente fidedignas do que estava acontecendo na Espanha. Essas publicações, muitas delas editadas em idioma castelhano e orientadas a preservar os laços culturais dos imigrantes com o seu país de procedência, refletiram a mesma divisão ideológica existente na Espanha entre republi-

321

canos e nacionais. As principais foram a *Gaceta Hispana*, de orientação republicana, e *La Nación*, claramente pró-franquista.

Mesmo assim, a informação através das comunidades de imigrantes espanhóis foi cerceada em novembro de 1937. Logo após a proclamação do Estado Novo, Venancio Ayres, delegado de ordem social no estado de São Paulo, decretou o fechamento de todas as associações espanholas de ideologia republicana, sob a alegação de desenvolverem atividades ilegais. Assim, foram fechados os centros espanhóis de São Paulo e de Sorocaba, bem como o *Comité Central de Propaganda de la España Republicana*. Por sua vez, o segmento da colônia espanhola no Brasil mais afim aos franquistas usufruiu de larga liberdade de imprensa, e os seus centros não foram vasculhados nem a polícia importunou suas atividades.

Voluntários brasileiros na guerra

O Partido Comunista Brasileiro (PCB) colaborou com o Komintern na captação de voluntários para as Brigadas Internacionais. Sem fazer uma relação exaustiva, alguns brigadistas brasileiros foram: Apolonio de Carvalho, Carlos Brunswick França, Delcy Silveira, Eny Silveira, Nelson de Souza Alves, Dinarco Reis, Eneas Jorge de Andrade, Hermenegildo de Assis Andrade, Joaquim Silveira dos Santos, José Correa de Sá, José Gay da Cunha, Nemo Canabarro Lucas, Roberto Morena e David Capistrano da Costa. Também houve entre eles alguns imigrantes europeus que residiam havia tempo no Brasil. Foi o caso do espanhol Emilio Castrillo Rodríguez, do alemão Ernest Yoske, do judeu-romeno Wolf Reutberg e da lituana Ida Sasam, que prestou serviços em hospitais de campanha e na retaguarda.

A grande maioria desses voluntários ainda não chegara aos 30 anos de idade e não formava um coletivo coeso ideologicamente. Compartilhavam sentimentos antifascistas, anti-imperialistas, nacionalistas e revolucionários. Porém, como muitos deles eram vistos como potenciais agentes de um complô comunista, em sua viagem à Espanha foram vigiados por espiões da polícia secreta de Getúlio Vargas. A viagem dos voluntários brasileiros à Espanha fez-se com escala na França. Nesse país trocavam de documentação, e aqueles que sabiam algo de castelhano recebiam um passaporte espanhol falso. Com isso, pretendia-se burlar tanto as restrições do Comitê de Não

Apêndice

Intervenção quanto a atuação dos serviços secretos do governo brasileiro, além de facilitar o ingresso dos brigadistas na Espanha.

Ao se tratar de um contingente relativamente pequeno (embora não tenhamos o número exato, parece que os voluntários foram menos de 20), os brasileiros não formaram uma brigada própria e acabaram integrando-se àquelas preexistentes. A que recebeu o maior número de brasileiros foi a XII Brigada "Garibaldi", controlada pelos italianos, mas também houve alguns brasileiros em outras brigadas, como a XV Brigada "Lincoln", dominada pelos estadunidenses.

Ao chegarem ao quartel-general das Brigadas Internacionais em Albacete, os voluntários eram submetidos a um profundo escrutínio de suas biografias pelo PCE. Além de indagado sobre possível experiência militar prévia, o sujeito era interpelado sobre sua orientação ideológica e prestava-se especial atenção a qualquer indício de trotskismo. As informações obtidas pelos comunistas espanhóis eram checadas, e as falsidades eram condenadas com a expulsão.

Os voluntários brasileiros que já eram militares não foram integrados nas Brigadas Internacionais. Fizeram parte do Exército Popular republicano como se tivessem feito carreira militar na Espanha, mantendo aproximadamente o mesmo nível hierárquico que possuíam no Brasil. Para isso ajudou a fluência em língua castelhana, que alguns deles tinham antes mesmo de atravessar o Atlântico. Foi o caso, por exemplo, de Apolonio de Carvalho, José Gay da Cunha ou Nemo Canabarro Lucas. Este último assumiu a chefia do estado-maior da 218ª Brigada Mista, que fazia parte do Exército do Leste.

Dentre todos os voluntários brasileiros, o caso de Alberto Bomílcar Besouchet foi particular, porque militava no trotskismo. Antes de sua viagem para a Europa, em 1936, ele rompera relações com o "Partidão". Besouchet viajou para a Espanha com uma carta de apresentação do trotskista Mário Pedrosa para Andreu Nin. Apesar de ter se destacado no exército republicano, Besouchet acabaria sendo vítima da caça às bruxas que os comunistas praticaram contra os trotskistas. O seu fim exato ainda hoje não é conhecido. Segundo Carlos da Costa Leite, Besouchet teria sido abatido durante os "fatos de maio" em Barcelona, mas ele mesmo se contradisse ao adiar a morte de Besouchet até o final de 1938, mais ou menos quando foi decretada a retirada das Brigadas Internacionais. Outros autores situam o desaparecimento de Besouchet nos expurgos praticados a partir de junho de 1937, com a supressão do POUM, mas não faltam teorias que antecipam o seu assassinato para o final de 1936.

Outro caso especial foi o de Ernest Yoske, cuja biografia daria para escrever um belo romance. Judeu alemão, Yoske foi um ativista social-democrata em seu país natal. No final da década de 1920, ele emigrou para o Brasil e residiu em São Paulo, onde trabalhou como contador. Nos anos brasileiros Yoske evoluiu para o comunismo e militou no Socorro Vermelho. Preso pela polícia política paulista, foi torturado e finalmente expulso do país em 1936. Certo de que quando o navio em que viajava chegasse a Hamburgo ele seria confinado em um campo de concentração, conseguiu fugir no porto francês de Le Havre. De lá foi para a Espanha e alistou-se nas Brigadas Internacionais. Apesar de suas posições ideológicas despertarem dúvidas entre os comunistas brasileiros e espanhóis, Yoske lutou como brigadista até o final da guerra. Em 1939 atravessou a fronteira da França e foi preso no campo de concentração de Argelers. Com a invasão nazista da França, abandonou o campo e integrou a Resistência, junto com outros veteranos da guerra espanhola. Finalmente, em 1944, foi capturado pelo governo colaboracionista de Vichy e deportado para o campo de Dachau, onde morreria.

O cerco do governo de Vargas sobre os voluntários da guerra da Espanha foi se estreitando cada vez mais. Participar das Brigadas Internacionais significava para um brasileiro arriscar até a própria nacionalidade. O decreto-lei 389, de abril de 1938, previa a perda da cidadania para aqueles indivíduos que prestassem serviço militar voluntário em outro país. Essa normativa estava inicialmente pensada para cidadãos que podiam optar por mais de uma nacionalidade (caso dos ítalo-brasileiros, por exemplo), mas na prática foi manejada pelo governo como ferramenta de punição para os dissidentes políticos e ativistas de esquerda.

A participação como voluntário nas Brigadas Internacionais foi em certos casos, como no de Apolônio de Carvalho ou no de Carlos da Costa Leite, mais um episódio na luta contra o nazifascismo. Depois de sua participação na Guerra Civil Espanhola, ambos continuaram a lutar na Europa como soldados da Força Expedicionária Brasileira, o que sem dúvida lhes

Apêndice

facilitaria o seu posterior regresso ao Brasil. Para eles era óbvio que o conflito espanhol seria apenas um preâmbulo da Segunda Guerra Mundial em que o totalitarismo nazifascista se enfrentaria com o totalitarismo comunista e as democracias ocidentais.

Para conhecer a participação de brasileiros na Guerra Civil Espanhola, resultam de grande importância os livros de memórias que escreveram alguns deles. Foi o caso, por exemplo, de José Gay da Cunha, um militar veterano do levante comunista de 1935. Por questões de censura, o seu livro *Um brasileiro na guerra civil espanhola* só pôde ser publicado no Brasil em 1946, uma vez demolido o edifício jurídico do Estado Novo. Muitos anos mais tarde, em 1997, foi publicado outro livro de memórias interessante: *Vale a pena sonhar*, de Apolônio Pinto de Carvalho.

Reflexos do conflito na literatura

A censura brasileira, existente desde 1935 e fortalecida após a proclamação do Estado Novo, em 1937, não facilitou a divulgação de obras literárias que fizessem menção à Guerra Civil Espanhola. Encontramos reflexos do conflito na poesia, que deixou alguns testemunhos de seu impacto nos intelectuais. Poetas como Manuel Bandeira, Carlos Drummond de Andrade, Murilo Mendes ou Vinicius de Moraes dedicaram versos à guerra espanhola, particularmente a Federico García Lorca, por ocasião de seu assassinato.

Também encontramos uma evocação a García Lorca na abertura da trilogia *Subterrâneos da liberdade*, publicada em 1957, de Jorge Amado. O autor baiano relata em sua obra a solidariedade que os marinheiros de Santos sentiam em relação à República espanhola, que os moveu a boicotar o embarque de café brasileiro para portos da Espanha franquista. Na verdade, Jorge Amado, para dar consistência ao seu relato, não fez jus à verdade histórica e alterou a data da greve em Santos, movendo-a de 1946 (ano em que realmente aconteceu) para 1938.

No terreno da narrativa de ficção, porém com pé fincado na memorialística, temos o romance *Saga* (1941), de Érico Verissimo, uma obra mais interessante como documento histórico do que pelas suas qualidades literárias (o autor a considerava o seu pior livro). Baseado no diário de Homero de Castro Jobim, um ex-combatente gaúcho, *Saga* desvenda a situação de

325

A Guerra Civil Espanhola

permanente vigilância a que foram submetidos os brasileiros que se alistaram nas Brigadas Internacionais ao regressarem da guerra.

Também no plano da narrativa, embora não faça parte estrita da literatura brasileira, há que se destacar a tradução que Monteiro Lobato fez do romance *Por quem os sinos dobram*, de Hemingway, publicada em 1942. Escritor dissidente do varguismo, Monteiro Lobato encontrou na tradução de um dos romancistas norte-americanos mais celebrados internacionalmente uma maneira hábil de contornar os rigores da censura. Ainda que o romance de Hemingway fosse uma apologia do lado republicano e contrariasse os valores propugnados pelo governo, os censores do Estado Novo ficaram sem argumentos para proibir a sua edição.

Nota

[1] Getúlio Vargas, *Diário*, Rio de Janeiro, Siciliano/FGV, 1995, dois volumes.

Indicações bibliográficas

A Guerra Civil Espanhola tem gerado milhares de estudos, a sua bibliografia é imensa e está em contínuo crescimento. Lamentavelmente, só uma pequena parte dessa produção foi traduzida para o português ou é de fácil acesso para o leitor brasileiro. Nas linhas seguintes, farei um esboço das principais correntes historiográficas, mencionando os autores que mais me influenciaram para a escrita deste livro.

Os vencedores da guerra fizeram a sua própria escrita da História, justificando o golpe de Estado e louvando as façanhas bélicas, antes mesmo do término do conflito. Joaquín Arrarás foi o responsável por coordenar a monumental *Historia de la cruzada española*, uma obra que, apesar do seu viés nitidamente franquista, ainda vale a pena ser consultada para se conhecer aspectos da História militar. As linhas gerais desse enfoque estão presentes nas obras de escritores "franquistas" mais recentes, como Ricardo de la Cierva, ou "revisionistas", como Pío Moa, autores de verdadeiros *best-sellers*.

Não obstante, a linha historiográfica dos "revisionistas" não é a que tem maior destaque no âmbito científico e acadêmico. A Guerra Civil Espanhola deve ser um dos raros casos que contrariam a máxima de que a História é escrita pelos vencedores. Todavia, tampouco pode afirmar-se que seja uma História escrita pelos perdedores. Estes últimos nos deixaram uma série de

A Guerra Civil Espanhola

textos, geralmente redigidos no exílio, em que dão conta de suas experiências nos anos da Segunda República e da guerra. Embora contenham dados interessantes, não podemos esquecer que se trata de obras movidas pelo ânimo de justificar um determinado posicionamento político e que devem ser lidas com as devidas precauções.

Fora o discurso triunfalista, a análise séria e crítica da guerra civil foi uma questão tabu na Espanha de Franco. Até a transição democrática dos anos 1970, os historiadores espanhóis não disporão nem de livre acesso aos arquivos (muitos deles reunidos atualmente no Arquivo da Guerra Civil, em Salamanca) nem de condições de suficiente liberdade de expressão para escrever sobre essa etapa histórica. Os trabalhos pioneiros de historiadores espanhóis, como Manuel Tuñón de Lara, autor claramente influenciado pelo marxismo, deviam ser realizados na clandestinidade ou no exterior. A partir da década de 1960, o sul da França foi palco de intensos debates historiográficos, e a editora parisiense *Ruedo Ibérico* (fundada por exilados espanhóis) publicou ou traduziu para o castelhano os primeiros estudos sérios, muitos dos quais entravam na Espanha por contrabando.

Essa lacuna da historiografia espanhola, motivada pelas circunstâncias políticas adversas, foi preenchida em grande parte pelos hispanistas. Autores como Stanley Payne; Paul Preston; Gabriel Jackson; Hugh Thomas; Pierre Vilar; Antony Beevor; Raymond Carr; Herbert Southworth ou Ian Gibson, para citar apenas um punhado de nomes de reconhecido prestígio, iluminaram as causas, acontecimentos e consequências da Guerra Civil Espanhola, com enfoques variados. Assim, Payne e Preston estudaram com profundidade a ditadura de Franco e tornaram-se destacados biográficos do Caudilho. Raymond Carr e Hugh Thomas, entre outras muitas coisas, introduziram o debate sobre a guerra espanhola no contexto internacional da década de 1930 e nos reflexos que esse conflito teria na Segunda Guerra Mundial. Gabriel Jackson analisou a guerra partindo de um profundo conhecimento da Segunda República. Beevor destaca-se, como é comum em sua produção, pela vertente da História militar. Southworth presta especial atenção às dinâmicas sociais e aos movimentos políticos que acabariam se enfrentando na guerra. Gibson é especialista em fazer uma História quase de detetive, destrinchando os acontecimentos nos mínimos detalhes e contribuindo com novas fontes. E Pierre Vilar, o único francês nesta breve lista

Indicações bibliográficas

de hispanistas dominada por anglo-saxões, foi capaz de sintetizar em poucas páginas um esquema explicativo, de base materialista histórica, para esse evento trágico.

Com a morte do general Franco, a historiografia espanhola pôde aos poucos ir se debruçando sobre a guerra. Autores como Julio Aróstegui; Albert Balcells; Gabriel Cardona; Julián Casanova; Miquel Duran; Santos Juliá; Josep Massot i Muntaner; Hilari Raguer; Alberto Reig, Javier Tusell; Ángel Viñas, e tantos outros nomes que mereceriam constar nesta sucinta relação, publicaram trabalhos bem documentados sobre os aspectos que o regime militar havia preferido silenciar ou ocultar sob mentiras. A revisão da História oficial e a abertura de alguns arquivos impulsionaram fecundas pesquisas. O ano de 1986, com a efeméride do cinquentenário do golpe de Estado, foi um ponto de inflexão. A partir de então os estudos sobre a guerra teriam um crescimento exponencial, em um momento em que a opinião pública ansiava saber mais sobre a guerra de seus pais.

As duas últimas décadas da produção historiográfica espanhola manifestam a profissionalização e a especialização dos trabalhos. A renovação metodológica da ciência histórica também teve o seu reflexo nos estudos sobre o período de 1936-39, com a superação da dicotomia entre historiadores "azuis" (franquistas) e "vermelhos" (marxistas), salvo no caso da citada corrente revisionista e de seus detratores. Abundam os trabalhos de História local ou micro-História, as pesquisas sobre a história das mulheres, aspectos da vida cotidiana, a participação estrangeira na guerra e o exílio. As fontes orais ocupam um espaço cada vez mais destacado, justamente (e talvez por isso mesmo) no momento em que as pessoas que testemunharam a guerra começam a escassear.

No entanto, não é tudo um mar de rosas na historiografia espanhola atual sobre a guerra civil. O acesso a muitos arquivos continua sendo difícil. Não são poucos os entraves, amparados no direito à intimidade e à própria imagem, que os pesquisadores têm que encarar em seu dia a dia. Seguramente a maior dificuldade reside no mais controverso de todos os aspectos relativos à guerra civil: a repressão. Embora textos, como o recente livro de Paul Preston, *The Spanish Holocaust*, ou obras coletivas como *Una inmensa prisión* (coordenada por Carme Molinero e Margarida Sala), deem conta detalhada da tragédia que foi a guerra para milhares de famílias, a questão

A Guerra Civil Espanhola

ainda é espinhosa. A Lei da Memória Histórica tratou de melhorar as condições de acesso aos arquivos públicos, mas, como no caso das exumações de vítimas, os resultados nem sempre foram satisfatórios.

No Brasil, o principal núcleo de pesquisa da Guerra Civil Espanhola se concentra na Universidade de São Paulo (USP), com três grandes grupos. O primeiro é liderado por José Carlos Sebe Bom Meihy, especialista na história da Espanha e precursor da História oral no Brasil. O segundo grupo, com Maria Luiza Tucci Carneiro como mentora, tem se concentrado principalmente no estudo da repressão aos republicanos espanhóis, por meio da análise dos arquivos do Departamento de Ordem Política e Social (DEOPS). O terceiro grupo pertence ao campo da literatura e tem em Valéria de Marco sua principal representante, com pesquisas sobre o exílio espanhol a partir do estudo da obra de Max Aub. Discípulos desse "núcleo uspiano" desenvolvem pesquisas sobre a Guerra Civil Espanhola em diversas universidades brasileiras.

O autor

Josep M. Buades, nascido em Palma de Maiorca, Espanha, é doutor em História, licenciado em Filosofia e Letras (seção de Geografia e História), licenciado em Direito e tem MBA em Administração de Empresas. Desenvolveu seus estudos e atividades acadêmicas em diversas universidades e centros de pesquisa da Espanha, Portugal, Itália, Inglaterra, Bélgica, Alemanha e Brasil. Reside em São Paulo desde 2000, onde trabalha como consultor de comércio exterior. Colaborador em jornais e revistas e autor de vários livros de história contemporânea. Pela Editora Contexto publicou *Os espanhóis* (2006).

Leia também

HISTÓRIA DOS MERCENÁRIOS
de 1789 aos nossos dias

Walter Bruyère-Ostells

Os mercenários, que constituíram por muito tempo a espinha dorsal dos exércitos europeus, fazem parte do leque de profissões mais antigas do mundo e continuam a participar dos principais embates ao redor do planeta.

O mercenário é, em princípio, um prestador de serviços. Para ele, muitas vezes, não interessam causas, motivações, acontecimentos e meios de recrutamento para colocar a si próprio ou sua força armada à disposição de um empregador, público ou privado. O que interessa é a remuneração. Há, contudo, os que combatem por outros motivos. Identificados por muitos como criminosos, por outros como aventureiros, esses combatentes não nacionais foram-se espalhando pelo mundo juntamente com a globalização do comércio e dos conflitos. O historiador francês Walter Bruyère-Ostells mostra como esse serviço manteve-se após a Revolução Francesa e ganhou novos contornos na atualidade.

A obra narra a trajetória de guerreiros considerados por alguns heróis internacionais, como Garibaldi ou Che Guevara. Também destaca a atuação dos "soldados da fortuna" nas guerras de independência, tanto na América quanto na África. E chega aos dias de hoje, com a proliferação de empresas militares privadas, que movimentam cerca de 100 bilhões de dólares anualmente. O autor mostra, por exemplo, que não faltaram mercenários na Guerra do Iraque e no Afeganistão. Livro imperdível para quem quer entender como realmente funcionam as guerras de hoje em dia.

CADASTRE-SE no site da Editora Contexto para receber nosso boletim eletrônico *circulando o saber* na sua área de interesse e também para acessar os conteúdos exclusivos preparados especialmente para você. **www.editoracontexto.com.br**

- HISTÓRIA
- LÍNGUA PORTUGUESA
- GEOGRAFIA
- FORMAÇÃO DE PROFESSORES
- MEIO AMBIENTE
- INTERESSE GERAL
- EDUCAÇÃO
- JORNALISMO
- FUTEBOL
- ECONOMIA
- TURISMO
- SAÚDE

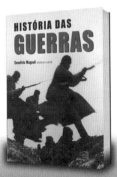

CONHEÇA os canais de comunicação da Contexto na web e faça parte de nossa rede
twitter YouTube flickr facebook orkut   **www.editoracontexto.com.br/redes/**

editora contexto
Promovendo a Circulação do Saber

GRÁFICA PAYM
Tel. [11] 4392-3344
paym@graficapaym.com.br